高等院校公共管理类专业系列教材

# 公共经济学
## （第2版）

赵建国 李佳 主编　　吕丹 李晶 副主编

**Public Sector Economics**

清华大学出版社
北京

## 内 容 简 介

本书运用现代经济学的原理和方法分析了以政府为主体的公共部门所从事的经济活动，全面系统地阐述了在市场经济实践中提炼出来的具有普适性的公共经济学基本理论。本书共分9章，具体内容包括：公共经济学导论；市场效率与公共部门职能；公共产品理论；公共选择理论；政府规制理论与外部性；公共支出理论与政策；公共收入理论、税收与公债；收入分配与社会保障；公共经济政策。通过对这些理论的学习，读者能正确认识和理解市场经济条件下政府的经济行为和经济决策的合法性、必要性和合理性，从而明确我国政府经济职能转变的关键和难点。

本书可作为公共管理类专业的本科生、研究生和 MPA 学员的教材，也可作为广大公务员学习经济理论、研究经济政策的参考用书。

本书配有课件，读者可扫描封底二维码获取。

本书封面贴有清华大学出版社防伪标签，无标签者不得销售。
版权所有，侵权必究。举报：010-62782989，beiqinquan@tup.tsinghua.edu.cn。

图书在版编目(CIP)数据

公共经济学 / 赵建国，李佳主编. —2版. —北京：清华大学出版社，2022.9
高等院校公共管理类专业系列教材
ISBN 978-7-302-61611-5

Ⅰ.①公… Ⅱ.①赵… ②李… Ⅲ.①公共经济学—高等学校—教材 Ⅳ.①F062.6

中国版本图书馆 CIP 数据核字(2022)第 140701 号

责任编辑：施 猛 王 欢
封面设计：常雪影
版式设计：孔祥峰
责任校对：马遥遥
责任印制：朱雨萌

出版发行：清华大学出版社
网　　址：http://www.tup.com.cn，http://www.wqbook.com
地　　址：北京清华大学学研大厦 A 座　　　　邮　编：100084
社 总 机：010-83470000　　　　　　　　　　邮　购：010-62786544
投稿与读者服务：010-62776969，c-service@tup.tsinghua.edu.cn
质 量 反 馈：010-62772015，zhiliang@tup.tsinghua.edu.cn
印 装 者：三河市龙大印装有限公司
经　　销：全国新华书店
开　　本：185mm×260mm　　印　张：22.25　　字　数：527 千字
版　　次：2014 年 2 月第 1 版　2022 年 10 月第 2 版　印　次：2022 年 10 月第 1 次印刷
定　　价：68.00 元

产品编号：084975-01

# 前言（第2版）

在全国兄弟院校的支持下，《公共经济学》自2014年出版至今，已经走过八个年头。本书力图通过系统性的知识内容，为教师讲授"公共经济学"课程提供有益参考，帮助学生建立完整的理论知识体系，提高学生解决实际问题的能力。很欣慰的是，本书受到了相关高校和学生的认可。

著名经济学家、诺贝尔经济学奖获得者约瑟夫·斯蒂格利茨曾把公共部门经济学的主要研究内容分为三类：第一，明确公共部门从事哪些活动以及这些活动是如何组织的；第二，尽可能地理解和预测政府活动的全部结果；第三，评价各种政策。如今，我国经济发展进入新阶段，这三个议题在我国国家治理体系现代化、政府职能转变以及经济新常态的大背景下，亟需更加深入的理论阐述与实践。这就对公共经济学教材建设提出了更高要求。为了适应新时代发展的迫切需求，我们对全书进行了修订。

近年来，随着我国市场经济改革的不断深入，理论发展推动了实践创新，进而推动了相关政策的完善。基于此，本书在原版框架的基础上，重点对全书的典型案例、相关数据、政策文本进行了更新，力图体现我国公共经济改革的最新进展，具体的更新内容包括：第一，对公共收入理论与税收制度、公共经济政策等部分内容进行完善，使教材内容更加系统化；第二，保留经典案例，同时基于近年来发生的真实事件或出台的新政策更新案例，突出新颖性，强化案例与知识内容的结合，旨在通过理论与典型案例的结合提高学生分析问题和解决问题的能力；第三，增加公债内容，旨在加深学生对我国政府债务等热点问题的学习，有助于学生深化对公共收入理论的理解，提高实践应用能力；第四，增加供给管理政策的内容，引导学生关注我国供给侧结构性改革等问题，通过对不同政策主张的解读，加深学生对供给管理政策的理解。

本书的读者对象为公共管理专业的本科生、研究生和MPA学员，读者在学习本书之前应具有一定的现代经济学(微观经济学和宏观经济学)基础。

本书主编为赵建国、李佳，副主编为吕丹、李晶，具体写作分工如下：第1章由吕丹编写；第2章由赵建国、李佳编写；第3章由赵建国编写；第4章由吕丹、李晶、祝贺荣编写；第5章由吕丹、周浩编写；第6章由吕丹编写；第7章由吕丹、王春晓编写；第8章由赵建国、李佳、廖藏宜编写；第9章由赵建国、廖藏宜编写。

编者在编写本书过程中,吸收并借鉴了国内外学者在公共经济学领域取得的研究成果,以及其他相关教材的内容。在此,谨向相关学者和作者表示感谢。

由于编者水平有限,书中难免存在错误和不妥之处,恳请读者指正。反馈邮箱:wkservice@vip.163.com。

编者

2022年3月

# 前言（第1版）

公共经济学可以说是"研究公共部门行为的经济学"，它的主要研究对象是公共部门。在这里公共部门主要是指广义的政府部门，即除了传统意义上的各级政府部门之外，还包括教育、科技、社会保险、医疗卫生和公用事业等准公共组织。公共经济学主要运用经济学的假设、理论和方法来研究与分析以政府为主体的公共部门所从事经济活动的主要内容及其与社会目标的关系。

著名经济学家、诺贝尔经济学奖获得者约瑟夫·斯蒂格利茨曾把公共部门经济学的主要研究内容分为三类：第一，明确公共部门从事哪些活动以及这些活动是如何组织的；第二，尽可能地理解和预测政府活动的全部结果；第三，评价各种政策。更为具体地说，公共经济学研究的主要问题包括：政府对于社会经济资源配置的干预是否得当和有效？政府的干预是否能够实现社会经济目标以及用什么方法实现社会经济目标？政府经济行为的准则是什么？政府在弥补市场缺陷的同时，是否又带来了新的问题？政府经济作用的合理界限在哪里？这一界限是通过什么途径确定的？明确这些问题的答案，在理论和实践上都具有重要意义。另外，由于事实上政府已经成为一个拥有大量资本投入，向全社会提供产品、服务和大量就业机会的"公共部门"，它也面临与私人部门相类似的一系列基本问题，即生产什么、如何生产和为谁生产等问题。公共部门与私人部门的投资、管理和运作方式显然是不同的，那么，如何评价它的绩效？它的成本与收益如何定义？如何确定合理的产业规模与效率？对于以上问题的研究和回答，直接关系到政府的管理体制和现实政策。现在，有关公共经济学的探讨不仅仅停留在经济学领域，而是越来越多地与伦理学、政治学、社会学的有关研究相结合，而且直接融入了公共选择理论、宪法理论、官僚政治理论。公共经济学所研究的具体内容包括公共部门的职能、公共产品的最优供给、公共支出、公共税收、公共选择、宏观经济稳定等。

本书是为公共管理专业的本科生、研究生和MPA学员编写的，读者在学习本书之前应具有一定的现代经济学(微观经济学和宏观经济学)基础。全书共分9章。第1章"公共经济学导论"主要明确了公共经济学的研究对象、内容和任务，公共经济学的产生与发展历程，公共经济学的学科性质，公共经济学的研究方法。第2章"市场效率与公共部门职能"明确了效率的含义及市场效率的条件，分析了资源配置方式和市场机制的运行特点，在对公共部门的含义进行明确界定的基础上，分析了公共部门产生的必要性，以及公共部门合理配置资源、稳定经济发展、促进公平分配和保护生态环境四大职能。第3章"公共产品理论"首先对公共产品的定义与性质进行了界定，之后分析了公共部门提供公共产品的必要性，及政府应该如何合理而有效地提供公共产品以解决市场失灵的问题。第4章"公共选择理论"主要介绍了公共选择与决策的机制和一般特点，并通过官僚政治理论与寻租理论分析了政府干预的局限性。第5章"公共规制理论与外部性"明确了公共规制的含义、分类和过程，论证了公共规制的必要性，重点分析了经济规制和社会规制政策的特点、目标及如何运用，明确了外部性的含义、分类和经济影响，分析了外部性的经济规制和社会规制问题。第6章"公共支出理论与政策"对公共支出进行了分类，具体分析了公共支出的各种政策效应。第7章"公共收入理论与税收制度"主要介绍了税收理论、原则和制度的一般性原理，分析税收的经济效应和税负的转嫁和归宿问题。第8章"收入分配与社会保障"明确了社会公平的内涵、公平与效率的关系，分析了收入分配不平等的原因，论证了政府调节收入分配的必要性，提出了政府调节收入分配的原则和具体的政策措施。第9章"公共经济政策"明确了公共经济政策的含义和原则，从宏观经济的角度分析了公共经济政策的目标、手段和类型等基本理论，分析了财政政策和货币政策的作用机制，财政政策、货币政策的组合效应，以及宏观调控的成效和问题。

本书由赵建国、吕丹主编，以下为具体的写作分工情况：第1章：吕丹；第2章：赵建国；第3章：赵建国；第4章：吕丹、祝贺荣；第5章：吕丹、周浩；第6章：吕丹；第7章：吕丹、王春晓；第8章：赵建国、廖藏宜；第9章：赵建国、廖藏宜。编者在编写本书的过程中吸收并借鉴了国内外学者在这一领域取得的研究成果，以及其他相关教材的内容，在此，谨向相关学者和作者表示感谢。由于编者水平有限，书中难免存在错误和不妥之处，恳请读者指正。反馈邮箱：wkservice@vip.163.com。

编者

2014年1月

# 目 录

**第1章 公共经济学导论**⋯⋯⋯⋯⋯001
  1.1 公共经济学的基本知识⋯⋯⋯001
    1.1.1 公共经济学的含义⋯⋯⋯001
    1.1.2 公共经济学的特征⋯⋯⋯002
    1.1.3 公共经济学的研究对象⋯⋯003
    1.1.4 公共经济学的主要研究内容⋯007
  1.2 公共经济学的产生与发展⋯⋯009
    1.2.1 公共经济学的产生⋯⋯⋯009
    1.2.2 公共经济学的发展⋯⋯⋯010
  1.3 公共经济学的学科性质⋯⋯⋯011
    1.3.1 公共经济学的研究任务⋯⋯011
    1.3.2 公共经济学的学科属性⋯⋯012
  1.4 公共经济学的研究方法⋯⋯⋯014
    1.4.1 实证分析与规范分析相结合⋯014
    1.4.2 归纳与演绎分析方法相结合⋯015
    1.4.3 博弈论的广泛应用⋯⋯⋯016
    1.4.4 成本—收益分析法⋯⋯⋯016

**第2章 市场效率与公共部门职能**⋯⋯019
  2.1 市场效率与资源配置方式⋯⋯019
    2.1.1 效率⋯⋯⋯⋯⋯⋯⋯⋯019
    2.1.2 市场效率条件⋯⋯⋯⋯020
    2.1.3 资源配置方式⋯⋯⋯⋯021
    2.1.4 市场机制的运行特点⋯⋯022
    2.1.5 完全竞争市场与经济效率的实现⋯⋯⋯⋯⋯⋯⋯⋯024

  2.2 公共部门存在的必要性⋯⋯⋯028
    2.2.1 市场低效⋯⋯⋯⋯⋯⋯029
    2.2.2 市场无效⋯⋯⋯⋯⋯⋯031
  2.3 公共部门的职能⋯⋯⋯⋯⋯⋯033
    2.3.1 合理配置资源⋯⋯⋯⋯033
    2.3.2 稳定经济发展⋯⋯⋯⋯037
    2.3.3 促进公平分配⋯⋯⋯⋯039
    2.3.4 保护生态环境⋯⋯⋯⋯042
  2.4 政府失效⋯⋯⋯⋯⋯⋯⋯⋯044
    2.4.1 政府失效的内涵⋯⋯⋯044
    2.4.2 政府失效的原因⋯⋯⋯044
    2.4.3 政府失效的治理⋯⋯⋯045

**第3章 公共产品理论**⋯⋯⋯⋯⋯048
  3.1 公共产品概述⋯⋯⋯⋯⋯⋯049
    3.1.1 公共产品的定义⋯⋯⋯049
    3.1.2 公共产品的特征⋯⋯⋯049
    3.1.3 公共产品的分类与识别⋯050
    3.1.4 一些重要的公共产品⋯⋯054
  3.2 公共产品与市场失灵⋯⋯⋯⋯059
    3.2.1 提供公共产品的重要性⋯059
    3.2.2 "搭便车"行为⋯⋯⋯⋯060
    3.2.3 博弈论与公共产品提供⋯063
    3.2.4 公共产品由市场提供的缺陷⋯065
  3.3 公共产品有效供给的理论分析⋯067

        3.3.1 公共产品有效供给的庇古
               均衡……………………… 067
        3.3.2 公共产品有效供给的局部
               均衡……………………… 069
        3.3.3 公共产品最优供给的一般
               均衡……………………… 071
    3.4 公共产品的生产与经营…………… 079
        3.4.1 政府生产经营与私人生产
               经营……………………… 079
        3.4.2 政府提供公共产品的必要性… 080
        3.4.3 政府提供公共产品的方式…… 082
        3.4.4 政府提供公共产品的范围…… 084
        3.4.5 政府提供公共产品的效率…… 086
        3.4.6 公共产品私人生产与经营的
               方式……………………… 088
    3.5 公共产品的收费与定价…………… 093
        3.5.1 公共产品收费的可能性和
               可行性…………………… 093
        3.5.2 准公共产品的收费原则与定价
               标准……………………… 097
        3.5.3 边际成本定价法……………… 099

**第4章 公共选择理论…………………… 106**
    4.1 公共选择理论概述………………… 106
        4.1.1 公共选择理论的产生与发展… 107
        4.1.2 公共选择理论的研究方法…… 109
        4.1.3 公共选择学派及其主要观点… 110
    4.2 公共选择中的投票………………… 113
        4.2.1 市场化与非市场化决策……… 113
        4.2.2 选民的偏好显示与公共选择
               中的投票规则…………… 119
        4.2.3 投票悖论与阿罗不可能定理… 124
        4.2.4 中间投票者定理……………… 128
    4.3 公共选择中的政治行为分析……… 130
        4.3.1 投票者的行为分析…………… 130
        4.3.2 政治家的行为分析…………… 131
        4.3.3 政府官员的行为分析………… 133
        4.3.4 利益集团的行为分析………… 137

    4.4 寻租与腐败………………………… 140
        4.4.1 寻租与腐败的含义及分类…… 140
        4.4.2 寻租与腐败的关系…………… 143
        4.4.3 寻租与腐败的影响…………… 144
        4.4.4 寻租与腐败的治理…………… 149

**第5章 政府规制理论与外部性………… 158**
    5.1 政府规制理论概述………………… 159
        5.1.1 政府规制的理论依据………… 159
        5.1.2 政府规制的含义和分类……… 160
        5.1.3 政府规制的过程……………… 161
    5.2 经济规制、社会规制与垄断
        规制………………………………… 162
        5.2.1 经济规制……………………… 162
        5.2.2 社会规制……………………… 165
        5.2.3 垄断规制……………………… 170
    5.3 政府规制失灵与规制放松………… 175
        5.3.1 政府规制失灵的内涵………… 175
        5.3.2 转型时期的政府规制失灵…… 176
        5.3.3 政府规制的放松与解除……… 176
    5.4 外部性的表现与经济影响………… 178
        5.4.1 外部性的含义………………… 178
        5.4.2 外部性的分类………………… 179
        5.4.3 外部性的经济影响…………… 180
    5.5 外部性的经济规制与社会规制…… 182
        5.5.1 外部性的经济规制…………… 182
        5.5.2 外部性的社会规制…………… 188

**第6章 公共支出理论与政策…………… 193**
    6.1 公共支出概述……………………… 193
        6.1.1 公共支出的概念和特点……… 193
        6.1.2 公共支出的原则……………… 195
        6.1.3 公共支出的范围……………… 197
    6.2 公共支出的分类…………………… 199
    6.3 公共支出的规模与结构…………… 202
        6.3.1 公共支出的规模……………… 202
        6.3.2 公共支出增长理论分析……… 203
        6.3.3 公共支出的结构……………… 207

6.4 公共支出的效益分析 ………… 210
   6.4.1 公共支出的效益与成本 …… 210
   6.4.2 成本—收益分析法的定义
       和基本原理 ……………… 211
   6.4.3 成本—收益分析步骤 ……… 212
   6.4.4 成本—收益分析涉及的关键性
       难题 …………………………… 213
   6.4.5 公共支出效益的其他分析
       方法 …………………………… 215
6.5 公共支出的政策效应 ………… 216
   6.5.1 公共支出的挤出效应 ……… 216
   6.5.2 公共支出的收入效应和替代
       效应 …………………………… 217
   6.5.3 公共支出的直接效应和间接
       效应 …………………………… 220
   6.5.4 公共支出的激励效应 ……… 223

## 第7章 公共收入理论、税收与公债 …… 227

7.1 公共收入理论综述 …………… 228
   7.1.1 公共收入的内涵 …………… 228
   7.1.2 公共收入的原则 …………… 229
   7.1.3 公共收入的分类 …………… 231
7.2 公共收入的规模和构成分析 …… 238
   7.2.1 公共收入的规模及其影响
       因素 …………………………… 238
   7.2.2 我国公共收入规模的变化 … 240
   7.2.3 我国公共收入的构成 ……… 240
   7.2.4 我国公共收入结构的优化 … 242
7.3 税收 ……………………………… 243
   7.3.1 税收的产生和发展 ………… 244
   7.3.2 税收原则 …………………… 246
   7.3.3 税种的分类与配置 ………… 248
   7.3.4 税收制度 …………………… 251
   7.3.5 税负的转嫁与归宿 ………… 256
   7.3.6 税率与税收收入 …………… 259
7.4 公债 ……………………………… 260
   7.4.1 公债的产生和发展 ………… 260
   7.4.2 公债的分类 ………………… 260
   7.4.3 公债的发行 ………………… 261
   7.4.4 公债的偿还 ………………… 262
   7.4.5 我国地方性公债 …………… 263

## 第8章 收入分配与社会保障 …… 265

8.1 收入分配 ……………………… 266
   8.1.1 收入分配的内涵与分类 …… 266
   8.1.2 收入分配政策 ……………… 266
   8.1.3 收入分配结果的衡量 ……… 267
   8.1.4 收入分配结果差异化的原因 … 271
8.2 收入分配的调节 ……………… 273
   8.2.1 收入分配调节的必要性 …… 273
   8.2.2 收入分配调节的原则 ……… 277
   8.2.3 收入分配调节的手段 ……… 279
8.3 西方国家的收入分配与社会保障
    制度 …………………………… 283
   8.3.1 西方国家的收入分配理论 … 283
   8.3.2 西方国家的社会保障制度
       模式 …………………………… 287
8.4 我国的收入分配与社会保障
    制度 …………………………… 289
   8.4.1 我国的收入分配制度 ……… 289
   8.4.2 我国的社会保障制度 ……… 294

## 第9章 公共经济政策 …… 303

9.1 公共经济政策的基本内容 …… 303
   9.1.1 公共经济政策的含义 ……… 303
   9.1.2 公共经济政策的原则 ……… 304
   9.1.3 公共经济政策的目标 ……… 306
9.2 公共经济政策工具 …………… 310
   9.2.1 财政政策 …………………… 310
   9.2.2 货币政策 …………………… 317
9.3 公共财政政策与货币政策的
    配合 …………………………… 326
   9.3.1 公共财政政策与货币政策配
       合的必要性 ………………… 326
   9.3.2 IS-LM模型 ………………… 328
   9.3.3 财政政策与货币政策的配合
       分析 …………………………… 332

9.4 宏观调控的成效和问题············337
    9.4.1 宏观经济政策实施中的问题···337
    9.4.2 发达国家宏观调控政策的
          启示··············································338

9.5 供给管理政策························339
    9.5.1 收入政策和人力政策············339
    9.5.2 供给学派的政策主张············340

**参考文献**·················································**342**

# 第1章 公共经济学导论

**本章学习目标**

了解公共经济学的含义与基本特征；理解公共经济学的研究对象与研究重点；了解公共经济学的发展历史；认识公共经济学的学科属性及其与相关学科之间的关系；掌握公共经济学研究过程中所采用的研究方法。

**本章知识结构**

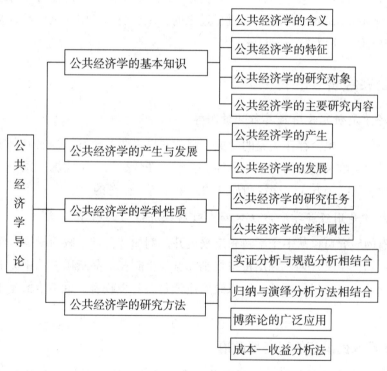

公共经济学是一门以公共部门经济活动为研究对象的学科，它的主要特点是以市场机制和政府机制都有缺陷为理论前提，以公共产品(public goods)的需求和供给为核心内容，以私人经济运行法则与公共决策过程相结合为基本方法，从经济学的角度来解释、分析和规范公共部门的职能和作用。

## 1.1 公共经济学的基本知识

### 1.1.1 公共经济学的含义

西方经济学把所有经济主体分为两大类型，即公共部门和私人部门，前者是指政府及其附属物，后者是指企业和家庭。无论是政府还是企业抑或是家庭，都以各自的方式参与国民经济的运行，影响着国民经济的发展。但是它们的行为方式和目的不同，企业和家庭的经济活动以实现利润最大化为目标，有强烈的利益动机，行为自然也是以有利于自己的方式实施。政府与此不同，它主要是为了社会目标而存在。诚然，政府的经济活动也不能完全忽视收益和成本，但它更多地考虑社会的公正与公平。市场由于各种各样的原因，会出现失灵的现象(我们将在本书第2章中进行详细论述)，因此，弥补市场失灵的重担自然就落到了政府身上。在市场经济的作用下，政府的作用表现在提供公共服务、维护市场秩序、参与收入分配、优化资源配置以及稳定经济等方面。因此，政府以自己特有的方式与企业和家庭一起参与并影响着国民经济的稳定与发展。

公共经济学是经济学中专门研究政府经济行为特殊规律的分支学科，是论述各级政府部门和公共组织的存在意义和行为，回答政府必须做什么以及怎样做的学问。简言之，公共经济学是研究公共部门的经济学。从严格意义上来说，公共经济学应该称为公共部门经济学，这是根据其英文名称"public sector economic"直译过来的。由于公共部门的主体是政府，公共经济学实际上是研究政府经济行为的一门科学。

### 1.1.2 公共经济学的特征

**1. 公共经济学是研究政府及其行为的科学**

政府与市场一样，也会存在失灵的现象，因此同样需要对政府行为的科学性进行深入的研究。公共经济学就是解决政府为什么干预经济生活、在什么情况下实施干预、如何干预以及政府从事经济活动的范围、方式、途径和最终的效果如何等问题的科学。

**2. 公共经济学是用经济学的方法来研究政府经济行为的科学**

人们对政府的研究可以从多个学科角度来展开，例如社会学、政治学等。经济学认为，人类是通过理性的利己主义行为，利用价格机制和竞争机制在商品货币关系中完成自己的交易行为，而政府所起的作用是提供服务，所以政府应该是服务型政府，这也恰恰是现代国家政府建设的目标之一。

▶ **专栏1-1　建设人民满意的服务型政府**

党的十九届五中全会对推进国家治理体系和治理能力现代化提出明确要求。优化政府治理、建设人民满意的服务型政府，是推进国家治理体系和治理能力现代化的重要内容。我们要通过深化行政体制改革，优化政府职能配置，理顺政府与市场、政府与社会的关系，不断提高国家治理体系和治理能力现代化水平。

改革开放以来，为适应经济社会发展、经济体制改革需要，我国先后进行了多轮机构改革，着力推动政府职能转变。党的十八大以来，以习近平同志为核心的党中央作出全面深化改革的重大决定，向积存多年的顽瘴痼疾开刀。党的十九届三中全会通过《中共中央关于深化党和国家机构改革的决定》和《深化党和国家机构改革方案》，旨在通过政府机构优化、职能转变、流程再造、管理方式改进等措施优化政府职能配置，提高政府运行效率，增强政府治理能力，构建系统完备、科学规范、运行高效的党和国家机构职能体系，构建职责明确、依法行政的政府治理体系。这次机构改革着眼于转变政府职能,坚决破除制约市场在资源配置中起决定性作用、更好发挥政府作用的体制机制弊端,围绕推动高质量发展,建设现代化经济体系,加强和完善政府经济调节、市场监管、社会管理、公共服务、生态环境保护等职能,结合新的时代条件和实践要求,着力推进重点领域和关键环节的机构职能优化和调整,构建起职责明确、依法行政的政府治理体系,提高政府执行力。这次机构改革是对党和国家组织机构和管理体制的一次系统性、整体性重构,为建设人民满意的服务型政府提供了有力保障。

处理好政府与市场、政府与社会的关系,是优化政府治理、建设人民满意的服务型政府的重中之重。我们以深化"放管服"改革为重要抓手,通过深化行政审批制度、工商登记制度、建立清单式管理制度等方面改革,改善和优化营商环境,激发市场主体活力,使市场在资源配置中起决定性作用,更好发挥政府作用。目前,"放管服"改革已经取得重要进展,我国营商环境进一步优化,市场主体活力得到有效激发。世界银行发布的《2020年营商环境报告》显示,中国营商环境跻身全球营商环境改善最大的经济体排名前十。同时,围绕政府购买社会服务、培育发展社会组织、探索社区治理新模式等,激发社会组织、居民等社会主体参与社会治理的活力。

当前,我国服务型政府建设取得了显著成效,政府治理能力显著提高,但与建设人民满意的服务型政府的目标相比仍有一定差距,还有一些突出问题亟待解决。解决这些问题,需要深入贯彻落实党中央决策部署,在完善国家行政制度、优化政府职责体系、优化政府组织结构、健全充分发挥中央和地方两个积极性体制机制方面下大功夫,进一步优化政府治理;深入推进简政放权、放管结合、优化服务,深化行政审批制度改革,改善营商环境,激发各类市场主体活力,大力完善政府经济调节、市场监管、社会管理、公共服务、生态环境保护等职能,实行政府权责清单制度,进一步理顺政府与市场、政府与社会的关系。

资料来源:陈振明.建设人民满意的服务型政府[N].人民日报,2020-12-22.

**3. 公共经济学注重对实际问题的研究和解决**

在公共经济学研究视野内,对公共产品的提供、政府价格的管制、外部性与政府行为、政府政策与经济自由度、寻租等问题,都采用了大量的研究方法重点展开研究,这些方法对解决实际问题起到了极大的促进作用。作为经济活动主体的政府,在实际工作中也迫切需要利用这些理论来指导实践,从而保障其既能完成服务社会的目标,又能提高经济效益。

### 1.1.3 公共经济学的研究对象

公共经济学在社会科学中占有十分重要的地位,它要解决的根本问题是,政府与市场这两种在行为逻辑上完全不同的机制怎样有机地结合起来,共同实现资源的有效配置。作为一门科学,公共经济学的研究对象是公共部门为弥补市场缺陷,在正规和非正规制度约束下从事的经济活动。

**1. 公共经济以公共部门为主体**

公共部门是指政府与其所属部门之和。它由政府部门、公共事业部门、公共企业部门三个部分组成。

### 1) 政府部门

政府部门是通过政治程序建立的,在特定区域内行使立法权、司法权和行政权的实体。政府部门有广义和狭义之分,广义的政府部门是指国家政权机关的总和,包括国家立法机关、国家司法机关、国家检察机关、国家行政机关、国家军事机关等;狭义的政府部门仅指国家行政机关。政府部门拥有宪法赋予的适用于全体公民的强制性权力,它的主要职责是向全体社会成员提供纯公共产品,如法律、治安、秩序等,不直接从事产品的生产和销售,所需经费完全依靠预算拨款。

### 2) 公共事业部门

公共事业部门即产权归政府所有并依靠预算拨款维持其运转的单位总和,如公立的学校、医院和研究所等。公共事业部门也提供一部分纯公共产品,如义务教育、防疫等,但主要提供部分准公共产品,如中等教育、高等教育、公园、电影院等。

> **专栏1-2 推动"双减"落地,让教育回归本真**
>
> 随着"双减"政策落地,基础教育工作的大环境得到极大改善。学生学业负担、家庭教育支出和家长相应精力负担有效减轻,人民群众教育满意度明显提升。"双减"使得学校教育、家庭教育和社会教育能够各司其职,并不断凝聚和形成教育共识,在育人合力中落实立德树人的根本任务。
>
> 持续推动"双减"落地,让教育回归本真,要处理好以下几对关系。
>
> 一要处理好教育的工具性和价值性的关系。教育中的功利化、短视化等工具性倾向,一直是阻碍教育事业发展、造成学生学业负担过重的问题源头。人们对教育的多元价值追求导致越来越多的功利性目标被加之于学校和学生身上,基础教育承担了太多"基础"之外的东西,逐渐被异化为一种获取利益的工具,偏离了其"基础性"价值。
>
> 教育的价值性可以从两个角度理解:从个体角度而言,教育的最大价值在于促进人的全面发展;从社会角度而言,教育能够为国家培养合格人才。培养德、智、体、美、劳全面发展的社会主义建设者和接班人就是教育价值性的最大体现。过于强调教育的工具性使得教育的价值性被遮蔽。在当今社会环境和教育体系下,我们不能完全否认教育的工具性,学生的学习不能完全与升学、考试、找工作等脱钩,但是,教育的价值性是实现这些外在目标的根本和基础。
>
> 二要处理好教育公平与学生个性化成长的关系。满足学生个性化成长的教育公平是高质量的教育公平。"双减"之下,满足学生个体教育需求的任务更多落到学校教师的身上。关注个体与完成整体教学任务之间存在时间和精力上的矛盾。在高质量教育体系建设中,我们不能以低质量的公平抹杀学生的个性成长。这就需要教师不断研究学生、研究课堂,转变育人方式,探索推进分类、分层教学改革,在整体提升教育质量的同时,探索形成个性化辅导方案,实现教育公平与学生个性化成长的兼顾。
>
> 三要处理好学习负担与质量提升的关系。学习从来不是一件没有任何负担的事情,减负不是简单地降低课业难度,减少作业量,不能搞"一刀切"减负。因此,如何科学、合理界定"过重学业负担",使学生负担保持在合理的、适度的范围之内,是落实"双减"的关键之举。
>
> 四要处理好政策压力与改革动力的关系。教师是"双减"政策的直接执行者,这场变革要

求其必须改变业已熟悉的教学观念和课堂行为。教师要不断提高基于育人的课堂教学能力、基于证据的教科研能力、基于素养的作业设计能力、基于合作的家庭教育指导能力等。如何最大限度减少非教学类事务对教师的干扰，创造性开展教师学习和研究活动，有效激励教师投入改革，处理好政策压力与改革动力的关系，关系着"双减"政策落实的成色。

五要处理好家校合作与家校边界的关系。"双减"作为一项系统工程，需要学校、家庭、社会的深度参与。对于家庭而言，需要家长实现教育理性回归，遵循孩子成长规律，不做孩子成长的旁观者。《中华人民共和国家庭教育促进法》已正式实施，它将家庭教育由传统的"家事"上升为新时代的重要"国事"。在此背景下，我们应在法律框架下厘清家校边界，开展家校合作，形成教育合力。

资料来源：王欢. 推动"双减"落地，让教育回归本真[N]. 中国教育报，2022-02-25. 有删改

#### 3) 公共企业部门

公共企业部门即产权归政府所有或受政府直接控制的企业总和，如政府所属的供水、供电、供气系统等。公共企业部门局限于垄断行业，由政府官员或政府任命的代理人经营，经营目标受政府控制和影响，其产品或服务价格也由政府制定。

由于公共事业部门和公共企业部门归属于政府并受其直接控制，在实际生活中，人们习惯于把政府部门本身当作公共部门的典型代表。公共部门至少应具有以下两个行为特点。

第一，行为效果的普遍性，即公共部门活动所产生的效果会覆盖全社会或某一区域范围的单位或个人。

第二，行为过程的强制性，即公共部门拥有垄断性权力，其行为过程大多依赖于公共权力的行使，不以作用对象的意愿为转移。

### 2. 公共经济以弥补市场缺陷为目的

公共部门为何从事经济活动，这要从资源配置说起。从实践结果看，依靠市场机制的作用比采取其他方式更能提高资源配置的效率。这是因为，受到法律保护的私有财产权为经济主体的分散决策奠定了基础，从而能够最大限度地刺激人们去从事经济活动；以交换为基础的市场体系导致越来越细的专业化分工，从而极大地促进劳动生产率的提高和技术的进步；价格体系成为经济主体进行决策的信号，使人们有可能准确地把握和充分利用经济活动中的供求机会；竞争机制可使创新活动源源不断，同时也形成一种十分灵活的价格体系。

然而，只有完全竞争市场才能使资源配置实现帕累托最优状态(资源分配的一种理想状态)，而完全竞争是一种非常理想的市场状态，现实经济生活中的市场机制不是万能的，单靠它自身的作用达不到资源的最优配置状态，即存在"市场缺陷"，主要表现在以下几方面。

#### 1) 公共产品

公共产品是指具有非竞争性和非排他性的商品和劳务，非竞争性表明必须免费供给，非排他性表明无法把"搭便车者"排除在外。这样，以营利为目的的私人部门就无法通过市场提供公共产品。

#### 2) 外部性

外部性是指某个人或企业的经济行为影响了他人或其他企业，却没有为此付出代价或没有

获得应有的报酬。如果没有付出应有的代价，说明存在负外部性；如果没有获得应有的报酬，说明存在正外部性。由于成本与收益的非对称性，若由私人部门提供外部性产品，不是过多就是过少，两者都是资源配置扭曲的表现。

3) 规模报酬递增

它是指某些行业(如供水、供电等)具有经营规模越大、经营效益越好的特点，即这些行业具有平均成本递减的特点，因而独家经营的经济效益将远胜于多家竞争，这就天然存在竞争失效的可能性。

4) 风险和不确定性

完全竞争是以消费者和生产者都知道现在和未来产品与要素的价格为前提的，如果存在风险和不确定性，即不具有充分的信息或交易双方信息不对称，那么欺诈现象、产品积压现象等随之产生，则说明竞争是不充分的，市场运转也是不完善的。

5) 分配不公平

即便资源配置已经达到帕累托最优状态，市场所决定的收入分配状况仍是不公平的，因为收入多少是由生产要素决定的，而私有财产制度、家庭出身、歧视等因素会使个人拥有的生产要素存在很大差异，提供生产要素的机会也不均等，从而导致收入分配在起点、过程和结果上的不公平。

6) 失业与通货膨胀

依靠市场机制的自发运行，时常会出现失业、通货膨胀和经济失衡等问题。劳动力是重要的经济资源，较高的失业率意味着经济资源未能得到充分利用。通货膨胀会使价格不能充分反映边际成本和边际收益，从而影响消费者和生产者作出理性的选择。此外，通货膨胀也会加剧收入分配不公平。

公共部门从事经济活动的目的是弥补这些市场缺陷，换言之，市场缺陷的存在是公共部门开展经济活动的前提。公共经济的存在绝不是取代市场机制在资源配置中的基础性作用，凡是不存在市场缺陷的领域，就不能容许公共部门涉足。因而，现代经济体制实质上是一种混合经济，是由公共部门经济和私人部门经济有机构成的共同体。

3. 公共经济受正规和非正规制度的约束

传统财政学的基础是建立在国家干预经济活动具有合理性、能够符合公共利益这一假设之上的，公共经济学中的国家并不一定代表公共利益，政府官员并不是超凡入圣的。按照社会契约论的观点，国家是社会成员为了和平而相互订立契约的产物，在签订共同契约之后，人们便把一部分权利交给一个具有公共人格的政治共同体，每个人都服从它的管理和协调。这就是说，社会成员与公共部门之间实质上也是"委托人"与"代理人"之间的关系。然而，这种"委托—代理"关系有别于私人部门中的"委托—代理"关系，因为公共部门首先扮演着社会管理者的角色，在社会地位上它凌驾于其他市场主体之上；作为委托人的社会成员数目太多，缺乏有效的机制去监督作为代理人的政府官员；政府官员在公共经济活动中往往以非市场的方式进行决策。这些特点决定了公共部门的经济活动有可能超越市场缺陷的范围。

为确保公共经济活动恰好处于弥补市场缺陷的范围之内，就必须构建一种强有力的约束机制。这种约束机制就是制度。制度是什么？按照美国学者道格拉斯·诺斯的解释，"制度是一个社会的游戏规则,更规范地说,它们是决定人们的相互关系而人为设定的一些制约"。制度有两种形式:正规规则与非正规规则,前者是约束人们行为的所有成文的条款和合约,后者是社会流传下来的为人们所普遍认可的行为习俗。

公共经济活动受到的制度约束主要包括两个方面:一是正规的硬约束,就是由议会颁布的法律法规,来"规制"公共部门的经济行为,哪些经济活动应该由公共部门承担、应该采取什么方式承担等都要由法律授权。如果公共经济行为超越了法律授权的范围和程度,就视之为非法行为,公共部门必须承担相应的责任,其责任人应受到法律的追究和制裁。议会作为公共权力的制衡器,还必须通过履行质询权、调查权、弹劾权等职权,及时揭露公共部门的违法行为,制约公共权力的无限扩张。二是非正规的软约束,就是由社会公众通过舆论督促公共部门合理、合法地从事公共经济活动。如果公共部门的垄断性权力失去了强有力的软硬约束,将不可避免地产生公共经济活动的低效率、无效率甚至滋生种种腐败现象。从各国的实践结果看,只有受强有力的制度约束的公共经济活动,才能与私人经济活动相辅相成,并行不悖。

### 1.1.4 公共经济学的主要研究内容

公共经济学以公共部门作为研究主体,它与私人部门(企业)主要有以下两个基本区别:第一,向谁负责?是向选民负责,还是向投资者负责?一般说来,在民主政治体制下,公共部门的行为主要是向选民负责,而私人部门的行为则主要是向投资者负责。第二,是有关强制权的问题。公共部门的行为对于其行为接受者来说通常具有强制性,而私人部门的行为对于其行为接受者来说则不具有强制性。

与私人部门一样,公共部门的存在也会产生一系列相似的经济问题,主要包括以下几个方面。

1. 生产什么

在私人部门,生产什么由人们的消费偏好决定,人们的消费偏好通过市场价格信号(货币选票)引导企业进行生产选择,而公共部门的生产选择要复杂许多。

1) 不同主体的选择不同

公共部门内部经济主体有三类:既包括"非市场主体"部门,如政府机构;又包括"市场主体"部门,如一般的国有企业;还包括"准市场主体"部门,如教育部门。对于"非市场主体"部门,生产什么完全取决于"公共选择"的结果;对于"市场主体"部门,生产什么应该由市场价格信号来决定;对于"准市场主体"部门,生产什么由"公共选择"和市场价格信号共同决定。在现实中,三种不同的部门可以有不同的融合方式,加上公共部门可以与私人部门结合,这些情况都增加了公共部门生产选择的复杂性。

2) 不同产品的选择不同

公共部门生产的产品包括公共产品、准公共产品和市场产品。公共产品如国防、公共安全;准公共产品如教育、公共交通;市场产品如国有企业生产的各种产品。不同产品的生产选择途径与不同生产主体的生产选择途径相似。一般来说,不同的产品不一定对应不同的生产主体。这涉及另一个基本经济问题,即怎么生产的问题。

如果将社会产品简单地划分为公共产品和市场产品(私人产品),这里的公共产品简单定义为公共部门提供的任何产品和服务。在社会资源确定的情况下，公共产品的生产与市场产品的生产之间存在相互替代关系。在公共产品与市场产品之间进行选择是一个公共选择问题而不是市场问题。这种选择结果有时会对社会经济政治格局产生深刻的影响。如在战争时期，公共产品的生产大大超过市场产品的生产。在某些高福利国家，公共产品的产量较大；而在一些市场经济国家，公共产品的产量可能极小。

此外，在社会价值标准与私人价值标准发生冲突时，政府可以对私人产品的生产进行强制性限制，如政府禁止毒品生产。

### 2. 怎样生产

在私人部门，怎样生产是相互竞争的企业在利润最大化原则的驱动下，通过技术选择来确定的。在这个问题上，公共部门的选择同样是复杂的。

1) 公共部门必须选择生产主体

在西方国家，对于公共产品，政府可以选择由政府的"非市场主体"部门进行生产，也可以选择由政府的"市场主体"部门进行生产，甚至可以由私人部门进行生产；对于准公共产品，也有类似的生产选择问题，如教育。有些公共产品或准公共产品为符合社会价值原则，必须由政府的"非市场主体"部门提供，如国防、公共安全和强制性的义务教育。这种生产主体的选择同样可以极大地影响社会的整体经济效益。例如，如果将强制性的义务教育交给政府的"市场主体"部门或私人部门生产，整个社会的受教育范围和受教育水平会发生根本性的变化，甚至影响整个社会的发展水平。

2) 公共部门必须选择生产技术

这里牵涉到公共部门或国有企业的效率问题与激励机制问题。一方面，公共部门所提供的公共产品的价值由于缺乏市场价格而难以估计，尤其是公共部门提供的服务；另一方面，公共部门或国有企业的目标事实上是综合目标，像私人企业那样用单一目标衡量是不准确的。这样，公共部门所选择的生产技术或管理方式就不能保证是经济意义上最有效的，而最重要，也是最复杂和难以处理的是激励机制问题。

公共部门还可间接影响私人部门生产方式的选择。政府可以通过税目和税率的结构变化影响私人企业生产方式的选择。政府可以制定劳动法、环境保护法、反托拉斯法等法规，通过制定产业政策，以价格补贴等方式影响私人企业生产方式的选择。

### 3. 为谁生产

按照经济学的观点，在私人部门，收入分配是由各生产要素的边际贡献确定的。各个经济主体的收入由它所提供的生产要素的价格和它所拥有的该要素的数量共同决定。公共部门的一个主要目标就是纠正私人部门的这一分配方式与社会公平原则之间存在的偏差。除此之外，公共部门生产的产品也存在合理分配的问题。对于绝大多数公共产品来说，分配的问题实际是"公共选择"的问题。原因在于，除了极少数公共产品，如国防和公共安全，可以绝对平等地消费外，大部分公共产品只为一部分人提供便利。对于这些公共产品，政府在决定生产的同时实际上即决定了它的分配。如政府决定在哪里建高速公路，实际意味着政府决定将该公共产品分配给那些主要使用该公路的消费者。对公共部门生产的公共产品进行分配除了遵循大多数人受益的原则外，主要受不同的利益集团所支配。由于公共产品的生产必须耗费社会资源，公共产品分配不公意味着社会资源分配不公,因此,在一定的意义上,从社会公平原则的角度看,公共产品分配不公可能比私人部门收入分配不公更为恶劣。并且,由于公共产品的消费是不需要付出经济代价的,这可能导致对公共产品的滥用。

#### 4. 公共选择

公共选择的确定过程,是公共经济学的一个特殊主题。公共选择是指一个由社会共同决定作出的选择。例如,选择法律制度,选择国防建设的规模,选择教育经费的多寡等。一方面,"众口难调",人们的偏好不同,对事物的理解、判断和各自的价值观不同;另一方面,不同的公共产品有不同的受益人,不同的政策会给不同的人带来不同的好处,人们的利益会发生冲突。这一切都使公共选择比个人决策要困难和复杂得多。例如,有的人喜欢巧克力冰淇淋,有的人喜欢香草冰淇淋;有的人从公园中得到了享受,有的人则不然。若是私人产品,个人喜欢什么就买什么。喜欢巧克力冰淇淋的就买巧克力冰淇淋,喜欢香草冰淇淋的就买香草冰淇淋;但若是公共产品,则需人们坐下来共同决定,任何一个生活在家庭中的个人都对集体决定的困难性或多或少地有所了解。公共经济学的一个重要课题就是研究在民主社会中公共选择是如何作出的。

## 1.2 公共经济学的产生与发展

### 1.2.1 公共经济学的产生

公共经济学是由公共财政学发展、演变而来的。尽管公共财政实践和思想古已有之,但公共财政学的创立是由英国经济学家亚当·斯密完成的。亚当·斯密在1776年出版的著作《国富论》第五篇中分三章讨论了"支出""收入"和"公债"的问题,而且在许多问题上有独到的见解,从而确立了公共财政学的理论框架。然而,亚当·斯密对公共财政问题的分析,是围绕着政府收支及其管理而展开的,并且侧重对公共收入的分析而相对忽视有关公共支出的研究。这是与古典经济学派的主张即"廉价政府"的国家观和"自由放任"的经济观相适应的。这一传统一直为大卫·李嘉图和约翰·穆勒等人所沿袭,后人称之为"盎格鲁-萨克森传统"。

19世纪70年代发生的"边际革命"对公共财政学产生了深远的影响,促成了公共财政学逐渐向公共经济学的演变。奥地利学者萨克斯、意大利学者帕塔罗尼、马尔科、马佐拉等人开始把"边际革命"所产生的经济理论及分析方法运用到公共财政学的研究之中,就公共需求的性质与特征、公共产品的内涵与外延等问题进行了深入的探讨。瑞典学者维克塞尔于1896年出版了《公共财政理论研究》,独创性地把公共财政决策过程看作一个集体的选择过程;瑞典学者林达尔则在1919年出版的《公正课税论》中提出了"自愿交易理论",进一步以私人经济运行法则分析政府收支过程。由于这些学者大多以公共产品的有效供给为前提,更侧重对公共支出的研究,后人便称之为"斯堪的纳维亚传统"。然而,由于语言上的隔阂,19世纪80年代,奥地利、意大利等国学者所倡导的高深而又新颖的公共财政理论却未能广泛流传,直到1936年,意大利学者马尔科的著作《公共财政学基本原理》在美国翻译出版,英美学术界对此才有所了解。当时正是凯恩斯主义逐渐兴盛的时期,随着政府对经济的广泛干预,公共部门的活动范围逐渐扩大，越来越多的经济学家把分析的基点落在通过公共经济活动来弥补市场缺陷上，企图使混合经济体系既能保证自由和效率，又能体现公平和稳定。正是在这样的现实背景下，英美公共财政学由研究"政府收支"向研究"公共经济"转变。1938年，美国著名学者马斯格雷夫发表了《公共经济的自愿交易理论》，进一步完善了林达尔的理论。1947年，阿伦和布朗里出版的《公共财政经济学》首次采用马尔科关于"公共财政学是经济学"的观点，并认为公共财政学将很快变成对公共经济的研究。1954年，美国著名经济学者萨缪尔森发表重要论文《公共支出的纯理论》，第一次运用数学表达式给公共产品下了一个精确的定义。1956年，美国学者蒂博特发表《地方支出的纯理论》，首次探讨了地方公共产品问题。1959年，马斯格雷夫出版《公共财政学：公共经济研究》，首次提出公共经济三大职能理论，并把企业管理中的成本—收益分析方法引入到公共经济理论之中。

### 1.2.2 公共经济学的发展

20世纪60年代以来，公共经济学的研究进入热潮。1962年，美国学者布坎南与塔洛克合作出版《赞成意见的运算》，这是公共选择理论的经典之作。1965年，美国学者约翰森出版《公共经济学》，该书明确界定了公共部门的范围与特征，并且认为"公共经济"就是"公共性质"的"政府经济"，该书为"公共经济"这一概念的最终确立和完善作出了贡献。1966年，马斯格雷夫与皮考克合作编辑出版了《公共财政经典理论》，这部论文集对于公共经济的研究起到了很大的推动作用。同年，在美国还创办了以"公共经济学"命名的学会和杂志，并定期举行会议，这也促进了公共经济学的发展。此后，1967年哈伯尔出版的《现代公共经济学》，1970年霍夫曼出版的《公共部门经济学》，1978年布朗和杰克逊合作出版的《公共部门经济学》，也进一步阐述了公共经济的必要性和职能。1971年，美国学者尼斯卡宁出版的《官僚主义与代议制政府》，又对官僚供给公共产品的效率做了深入的分析。值得一提的是，在整个20世纪70年代，以布坎南为代表的美国学者在公共选择理论的研究方面取得突破性进展，他们成功地运用微观经济学的分析方法研究政治决策过程，对隐含在公共支出和税收水平背后的政治因素进行了深刻的分析。

20世纪80年代以来，高水平的公共经济学著作不断涌现。例如，1980年阿特金森和斯蒂格里茨出版的《公共经济学教程》，1984年鲍德威和威德森出版的《公共部门经济学》，1985年奥尔巴克和费尔德斯主编的《公共经济学手册》等，在学术界享有很高的声望。20世纪90年代以来，随着经济博弈论和信息经济学的发展，经济学家从市场非均衡和信息不完全等角度重新审视了政府与市场的关系，对公共支出制度和税收制度的有效性做了深入的探讨，从而出现了不少新著，其中包括1993年维克里出版的《公共经济学》，1995年迈利斯出版的《公共经济学》，1999年科奈利和孟罗合作出版的《公共部门经济学》等。这些著作的出版使公共经济学的发展越来越趋于成熟。

从上述发展过程可以看出，经济时代下经济环境的深刻变化，要求从过去单纯研究政府收支本身，转变到现今从更广泛、更深层的角度研究政府经济活动，即运用现代经济学的基本原理和分析方法，研究公共部门如何为弥补市场缺陷从事各种经济活动。公共经济学就是为了适应这种变化和要求而不断发展和完善的。

## 1.3 公共经济学的学科性质

### 1.3.1 公共经济学的研究任务

现代经济学理论既提出了市场失灵,也提出了政府失灵。公共经济学就是要在其中寻找政府干预和市场调节之间的最佳结合点,将两者的失灵降到最低。因此,公共经济学一直关注在弥补政府因市场缺陷导致的"市场失灵"问题的同时,也关注政府应该如何克服政府失灵的问题。公共经济学对公共部门参与经济活动时产生的诸如"政府失灵"问题并不回避,即要对非市场化决策的可能性与局限性加以分析,特别是对政治上的管理和抉择的分析,也就是对"公共选择"问题进行研究。此外,还要对公共经济与市场经济的交叉或共同领域的问题进行分析。

公共经济学也是研究公共决策的科学。公共决策作为选择的科学不是在不同的决策之间进行选择,而是在不同的选择原则之间进行选择。例如,当面对某种市场失灵时,考虑实行某种政府干预或者换一种组织和决策方式能否使情况有所改善,就涉及对选择原则的选择问题。与此相对应,公共经济学关注的现象很广泛,对外差因素、非歧视性垄断、市场准入、分配的公正、普遍存在的失业、通货膨胀、导致不稳定的投机、交换与市场关系对人类和文化及社会的影响、价格与工资标准等都应加以分析,旨在帮助、支持、补充、纠正或理顺市场机制,或者最终通过某些确切的决策过程或标准来取代市场的某些成分。

公共经济学既然有"经济"二字,就有效率要求。"政策设计中的效率问题永远是公共经济学的核心主题",例如,政府干预经济不能影响市场调节,以免影响市场调节的效率。政府取得收入必须考虑以最小成本取得。政府配置公共产品也要讲究效率,既要防止"免费搭车",又要防止养懒人。

随着社会经济的发展,公共部门在迅速扩张,除了政府本身的规模和范围在扩大,各种非政府组织(non-governmental organizations,NGO)、非营利组织(non-profit organization,NPO)也在迅速发展,在社会事务中发挥着越来越重要的作用。在发达国家,公共部门产值占国民生产总值的30%~70%。根据各种各样法规条例,介于纯公共与纯私人之间的机构大量存在。公共部门的迅速扩张使得公共经济学成为经济学研究的一个非常重要的领域。对公共部门进行这方面研究的必要性在于,公共部门的规模扩大势必会影响私人部门的资源配置。这种影响主要表现在以下两个方面:第一,公共部门的存在和规模扩大会减少可供私人部门使用的经济资源;第二,公共部门的行为会直接或间接影响私人部门的行为,进而影响整个社会的资源配置和使用效率。

为了加深读者的理解,我们可以将公共经济学的研究体系简要地归纳为"一个研究对象、两根理论支柱、三块专业内容和四大理论特征"。[①]

一个研究对象——政府的经济行为。通过对政府及其附属物经济行为的研究来探索如何建设一个廉洁而高效的政府,公平与效率兼顾的政府,具有中央和地方多层级的政府。

两个理论支柱——公共产品理论和公共选择理论。公共产品理论为政府经济行为的必要性

---

① 樊勇明.公共经济学导引与案例[M].上海:复旦大学出版社,2003:1-2.

和可能性提供了理论根据,是从理论上说明政府应该干什么,而且对于中央和地方政府的职能划分也有十分重要的理论意义;公共选择理论阐述了政府经济行为的合法性与合理性,是从理论上说明政府应该如何行动及其行动的基础。

三块专业内容——以公共产品的多层次性为其提供基础和研究起点的公共产品生产理论及其实践;以投票机制、官僚机构治理为研究重点的公共选择理论及其实践;以税收、公债、行政性收费以及借贷为主体的公共收入,和以政府消耗性支出、转移性支出为主体的公共支出共同构成的公共财政理论与实践。

四大理论特点——宏观性:公共经济引导和协调全社会资源的优化配置;对中央政府及地方政府都有所涉及;个人和家庭、企业偏好影响公共政策的取向,同时公共政策取向也在一定程度上支配经济个体的发展。实用性:有助于建设、完善社会主义市场经济体系;指导、推动政府职能转变;加强公务员队伍建设。学科综合性:涉及微观经济学、宏观经济学、福利经济学、财政学、政治学、社会学、伦理学等学科的诸多理论。可探讨性:随着学科发展的深入,仍有许多悬而未决的具有可探讨性的问题。

### 1.3.2 公共经济学的学科属性

公共经济学的研究对象决定了它的学科性质,即它是一门边缘学科,与经济学、政治学、管理学、法学、统计学乃至心理学等都有关系。其中,它与经济学和政治学的关系较为密切,可以说,公共经济学是介于经济学与政治学之间的一门学科。

1. 公共经济学与经济学

公共经济学与经济学的关系主要表现在以下两点。

1) 研究主题一致

经济学研究什么?大多数的经济学家都认为经济学是专门研究资源配置的,通常要回答生产什么、怎样生产、为谁生产以及如何决策等问题。公共经济学也是研究资源配置的,因而同样要回答上述几个问题。比如,公共部门应将多少资源用于国防、多少资源用于教育,这是"生产什么"的问题;哪些商品与劳务应由公共部门直接生产、直接提供,哪些可由私人企业生产但由公共部门定价,这是"怎样生产"的问题;哪些社会成员从公共产品中受益,哪些社会成员因纳税而作出牺牲,这是"为谁生产"的问题;公共产品决策的形成应遵循什么样的程序和方式,这是"如何决策"的问题。所以,公共经济学要解决的实质问题是:如何实现公共部门与私人部门之间以及公共部门内部的最优资源配置。相对而言,公共经济学与微观经济学的关系更为紧密,因为微观经济学以单个经济主体为研究对象,通过对居民效用最大化和厂商利润最大化的分析,探索社会资源的最优配置。既然公共部门经济活动的评判标准是资源配置的效率高低,那就有必要把公共部门也视为单个经济主体,然后分析其经济行为以及相关的经济变量关系。虽然自20世纪30年代以来,如何促进经济稳定成为公共经济学研究的目标之一,但总体说来,公共经济学研究的基点和重点仍在微观经济分析上。因为微观经济学的变化会引起公共经济学的变化。比如20世纪20年代以后,福利经济学兴起,公共经济学关于效率问题的分析就统一到福利经济学上来了。因为福利经济学侧重于研究如何通过改进收入分配以增加社会经济福利,即福利经济学更注重对资源配置方式的评估,属于规范分析。以公共支出、公共收入等为基本手段的公共经济活动必然影响国民收入的再分配，因而，福利经济学为公共经济学的规范性分析提供了理论依据。博弈论和信息经济学的兴起，又使经济学家重新审视公共部门与私人部门之间的关系，对公共支出制度和税收制度的有效性进行了全新的探讨。

2) 研究方法一致

公共经济学把"理性经济人"假设延伸到公共资源配置过程之中，认为政治领域的参与者和市场主体一样，都以追求自身利益最大化为行为动机。以此假设为基本前提，全面采用实证分析和规范分析等研究方法，借助实证分析方法考察公共部门的活动范围及公共收支的经济效用，借助规范分析方法以评估各种可供选择的制度和政策。此外，公共经济学还采用数理经济学和计量经济学的方法进行定量分析。虽然私人经济学以私人产品为核心概念，公共经济学以公共产品为逻辑起点，但是私人经济学中的许多分析工具，如帕累托最优条件、效用可能性曲线、生产可能性曲线、边际技术替代率、边际转换率、消费者剩余、生产者剩余、社会福利函数、无差异曲线等均被引入到公共经济学的研究之中。以利用这些分析工具，建立起理论和实证的经济模型，再通过模型进行严密的逻辑推断，在给定的假定条件下探讨各种经济变量之间的关系。

2. 公共经济学与政治学

公共经济学与政治学的关系主要表现在以下两点。

1) 活动主体一致

从历史上看，虽然早期的经济思想大多散见于哲学家的政治学论著中，但经济学的开山鼻祖亚当·斯密却只注重对私人部门经济的研究，新古典经济学更是努力摆脱政治学对经济学的影响，企图使经济学成为不含价值判断的"实证科学"。然而，自19世纪末以来，各国公共支出占国民生产总值(gross national product，GNP)之比大幅度增长，公共部门规模迅速扩大，这一事实不仅引起了经济学家的注意，也引起了政治学家的关注。美国著名政治学家伊斯顿(D. Easton)曾给政治下了一个定义，"政治就是社会利益的权威性分配"，此定义震撼了西方政治学界。这个定义表明，政治作为一种决策活动，其实质是社会利益的分配，但这种分配是通过权力得以完成的，因而具有权威性。迄今为止，伊斯顿的政治定义普遍为西方政治学家所接受，并被视为政治科学中的"革命性发现"。大部分政治学家都承认社会利益的权威性分配正是通过公共部门进行的，因为任何人都会在既定的约束条件下争取自身利益的最大化，政治决策过程正是面对各种利益冲突的压力进行权衡、妥协和平衡的过程。因此，政治活动与公共经济活动一样都以公共部门为主体，所不同的是政治学侧重从公共权力的形成和分配的角度来研究公共部门的活动。如果说以资源配置为研究主体是公共经济学与经济学的结合部，那么以公共部门为活动主体就是公共经济学与政治学的结合部。

2) 活动方式一致

政治学说、政治制度和政治行为总是以不同方式和程度影响着公共经济理论和实践。例如，各种课税理论都以不同的政治学说为基础，流行于世的"利益交换说"就是建立在社会契约论和个人主义的基础上解释政府为何征税以及公民为何纳税；再如，政府预算运作程序往往因各国政体性质而不同，通常，总统共和制国家的政府预算比君主立宪制国家具有更强的约束力。此外，公共部门内部上下级之间财权和财力的划分又与一国的国家结构相对应。一般说来，单一制国家中央政府财权和财力的集中程度都会超过联邦制国家。虽然很多经济学家一再强调，公共经济活动要"模仿"私人经济活动以追求效率为目标，可是，"模仿"终究代替不了现实。与私人部门相比较，公共部门配置资源的效率总是不尽如人意，个中缘由很复杂，其中一个重要的原因就在于，公共资源的配置常常按非市场的方式作出决策，效率低下是经济效率服从政治需要的结果。正如意大利学者帕塔罗尼所说："预算可以有众多不同的支出组合，每种组合都有不同的边际收益，对于议会和政府来说，最终确定一种组合是一件不容易的、争吵不休的事，但在理论上看来很困难的事——无限种支出组合的边际收益与不同规模的课税引起的损失之间的比较——实际上由建立在经济基础之上的一系列实务手段就能够很好地解决。"这里的"一系列实务手段"，就是指政治决策方式。总之，离开经济利益冲突去分析政治行为是不够深刻的；反过来，离开政治决策方式去分析公共部门的经济活动也是不切实际的。

## 1.4 公共经济学的研究方法

公共经济学既是一门理论学科，又有很强的应用性，它可以通过对公共产品提供量的增长与支出变化等关系的分析，来明确公共产品的性质、公共产品生产与发展变化的趋势。研究这样一门学科，需要运用多种研究方法。

### 1.4.1 实证分析与规范分析相结合

所谓实证分析，是指与事实相关的分析，它要回答的问题为"是什么"，强调经济理论要客观描述事实。实证分析要确认事实本身，研究经济本身的客观规律与内在逻辑，指出经济变量之间的因果关系。它不仅要能够反映或解释已经观察到的事实，还要能够对将来会出现的情况作出正确的分析与预测，也就是要经受将来发生的事实的检验。人们通常将描述经济如何运行或人们的经济行为到底是怎样的学问称为实证经济学。实证经济学企图超脱或排斥一切价值判断，只研究经济本身的内在规律，根据这些规律来分析和预测人们经济行为的效果，并作出量的测定。正如弗里德曼所概括的那样：实证经济学不受候选人价值观念或伦理观点的约束，它的目的不是描述"应该怎么样"，而是"实际怎么样"。实证经济学的任务是提供某种概括体系，用来预见影响人类活动和人类环境的某些变化及其后果。实证经济学的效果是由根据其预测与现实中可能观察到的现象在多大程度上达到一致来决定的。总之，实证经济学是一门客观科学。

规范分析则是指与价值判断有关的分析，它要解决的问题是"应该是什么"，并力图按照特定的价值判断调整或改变现实。规范分析要说明事物本身是否符合某种价值判断，或对社会有什么意义，从而为旨在实现某种目标的私人或政府提供行之有效的行动方针和政策处方。它涉及的问题不是探求有关事物之间是否存在某种因果关系，而是考虑应该如何去行动。

规范经济学以一定的价值判断为基础，提出某些标准作为分析处理经济问题的指南、树立经济理论的前提、制定经济政策的依据，并研究如何才能符合这些标准。我们知道价值判断是对某一经济事物作出是非好坏的判断。所谓好坏，就是对社会具有积极意义，还是具有消极意义。价值判断属于社会伦理学范畴,具有强烈的主观性与阶级性,作为规范经济学架构内的经济学理论会因个人的经济地位、生活环境的不同而不同。

显然,实证分析的内容具有客观性,所得出的结论可以根据事实来进行检验,不会以人的主观意志为转移;而规范分析所得出的结论,则要受到不同价值观的影响。它们之间存在"是"和"应该是"的区分,是事实和价值之间的区分,是关于世界客观性的论述和世界带有主观性的叙述之间的区别。这里所指的"价值"与"商品价值"的概念不同,这里的"价值"实际上是对一个事物好恶的社会评价。

但实证分析与规范分析两者并不是绝对排斥的,规范分析要以实证分析为基础,而实证分析也离不开规范分析的指导。一般来说,越是具体的问题,实证分析的成分越多;而越是高层次、带有决策性的问题,越具有规范性。即使是彻底的实证分析,也不可避免地带有以效率为准绳的价值判断,至于对什么问题进行研究,采用什么研究方法,突出强调哪些因素,实际上都涉及研究者个人的价值判断。

公共经济学的研究自然是既离不开实证分析,也离不开规范分析。实证分析要计算政策带来的均衡状态的变化,规范分析要评价政策福利方面的后果。通过实证分析,可以揭示公共经济学中基本的效率、公平、福利增加与损失等范畴与原理。通过规范分析,则可以在处理公平与效率的关系、公共产品供给的主体、政府在市场经济中作用的定位等问题上给出明确的答案。为了达到第一个目标,要求理论能够描绘经济主体如何作出行为选择,以及这些行为如何受到政策变化的影响。然后,将单个经济主体组合在一起,形成一个经济体系,再为此种经济体系提出一种均衡理论。政策评价以及最优政策选择必须为政策制定者明确指定一个目标,此前则应能根据每一种政策产生的均衡相关特征测算每种政策的绩效。这个评价过程代表的是规范经济学的应用。公共经济学的成功在很高程度上取决于这些方法的系统应用。

### 1.4.2 归纳与演绎分析方法相结合

公共经济学在方法论上的另一个特征是采用了演绎与归纳相结合的方法。归纳方法的标准是理论与经验证据是否最相符合,即理论越是符合经验证据,其理论证实的概率就越高,从而就越好。演绎方法的标准是理论是否能够容纳或包含更多的经验内容,经验内容越多,越具有可检验性(证伪性),越可以证明是较好的或进步的理论。按照这一标准,一个理论所对应或包含的事实或经验内容越少,概率就越高;相反,事实越多,其中可能与理论不相符的部分也就越多,从而理论证实的概率就越低。这与演绎方法的标准正好相反。演绎方法认为,经验内容越多,理论证实的概率越低,越能证伪,理论的科学成分越高;归纳方法则认为,经验内容越少,理论证实的概率越高,越能证实,理论的科学成分越高。

采用从特殊到一般的归纳方法得出的结论不可能是全真的,仅仅是一个概率问题。相比之下,从一般到特殊的演绎方法的长处就更加明显,但它需要作为演绎前提的假设(公理);而归纳方法正是找到最佳假设的工作方法,即从对众多个别经验或事实的考察分析中找出答案,并且通过观察事实来证明一个理论的正确,这正是归纳法的主题。公共经济学需同时用到归纳法和演绎法。作为逻辑方法的归纳法和演绎法之间是互补的。假设从归纳事实或借助逻辑力量的约定而来(如经济学中的完全竞争假设就没有经验基础),演绎用逻辑演算来找出或描述各概念之间的联系。检验既可以是经验性的列举归纳，也可以是完善推导的逻辑演算。

### 1.4.3 博弈论的广泛应用

作为一种研究方法，博弈论在公共经济学中得到广泛的应用。博弈论最早是由德国数学家莱布尼兹于1710年提出的。1713年，詹姆斯·瓦尔德格雷夫首次提出了博弈论中的极大中的极小定理，即损失的大中取小法，也就是我们通常所说的"两害相权取其轻"。1838年和1883年，古诺与伯特兰德分别提出了关于产量决策的古诺模型和关于价格决策的伯特兰德模型。1944年，数学家冯·诺依曼和经济学家摩根斯坦通过长达8年的合作研究，在《博弈论和经济行为》一书中，首次把博弈论应用于经济，并取得了成功。这一研究成果在以后的纳什、泽尔腾和海萨尼等一批数学家和经济学家的努力下又获得了进一步的发展。

博弈论是研究决策者在某种竞争下，当成果无法由个人完全掌握，而结局需视局中人的共同决策而定时，个人为了取胜应采取何种策略的一种数学理论和方法。它包括合作博弈(cooperative game)和非合作博弈(non-cooperative game)两种类型。合作博弈是假设存在一种制度，其对局中人之间的任何协议都有约束力；而在非合作博弈中则不存在这种制度，唯一有约束力的协议是自我实施的协议，即若给定其他局中人打算按该协议行动，局中人为追求自己的最大利益也将按该协议行动。因此，如果说合作博弈论的重点在群体，探讨合作的形式、过程以及合作中的成员如何分配他们的得利，那么非合作博弈论的重点则在个体，揭示个体应采取的对策。纳什均衡(nash equilibrium)就是指这种自我实施协议的非合作博弈论状态。在这种状态下，若其他局中人不改变其策略，任何一个局中人都不能通过改变自己的策略来增加自己的效用。换言之，在其他局中人的策略已定的情况下，一个人只能采取某种策略才能获得最大利益，任何策略的改变都不能使他的得利进一步增加，达到这种状态就称为纳什均衡。纳什均衡的核心思想是要针对其他局中人的行为方式和可能采取的行动来作出自己的决策，以谋取利益最大化。

公共经济学作为主要研究以政府为主体的公共部门行为方式的科学，它的研究涉及人与人之间的相互影响，社会集团与集团之间的相互合作、相互交易等问题，这一系列的"相互"加到一起就构成了我们通常所说的经济关系、生产关系或社会关系。在一个经济社会中，每个人、每个集团、每个阶层都有自己的特殊利益，都想通过自己的某种行动谋取自身利益的最大化。但公共经济学的出发点是要使社会福利(利益)达到最大化，在利益最大化的同时又不影响公共产品生产和供给的效率。为此，它就要处理好在一定量的资源状况下的合理配置问题。政策制定者应该用博弈论的观点来看待这些问题，考虑解决你有政策别人有对策的问题；即要想使自己的政策有效，就必须充分考虑到别人可能采取的各种对策，以使自己的政策本身符合纳什均衡的要求，这样才能达到预期的效果。

### 1.4.4 成本—收益分析法

成本—收益分析法也是公共经济学经常采用的方法。在交易费用为正时，经济人的基本行为准则就是行为的预期收益≥预期成本(即$R \geq C$)。这是经济人决定是否采取行动的必要条件，而采取行动的程序则在于边界条件：边际收益=边际成本(即MR=MC)，因为这时已实现了净收益(NR=R-C)的最大化。经济人的行为就是成本—收益分析的结果。人们的基本行为动机没有什么不同,都是追求利益最大化,而人们行为的差异则在于其收益较之成本的差异,这一差异源于个人价值观的不同。尽管有人认为"精细的成本—收益分析只不过是经济学家玩的智力游戏",但事实上成本—收益分析对提高效用的作用是十分明显的。

经济人在追求效用最大化的过程中,一切给他们带来负效用的因素,都要进入其行为的成本函数,即成本是为获得收益而付出的代价,它具有机会成本的属性。除生产性支出外,经济人行为的成本就来自别的经济人损人利己的机会主义行为。于是,在市场交易过程中产生的度量、界定和保证产权(即提供交易条件)的成本,寻找生产对象和消费对象的成本,打探交易价格和讨价还价的成本,订立交易契约的成本,履行契约的成本(生产性成本),监督契约履行的成本,违约造成的损失成本和制裁违约行为的成本,以及维护交易秩序的成本等,这一切成本都表现为对人的时间(包括闲暇)、脑力、体力的消耗,对实物形态的各种资源的消耗,以及对货币财富的消耗。总之,所有的交易成本都表现为人力成本、物力成本和财务成本。

除交易成本外,还有一种心理成本。例如,采取机会主义行为损人利己要冒受法律制裁、舆论谴责和名誉扫地的风险,以及要受到良心的责备,这些因素引发了心理成本。在这里,意识形态对心理成本的高低起到至关重要的作用。一般来说,拥有意识形态资本越多的人,越是风险厌恶者,机会主义行为的心理成本也就越高;反之,拥有意识形态资本越少的人,越是风险偏好者,机会主义行为的心理成本越低。因为,面对相同的收益,可能出现前者觉得得不偿失而放弃机会主义行为,后者则觉得有利可图而采取机会主义行为的情况。

凡是能给经济人带来正效用的一切因素都要进入其收益函数。这些因素正是经济人行为所追求的目标,如追求生理需要、安全需要、社会需要、尊重需要和自我实现(含利他主义)需要的满足,都能给自身带来正效用。它们可被分为物质(或经济)因素和精神(或非经济)因素两大类。一般而言,物质需要属于基础层次需要,精神需要则属于较高层次需要。意识形态在这里的作用表现为:当社会发展到一定阶段以后,尤其基本的物质需要能够得到满足时,拥有较多意识形态资本的人不仅偏好物质因素,而且更偏好精神因素。当"鱼与熊掌不可兼得"时,他们往往宁愿牺牲物质因素而保全精神因素,因为较高层次需要的满足能给其带来更多的效用,从而使他们在行为上追求更高层次需要的满足。而对拥有较少意识形态资本的人来说,他们的偏好主要局限于物质因素,即注重基本层次需要的满足。意识形态就是这样通过改变人们的偏好体系来影响其收益函数的。

无论是收益还是成本,都将以效用得失的形式出现,并最终转化为以个人保留价格的形式加以计量。因此,根据成本加/减收益计算,便可解释和预测经济人的行为倾向。我们只要掌握了个人意识形态资本的存量,就能对他人某一行为的成本函数和收益函数的值进行预期,从而判断其行为倾向。反过来,我们可以通过对个人进行意识形态投资,改变他的成本函数和收益函数,从而改变其行为倾向,达到引导、控制其行为之目的。在公共经济学里,不仅个人具有经济人性质,要获取利益最大化,某一组织、政党、政府也有经济人性质,都要达到利益最大化。政府是公共权力的社会占有者,在对公共权力分配的过程中也存在考虑自身利益的问题,也有自己的成本—收益核算方法。

## 复习思考题

### 一、名词解释

公共经济　公共部门　实证分析与规范分析　博弈论演绎与归纳　成本—收益分析

### 二、简答题

1. 公共经济学的研究对象有哪些？
2. 简述公共经济学与政治学之间的关系。
3. 简述公共经济学与经济学之间的关系。
4. 研究公共经济学主要采用哪些方法？

### 三、论述题

1. 试述公共经济学的产生与发展历程。
2. 试述公共经济学对现实经济分析指导的理论意义。

# 第2章 市场效率与公共部门职能

**本章学习目标**

了解效率的含义及市场效率条件；掌握资源配置方式；理解市场机制的运行特点；掌握完全竞争市场的效率分析；掌握市场有效的表现；理解市场低效和市场无效的内容及原因；掌握公共部门的四大职能；理解政府失效的内容、原因及治理。

**本章知识结构**

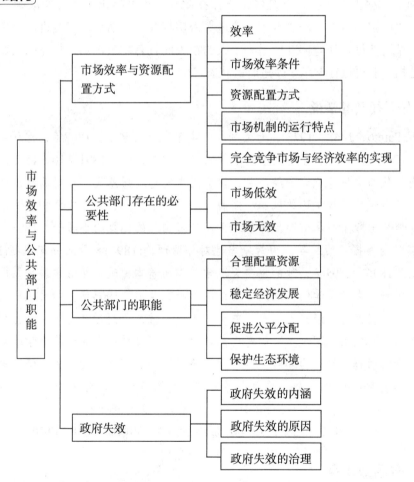

## 2.1 市场效率与资源配置方式

### 2.1.1 效率

现代经济学所说的效率通常是指帕累托效率。19世纪，意大利经济学家维尔弗雷德·帕累托提出了关于"效率"的定义。根据其定义,如果一种变动至少使一个社会成员福利增加,而不使其他任何一个社会成员福利下降,这种变动就是有效率的。有效率的经济是不存在上述变动的经济,或是满足上述条件的变动都已经发生的经济,即帕累托最优。

理解经济是否达到帕累托有效状态,需要区分这样一组概念:帕累托最优(pareto optimality)和帕累托改进(pareto improvement)。所谓帕累托最优,是指在既定的个人偏好、生产技术和要素投入量下,如果重新配置资源的结果不可能在不使他人处境变差的同时使任何一个人的处境变好,则此时的社会资源配置处于最佳效率状态。所谓帕累托改进,是指如果一个社会能够通过资源重新配置,在使某个人(或某些人)处境变好的同时,却不导致任何其他人的处境变差,则此时的社会资源配置效率提高了。一般认为,在完全竞争条件下,生产运行的结果将能够自动使得社会资源配置处于帕累托最优的状态之中,也就是市场的运行是有效的。

现代经济学还使用了其他的效率概念,如卡尔多效率。在现实生活中,通常的情况是有的人有所得,而另一些人有所失,于是经济学家在此背景下又提出了"补偿准则""卡尔多效率"的概念。"卡尔多效率"与"卡尔多改进"密切相关。所谓卡尔多改进,是指如果一个人的境况由于变革而变好,他能够补偿另一个人的损失而且有剩余,那么整体的效率得到改善。卡尔多效率是指不能再进行卡尔多改进时的状态。

## ▶专栏2-1  帕累托及其学说

帕累托(V. Pareto,1848—1923),意大利经济学家和社会学家。1867年,他获得数学和物理科学的学位。1889年,他萌发了将数学用于政治经济学的兴趣。1891年10月15日,巴黎的《双月评论》发表了他的文章《意大利经济》,该文因尖锐地批评意大利政府的经济政策而闻名,在意大利国内外引起抗议和争论的风暴。然而,帕累托继续大胆发表文章和演讲来攻击意大利的经济政策,他还出版了一本名为"保护主义及其影响"的18页的小册子。1893年,帕累托被聘为政治经济学副教授,第二年成为教授。他对外贸理论(1894)和收入分配法则(1895)的提出都有重要贡献。1896—1897年,他的重要经济学著作两卷本《政治经济学讲义》出版。该书坚决主张一般用于研究自然科学的标准同样应该用于研究经济。1905年,帕累托出版了《政治经济学教程》,该书仍然关注经济人问题。基于"不论是谁,要想对社会事实进行科学研究,他必须重视现实而不是抽象原理之类"的考虑,他放弃了经济学而专注于社会学。对于帕累托来说,社会学似乎对理解人的行为和研究经济学构筑了坚实的基础。帕累托在经济学领域的主要贡献包括:①提出序数效用概念,并由此得到经济均衡条件,这后来成为新福利经济学的基础;②定义了帕累托最优或效率概念;③提出了帕累托收入分配定律。

资料来源:杨志勇,张馨.公共经济学[M].4版.北京:清华大学出版社,2018:19-20.

### 2.1.2  市场效率条件

在市场经济下,帕累托效率的实现需要满足一定条件。

为了分析市场机制对资源配置的作用和能力,首先应假设一种纯粹的市场运行状态,在这种状态下,政府经济及其计划机制和行政手段被舍弃,而假设整个社会处于完全的私人经济和市场机制作用之下。这一分析,以生产技术水平、要素投入数量和个人偏好已定以及价格机制能够充分发挥作用等为假设前提,而以一个高度抽象的社会经济环境为对象。在这个社会中,只有两个人A和B,两种产品X和Y,两种生产要素(即劳动L和资本K)。

市场效率条件的获得可分三步进行分析。

第一步,求出交换效率条件。所谓交换效率,指的是将既定的产品X和Y分配给A和B两个人之后,形成了要重新分配X和Y而使一人过得更好,只能以另一人过得更坏为代价的状态。当$MRS_{XY}^A = MRS_{XY}^B$时,社会处于交换效率状态。这里,MRS(marginal rate of substitution)为边际替代率,即消费的边际替代率。$MRS_{XY}$表示某个消费者为了获得一个新增的X,而愿意放弃Y的数量,即$MRS_{XY} = -\Delta Y/\Delta X$(等式右边加上负号,以保证该值为正)。$MRS_{XY}$也可以视为最后一单位X和最后一单位Y的相对价格之比,即$MRS_{XY} = P_X/P_Y$。

第二步,求出生产效率条件。所谓生产效率条件,是指生产要素L和K的配置。在既定的产出水平下,要增加一种要素的投入,就只能以减少另一种要素投入为代价。当$MRTS_{KL}^X = MRTS_{KL}^Y$时,社会处于生产效率状态。这里,MRTS(marginal rate of technical substitution)为边际技术替代率。$MRTS_{KL}$表示在既定的产出水平下,生产者为了获得一个新增的K,而愿意放弃L的数量,也可以视为K的边际增量$MP_K$和L的边际增量$MP_L$之比,即$MRTS_{KL} = MP_L/MP_K$。

在生产可能性曲线上的任何一点的斜率,称为X对Y的边际转换率(marginal rate of transformation,MRT)。$MRT_{XY}$表示在L和K投入量既定的前提下,生产者为了获得新增的X,而愿意放弃Y的数量。它可以视为X的边际产量与Y的边际产量的价格之比,即$\Delta Y/P_X = \Delta X/P_Y$。

第三步,求出组合效率条件。由于上述效率条件是分别从消费领域和生产领域得出的,它们各自都不能单独代表整个社会的资源最优配置状态。这就需要将两个领域结合起来进行考虑,才能获得整个社会资源配置的帕累托最优条件,即组合效率条件MRS=MRT。

满足该条件的点有无数个,它们所形成的曲线,称为总效用曲线(grand utility possibility curve)。在埃奇沃思盒状图(edgeworth box)中,这些点的轨迹就形成一条契约线(contract curve)。

在完全竞争条件下,追求自身利益最大化的个人在其市场交易活动中,通过市场价格和有关产品的购买数量,能真实地表达自己的偏好和欲望。这样,在价格信号的指引下,市场自身能够实现帕累托最优状态。

### 2.1.3 资源配置方式

资源稀缺的问题是经济学研究的逻辑起点。任何社会可用来生产的资源无论在质还是在量上都是有限的,如土地(自然资源)、劳动力和资本,而这些资源要用来满足人类的无限、多样的需求,于是产生了资源如何最优配置的问题。资源配置问题主要是指经济学的三个基本问题:应用土地和自然资源、劳动、资本等要素来生产什么,如何生产,为谁生产。也就是说,怎样用有限的要素生产出尽可能多的产品,生产什么样的产品更符合人们的偏好,在消费者的收入一定的情况下,这些产品应在消费者之间如何分配才能使他们最大限度地获得满足。这三个基本问题事实上是通常所说的"效率"问题。应该用何种方式来作出资源配置的决策,公共部门应该如何促进社会资源的最优配置,这正是公共经济学要回答的基本问题。通常资源配置方式主要包括习惯、命令(政府)机制和市场机制。

1. 习惯

人们最初用来进行资源配置的方式是"习惯"。所谓习惯，是指人们在社会经济活动中长期形成的，并共同接受和普遍遵守的惯例。这种惯例通常具有法律或道德的约束力，从而成为传统社会中人们用来处理社会基本经济问题、进行资源配置时的一种方法和制度性约束。在由习惯支配的传统社会中，人们通常以家庭、部落或村庄为单位，通过世袭的分工制度来解决社会的生产和分配问题，其中"子承父业"构成了这种世袭分工制度的基本特征。在这种世袭的分工制度中，习惯作为一种稳定的社会力量保证了社会经济活动的秩序及其延续。但是，习惯在带来秩序和稳定的同时，也阻碍了社会的创新。正因为如此，传统社会的生产发展缓慢，社会呈现相对静止的状态，并且只能提供极其有限的物品来满足人类的需要。

2. 命令(政府)机制

命令(政府)机制主要是由政府来作出有关生产和分配的决策。这种政府可能是独裁式的，也可能是民主制的。在极端情况下，政府告诉人们应该吃什么、喝什么，应该如何生产食物和钢铁，谁应当生活富裕或生活贫困。在某种程度上，在社会动荡或经济危机时期，政府机制是解决社会经济问题的有效方法。但在经济发展的正常时期，这种方式必然造成经济决策权的集中和社会组织等级制度的产生，并导致社会经济活动服从上层特权阶层的偏好与利益，而不利于增进社会福利的消极后果。

3. 市场机制

在市场经济中，资源配置的基本问题主要是由一种竞争的价格制度来决定的。消费者、生产者和要素所有者拥有充分的自由选择权，他们从各自的经济利益出发，分散地、个别地进行经济决策，并通过市场交换和竞争达到他们的目的，调整他们的行为。

市场机制在提高资源配置效率方面显示出巨大的优越性，以至于当今世界越来越多的国家承认市场机制在资源配置中应发挥基础性的作用。

现代社会经济制度不纯粹地属于这三种中的某一种，更多的经济制度形式是同时发挥市场机制和政府机制作用的混合经济，但不排除在少数地区和场合习惯也会对经济制度的形成产生影响。

### 2.1.4 市场机制的运行特点

市场机制的基本特点是主要的价格和分配决策都是在市场上作出的。而市场运行是一种产品(或要素)的买方和卖方互相竞争，以决定其价格和数量的过程。在市场制度中，每种产品和每种劳务都具有价格，即使不同的人类劳动也具有价格(即工资率)。

一方面，如果任何一种产品的需求增加，卖方为了分配有限的供给，就会提高这种产品的价格，而较高的价格将导致更多的供给。另一方面，如果任何产品的数量超过人们在最新的市场价格下所愿意购买的数量，急于将库存产品出手的卖方就会压低价格，在较低的价格下，人们的需求将会增加，同时未来的供给也将减少，于是买方和卖方的均衡将恢复。

同样的道理也适用于生产要素——劳动、土地和资本的市场。例如，计算机行业需求更多的劳动者，该行业劳动者的价格，即他们的每小时工资，将趋于增长，这就会使更多的劳动者进入这一行业,从而使劳动力市场的供求恢复均衡。

概括地说,在市场机制下,经济学的三个基本问题可采用如下方法来解决。

1. 生产什么

生产什么取决于消费者的货币选票,即他们每天作出的购买这种产品而不是那种产品的决策。企业受到追求利润欲望的驱使,被引向生产需求大和利润高的产品,离开那些利润较低的部门。

2. 如何生产

如何生产取决于不同生产者之间的竞争。为了应付价格竞争和获取最大利润,生产者唯一能采用的办法便是选择效率最高的生产方法,以把成本压缩到最低。

3. 为谁生产

为谁生产取决于生产要素(土地、劳动和资本)市场的供给与需求。生产要素市场决定工资率、地租、利息率和利润,从而构成了人们的收入。因而,收入在居民之间的分配取决于居民拥有的生产要素的数量和价格。

市场作用下的竞争和价格机制如图2-1所示。

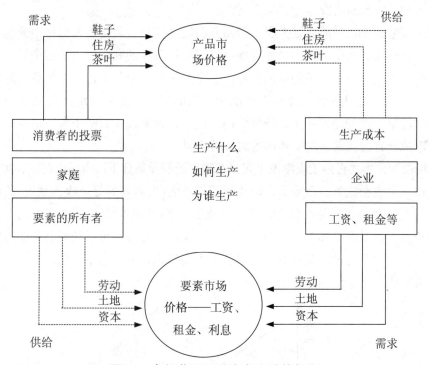

图2-1 市场作用下的竞争和价格机制

在图2-1中,一切需求关系用实线表示,一切供给关系用虚线表示。在图上部的产品市场中,消费者需求的货币投票和企业的供给决策发生联合作用,共同决定生产什么产品的问题。在图下部的生产要素市场中,企业对生产要素的需求和公众对劳动和其他要素的供给决定了工资、利息和地租等收入。企业为了购买生产要素和以最低价格出售产品而进行的竞争决定了如何生产的问题。

## 2.1.5 完全竞争市场与经济效率的实现

### 1. 完全竞争市场的效率分析

所谓市场，是指这样一个领域，买者和卖者通过协商进行产品交换。从消费者的立场来看，消费者可以买到其所需的产品；从厂商的立场来看，厂商可以通过出售产品而获得利润。所谓市场经济，是指这样一种社会场所(包括有形和无形场所)，人们在自愿分工的基础上，以自愿的原则进行交换，以满足各自的需要。

市场经济的核心是价格机制。通过价格机制，单个消费者和企业在市场上相互发生作用，解决经济活动的三大问题：企业使用成本最低的生产方式(如何生产)，生产利润最大的商品(生产什么)，并将商品提供给出价最高的消费者(为谁生产)。所有这些就是资源最优配置问题。在市场经济中，资源配置过程是一个经济行为人在最大化目标函数约束下和市场机制作用下的竞争过程。通过竞争，使资源流向符合最大化目标函数的位置，从而实现资源最优配置。

在没有政府干预的经济中，市场是"伟大的协调者"。在市场经济中，没有人命令谁该如何生产，谁该生产什么和销售什么，谁该购买什么和消费什么。人人追求的只是自身的经济利益，每个人只是根据市场上的价格信号决定自己的行为。然而，市场机制却像一只"看不见的手"协调着人们的生产和消费。

在亚当·斯密看来，最能满足人类生活需要的经济体制，就是让人们自由劳动、自由交换的市场体制。在市场经济中，人们"通常既不打算促进公共的利益……在这个场合，像在其他许多场合一样，他受一只看不见的手的指导，去尽力达到一个并非他本意想要达到的目的……他追求自己的利益，往往能使他比在真正出于本意的情况下更有效地促进社会的利益"。亚当·斯密的这段话，深刻地揭示了市场经济的本质，也就是说，若赋予人们追求私利的权利和自由，就会形成具有自我调节功能和作用的市场机制。

针对市场机制，古典自由主义学派主张，在特定的假设条件下，市场机制能够实现资源最优配置。假定在一个完全竞争的市场上，购买者或消费者(根据其偏好、收入状况)在市场中公开他们愿意支付某种商品和服务的程度；销售者或生产者(其成本结构既定)在市场上显示出他们愿意以各种价格提供其商品和服务的数量。这种买卖的意愿最终可以使商品和服务的需求和供应达到均衡状态，也就是说，某种商品和服务既不会提供过多，也不会供应不足。完全竞争市场的效率分析如图2-2所示。

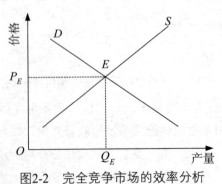

图2-2 完全竞争市场的效率分析

图2-2中，以横轴表示商品或服务的产量或供应量，以纵轴表示商品或服务的价格，$S$代表

市场供给曲线，$D$代表市场需求曲线。从销售者或生产者的角度看，当市场价格上涨时，其收益会随之增加，这会刺激销售量或生产量的增加，因此，供给曲线向右上方倾斜，表明价格越高，供给量越大。从消费者的角度看，只有当市场价格下降时，他们才愿意增加购买量，因此，需求曲线向右下方倾斜，表明价格越低，需求量越大。在图2-2中，当供给曲线与需求曲线相交于$E$点时，$E$点就是均衡点，这一点所对应的价格$P_E$就是能使供给量与需求量恰好相等的价格，即均衡价格，这一点所对应的产量$Q_E$就是均衡产量。

假如市场上商品的价格高于均衡价格，则供给量会大于需求量，市场上会出现商品过剩的现象，厂商不得不降价销售；反之，若商品的价格低于均衡价格，则需求量大于供给量，市场上会出现商品短缺的现象，消费者为了买到自己需要的商品，就不得不支付更高的价格。通过供求双方的自发调节，总能实现产量和价格的均衡，最终使资源配置达到最佳状态。

通过分析可知，在完全竞争的市场中，价格是资源配置的指示器，竞争性市场体系是社会资源的配置机制。在市场机制这只"看不见的手"的引导下，追求自我利益的个人和企业在自由市场中进行买卖交易，所有参与者在竞争性市场中进行自愿交易而得益，利用社会资源所生产的产值达到最大化，从而实现了资源配置效率。

进一步说，市场经济就是一种以交换为基础的生产社会化的经济运行方式，其实质是以市场为中心去配置资源，以市场机制为基础调节社会经济的运行。在市场经济条件下，市场机制总是对资源配置起基础性作用。

市场经济主要的优点就是对资源的高效配置。亚当·斯密曾对市场经济的优点作出这样的描述：①当个体追逐私利时，他好像被一只"看不见的手"引导着去实现公共最好的福利。②在理想的状态下，资源在物品的生产中可以达到有效配置；每个人都可以得到公平的报酬，经济的周期性波动可以被自动熨平。③政府对经济生活的任何干预都不会使世界变得更好，而只能使这个世界变坏。

2. 市场机制有效运行的前提条件

理论分析表明，在完全竞争市场中，市场机制是配置社会资源的最佳方式和途径。然而，所谓完全竞争市场是附加各种严格假设条件的市场，只有具备这些条件，市场机制的作用才能有效发挥。这些条件包括以下几个。

第一，市场上拥有众多的买者和卖者。这意味着市场必须是完全竞争的，每一个买者或卖者打算购买或能提供的产品数量都在市场总量中占有极小的份额，以至于每一个买者或卖者的生产或消费行为的变化都不足以影响市场价格的形成。换言之，市场中的任何一个买者或卖者都只是价格的接受者，而不是价格的决定者。如果一个或少数卖者控制了供给，这种市场被称为卖方垄断；如果一个或少数买者控制了需求，这种市场被称为买方垄断。由此而产生的价格使得资源配置迥异于充分竞争情况下的资源配置。当垄断市场出现时，资源配置是低效率的，就会造成社会福利损失。

第二，市场中的各种资源具有完全的流动性。这意味着包括人力、物力和财力在内的各种资源都能够在市场价格的引导下，在不同的企业、行业和地区之间自由地转移，不存在任何法律、社会或资金方面的障碍。有了这种流动性，市场机制的作用得到充分发挥，引导社会资源不断流向其社会价值最大的用途。

第三，买卖双方拥有完全的信息。这意味着买者和卖者了解相关市场的所有信息，包括产品的所有用途、特征及其发展趋势。在市场中，有这种"了解"，需要某种商品的人的支付意愿与供给这种商品的人的出售意愿之间的调和才能实现。没有这种"了解"，在市场中流露出的"意愿"只能是一厢情愿。如果只是部分表露出供求，市场就不可能有效地完成这种调和，相应的市场价格可能会偏离完全了解情况下的价格，导致资源配置低效。

第四，卖者所提供的同种产品是同质的、无差别的。这意味着卖方不会依据买方的消费习惯或偏好来调整品牌、包装或服务等，导致出现某种程度上的垄断。

理论研究表明，在满足上述4个基本条件的完全竞争市场上，有无数追求自身利益的理性的买卖双方，借助价格机制、供求机制、竞争机制，以及理性人之间的利益互动机制，将各种看似杂乱无章、缺乏秩序的经济活动予以有序化。换言之，借助市场这只"看不见的手"，社会经济系统实现了有效运作，其结果是社会资源配置达到了最优状态。

### 3. 市场有效的表现

#### 1) 信息传递

传递信息是市场的一个基本功能，它是指由于商品价值和供求的变化，引起商品价格的涨落，同时为生产者和消费者提供足够的商品稀缺信息的功能。市场传递的信息，就是市场发出的价格信号。因此，市场传递信息的功能也就是价格的功能，即价格充当"信号机"的功能。市场经济中，信息传递的关键，是尽可能以较低的成本、便捷的信息传输渠道和方式给当事人提供全面、客观、及时的信息，以减少当事人同某种环境相联系时的不确定性，提高当事人从事经济活动的效率和效益。

市场经济中，信息传递具有分散性、及时性和客观性的特点。从微观经济看，信息传递的分散性，使得生产者和消费者可以直接从市场上获取所需要的信息，既及时，又可靠；从宏观经济看，由于大量的日常信息的处理都是由市场直接传递给有关当事人来完成的，宏观经济的决策者或管理者在制定长期决策和一些基本决策时需要收集的信息就可以大大减少，有利于保证信息的及时性和准确性。同时，在有效竞争的市场体制下，价格的形成不是取决于某个人或某个集团的主观愿望，而是市场交换的各个参与者共同活动的结果，这样的价格能客观、真实地反映市场的供求状况。由此可见，市场传递信息的及时性、客观性和分散性，可以节省当事人在收集、加工、整理和使用信息各环节的成本费用。

#### 2) 利益刺激和竞争激励

这种刺激和激励，对企业(生产者和投资者)来说，就是利润刺激；对作为消费者的居民来说，就是选择有效的消费方式和消费结构，实现效用总和最大化和组合最优化的刺激；而对作为劳动力供给者的居民来说，就是自愿接受进一步培训和教育，不断提高自身素质和竞争能力，进而在激烈竞争的劳动力市场上谋求更好的职业和报酬的刺激。这种刺激的结果反映到宏观上就为经济发展提供了源源不断的内在动力。

市场是刺激竞争和优胜劣汰规律起作用的场所。按照马克思主义的观点，商品的价格不取决于企业的个别价值，而取决于社会必要劳动量。市场上这种个别劳动和社会劳动的矛盾，迫使企业不断地研制开发新产品、改进技术、降低成本、提高劳动生产率，把耗费在商品中的劳动降低到社会必要劳动量以下，以获取利润，从而在竞争中立于不败之地。作为劳动力的供给者,在劳动力市场的竞争中也面临类似的压力、动力和选择。在萨缪尔森看来,了解利润在引导市场机制方面的作用是很重要的,"利润给企业以奖励和惩罚。利润引导企业进入消费者需求数量较多的领域,离开消费者需求数量较少的领域,并且使厂商使用更有效率(成本最低)的生产技术"。

3) 调整、优化经济结构

调整、优化经济结构,是指市场机制能对经济结构(包括产业结构、产品结构、地区结构、企业组织结构、技术结构等)起到协调、平衡和优化。

首先,市场具有协调商品供求结构,使之趋于平衡的内在功能,这是通过价格杠杆的调节作用实现的。例如,当某种商品供不应求时,价格就会上涨,生产者一般会扩大生产量和供应量,而消费者一般会减少消费量和购买量,使供求关系逐渐趋于平衡;反之,当某种商品供过于求时,价格就会下跌,生产者就会减少生产量和供应量,而消费者会增加消费量和购买量,使供求结构趋于平衡。此外,市场价格的变化,还具有开发和利用代用品的功能,从而使商品供求结构趋于平衡的功能。当某种商品因需求增加而导致价格上涨时,消费者会减少对该商品的需求,同时会增加对代用品的需求,刺激代用品价格的上涨,从而引导生产者扩大代用品的生产或开发新的代用品,形成新的供求结构的平衡。

其次,市场机制具有优化企业效率结构和企业组织结构的功能,这主要是通过市场竞争机制和风险机制发挥作用来实现的。所谓优化企业效率结构,是指在激烈的市场竞争中资源会流向那些效率高的企业,从而使效率高的企业不断发展壮大;而那些效率低的企业终将被淘汰(破产、倒闭或被效率更高的企业兼并),结果是使企业的效率结构提升到一个新的高度。所谓优化企业组织结构,是指通过市场竞争的作用使企业规模保持在一个适当的水平上。而企业规模在一定程度上是由市场需求规模、市场需求变化的频率以及市场风险等因素决定的。大规模市场促进大企业的生产,小规模市场需要小规模企业;市场需求经常发生较大变化的产品适合于中小企业生产经营,而市场需求变化相对稳定的产品则适合大企业生产经营;市场风险机制一般会促使企业向大规模方向发展,中小企业往往因势单力薄难以承受市场风险的打击。

再次,市场机制具有优化产业结构的功能,这一功能是通过价格机制(实质是利润率高低)实现的。在一般产业部门之间,价格能够明确地告诉人们"是否有必要把资源从一个生产行业转到另一个生产行业"。当资源在产业部门的流入或流出,不能再为资源所有者带来更多的利润时,就表明资源在各部门之间的分配达到了均衡状态。这样,在价格和利润诱导下,资源的自由和充分流动会使产业结构、部门结构趋于均衡化、合理化。

4) 促进技术进步

市场在推进技术进步方面具有其他机制(如政府机制)不可替代的功能,其原因主要在于市场竞争的外在强制力。在市场经济条件下,竞争机制迫使经济当事人不断地、积极主动地在科技投入、研究开发、引进和吸收消化先进的技术设备等方面努力进取,以便在竞争中以性能最好、质量最优、价格最廉、成本最低的商品扩大市场占有份额,获取更多的利润,从而在激烈的市场竞争中立于不败之地。同时,技术自身的商品化或市场化以及劳动力市场竞争迫使劳动者和管理者不断地自觉接受培训,学习、掌握和运用现代科技知识等,也有助于推进科技进步。

市场竞争的基本形式有两种:价格竞争和非价格竞争。价格竞争是指通过降低产品价格以扩大市场占有份额，从而击败竞争对手的一种竞争形式。在价格竞争情况下，各个生产者为了扩大市场占有份额，增强自身竞争力，就必须降低成本费用，否则，若企业的销售收入因降价而长期不能抵补其成本费用，企业就难以生存，更不可能发展。因此，价格竞争实际上就是降低成本费用能力的竞争，而企业设法竞相降低成本费用，必然会推动技术进步。

非价格竞争是指在价格相同时，通过提高产品质量、增加花色品种或改善售后服务等手段扩大市场占有份额，从而在竞争中获胜的一种竞争形式。各种形式的非价格竞争在促进技术进步方面有时比价格竞争更为重要。例如，提高产品和服务质量，可以树立良好的企业形象；开发新产品和开辟新市场，可以更好地适应消费者需求结构不断升级和变化的需要。这都将在较长时期内给企业带来广阔的市场和稳定、丰厚的利润。然而，不论是提高产品质量和服务水平，还是开发生产新产品，都离不开开发研制和利用新技术、新材料、新工艺、新设备等，这都将促进全社会的技术革新和技术进步。

5) 促进效率提高

从理论上讲，完全竞争的市场机制能够实现帕累托最优状态，即最有经济效率的状态。尽管现实的市场达不到完全竞争市场严格假设的种种条件的要求，因而也就达不到资源配置的最有效率的状态，但是，这并不能否认市场经济具有提高经济效率的客观功能。市场通过竞争机制和价格机制引导资源的合理流动和充分有效利用，为生产者和消费者提供及时、客观的信息和充分的利益刺激，使经济当事人能对个别情况的千变万化作出迅速的反应。在市场经济国家，"市场解决效率问题，政府解决公平问题"的大致分工，在一定程度上说明市场机制具有促进经济效率不断提高的功能。

## 2.2 公共部门存在的必要性

公共部门是指广义的政府部门，即除了包括传统意义上的各级政府部门之外，还包括国防、教育、社会保险、医疗卫生和公用事业等准公共组织。公共部门在现代经济中占有相当大的比重，而且发挥着非常重要的作用。从经济方面分析，之所以需要建立和发展公共部门，主要是因为市场机制存在某些缺陷。

在现实的市场经济中，满足完全竞争性市场严格假设的种种条件的情况是很罕见的。因此，完全竞争市场的理论模型像"经济学家的乌托邦"，类似物理学中没有摩擦力的理想状态，它虽然有助于我们认识市场机制的本质，但毕竟不是现实。退一步说，即使满足了这些条件，从而使市场机制能够实现帕累托效率，它也不能解决诸如收入和财富分配不公、自发竞争导致的经济波动等问题。与市场有效一样，市场失效(market failure，也称为市场失灵)也是一种客观存在。经济学家把现实市场中不符合完全竞争假定条件，以及市场运行结果被认为不令人满意的方面称为市场失效。

市场失效可分为两种情形。一种是市场低效，它是指现实市场中存在不符合完全竞争假定条件的方面，而由于这些方面的存在，使市场机制无法实现对资源的高效配置。换言之，虽然完全竞争市场的结果是理想的，但现实中的市场并不是完全竞争市场，致使市场机制在资源配置的某些方面是缺乏效率的。另一种是市场无效，它是指完全竞争市场运行结果本身的缺陷，意思是即使现实的市场严格符合完全竞争的所有条件,但其运行结果也是不好的,是不符合整个社会要求的。

### 2.2.1 市场低效

市场低效和市场高效相对,主要有如下几种表现。

1. 竞争失灵或垄断

市场高效是以完全的自由竞争为前提的。完全自由竞争的市场要求每一个市场都拥有众多的买者和卖者,因为只有市场上的买者或卖者足够多,每一个人或行为主体才不会具有控制市场供求和价格的能力,市场的竞争性才不会受到影响。但是,在现实市场的某些领域中存在这样两种情况:一种是只有一个买者或卖者的市场,这种市场被称为垄断市场;另一种是受少数几个大厂商控制的市场,这种市场被称为寡头市场。在这两种市场中是不能通过市场竞争来实现理想目标的,因为垄断者可能通过限制产量,抬高价格,使价格高于其边际成本,获得额外利润。垄断限制了竞争,阻碍了生产要素的充分流动,造成资源配置的低效率,最终导致市场高效的丧失。造成这一结果的因素主要有产品差别、产品之间的不可替代性以及生产成本递减等。

其中,生产成本递减是因为在一些行业,如通信、供电、供水等行业中,大规模生产可以降低单位成本,提高收益,即存在规模经济,一旦某个企业占领了一定的市场,实现了规模经济,就会阻碍潜在竞争者的进入。因此,在规模经济显著的行业,特别容易形成自然垄断。在自然垄断的情况下,垄断者凭借自身的垄断优势,往往使产品的价格和产出水平偏离社会资源最优配置的要求,从而影响市场机制自发调节经济的作用,降低了资源配置效率。

2. 不能有效提供公共产品

公共产品(public goods,含公共服务)是与私人产品相对应的一类产品。区分或辨别公共产品与私人产品的标准通常是受益的排他性或非排他性,消费的竞争性或非竞争性。纯粹的私人产品具有排他性和竞争性,纯粹的公共产品具有非排他性和非竞争性。其中,排他性(excludability)是指个人可以被排除在消费某种产品的利益之外,当消费者付钱购买某种产品之后,他人就不能享用此种产品带来的利益;非排他性是指一些人在享用某种产品带来的利益时,无法排除其他人同时从此种产品中获得利益,或者说,在市场经济条件下,在技术上没有办法将拒绝为之付款者排除此种产品的受益范围,同时,任何人也不能用拒绝付款的办法,将其不喜欢的这类产品排除其享用品的范围。例如,每个公民都可以无差别地受益于国防提供的安全保障,每个人都可以从天气预报中得到气象信息等。竞争性(rivalness)是指一个人在享用某种产品时,会排斥、妨碍其他人同时享用该产品;而非竞争性是指任何人在享用某种产品时,不排斥、不妨碍其他人同时享用该产品,也不会因此而减少或降低其他人享用该产品的数量或质量。也就是说,增加一个消费者不会减少任何一个人对该产品的消费量;或者说,增加一个消费者,其边际成本等于零。例如,在街上的路灯下,行人数量的变化不会增加使用路灯的费用,也不会影响其他人获得路灯带来的好处。

在现实经济生活中,纯粹的公共产品与纯粹的私人产品并不是普遍存在的,更为常见的是居于这两个极点之间,既具有私人产品特性,又具有公共产品特性的"混合产品",也有人将其称为"准公共产品"。

一般来说,以排他性和竞争性为特征的私人产品可以通过交换的方式来决定其消费的主体,因此市场机制是实现这类产品生产的最佳途径。以非排他性和非竞争性为特征的公共产品,由于其提供者难以准确地核算他给每一个公共产品的受益人提供的利益,无法使每一个受益人公平地负担成本,无法回收成本赚取利润,以利润最大化为目标的市场主体是不会提供这类产品的;而公共产品受益者总想隐瞒自己的消费偏好,也不会自觉主动地向公共产品的提供者支付费用,由此出现所谓的免费搭车问题(free rider problem),从而使市场机制在这类产品的供应中失灵。但是,公共产品对消费者和全社会来说往往又是不可缺少的,因此,由政府提供公共产品,成为政府必须行使的职责。

### 3. 不能有效解决外部性问题

完全竞争市场要求所有产品的成本和收益都内在化,即产品的生产者要承担生产这一产品给社会带来的全部成本,同时这一产品所带来的全部好处都归这一生产者或该产品的购买者享有。而在现实生活中,有些产品或服务具有外部性,会产生外部效应(externality)。所谓外部效应,实际上是指私人成本与社会成本或私人收益与社会收益的非一致性。产生外部效应的主要原因是某人或某企业的行为影响了其他人或其他企业,却没有为之承担相应的成本费用或没有获得相应的报酬补偿。

外部效应可分为两种:一种是正外部效应(外部收益),即产品或服务给所有者以外的其他人带来了利益和好处,但所有者没能得到应有的报酬补偿。前述公共产品就是正外部效应的一个特例,这类产品的内部收益很少,其所提供的绝大部分收益都外部化了。另一种是负外部效应(外部成本),即产品或服务给所有者以外的其他人带来了损害,但受损者没有得到应有的损失补偿。例如,企业在生产过程中排放的废气、废水会污染环境,使生活在这一环境中的人们受到损害,而受损者并未得到补偿,污染者也没有承担相应的污染治理成本。

在存在外部效应的情况下,成本和收益不对称,其结果会远离帕累托效率状态。因为个人进行决策的时候,只是将其实际承担的成本和得到的收益进行比较,在无须对外部成本进行补偿的情况下,个人实际承担的成本会小于其活动的总成本,因而会过量从事产生外部成本的活动,由其决定的产出规模会大于社会需要的最优规模;相反,在外部收益得不到补偿的情况下,个人的选择是较少地从事该类活动,由其决定的产出规模会小于社会需要的最优规模。显然,这都不是资源的有效配置。

### 4. 信息不充分

完全竞争市场要求所有的生产者和消费者都掌握充分的信息,生产者知道消费者需要什么、需要多少,消费者知道关于产品的各种信息,如品种、性能和质量等。但是在现实的市场中,市场经济行为主体的独立性和分散性,加上信息越来越复杂,加工、处理信息的成本也越来越高,致使不论是生产者还是消费者都可能发生信息失灵。例如,生产者可能无法准确地知道消费者需要什么、需要多少,致使有时某种产品供不应求,有时又过剩积压;消费者也可能因不识货而受骗上当,或者因不了解市场行情而支付了较高的价格,或者购买了不完全符合消费需求的产品等。显然在这类情况下,市场是无法实现资源的有效配置的。

## 2.2.2 市场无效

**1. 市场无效的表现**

市场无效主要表现为以下几个方面。

1) 偏好不合理

个人偏好的合理性是市场竞争结果合理性的前提条件，因为市场就是按所有个人的偏好来配置资源的。在现实的市场中，某种东西可能给一个人带来较大的利益，但消费者本人没有意识到这一点，只给予它较低的评价(表现为价格很低时才愿意购买)；或者相反，某种东西给人们带来的好处并不大，或者有害无益，但消费者却给予较高的评价(表现为愿意以较高的价格购买)。我们把那些个人评价低于合理评价的商品称为优值品(merit goods)，把那些个人评价高于合理评价的商品称为劣值品(dismerit goods)。尽管人们对于什么是合理的偏好和怎样评价才是正确的并没有一致的看法，但人们可以认同的是，在现实市场中，至少某些人的偏好在某些方面不尽合理。例如，有人低估教育带来的好处，不愿为子女教育花费代价，导致学龄儿童弃学经商。从社会学和经济学的观点来看，教育，尤其是基础教育属于优值品。又如，有人高估香烟给自己带来的好处，愿以高价购买，而香烟以市场的观点来看属于劣值品。显然，消费者偏好的不合理性是需要纠正的，但市场机制却做不到。

2) 存在风险和不确定性

一些市场失效状态可能只存在于某些领域、某些部门和某些行业，而风险和不确定性对于市场来说，却是无所不在、无处不有的，其中的差别仅是程度的高低和范围的宽窄不同而已。这是因为市场经济就是风险经济，市场经济是以无数人的自发活动为基础的，是通过市场机制的自发作用而实现社会资源配置的。在充分竞争状态下，任何人都无法将自己的主观意愿凌驾于他人、凌驾于市场之上。这样，对于任何一个市场活动参与者来说，市场活动的结果均存在风险和不确定性。"在存在风险和不确定性存在的状态下，生产者和消费者只能按照不确定的价格行事，并且必须将可能的风险损失等均计入价格中。由于预计的风险与实际的结果总是存在或多或少的差距，这就无法保证市场价格信号始终正确。而一旦预期价格与市场价格发生严重背离，则意味着人们是依据错误的价格信号去配置资源的，其结果显然是不可能最佳化的。"[①]因此，风险与各种不确定性会造成某些类型的投资活动不能达到社会所要求的状态。

3) 收入分配不公

前文分析的市场低效的各种表现证明了光靠市场机制本身是不能实现帕累托最优的。然而，即使市场经济的运行能自行达到帕累托最优状态，也只是保证了资源配置效率的实现，并没有解决收入分配的公平问题。按照帕累托最优所揭示的原理，当一个人的境况得到改善而又不损及另一个人的境况，这时就存在一种福利的增进，即所谓的帕累托改进。但是，如果经济最初就处于不公平状态，那么越是接近帕累托最优状态，可能达到的收入分配结果越是不公平，也就是越高的效率往往自发伴随越不公平的分配结果。这是因为，市场是按照个人对生产所作的贡献(包括劳动和资本)的大小来分配收入的。由于每个人所拥有的体力、智力、天赋和资本在质和量上会有很大差别，人们在竞争中的条件、实力、能力不同，按市场规则进行分

---

[①] 张馨. 公共财政论纲[M]. 北京：经济科学出版社，1999.

配会造成贫富差距,而且这种差距又会成为收入分配差距进一步扩大的原因。收入分配的差距悬殊不仅会与公平目标相抵触,还会引起许多社会问题,最终会直接威胁到市场机制本身的存在。可以说,没有分配上的公平,经济的高效率发展也就不可能长久地维持下去。

4) 宏观经济失调

社会总供给与社会总需求的平衡是市场经济正常运行的基本前提之一。但是,在自由放任的市场经济中,自发的过度竞争不可避免地会导致各个商品与要素市场的供求失衡,进而导致社会总供求的长期大幅度失衡,造成高失业、高通货膨胀和周期性的经济萧条和危机等多种问题,其结果必然是破坏价格机制,使市场机制自身难以正常运行,从而最终导致社会资源配置的无效率。

现实市场经济中存在上述种种市场低效和市场无效的状况,表明需要有公共或集体的活动介入,并且以非市场机制的方式进行干预,而现实生活中公共活动主要是由作为社会生活组织者的政府来体现的,因而通过另一种资源配置系统——政府的力量对市场机制活动进行干预,就成为一种必然的选择。

▶ **专栏2-2  共有地的悲剧**

设想我们生活在一个中世纪小镇上。该镇居民从事许多经济活动,其中最重要的经济活动就是养羊。镇上的许多家庭都有自己的羊群,他们通过出售羊毛来养家。

当故事开始时,大部分时间羊都在镇周围的草场上吃草,这块地被称为镇共有地。没有一个家庭拥有土地,相反,镇里的居民集体拥有这块土地,所有的居民被允许在这块草场上放羊。集体所有权很好地发挥作用,因为土地面积很大,只要每个人都可以得到他们想要的有良好草场的土地,镇共有地就不是一种竞争性产品,而且,允许居民在草场上免费放羊也没有引起问题。镇上的每一个人都是幸福的。

时光流逝,镇上的人口在增加,镇共有地草场上的羊也在增加。由于羊的数量日益增加而土地面积是固定的,土地开始失去自我养护的能力。最后,土地变得寸草不生。由于共有地上没有草,养羊就变得不可能,而且,该镇曾经繁荣的羊毛产业也消失了,许多家庭失去了生活来源。

问题:引起这种悲剧的原因是什么?为什么牧羊人让羊繁殖得如此之多,以至于毁坏了小镇的共有地呢?

2. 市场无效的原因

导致市场无效的原因可以归结为4个方面:市场竞争的不完全性、市场功能的局限性、市场自身的不完善和市场外部环境的限制。

1) 市场竞争的不完全性

完全的竞争市场只是一种抽象的理论模式,现实中的市场很难符合完全竞争的条件。如生产者和消费者往往具有不完整的知识和不充分的信息,现实的市场会受到各种不完全的限制,比如进入或退出市场的条件限制,商品技术或就业的信息不充分,以及机会的不均等。不仅如此,随着社会化大生产的发展,现实中的市场还有远离完全竞争市场的趋势。例如,随着社会化商品经济的发展和规模经济的扩大,生产的集中化和专业化越来越重要,一些产业和行业具备了符合自然垄断的性质，这必然会产生垄断倾向，从而限制市场竞争作用的发挥。

2) 市场功能的局限性

市场功能的局限性是指即使满足了完全竞争市场的各种假设条件，在市场机制能够充分发挥作用的情况下，市场对一些经济活动的调节作用仍然是无力的。如外部效应问题、公平分配问题等，市场机制都显得无能为力。

3) 市场自身的不完善

市场自身的不完善是指市场自身不发达或者市场在运行中发生功能障碍，这也会造成市场功能不健全或遭受破坏而导致市场失灵。

4) 市场外部环境的限制

市场机制的充分发挥还必须有良好的外部环境和条件。现实中一些国家由于生产率水平低，商品经济不发达，与外界经济联系不密切，信息闭塞以及人为因素的干扰等，限制了市场功能的正常发挥。

## 2.3 公共部门的职能

随着西方社会经济的发展，市场失灵的程度越来越高，公共经济的规模越来越大，致使西方社会经济成为混合经济。所谓混合经济，是当代国家以社会目标弥补私人目标不足，以政府经济政策弥补个人经济决策不足，以政府调节弥补市场调节不足的一种经济体制。在混合经济体制下，国家与市场、政府与企业和个人通过职能分工与合作，以实现国家经济的稳定增长和社会福利的最大化。混合经济的主要特征是存在一个十分强大的公共部门。在混合经济体制中，有三大支柱：一是家庭，二是企业，三是政府。前两者称为私人经济部门，后者称为公共经济部门。公共经济是指各级政府生产、采购商品和服务的支出和收入所组成的那部分经济。那么，在混合经济体制下，公共部门应发挥什么样的职能呢？我们认为公共部门的职能主要包括以下4个方面。

### 2.3.1 合理配置资源

1. 公共部门的资源配置职能

公共部门资源配置职能是指公共部门运用一定的机制，通过财力分配，引导人力、物力的合理流向，实现资源的优化配置。它是社会资源配置的一种方式，是国家经济职能的体现，主要影响社会生产中生产什么和怎样生产。

资源配置理论原本是微观经济理论的组成部分，主要研究微观经济主体如何安排生产要素的投入，才能把有限的资源投入到能获得最大利润的产品和服务中去，充分合理地运用资源，取得最大的经济效益。随着社会化大生产的发展、资源配置实践的深化和理论的提高，资源配置理论逐步扩大到宏观领域。这在客观上要求在市场机制对资源进行配置的基础上，公共部门要介入社会资源配置的过程，承担起市场不能或不宜承担的资源配置任务，按照实现公共部门职能的需要，把社会资源在全社会范围内合理配置，获取最佳效益，使有限的资源最大限度地满足社会需要。

既然宏观领域资源配置涉及公共部门的经济行为，是公共部门的经济职责，而公共部门掌握的一部分社会资源，又主要通过以政府为主的公共部门来进行分配，这就使资源配置理论成为公共部门理论的有机组成部分，形成公共部门在优化资源配置中的政策原则，并成为公共部门的一项重要职能。这既是资源配置理论的深化，又是公共部门理论的拓展。它把公共部门干预经济是通过生产要素的配置来确保市场效率的思路进行了理论概括，对公共部门理论建设具有重大意义。

2. 公共部门的资源配置职能的内容

公共部门资源配置职能主要是指公共部门如何进行资源配置，即如何配置公共产品。公共产品的概念与私人产品相对应，它是指提供给社会成员共同消费的产品与服务，其特征包括效用的不可分割性、消费的非竞争性和受益的非排他性。典型的公共产品有国防、安全设施、社会公益基础设施及行政管理等。私人产品是指可以在市场上通过商品交换向社会提供的产品，它具有效用的可分割性、消费的竞争性、受益的排他性。还有一种性质介于公共产品和私人产品之间的产品，即"准公共产品"，又称为混合产品。这种产品一方面具有公共产品的某些属性，另一方面具有某些私人产品的特征，如医疗保健、卫生教育等。通过公共产品与私人产品的特性比较，可以断定公共产品不宜通过市场来向社会提供，而应该由公共部门来提供。

事实上，西方国家公共部门配置资源的范围，在其不同历史时期并不相同。在自由资本主义时期，公共部门配置资源主要在各政府部门内部进行。到了垄断资本主义时期，政府采纳凯恩斯主义的政策主张，通过降低税负、扩大政府支出和降低利率，来扩大社会有效需求，力求使大量闲置的资源得到运用。这样一来，公共部门不仅要为政府各部门提供产品和服务，还要促进经济资源的合理配置和充分利用，显然公共部门配置资源职能的范围扩大了。这时，公共部门资源配置职能的履行表现为公共部门运用公共政策，通过投资、贴息、补贴、政府融资、税收优惠等形式引导资源配置，使其与国家的产业政策和生产力布局所要求的方向相适应，进而达到充分就业、稳定物价和经济增长的目标。

到了20世纪中叶，一些经济学家针对凯恩斯主义的缺陷，进行了修改、补充和发展，形成了"后凯恩斯主义"。后凯恩斯主义中的新古典综合派，在凯恩斯宏观调控理论的基础上，强调了公共部门理论的微观作用，并主张政府的财政政策与货币政策应相互配合、协调运用、松紧搭配，以应对经济"滞胀"，从而实现资源优化配置，达到充分就业、稳定物价和经济增长的目标。后凯恩斯主义的新剑桥学派则认为，政府的预算支出和税收收入是国家推行经济干预政策的两大支柱，但要灵活运用。

20世纪70年代到90年代初，美、英等国家的新保守主义趁后凯恩斯主义无法解决持续"滞胀"问题的机会活跃起来，主张经济自由，减少国家干预，强调市场资源配置的优越性。例如，20世纪80年代初至90年代初，美国奉行供给学派和货币学派的理论，实行减税和增加军费并举的政策，但也主张从维护经济自由发展的角度，通过政府经济政策对社会经济流动进行调节，引导资源配置的优化。这种保守主义主张，在美国政府的实践中，存在使美国出现高赤字、高利率、高汇率、高贸易逆差的现象，导致美国经济出现结构性的不平衡。所以，从1992年起，美国又采纳了以国家干预经济、以宏观调控占主导地位的政府理论，强调运用政府的力量，弥补市场配置资源的缺陷。

尽管西方市场经济国家在不同时期的公共部门配置资源方面的具体政策不一样，不同国家也采取了不同的政府政策，但从总体上讲，现代市场经济是一种公共部门配置资源和市场配置资源相结合的"混合经济"。虽然市场对资源配置起着基础性作用，但其自身也存在不可克服的缺陷——"市场失灵"，易造成资源的浪费。因此，客观上需要寻求一种公共部门与市场相结合的资源配置的有效机制，以保证经济的稳定发展。

3. 公共部门的资源配置职能的手段

1) 财政支出是政府执行资源配置职能的重要工具

针对某些市场供给不足的产品，如国防、外交、治安等纯公共产品，部分准公共产品，私人经营容易产生垄断的产品等，政府可以通过财政补贴的方式鼓励该类产品的生产，以达到对于全社会而言最优的产量，如在基础产业、基础设施、高新技术产业等领域安排公共投资。

2) 税收可以作为政府执行资源配置职能的工具

现代政府主要通过税收筹集财政收入，税收成为政府提供各种公共产品和服务的重要资金来源。政府可以通过调整税率来鼓励或限制某些产品的生产，从而解决外部性问题。如果某些产品与劳务具有正外部性，那么政府对这些产品和劳务实行优惠的税收政策，可使其供应达到更有效的数量；如果某些产品与劳务发生负的外部效应，那么政府可对这些产品或劳务征以较重的税收，以增加其生产成本，减少其供给，使其产品的生产维持在一个合理有效的水平。

3) 对垄断进行直接管制

主要的方法有价格管制，即直接控制垄断者产品的定价；实施反垄断法，通过建立反垄断、保护竞争的法律，对违法的垄断企业提起诉讼，进行行政处罚或法律制裁；实行国有化，即对垄断性的企业实行国有化，由政府经营或控股。

▶ **专栏2-3 反垄断执法十大典型案例**

国家市场监督管理总局坚持以习近平新时代中国特色社会主义思想为指导，深入贯彻党中央、国务院决策部署，切实强化反垄断和防止资本无序扩张，保护市场公平竞争，维护消费者利益。现发布2020年反垄断执法十大典型案例。

一、四川省水泥协会组织6家水泥经营者达成并实施垄断协议案

经调查，2016年10月，四川省水泥协会组织和推动6家水泥经营者，在成都区域内推涨散装水泥价格，达成并实施统一散装水泥涨价时间、调价幅度的垄断协议。2020年12月，四川省市场监管局依法作出行政处罚，责令当事人停止违法行为，没收违法所得并处罚款共计5981.13万元。

二、浙江省嘉兴市二手车行业协会组织9家二手车交易市场企业达成并实施垄断协议案

经调查，2018年5月，嘉兴市二手车行业协会组织全市9家会员单位达成二手车服务费涨价协议，涉案9家企业均按照协议规定上涨二手车交易服务费。2020年12月，浙江省市场监管局依法作出行政处罚，责令当事人停止违法行为，没收违法所得并处罚款共计441.37万元。

三、山东康惠医药有限公司等3家公司滥用市场支配地位案

经调查，2015年8月至2017年12月，山东康惠医药有限公司、潍坊普云惠医药有限公司和

潍坊太阳神医药有限公司滥用在中国注射用葡萄糖酸钙原料销售市场的支配地位,实施以不公平的高价销售商品、附加不合理交易条件的垄断行为,排除、限制了市场竞争,损害了消费者利益。2020年4月,市场监管总局依法作出行政处罚,责令当事人停止违法行为,没收违法所得并处罚款共计3.255亿元。

### 四、南京水务集团高淳有限公司滥用市场支配地位案

经调查,2014年以来,当事人滥用在南京市高淳区城市公共自来水供水服务市场的支配地位,没有正当理由,限定房地产公司只能与其指定的设计、监理和工程施工单位进行交易,排除、限制了当地供水工程设计、监理和施工环节的市场竞争,损害了房地产公司和消费者的利益。2020年12月,江苏省市场监管局依法作出行政处罚,责令当事人停止违法行为,并处罚款182.09万元。

### 五、英伟达公司收购迈络思科技有限公司股权案

经审查,本案涉及半导体市场,具体包括图形处理器加速器、专用网络互联设备等5个相关商品市场。市场监管总局认为,此项集中对全球和中国GPU加速器、专用网络互联设备、高速以太网适配器市场可能具有排除、限制竞争效果。2020年4月,市场监管总局依法附加限制性条件批准本项集中。

### 六、丹纳赫公司收购通用电气医疗生命科学生物制药业务案

经审查,本案主要涉及生物制药仪器与耗材。市场监管总局认为,此项集中对全球和中国微载体、中空纤维切向流过滤器、一次性低压液相层析系统、中试/生产规模常规低压液相层析柱等10个市场,具有或可能具有排除、限制竞争效果。2020年2月,市场监管总局依法附加限制性条件批准本项集中。

### 七、阿里巴巴投资有限公司收购银泰商业(集团)有限公司股权未依法申报经营者集中案

阿里巴巴投资有限公司通过多种方式取得银泰商业73.79%的股权,并于2017年6月完成交割,在此之前未向市场监管总局申报,构成未依法申报违法实施的经营者集中,但不具有排除、限制竞争的效果。2020年12月,市场监管总局依法对阿里巴巴投资有限公司处以罚款50万元。

### 八、阅文集团收购新丽传媒控股有限公司股权未依法申报经营者集中案

阅文集团是腾讯控股有限公司的控股子公司。阅文集团收购新丽传媒100%股权,并于2018年10月31日完成股权变更登记,在此之前未向市场监管总局申报,构成未依法申报违法实施的经营者集中,但不具有排除、限制竞争的效果。2020年12月,市场监管总局依法对阅文集团处以罚款50万元。

### 九、山东省济宁市财政局滥用行政权力排除、限制竞争案

经调查,济宁市财政局在市政府发布《公交投入和补贴资金管理办法》及配套文件后,将国营公交公司纳入成本规制管理并进行财政补贴,但民营公交公司却一直未被平等纳入管理并享有补贴,构成滥用行政权力排除、限制竞争行为。调查期间,济宁市财政局积极整改,并向山东省市场监管局报送整改情况,已将民营公交公司纳入成本规制管理,并健全公交补贴政策长效机制。

### 十、湖南省怀化市住房和城乡建设局滥用行政权力排除、限制竞争案

经调查,怀化市住建局制定《怀化市区瓶装燃气行业整治工作方案》,要求怀化市城区瓶装燃气经营企业达成《联合经营框架协议》,整合销售业务;怀化市住建局燃气办对企业签订的有关协议予以鉴证,并拒绝有关企业恢复自主经营的要求,构成滥用行政权力排除、限制竞争行为。2020年6月,湖南省市场监管局向怀化市人民政府提出依法处理的建议。怀化市人民政府复函表示,怀化市住建局已整改到位,并对相关责任人员进行了追责问责。

资料来源:市场监管总局. 市场监管总局公布2020年反垄断执法十大典型案例[EB/OL]. (2021-09-04)[2022-04-05]. http://www.people com.cn. 笔者有删改

## 2.3.2 稳定经济发展

#### 1. 公共部门的稳定职能

公共部门的稳定职能,是公共部门运用税收、公债、转移支付、投资等政策手段,调节控制社会需求的总量与结构,使之与社会供给相适应,实现宏观经济稳定增长的职责和功能。公共部门的稳定职能强调政府要通过一定的政策手段使经济长期处于稳定状态,抹平经济周期的波峰与波谷,平抑通货膨胀与通货紧缩的交替出现。

一般来说,经济稳定增长,是相对于经济大幅波动而言的经济平衡发展状态。经济稳定增长模式,从根本上讲是国民经济在动态中保持均衡状态的客观要求。它体现为,在一定历史时期内,在较好的社会经济效益的基础上,国民经济协调稳定健康发展,使社会再生产保持良性循环的态势。

在不同类型的国家中,经济稳定增长的目标要求也不一致。在西方现代市场经济国家中,由于经济起点高、潜力小,经济增长速度保持在3%左右就算是稳定增长。它们的主要参照指标一般为资源的开发与约束、金融市场的稳定、国家贸易的拓展、人口与就业的协调、产业和生态环境的平衡。同时,还要考虑资本有机构成提高对劳动力的排斥、资本输出与国家市场的关系以及周期性经济危机对生产流通的冲击等。而我国是经济正在转型的发展中国家,生产力水平低、基础差、起点低、潜力大,经济增长速度通常在8%左右就算稳定增长。我国经济要想稳定增长除了要考虑市场经济发展的一般影响因素外,还要考虑我国的国情,考虑经济发展的不平衡性,考虑产业结构的调整与优化升级,考虑劳动力素质的提高,考虑投资环境的改善等问题。但是,不论什么国家都需要运用公共部门的职能来实现宏观调控目标。我国更需要公共部门来调节控制供求平衡,以实现社会经济的持续、协调、稳定、健康发展。

#### 2. 稳定职能的内容

公共部门的稳定职能的内容主要有促进社会总供需的平衡、抑制通货膨胀、促进国际收支平衡和实行社会保障等。

1) 促进社会总供需的平衡

一般来讲,社会总供给是指在一定时期内价格稳定的条件下,社会可投入市场的产品与服务总量,最终表现为积累额与消费额。社会总需求是指在一定价格条件下,对商品和服务有支付能力的需求总量或总购买力,最终表现为投资需求和消费需求。总供给与总需求的平衡,是

社会产品和服务得到全部实现、经济得以正常发展的必要条件。但是，在现实生活中，却常常出现供需失衡的情况。在总量失衡的情况下，一种情况是需求过旺，供给不足，经济发展过热，往往出现通货膨胀乃至社会动荡；另一种情况是需求不足，供给过剩，经济萧条停滞。不过，不论何种失衡都会造成经济发展的不稳定。经济波动是市场机制解决不了的，必须通过公共部门的干预，进行宏观调控。而公共部门则主要运用一定的政策手段对社会总需求进行调控，影响经济发展的速度和节奏，以保证经济稳定增长。

2）抑制通货膨胀

通货膨胀、物价大幅上涨是导致经济增长不稳定的重要因素。通货稳定与经济稳定增长存在密切的关系。公共部门为了实现经济稳定增长的目标，除了实行稳定的宏观货币政策外，通过宏观调控手段对通货膨胀、物价上涨进行控制，这实际上是与控制社会总供求联系在一起的。因为总量性的通货膨胀是社会总供需在总量上不平衡的表现，结构性的通货膨胀则是社会总供需在结构上不平衡的表现。同时，通货膨胀反过来又会造成经济社会不安定因素的发展，进而加剧社会总供需在总量或结构上的矛盾。因此，公共部门宏观控制通货膨胀方式的选择，必须从社会总供求的具体情况出发，制定科学有力的对策，使经济发展走上正常运行的轨道。

3）促进国际收支平衡

在影响经济稳定增长的因素中，国内经济平衡与国际收支平衡存在相互依存、相互制约的关系。一方面，国内经济可以把不平衡的矛盾适度转移到国际收支环节，以利于维持国内经济在一定时期内的稳定增长。例如，当国内供给不足，出现通货膨胀时，从国外增加输入商品和服务、扩大进口，可在短期内通过国际收支渠道，缓解国内经济供不应求的不平衡状况。当然，如果国内需求长期大于供应，则无法通过进口避免通货膨胀。另一方面，国际收支矛盾也会反过来给国内经济稳定增长带来影响。如果国际收支出现逆差，国家外汇储备减少，出现赤字，则必须大力缩减进口，这就不可避免地给经济带来波动，甚至使经济发展出现滑坡；如果国际收支出现较大盈余，国家持有的外国货币过多，也会对本国货币的需求产生影响，使本国货币发行量增加，甚至使本国货币、汇价出现上涨趋势，从而影响国内产品的出口，对国内经济产生不利影响。因此，公共部门在开放条件下要维持经济稳定增长，必须把国际收支平衡纳入公共部门管理范畴，实施宏观调控。

4）实行社会保障

公共部门的另一个稳定职能是可以履行社会保障职能，如实行失业保险、医疗保险以及养老保险制度等。个人可以为未来的不测事件购买保险。在多数情况下，人们寻求的是一种收入保障，以防个人由于健康状况不佳、老龄或被解雇而失去工作及收入。由于道德风险和逆向选择等情况的存在，使得通过私人市场解决上述问题存在较大的缺陷；又由于高昂的保费超出人们的承受范围，公共部门按一定的价格来提供社会保险，可作为克服市场无效配置的手段，同时也可以作为再分配的一部分。公共部门提供的社会保障可以保证社会成员在丧失劳动能力和遭遇不幸时获得基本的生活保障，从而实现社会的稳定。

另外，在研究公共部门的职能时，还应注意另一个问题，即公共部门的限度问题。如果公共部门的发展走向另一个极端——全社会的资源都由公共部门来直接进行配置，这虽然可以比较好地解决社会公平问题，即消灭由于财产占有的不平等所带来的矛盾与冲突，但无法解决由于消费者偏好不同所引起的矛盾,也无法更好地实现社会效率。

3. 公共部门稳定经济发展的手段

公共部门习惯采取多种手段稳定经济发展,在众多手段中,财政政策的地位举足轻重。财政政策可以和其他政策配合使用,其他政策主要包括货币政策、产业政策、投资政策、国际收支政策等。财政政策和货币政策的配合主要是松紧搭配,财政政策的松紧主要是以预算规模的扩张与收缩来衡量和判断的;货币政策的松紧则主要是以利率的升降及信贷规模的收放等来衡量和判断的。财政政策与产业政策、投资政策的配合主要体现为财政政策如何指导并协助产业政策与投资政策、国际收支政策的实施,可以通过投资、补贴和税收等多方面举措,促进经济平稳、较快发展,或者通过集中财力保证非生产性的社会公共需要,为经济社会发展提供平稳、安定的环境,调整和优化财政支出结构,加大农业、教科文卫、环境保护、社会保障和基础设施等领域的财政投入,使经济增长与社会发展相协调。

财政政策、货币政策、产业政策、投资政策、国际收支政策等都是政府的宏观调控政策,但是在宏观调控中,财政政策处于基础地位。这些宏观调控政策虽然不能消除经济波动,但可以减轻波动对社会的消极影响。如果没有财政政策的调节,经济波动的状况必定更为严重,这也正是公共部门的稳定职能存在的根本依据。

### 2.3.3 促进公平分配

1. 公共部门的收入分配职能

公共部门的收入分配职能是指公共部门在国民收入分配中,调节政府、企业、个人占社会产品价值的份额,改变国民收入在各分配主体之间的比例关系,实现分配公平合理目标的职责和功能。它对"为谁生产",也就是各市场主体在总收入中的份额,或者说生产的效益归谁享用产生影响。

从总体上讲,公共部门的收入分配职能要纠正市场经济的自发性和盲目性带来的社会分配不公。实践证明,单凭市场机制不能建立公平分配的模式,这就需要公共部门通过调节收入分配来改变利益格局,引导社会经济运行实现政府目标。

市场经济条件下,个人收入分配是通过微观层次和宏观层次两个环节进行的。微观环节的收入分配是各生产经营单位的内部分配,以效率为准则,以各利益主体为社会提供生产要素的数量和质量为依据。个人收入分配决定于生产资源所有权的分配,以及向市场提供这些资源所能获得的价格。个人收入即为个人所拥有的生产资源及向市场提供资源所能取得的收入总和。资本所得是资本的生息收入,土地所得是地租收入,劳动者所得是付出劳动力所得的报酬。由于现实生活中,客观存在人们的劳动能力、财产占有的差异,就业机会又不可能均等,造成了占有资本多的人收入高、仅靠出卖劳动力的人收入低的局面。同时市场机制要求对劳动者出卖劳动力的报酬以生产要素的"生产能力"为标准,生产要素的生产能力越强,收入越高,这无疑有助于资源配置效率的提高。但市场不能照顾生产能力弱或没有生产能力的人,即市场不能保证分配的公平合理。另外,垄断和机会不平等,使市场决定的要素价格不合理,从而造成收入分配不公平的现象。为了调整、缓解和弥补市场造成的收入分配不公的状况及其所引起的矛盾，就需要公共部门进行收入的社会性再分配。公共部门的分配职能是在市场微观层次分配基础上的再分配，是以公共部门为分配主体，以社会公平为准则，由公共部门进行的分配。这就形成了公共部门的收入分配职能。

2. 公共部门收入分配职能的实现

真正意义上的收入分配，即狭义的收入分配职能的内容，就是公共部门对个人收入分配的调节。因为市场进行的收入分配会出现不公平、不合理的情况，所以公共部门必须先充分考虑公共部门调节个人收入分配对企业的生产和投资决策以及个人的经济行为所产生的影响，权衡效率与公平，再决定公共部门调节收入分配的力度和方法。合理调整个人收入分配关系，使个人收入分配趋于合理化，力求达到效率优先、兼顾公平，有利于优化资源配置，促进经济发展，保障社会稳定的目标。

履行公共部门收入分配职能，就是要通过调节各利益主体间的收入分配，协调处理公平与效率的矛盾，实现公共部门的目标。

一般来说，公平与效率不是并行的。效率表现为生产要素充分且合理地被利用。公平是指国民收入、财富和社会福利分布状态上的平等，从横向上看，给予同等经济地位和同等生产能力劳动者同等待遇；从纵向上看，给予不同经济地位和不同生产能力劳动者差别待遇。通过公共部门进行调节，抑制经济地位高和收入高的，照顾经济地位低和收入低或没收入的。公平与效率是价值判断的结果。在不同国家、不同时期、不同社会经济文化背景下，公平与效率的衡量与评价尺度也不一样。现代经济学中，一般认为市场在提高效率方面发挥的作用较大，公共部门在维护公平方面发挥的作用较大。

3. 公共部门收入分配的手段

市场机制下的收入分配是初次分配，不能有效实现社会分配的整体公平，所以需要通过公共部门建立再分配机制对市场的初次分配结果进行调整。公共部门进行收入分配有很多手段，一般而言，主要包括税收、政府间转移支付和社会保障与社会福利支出三个方面的内容(由于后面几章对这三方面的内容有所涉及，这里仅作简单分析)。

1) 税收

税收是公共部门执行收入分配职能的主要工具之一，其目的是把资金从那些较富裕的人们手里征集起来，以缩小个人收入之间的差距。具有这种目的的税收主要包括以下几种。

(1) 个人所得税。通过超额累进的个人所得税来缩小收入差距。超额累进税制是根据收入的多少来确定税率，一般情况下收入越高，税率也越高，对高收入者按高税率征税，对低收入者按低税率征税，低于一定水平的收入免征所得税。例如，美国个人所得税的最低税率为11%，而最高税率在50%左右。

(2) 财产税、遗产和赠与税。这两种税主要都是针对富人的，因为低收入者的财产和遗产都较少。遗产和赠与税的税率一般比较高，普遍在50%以上，有些国家甚至高达90%，其目的在于减少由于遗产继承所引起的收入不平等。

(3) 消费税。通过对奢侈品等征收较高的消费税，让高收入阶层缴纳更多的税收。

(4) 社会保障税。社会保障税以企业的工资支付额为课征对象，由雇员和雇主分别缴纳，税款主要用于各种社会福利开支。在税率方面，一般实行比例税率，雇主和雇员各负担50%。

个别国家雇主和雇员使用不同的税率。社会保障税目前已成为西方国家的主要税种之一。凡是在征税国就业的雇主和雇员，不论国籍和居住地何在，都要在该国承担社会保障纳税义务。

2) 政府间转移支付

政府间转移支付是平衡政府间财政收入水平和各地区公共服务水平的重要手段。例如，在地广人稀的澳大利亚，各州之间的经济水平存在很大的差异，而各地居民却可以享用到水平相同或相近的公共产品。这在很高程度上得益于联邦政府的财政均等化。在我国，主要是通过中央财政拨款、政策与税收优惠等措施来平衡发达地区与不发达地区之间的收入差异。

3) 社会保障与社会福利支出

公共部门通过补助或救济金形式将资金转移给低收入阶层，从而使每一个社会成员维持基本的生活水平和福利水平。社会保障与福利政策主要包括以下几种。

(1) 各种形式的社会保障。例如，给失业者的失业津贴，给老年人的养老金，对收入低于贫困线者的贫困补贴，对有未成年子女家庭的补助等。这些补贴有的以货币为主要形式，有的以食品、衣服等实物形式实现。

(2) 向贫困者提供再就业培训计划。

(3) 提供医疗保障与医疗援助，解决低收入者看病难的问题。

(4) 建立最低工资法保障低收入者的基本收入。

(5) 向低收入者提供廉租房以解决其住房问题。

> **专栏2-4　完善收入分配制度促进共同富裕**

党的十八大以来，以习近平同志为核心的党中央把逐步实现全体人民共同富裕摆在更加重要的位置，采取有力措施保障和改善民生。党的十九届五中全会首次把"全体人民共同富裕取得更为明显的实质性进展"作为远景目标提出。为加快推进共同富裕，2021年8月17日召开的中央财经委员会第十次会议对共同富裕作出全面而具体的部署。2021年，中央经济工作会议进一步提出要正确认识和把握实现共同富裕的战略目标和实践途径。推进共同富裕，既要"做大蛋糕"，也要"分好蛋糕"，优化收入分配制度是实现共同富裕的重要制度保障。

首先，完善初次分配制度，提高分配效率。初次分配是生产要素根据其在生产中的贡献度取得报酬、参与分配的过程，这一过程通过市场完成。生产要素跨区域、跨行业、跨所有制畅通无阻地流动是提高资源配置效率、使各项要素获得平均报酬率的有效途径。例如，当劳动要素相对于资本要素丰裕时，短期内单位劳动获得的报酬低于单位资本获得的报酬，市场很快反映出资本的稀缺性，并通过市场机制促进劳动密集型行业的发展，随着市场对劳动的需求增加，从而推高劳动报酬，最终单位劳动和单位资本获得相同的报酬；反之亦然。因此，完善市场体系，提高初次分配的效率是实现共同富裕的重要前提，我国要素市场化改革滞后阻碍了初次分配效率的提升，包括：劳动力市场改革滞后，城乡二元户籍制度引起与之关联的教育、医疗、就业等公共服务的较大差异，导致劳动力纵向流动障碍、同工不同酬现象的出现；金融市场改革不到位，金融供给侧居民投资渠道少从而储蓄率高，导致长期存款利率低于通货膨胀率，金融需求侧不同规模市场主体获得资金的成本和难易程度差异较大，这些都加剧了金融收益的分化；城市建设用地在征收和出让环节市场化程度不同、城乡土地市场不统一等也导致居民财富差距拉大。

其次，加大二次分配的调节力度。初次分配主要依靠市场调节的作用，解决的是分配的效率问题，但仅依赖市场调节仍难以实现共同富裕，有时甚至会加大贫富差距，因为市场并不总是有效，比如垄断就会造成收入差距扩大。虽然垄断在很多情况下是市场竞争的结果，但垄断发展到一定程度会损害市场效率并影响收入分配的公平性，垄断者会凭借强大的市场占有率通过掠夺性定价、不正当竞争等排挤中小企业，导致财富越来越向少数大企业集中；垄断企业在劳动力市场上形成买方垄断，会压低劳动所得；垄断企业通过垄断势力提高产品和服务的定价从消费者手中获得更多剩余，会加剧收入分配差距。公共服务均等化是二次分配调节的重要组成部分，也是实现共同富裕的重要保障。通过加强教育、医疗、文化等领域社会性支出的均等性，不仅可以在短期有效缩小收入分配差距，而且从长期来看，教育、医疗等公共服务的均等化，有助于减少人力资本积累和未来就业机会的不平等，从而进一步缩小收入分配差距。

最后，鼓励与扩充第三次分配。第三次分配主要是指企业和个人在自愿基础上以捐赠形式实现的收入转移。虽然第三次分配是自愿而非强制性的，在实现共同富裕的过程中起到补充作用，但必须重视其实现共同富裕中的作用。根据马斯洛需求层次理论，人的需求从低到高分别是生理需求、安全需求、归属需求、尊重需求和自我实现需求，其中自我实现需求是人们达到富裕阶段以后的需求，包括道德、创造力等内容，捐赠等慈善公益行为正是人们在道德和公平方面的自我实现。发挥第三次分配在共同富裕中的积极作用，一是培育乐善好施的社会风气，释放企业和中高收入人群参与慈善公益事业的需求，让慈善捐助成为个人自我价值实现、企业履行社会责任的重要组成部分；二是推动第三次分配与二次分配中的税收政策相互衔接与配合，通过制定合理累进的遗产税、房产税、所得税、利得税或者对捐赠财物给予税收减免，来提高企业和中高收入人群的捐赠意愿。

资料来源：何德旭.完善收入分配制度 推动形成橄榄型分配结构[N].光明日报，2021-12-28.有删改

### 2.3.4 保护生态环境

如今，环境污染问题非常严重，大气污染、水污染、土地沙漠化、温室效应、噪声污染等给人类的生存带来了严重的威胁。资源枯竭、水质恶化、可耕地面积急剧减少、草场沙漠化等环境问题严重地阻碍了经济发展。人类对生态环境的破坏带来的负面影响在近些年越来越明显，保护生态环境理应成为当前政府的重要职能之一。在当前全球化大背景下，保护生态环境不仅应成为一国政府的责任，也应成为全世界共同承担的责任。特别是一个国家在工业化发展的过程中，经济发展与生态环境保护有着非常尖锐的矛盾关系。如粗放型的经济发展模式，以牺牲环境为代价来获得经济增长，从长远来说，这不是科学发展。可以说，如果不能很好地解决生态环境保护问题，之前通过市场经济发展积累起来的成果也会因为生态的失衡和环境的破坏而失去。

对于生态环境保护问题，用市场进行调节有着先天的不足。市场经济是以利润为基础的，在利润的推动下，企业可以进行各种各样的生产活动，只要政府和法律不进行干预，企业是不会考虑自身的生产是否会给生态环境带来破坏的，当然更不会出资出力主动进行生态治理和环境保护。由此可见，市场经济只能造成环境污染，而不能促进企业自发地去治理污染。利用市

场的力量来保护生态环境必定是失效的。生态环境保护问题是一个全球性的问题，是关系到人类生存和可持续发展的问题。因此，政府必须弥补市场的不足和缺欠，承担起保护生态环境的重任。

生态环境保护不仅关系到国民健康，也关系到国民经济的可持续发展。政府要加强生态环境保护的认识，将生态环境保护列入其职能范围内进行落实。同时，政府要制定各种政策法规，采取各种措施治理环境。另外，政府必须切实规范市场行为，有意识地引导企业发展绿色产业，引入市场机制进行环境保护。

▶ **专栏2-5　像保护眼睛一样保护生态环境**

北京冬奥会交出的"绿色答卷"举世瞩目。"水立方"变成了"冰立方"，首钢工业遗产化身"雪飞天"，以"不点火"代替"点燃"，以"微火"取代熊熊大火，千余辆氢能大巴穿梭于赛场，三大赛区26个场馆实现100%绿电供应……中国以实际行动兑现了"绿色办奥"的庄严承诺，成为历史上首个"碳中和"冬奥会，向世界集中展现了中国坚持绿色发展、建设美丽中国的坚强决心和不懈努力。

"绿色冬奥"是我国绿色发展的一个生动缩影。党的十八大以来，我国经济实力、综合国力跃上新台阶的同时，生态环境保护取得显著成效，美丽中国建设迈出重大步伐，天更蓝、水更清、山更绿、空气更清新。2021年，全国地级及以上城市空气质量优良天数比例提升到87.5%，地表水优良水质断面比例提升到84.9%。以国家公园为主体的自然保护地体系加快构建，正式设立三江源、东北虎豹等首批国家公园，建立各类自然保护地近万处，约占陆域国土面积的18%。2000年以来，全球新增绿化面积约25%来自中国。

绿水青山，来自力度前所未有的生态文明建设。党的十八大以来，以习近平同志为核心的党中央把生态文明建设摆在全局工作的突出位置，全方位、全地域、全过程加强生态环境保护，设置底线、划定红线、给出上线，全面开展蓝天、碧水、净土保卫战，一体治理山水林田湖草沙，推动形成绿色低碳生产生活方式。生态文明制度的"四梁八柱"逐步形成，生态文明建设现代化治理效能稳步提升，我国生态环境保护发生历史性、转折性、全局性变化。

绿水青山就是金山银山的重要理念深入人心。生态文明建设目标评价考核制度和责任追究制度建立完善，环境保护"党政同责"和"一岗双责"制度广泛推行，各级党政领导干部加强生态文明建设的认识增强、行动有力，坚决扛起生态文明建设的政治责任。从光盘行动到绿色出行，从植绿护绿到垃圾分类，广大公众践行绿色理念，争做"绿色达人"，环保、低碳日益成为新时尚。

"十四五"时期，我国生态文明建设进入了以降碳为重点战略方向、推动减污降碳协同增效、促进经济社会发展全面绿色转型、实现生态环境质量改善由量变到质变的关键时期。尊重自然、顺应自然、保护自然，像保护眼睛一样保护生态环境，像对待生命一样对待生态环境，加快形成节约资源和保护环境的空间格局、产业结构、生产方式、生活方式，厚植高质量发展的绿色底色和质量成色，建设人与自然和谐共生的现代化。

资料来源：程维嘉.北京冬奥已落幕 绿色种子正发芽[N].中国环境报，2022-02-24.

李红梅.像保护眼睛一样保护生态环境[N].人民日报，2022-03-02.有删改

## 2.4 政府失效

### 2.4.1 政府失效的内涵

在市场经济中，政府发挥各个方面的经济职能，是为了纠正、弥补市场的功能缺陷，或者恢复市场的功能，也就是说，有市场失灵的存在，才能有政府调节干预的必要性。但政府在弥补市场失灵的过程中，有时候要付出巨大的代价。政府干预经济的各种手段，在实施过程中也往往会出现各种事与愿违的结果和问题，最终导致政府干预经济的效率低下和社会福利的损失。也就是说，政府在力图弥补市场缺陷的过程中，又不可避免地出现另一种缺陷，即政府活动的非市场缺陷，学界称之为"政府失效"。

西方国家政府在20世纪30—60年代采取了一系列干预经济的措施。然而，20世纪70年代，这些干预措施存在的问题日益暴露，经济学家和政治学家开始注意"政府失效"现象。何谓政府失效？萨缪尔森描述为："当政府政策或集体行动所采取的手段不能改善经济效率或道德上可接受的收入分配时，政府失效便产生了。"

查尔斯·沃尔夫从非市场缺陷的角度分析了政府失效，他认为："由政府组织的内在缺陷以及政府供给和需求的特点所决定的政府活动的高成本、低效率和分配不公就是政府失效。"布坎南认为："政府作为公共利益的代理人，其作用是弥补市场经济的不足，并使各经济人所作决定的社会效应比政府进行干预以前更高。否则，政府的存在就无任何经济意义。但是政府决策往往不能符合这一目标，有些政策的作用恰恰相反。它们削弱了国家干预的社会'正效应'，也就是说，削弱了政策效果而不是改善了社会福利。"我们理解的政府失效，是指政府对经济干预不当，未能有效地克服市场失效，甚至限制和阻碍了市场功能的正常发挥，引起了经济关系的扭曲，加剧了市场缺陷和市场紊乱，未能实现社会资源的优化配置。

政府失效与市场失效一样是一种客观存在的现象，它是指政府克服市场失效所导致的效率损失超过市场失效所导致的效率损失。一般来说，政府失效表现为以下几种情形：其一，政府干预经济活动达不到预期目标；其二，政府干预经济活动虽达到预期目标，但成本高昂且效率低下；其三，政府干预经济活动达到预期目标且效率较高，但引发负效应。

### 2.4.2 政府失效的原因

政府失效是一种客观存在，这种失效既可能由政府组织自身内在的缺陷引起，也可能由政府官员在实施经济干预行为过程中的操作性失误所造成。政府失效的原因可以从以下几个方面进行分析。

1. 信息有限

信息不足是"市场失效"的表现之一，现实经济生活相当复杂，许多行为的结果是难以预料的，私人部门难以完全掌握的信息，事实上政府也很难完全掌握。斯蒂格利茨认为，如同私人部门面临的信息不完全一样，公共部门制定和实施决策时也有信息不完全的问题。例如，政府难以确定应把公共福利给予哪些真正需要关怀或帮助的人。如果要把真正应该享受福利的人与不应该享受福利的人区分开来，其成本可能是很高的。

## 2. 对私人市场反应的控制能力有限

政府不像私人部门,"车小好掉头",每一项政策的制定、实施及后续完善,需要一个很长的过程,其反应能力和控制能力不强。因而,政府采取某种政策后,它对私人市场可能的反应和对策往往无能为力。例如,政府采取医疗保险或公费医疗政策,却无法控制医疗费用的飞速上涨;一些国家为了吸引外资或鼓励投资,对外来资本或国内某些领域实行税收优惠政策,却难以阻止许多不应享受优惠的投资者也钻了空子。

## 3. 决策时限与效率的限制

一般政府作出一项决策要经过以下几个时滞。

(1) 认识时滞。这是从问题产生到被纳入政府考虑的这一段时间。如果是中央政府作决策,那么还要加上地方政府反映和报告问题的时间。

(2) 决策时滞。这是从政府认识到某一问题至政府最后得出解决方案的那一段时间,其中可能要经过反复的讨论、争论,须知,政府作出决策绝非易事。

(3) 执行与生效时滞。这是从政府公布某项决策至付诸实施以致引起市场反应的时间。

任何公共决策都不可避免地会经过上述时滞,在一些时候,当针对某一问题的政策真正开始实施的时候,情况已经发生了变化,原先的问题已不再重要,而解决新问题的决策又要经过上述时滞。

### 2.4.3 政府失效的治理

对于政府失效的治理,可以从以下几方面进行。

#### 1. 合理界定政府作用的有效性边界

市场失效可以靠政府弥补和纠正,应根据不同的制约因素,对政府的行为边界作出研究和规范。从发达国家的实践来看,一般来说,政府的行为"边界"可以大致勾画为以下几个。

(1) 对于竞争性领域,经济活动对政府的需求表现为提供法律保护,使各市场主体能在公平的环境下展开竞争,即政府作用的边界是制定法律、监督法律实施、反对不正当竞争、维护市场秩序,政府一般不介入微观层次的经济活动。

(2) 对于存在市场外部正效应的领域,政府需要明显扩大其范围;对于能够明显界定受益主体的准公共产品领域的生产和供给,政府的任务是完善收费制度,形成适度竞争的供给格局;对于受益范围具有全局性特征的公共产品,要以实施政府行为为主。

(3) 对于存在市场外部负效应的领域,政府的作用包括:对于能够明确界定外部效应的受害者和获益者且涉及当事人数量相对较少的领域,政府应合理界定产权,建立承担后果的法律规范;对于涉及面宽、不能明确具体利害相关者的领域,政府应实施直接的限制或禁止行为。

(4) 对于具有战略意义和高风险的产业,政府应积极施加影响,把政府投资和引导民间企业投资结合起来。

(5) 对于宏观经济的稳定,政府应当承担全部责任,主要采取经济手段,即依靠财政政策、货币政策和产业政策的联动作用。财政、货币政策的核心是需求管理,产业政策的核心是供给管理。

(6) 对于分配领域，政府的作用是保障劳动者权益、调节收入分配不公和实现社会公平。政府一般不介入初次分配，但具有保障劳动者权益的作用，如设立公积金、最低收入标准等，一般通过税收介入二次分配。

### 2. 提高政府决策的科学化程度

政府对社会经济的干预，主要表现为政府制定和实施各种经济决策或社会政策的过程。政府干预的成败和效率的高低在很高程度上取决于其科学决策的程度高低。而政府决策是一个十分复杂的过程，受种种因素和障碍的制约。为了避免决策失误造成社会资源的浪费，可以采取下列措施，提高政府决策的科学化程度。

(1) 根据市场经济的内在要求和客观规律，建立科学的决策程序、决策系统，建立决策的可行性研究和协调制度以及相对独立的信息、调研、咨询三位一体的决策服务体系，重点加强对宏观经济走势的检测、预报和分析，密切跟踪市场经济运行的态势，及时作出决策。注意发挥咨询机构的作用，保证政府决策的科学性和可行性。

(2) 建立和健全政府经济决策的评估、反馈制度，以追踪了解决策事项的落实情况，检讨决策得失以及分析决策投入、决策效率和决策效益，及时修正和完善原定决策方案。

(3) 建立经济决策责任机制、知识更新机制、成就激励机制、职业道德导向和约束机制，提高政府决策者素质，提高其驾驭市场经济的能力。

### 3. 提高政府机构的工作效率

可以采用以下措施来抑制政府机构的过度膨胀，提高政府的工作效率。

(1) 要把竞争机制引入政府部门。通过开展公对公的竞争、公对私的竞争、民对民的竞争，从三方面把竞争机制引入政府部门，可以打破公共产品生产的垄断，消除导致政府低效率的障碍，迫使公共生产部门对顾客的需求作出反应，鼓励创新，提高政府工作的效率。

(2) 要引进利润动机，树立投资意识。对于政府部门而言，对资产负债表的支出和收入两方面，往往关注的是支出，忽视回报。用企业精神改造政府，把利润动机引进政府，强化公共支出的投资意识，树立成本观念，对节省成本的财政节余允许政府各部门分享，降低政府支出。

(3) 对政府的税收和支出加以约束。政府活动的支出依赖于税收，因此对政府的税收和支出加以约束，就从根本上限制了政府行为，抑制了政府机构的膨胀。

## 复习思考题

### 一、名词解释

帕累托最优　　帕累托改进　　公共部门的资源配置职能　　公共部门的稳定职能
市场低效　　　市场无效　　　公共部门的收入分配职能　　外部效应　　公共部门
混合经济　　　政府失效　　　公共部门的环境保护职能

### 二、简答题

1. 实现资源有效配置的方式有哪些？
2. 市场机制有效运行的前提条件是什么？
3. 市场有效有哪些表现？

4. 市场低效有哪些表现?
5. 公共部门的稳定职能的内容是什么?
6. 公共部门实现收入分配职能的手段有哪些?

### 三、论述题

1. 试述公共部门存在的原因。
2. 谈谈你对公平问题和社会贫富差距的看法。
3. 公共部门促进经济稳定的措施有哪些?结合中国发展现状讨论这个问题。
4. 如何理解政府要实现保护生态环境职能?
5. 试述政府失效的原因及如何治理。

# 第3章　公共产品理论

## 本章学习目标

掌握公共产品的定义与特征；了解如何对公共产品进行分类与识别；善于分析一些重要的公共产品；理解提供公共产品的重要性；能够分析"搭便车"行为；能用博弈论的几个经典模型来分析为什么要提供公共产品；掌握由市场供给公共产品的缺陷；理解公共产品有效供给的理论；理解政府提供公共产品的必要性；掌握政府提供公共产品的方式和范围；掌握政府提供公共产品的效率及解决效率低下的对策；理解私人如何生产、经营公共产品；了解公共产品是否应该收费及公共产品的收费原则和定价标准。

## 本章知识结构

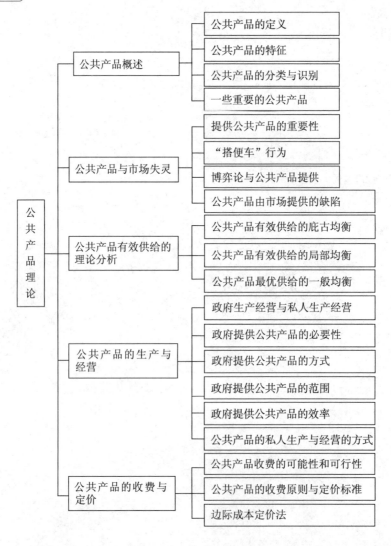

公共产品理论是公共经济学的核心理论，它要回答的问题很多。比如，什么是公共产品？究竟应该生产多少公共产品？在一个社会中什么是公共产品与私人产品的最佳组合？供应品应如何在公共部门与私人生产部门之间进行最佳配置？一个完全竞争的市场能够满足公共产品提供的最优条件吗？对于一个既有公共产品又有私人产品的社会来说，经济达到一般均衡的必要条件与充分条件是什么？政府如何合理而有效地提供公共产品以解决自身效率低下和市场失灵的问题？公共产品如何进行定价和收费？在本章，我们将要对上述问题进行研究。

## 3.1 公共产品概述

### 3.1.1 公共产品的定义

公共产品的严格定义是萨缪尔森在《经济学与统计学评论》(*Review of Economics and Statistics*)1954年第11月号上发表的《公共支出的纯理论》(*The Pure Theory of Public Expenditure*)中给出的。按照他的定义，纯粹的公共产品是指这样的产品，即每个人消费这种产品不会导致别人对该产品的消费的减少。

萨缪尔森定义的公共产品不同于公共所有的资源(如草原、石油等)。纯粹的公共产品是指任何一个人对它的消费不会减少别人对它的消费的产品，而草原、石油资源并不是这样。本书将公共产品定义为"那些在消费或使用上同时具有非排他性和非竞争性的产品或服务"。

### 3.1.2 公共产品的特征

通过上面的定义可以知道，公共产品具有非排他性和非竞争性这两个特性。

1. 非排他性

非排他性(non-exclusiveness)是指在技术上不可能将拒绝为它支付费用的个人或者厂商排除在公共产品或服务的受益范围之外。也就是说，公共产品或服务不能因为拒绝付款的个人或厂商而停止，任何人都不能用拒绝付款的方式把自己不喜欢的公共产品或服务排除在其享用范围之外。以国防为例，如果在一国范围内提供了国防服务，要想不让任何一个生活在该国领域的人享受国防服务是不可能的，就算是因为触犯国防政策而被制裁的罪犯，也仍然处在国防安全的保障之下。而私人产品或服务则不存在这种可能，私人产品或服务的受益是必须具有排他性的。因为只有在受益方面具有排他性的产品或服务，人们才会为了得到这种产品或服务付款，生产者才会在市场上提供这种产品或服务。

从一定意义上来说，受益的非排他性源于效用的不可分割性，是效用不可分割的派生。或者说，效用的不可分割性也可以作为其特征之一。纯粹公共产品的非排他性主要是由以下两个方面的原因来决定的。

(1) 技术上不易排他，如国防、路灯、环境治理等。在技术上没有办法将拒绝为公共产品付款的个人排除在公共产品的受益范围之外，或者说，公共产品的提供不能由拒绝付费的个人来阻止。任何人都不能用拒绝付费的办法，将其不喜欢的公共产品排除在其享用品范围之外。例如，上面所提到的国防，我们很难将某个生活在这个国家的人排除于国防保护范围之外，因为只要你生活在这个国家，就自然而然地在享受这种国防服务，即使是那些在政治上反对发展核武器并拒绝为国防费用纳税的人，也仍然处在核武器所提供的国家安全保障范围之内。

(2) 技术上可以排他，但经济上排他需要付出很高的成本，以致于其排他性不可行。例如，某个村落拥有一个牧场，这个村落可以通过在牧场周围安装铁丝网或安排值班村民等方法阻止外来的放牧者，但这样做的成本是相当高昂的，从成本收益角度来看，这个村落的负责人不会选择这种成本远远大于收益的方式。因而，这个牧场就成为公共牧场，其他牧民也可以在此牧场上自由放牧。

**2. 非竞争性**

消费的非竞争性(non-rivalness)是指某一个人或厂商享用公共产品或服务的同时，并不排斥和妨碍别人或别的厂商享用，而且也不会减少其他人或其他厂商享用该种产品的数量和质量。这种非竞争性是因为公共产品一般都具有不可分割的性质，因为这一不可分割的性质，公共产品在自身产生拥挤之前，每增加一个消费者的边际成本都等于零。也就是说，只有当一种公共产品达到充分消费的界限时，每增加一个消费者才会相应增加可变资本。消费非竞争性的产品例子有：不拥挤的桥梁，非满载的火车车厢，未饱和运转的计算机等等。这种消费上的非竞争性同样来自产品的不可分割性，增加一个消费者时，在上述产品还未达到充分消费时，则不用增加生产的可变成本。

相比之下，私人产品或服务的情况刚好相反，它在消费上具有竞争性，即某一个人或厂商对某种一定数量的私人产品或服务的享用，实际上就排除了他人或其他厂商同时享用的可能性。

需要说明的是，公共产品边际生产成本和边际拥挤成本都为零。也就是说，每个消费者的消费都不影响其他消费者的消费数量和质量。这种产品或服务不但是共同消费的，而且不存在消费中的拥挤现象。但事实上，因消费者增加带给供给方的边际私人成本为零并不能说明其边际成本为零。比如高速公路，对于高速公路的生产者来说，只要在公路不需要拓宽的情况下，每增加一个消费者并不会引起其生产成本的增加。但对消费者而言，高速公路快捷方便，消费者都愿意走高速公路，这样就导致大量的车辆涌入高速公路，这时的道路拥挤对消费者来说就是一种成本。在达到高速公路最大交通量之前，不存在道路拥挤，此时我们可以认为拥挤成本为零；而当消费者人数增加，在达到高速公路最大交通量之后，消费者就会感到明显的拥挤，而且拥挤的感觉和拥挤成本会与高速公路上的消费者人数成正比。由此可见，当一种公共产品产生消费拥挤时，就必须采取某种限制消费人数的措施，比如收费(税收等)，那么这时的公共产品已经不再是纯粹的公共产品了。

### 3.1.3 公共产品的分类与识别

**1. 公共产品的分类**

根据上文对公共产品两个特征的分析，我们大致可以将公共产品分为以下4种类型，如图3-1所示。

|   | 竞争性 | |
|---|---|---|
|   | 是 | 否 |
| 排他性 是 | 私人产品<br>购买的日用品<br>家庭购买的电器 | 俱乐部产品<br>收费的公路<br>收费的公园 |
| 排他性 否 | 公共资源<br>公共牧场<br>公共渔场 | 纯公共产品<br>国防<br>义务教育 |

图3-1 公共产品的类型

(1) 同时具有非排他性与非竞争性的纯公共产品。马斯格雷夫提出了纯公共产品的概念，它是指严格满足非竞争性和非排他性两个条件的产品。在现实生活中，这类纯公共产品很少，常见的典型的纯公共产品有国防、义务教育、有效率的政府等。

(2) 同时具有排他性与竞争性的纯私人产品。在性质上与上述纯公共产品完全相反的产品就是纯私人产品，这种产品在现实生活中比比皆是，此处不再举例。

(3) 具有非排他性与竞争性的公共资源。它是一类准公共产品，它的特点是在消费上具有竞争性，但没有办法排他，例如公共牧场和公共渔场。将这些产品归于公共资源的原因在于，一是这类准公共产品与纯公共产品一样，总量是既定的，具有向任何人开放的非排他性。这就意味着在公共资源的消费中也会出现不合作的问题，即由于每个参与者按照自己的理性行事，却导致了集体的非理性。对于纯公共产品，将导致其提供的不足；而对于公共资源，将导致过多地提供公共劣等品。二是公共资源的竞争性意味着个人消费的增加会给其他人带来负外部效应，即在对公共资源的消费超过一定的限度之后，也会出现"拥挤"问题。"拥挤"问题和负外部性的区别在于，带来拥挤问题的使用者本身也要承担其行为成本，而在负外部性中，带来这种结果的使用者本身并不承担其行为成本。

(4) 具有排他性与非竞争性的拥挤性公共产品。它也是一类准公共产品，也可以称为"俱乐部产品"，例如现实生活中收费的公路、收费的公园等。这类产品虽然在消费上具有非竞争性，但需要付款才能享用，从而达到排他性。由于这些产品的使用者数目总是一定的，当消费成员超过一定数额时就会发生拥挤现象，从而破坏其非竞争性特点，所以必须限制其使用者数目，正因如此，称这类公共产品为可以排除其他人消费的俱乐部性质的拥挤性公共产品。

**2. 公共产品的识别**

识别公共产品的步骤如下所述。

第一步，看这种产品或服务在消费中是否具有竞争性。如果具有竞争性，则这种产品肯定不属于公共产品的范畴；如果不具有竞争性，则转入第二步。

第二步，看这种产品或服务的消费是否具有排他性，如果不排他，则该产品有可能是公共产品或是需要限制使用的公共资源。

第三步，如果该产品或服务的受益既具有非竞争性，又具有非排他性，那该产品必然是纯公共产品。如果该产品在技术上具有排他性，这时要进一步分析该产品在排他时的成本问题。

如果该产品的排他成本很高,那么该产品属于纯公共产品的范畴。如果一种产品在技术上具有排他性而实现排他性的成本又比较低,则该产品属于排他性但非竞争性产品,即上面所说的"俱乐部产品"。

公共产品的识别步骤如图3-2所示。

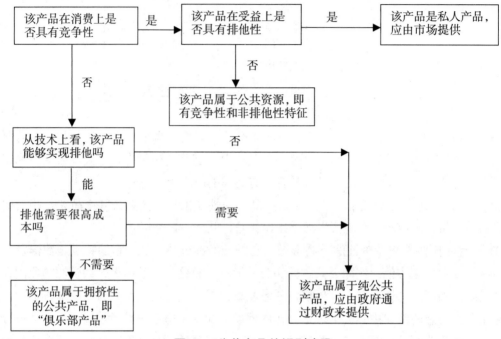

图3-2 公共产品的识别步骤

### 案例3-1 生态产品的属性分析

当生态优势转化为经济优势时,绿水青山就成了金山银山。践行"绿水青山就是金山银山"的理念,关键在于促进生态优势向经济优势转化,也就是经济学意义上的生态产品的价值实现。习近平总书记指出,"要积极探索推广绿水青山转化为金山银山的路径,选择具备条件的地区开展生态产品价值实现机制试点,探索政府主导、企业和社会各界参与、市场化运作、可持续的生态产品价值实现路径"。当前,许多地方正在进行生态产品价值实现探索,努力将生态优势转化为经济优势。

#### 一、生态产品价值的概念辨析

所谓生态产品,是指在不损害生态系统稳定性和完整性的前提下,生态系统为人类生产生活所提供的物质和服务,主要包括物质产品供给、生态调节服务、生态文化服务等。也有人把提供生态系统服务的载体理解为生态产品,譬如提供生态调节服务的森林、绿地。广义的生态产品可以理解为某区域生态系统提供的产品和服务的总称。生态产品价值可以定义为区域生态系统为人类生产生活提供的最终产品与服务价值的总和。

#### 二、生态产品的经济学特性

生态产品部分属于公共产品,部分属于公共资源。一般来说,生态产品具有以下几个特性。

一是外部性。公共产品和公共资源都具有非排他性，但公共产品是非竞争性的，公共资源则具有竞争性。从竞争性的角度看，生态调节服务和生命支持服务往往属于公共产品；物质产品供给服务、生态文化服务往往是公共资源。无论是公共产品还是公共资源都具有外部性。从本质上讲，生态产品价值就是一种外部经济，是生态系统向人类社会提供的正向外部经济。

生态产品的外部性会带来以下几个问题：一是公共产品的非排他性和非竞争性会带来"搭便车"问题，导致公共产品供给不足。二是公共资源的非排他性和竞争性会带来公共资源的过度利用，导致资源损耗、环境污染、生态退化等负外部性(外部不经济)。因此，生态产品的外部经济是动态变化的，如果处置不当，有可能造成负面影响。

一般来说，为了克服公共产品和公共资源的外部性带来的问题，需要引入公共治理。公共治理的手段主要包括：政府提供公共产品，对公共资源的利用实行一定的规制，也就是经济学所讲的使外部成本内部化。就生态产品价值实现而言，公共治理的任务既要防止公共资源过度利用带来的负外部性，又要防止"搭便车"导致的公共产品供给不足。公共治理的重点领域主要有生态基础设施建设投入、生态产品经营的发展规划、生态资源利用的统筹协调和规制管理等。

二是不可分割性。生态产品或生态系统服务具有不可分割性，不能无限细分，而且往往有一定的规模门槛。因此，对于生态产品价值实现而言，整体规划和统筹协调十分重要。这也是许多生态基础设施建设不能依靠个体或企业自发进行，而是需要地方政府的统筹规划，甚至建设资金投入也需要依赖地方政府的根本原因。

三是生态产品定价取决于质量。评价生态产品价值，取决于生态产品的质量而非数量，而且由于生态产品千差万别，导致生态产品的市场结构是差异化市场，市场竞争是差异化竞争，而不是同质产品的数量竞争。因此，生态产品质量的管理和维护，对于生态产品价值实现具有至关重要的意义。

资料来源：石敏俊.生态产品价值实现的理论内涵和经济学机制(节选)[N].光明日报，2020-08-25.

## ▶延伸阅读3-1 跨区域公共产品的特性分析

跨区域公共产品定义为在特定地理范围内，存在利益关联性的地方政府进行博弈和协商后，提供的具有正外部性和空间外溢性的公共产品。基于该定义，具体分析跨区域公共产品的特性。

### 一、特定地理范围内具有非排他性和非竞争性

区域是个覆盖范围比较广泛和复杂的概念，可以从地理和经济两个角度理解。从地理角度看，区域一般是指地理上相近或相邻的地区的集合，比如京津冀区域。从区域经济学角度看，区域是自然地理和经济学的结合，将经济要素相关或有经济活动相互来往的地区组成一个整体经济体，比如长江经济带等。也就是说，在一定的地理空间内，某个特定的区域体中的自然资源、经济行为、社会制度、人力资源、教育水平以及交通设施等因素相互影响，相互作用，共同对该区域整体的经济社会发展产生影响(Sandler，2006)。从传统公共经济学来看，区别于全国性公共产品和地方性公共产品，跨区域公共产品是指受益范围跨越多个地区，在区域内具有

非排他性和非竞争性,并且由多个政府主体共同提供的公共产品。

### 二、利益关联性

跨区域公共产品即跨越不同行政规划地区,由多个政府主体、多级财政共同管理的公共事务或提供的公共产品。自分税制改革以来,我国政府按照"一级政府,一级财政,一级预算"的原则履行公共职能。不论是跨省、跨市,还是跨县级都可以从不同程度和规模上认为是跨区域,跨区域公共产品是由区域内多个政府主体、多级财政共同参与供给的公共事务。公共产品实质上是一种共同利益,公共产品供给的过程包含集体行为或共同行为。从行为经济学这个角度看,跨区域公共产品是某个区域内的利益相关者,出于共同的利益,在经过博弈后集体选择的结果。

### 三、正外部性和空间外溢性

外部性是指个人或者集体的行为和决策使得另外的个人或者集体获益或受损,或者说个人或集体没有承担完全的行为成本或享受到完全的行为收益。正外部性是指社会收益大于个人收益的部分,其他获得收益的主体不用为获益额外负担成本。跨区域公共产品涉及多层次和多维度地方政府间的利益。跨区域性公共产品的收益除了覆盖提供公共产品的地区外,同时也会外溢至两个或两个以上地区,具有收益的空间外溢性。

资料来源:石英华,刘彻.跨区域公共产品有效供给的困境及其对策[J].地方财政研究,2021(10):35-41,51.

### 3.1.4 一些重要的公共产品

在我们的生活中,能够随时接触很多公共产品,如国防、义务教育、公共医疗等,下面我们着重分析三种较为重要的公共产品。

#### 1. 国防

政府将一部分公共财政用于国防建设,来保障国家安全和领土完整,是完全有必要的。国防建设关乎国家安全,也影响每个国民的生产和生活。如果国家安全不能得到有效保障,将会对整个社会稳定产生不利影响。因此,国家财政有必要为建设一支与我国国际地位相称、与国家安全和发展相适应、能巩固国防的强大军队提供必要的预算支持。为了维护国家主权、安全和发展,适应我国特色军事变革的需要,我国政府在社会经济快速发展、财政收入稳定增长的基础上,保持国防费用的合理适度增长。

#### 2. 基础研究

知识创造也是一种公共产品。知识分为一般性知识与特殊技术知识。一般性知识,如数学家证明的新定理,该定理将会成为人类知识宝库的一部分;特殊技术知识,如一种高效电池的发明,发明者可以申请专利。专利制度使特殊技术知识具有排他性,而一般性知识没有排他性。因此,政府应以各种方式提供一般性知识这种公共产品,尤其鼓励和支持基础研究。由于基础研究的创新比较难,需要大量的时间、物力和人力,同时研究成果的收益很难衡量,如果完全由市场提供,会产生供给不足现象。因此,政府应采取各种措施鼓励基础研究,包括直接的财政投入以及税收政策优惠等措施。

3. 消除贫穷计划

消除贫穷是政府应尽的责任和义务。由于市场经济的发展，每个国家都会面临绝对贫穷和相对贫穷问题。贫穷所导致的一系列问题诸如贫穷的代际传递、疾病、教育等问题备受各国重视。许多政府都制订了消除贫穷计划，目的是帮助贫穷者。消除贫穷计划包括：对有未成年子女的家庭进行补贴，对某些需要的家庭提供收入补助，向低收入家庭发放食品券等。消除贫穷计划不是私人市场可以提供的"产品"，需要政府提供相应的社会保障制度、税收政策等措施，为消除贫穷计划提供财政支持和政策支持。

## ▶案例3-2　新冠疫苗是全球抗疫不可或缺的国际公共产品

回顾新冠肺炎疫情防治过程，疫苗研制工作几乎在发现病毒的同一时间就已展开。2019年底，中国疾病预防控制中心(CDC)在不到1个月的时间内成功分离出首株新型冠状病毒毒种，并于2020年1月26日宣布启动新型冠状病毒疫苗研发。与此同时，世界各国也相继开始研发新冠疫苗：2020年1月22日，澳大利亚昆士兰大学宣布开展疫苗研发；2020年2月19日，美国生物医学高级研究与开发局与赛诺菲宣布联合开展疫苗研发；2020年2月26日，俄罗斯宣布制出原型疫苗；2020年2月27日，以色列宣布正在开发口服疫苗。此后，韩国、德国、英国、南非、芬兰等国家也相继公布了自己的疫苗研制计划和进程。

新冠疫苗研制融合了生物医药尖端技术，汇聚了大量专业人员。在传统的生物化学与分子生物学技术基础上，基因工程、分子重组、人工智能等新技术也被广泛运用于新冠疫苗研发。根据世界卫生组织于2021年7月30日公布的数据，全球正在研发的新冠疫苗共292种，其中处于临床前阶段的有184种，已进入临床试验阶段的有108种。

得益于新技术的推动作用，疫苗研发速度大大提升，量产周期从预估的5~10年缩短为12~18个月。截至2021年8月，全球已有6种疫苗被列入世界卫生组织设置的紧急使用清单(EUL)，分别为美国辉瑞公司与德国生物新技术公司合作研发的疫苗、英国阿斯利康公司与牛津大学合作研发的疫苗、美国杨森制药公司研发的疫苗、美国摩德纳公司研发的疫苗、中国国药集团和北京生物制品研究所研发的疫苗以及北京科兴中维生物技术有限公司研发的疫苗。此外，中国康希诺、印度Bharat Biotech、美国Novavax等公司生产的多款疫苗也已进入该清单评估流程。

根据一项对1020万人在2021年2月2日至5月1日的健康监测数据，接种疫苗对于防止病毒感染的有效性为65.9%，对于防止已感染患者住院治疗的有效性为87.5%，对于抑制重症发生的有效性为90.3%，对于抑制病死的有效性为86.3%。可以看出，新冠疫苗能够有效降低个体病毒感染、重症和死亡发生率，对于建立群体免疫和抑制新冠疫情进一步恶化作用显著。基于新冠疫苗显示的安全性、有效性和量产能力，推广接种疫苗已经成为全球应对疫情的首选项。

从以上新冠疫苗的研制和应用过程可以看出，疫苗对于人类应对新冠疫情至关重要，已经成为各国共同应对此次重大安全危机的国际公共产品。国际公共产品理论兴起于20世纪60—70年代，世界银行将其定义为"一种通过各个国家集体合作供给的、具有实际的跨国界外部性的、促进全球各国的发展和解决贫困问题的产品、资源、服务、规则系统或政策体制"。按照英吉·考尔(Inge Kaul)的判断标准，新冠疫苗具备作为全球公共产品的一般特征。

首先，从影响范围上看，新冠疫苗是一种能使许多国家乃至全世界所有人口获益的公共产品。由于疫情蔓延不受地域和族群的限制，世界上所有国家、所有人群对于新冠疫苗都有极高的需求，疫苗供给符合国际公共产品"能使不同地区的许多国家的人口乃至世界所有人口受益"的基本属性。作为国际公共产品的新冠疫苗不仅在空间上体现全球性，更在时间上体现代际性。

其次，从消费层面上看，新冠疫苗在数量和质量上具备国际公共产品"非竞争性"特征。尽管当下新冠疫苗仍然处于供不应求的状态，但从本质上来说，新冠疫苗作为一种特殊的工业制成品，在研发和生产过程中直接使用的灭活病毒和试剂耗材都是可再生资源，只要国际社会共同维护全球工业体系和传输网络，新冠疫苗的数量和质量终将满足人类社会的总体需求。此外，疫苗研发归根结底基于人类对生命科学规律的认知、掌握和运用，有关疫苗研发的科技进步也应当是属于全人类共同的文明成果，获得疫苗接种的权利不能局限于某几个国家或一部分人。

再次，新冠疫苗在受益群体内部体现"非排他性"特征。从疫情传播和防控形势来看，如果只是某几个国家、一部分人群获得疫苗，而将经济发展落后的国家以及发达国家中的弱势群体排斥在疫苗接种范围之外，那么疫苗的研发和接种速度将永远无法赶上病毒变异的速度，人类也永远无法构建有效的集体免疫。只有认清新疫苗的"非排他性"特征，秉持"应接尽接"的原则，确保所有处于危险之中的人得到疫苗保护，人类才能彻底战胜新冠病毒，实现真正的共同安全、综合安全、合作安全与可持续安全。

资料来源：丁文龙，宫梦婷. 新冠疫苗、国际公共产品与全球治理[J]. 理论建设，2021, 37(06): 40-45.

## ▶延伸阅读3-2  应强化义务教育最大公共产品属性

"义务教育是关系每个家庭的最大公共产品，是政府的基本职责，聚焦义务教育薄弱环节促进教育公平刻不容缓。"教育部、国家发展改革委、财政部三部门联合印发《关于深入推进义务教育薄弱环节改善与能力提升工作的意见》(以下简称《意见》)，《意见》提出，近年来义务教育发展不平衡不充分的矛盾依然存在，教育资源均等化的步伐还有待加快。

既然教育事业被视为最大公共产品，那其自身具备的非竞争性和非排他性属性就应当被彻底激活。政府提供义务教育本身应该在实现教育资源均衡的前提下最大限度做到教育公平。接受中国经济时报记者采访的专家认为，均衡教育资源最为重要的在于加速兑现师资力量的均衡分配，加快补齐教育短板，确保城乡教育齐头并进，实现城乡教育的均衡发展等多年来呼吁的政策内容。

### 一、增加学位供给，努力"消除大班额"

小溪是山东省某地级市一所公立小学四年级的学生，作为传统的生源大省，单个班级生源多是较为普遍的现象。而今年，最让她开心的事情是，班级人数由原来的60人降到了45人。"教室终于多出了一条过道，还有更多的地方放书包了。"她告诉记者。2021年，小溪所在的学校经历一场"消除大班额"的改善，原有单一班级生源多的问题得到了化解。

2020年5月,山东省实施《全面消除普通中小学大班额问题工作方案》,通过持续加强学校建设、调剂教育资源、均衡配置师资,截至2020年底,增加中小学学位50万个,全面消除了中小学56人及以上大班额。

大班额问题由来已久,早在2018年,当时一位自称"一名县城小学教师"的网友在中国政府网"我向总理说句话"栏目提问表示,"近年来我们县城人口增加了好几倍,但学校只增加了两所,班级人数普遍在90人以上,甚至有部分班级达到近百人。"一时间,大班额问题开始进入公众视野,全国各地反映的大班额现象比比皆是,只不过,2018年的全国教育工作会议将当年消除大班额的任务定于"基本消除66人以上的超大班额"。

正所谓冰冻三尺非一日之寒,融冰之举也需时日。如今,彻底消除大班额现象终于指日可待。《意见》明确提出,2021—2025年,城镇学校学位供给满足学生入学需求,全国义务教育阶段56人以上大班额比例进一步降低。

如今,随着"三孩政策"的放开,预计适龄义务教育生源将逐步有所增加,对学位供给的需求仍将持续。《意见》提出要有序扩大城镇学位供给。要根据义务教育事业发展需求和财力状况,优化完善区域内义务教育基本办学条件标准,新建、改扩建必要的义务教育学校,满足城镇学生入学需求,避免产生新的大班额现象。

**二、用好经费保障是均衡教育资源关键**

除了消除城镇大班额现象,优化教育教学环境外,推进教育薄弱环节改善,农村教育尤其是中西部地区的农村义务教育,以其师资力量薄弱,正成为均衡教育资源和改善教育薄弱环节的重中之重。

华东师范大学基础教育改革与发展研究所研究员吴遵民在接受中国经济时报记者采访时表示,近年来,我国围绕均衡教育发展,一直在破除教育领域存在的城乡二元结构,正意图加快实现教育均衡发展的目标。确保一系列举措得以实现的有力保障,就是确保经费投入的科学、高效,杜绝出现经费落实环节被层层克扣的现象。他认为,政府投入确保教育经费的使用一定要以公开透明为前提向基础教育倾斜。

实际上,这也正是《意见》试图以制度约束的方面。《意见》提出要切实保障经费。"十四五"期间,中央财政继续安排义务教育薄弱环节改善与能力提升补助资金,重点支持中西部和东部部分困难地区义务教育发展。中央基本建设投资重点支持欠发达地区。而为确保资金直达有需要的薄弱地区,《意见》还重申了"省级统筹,有序推进"的基本原则,即由省级统筹相关资金和项目,合理确定工作目标和任务,加大对欠发达地区的倾斜力度。

此外,提升教师待遇,吸引更多教师流向义务教育薄弱环节,也是包括吴遵民在内的教育学界多年来的普遍呼吁。《意见》要求各地高度重视加强农村义务教育教师队伍建设工作,依法加强义务教育教师收入保障,确保义务教育教师平均工资收入水平不低于当地公务员平均工资收入水平,职称评定等要向中西部农村教师倾斜。

促进教育事业均衡发展,真金白银不可或缺,用好每一分钱都是对推进我国教育事业走向更趋公平负责。《意见》要求各地牢固树立"节俭办教育"的理念,不得规划建设豪华学校。为此,《意见》明确要做好督导检查,要求各地加大资金和项目公开力度,主动接受社会监督。

吴遵民认为，强化制度约束确保教育经费高效利用，弥补中西部等薄弱地区教育欠账，势必将逐步促进我国教育均等化的更快实现。

资料来源：童彤.应强化义务教育最大公共产品属性[N].中国经济时报，2021-07-07(002).

## ▶ 延伸阅读3-3　中国公共产品供给方式的发展

我国历史悠久，社会的发展经历了从农业社会到工业社会再到后工业社会的历程。随着社会的不断发展和进步，社会对公共产品数量和种类的需求不断增加，伴随着政府形态的演变，我国公共产品的供给方式也在不断发展。从纵向历史序列来看，我国公共产品的供给方式主要有三种。

### 一、长期存在的政府包揽式供给

中国的政府包揽式供给分为统治型政府时期的政府包揽式供给以及管理型政府初期的政府包揽式供给两个阶段。中国古代王朝统治模式下的政府包揽式供给是中国统治型政府公共产品供给的典型，"天下之事无小大皆取决于上"，国家的统治权和治理权掌握在皇帝(君主)一人手中。这一时期的公共产品属于典型的政府包揽式供给，社会对于公共产品的需求主要表现在国防治安、农田水利工程的建造方面，这种供给方式曾一度使得中国创造了古代辉煌的农业文明。然而，随着资本主义生产关系在封建社会内部的萌芽和发展，社会的复杂性和不确定性逐渐增强，统治型政府开始遭遇社会治理的危机。清王朝的衰落，说明皇帝政权已经不能够适应社会的复杂性和不确定性带来的社会管理要求。中国社会的发展进入了从统治型政府向管理型政府形态过渡的历程。中华人民共和国成立后，建立起现代意义上的政府，标志着管理型政府的出现。但是在建国之初，国家实行计划经济体制，政府成为公共产品供给的唯一主体，包揽了公共产品的投资与生产的所有环节。

### 二、快速发展的政府—市场二元供给

改革开放以来，我国从计划经济体制转向市场经济体制，政府的社会治理方式开始改革，"这一时期政府改革的主要目标是改革政府，以便为市场经济的发展提供空间，并进一步为市场经济的发展创造条件。"政府通过合同外包的方式将部分社会性公共产品的生产转包给民营机构及非政府机构；同时通过各种手段减少对公共企业的控制和补贴，改变公共企业垄断公共产品和服务的局面，允许市场私人企业参与公共产品和公共服务的提供。20世纪90年代，为了提高公共产品的供给效率，一些经济发达城市的地方政府在了解和吸收西方国家改革经验之后，在公共产品供给领域率先引入了市场化工具。如今我国大部分地区对社会性公共产品的供给主要采用政府—市场二元供给模式，政府通过用者付费、合同外包、特许经营等方式将市场引入社会性公共产品供给的各个领域。

### 三、刚刚起步的多主体多中心供给

尽管政府采用民营化、合同外包等一系列手段将市场引入社会性公共产品的供给领域，但大部分社会资源仍然处于政府掌控之中，市场在资源配置中的基础性作用远远没有发挥出来。进入21世纪以来，随着建设服务型政府理念的逐渐形成，政府转变了控制者的角色，成为社会治理的引导者和服务者，开始尊重市场主体的产权和自由意志，积极引导私人企业、志愿组织

及公民个人等发挥各自的优势,共同参与社会性公共产品的供给。然而我国公民的社会力量仍然比较弱小,实现公共产品的多主体多中心供给还需要多方共同努力。例如,社区治理水平普遍低下,在总体上没有摆脱粗放状态,管理无序、体制不顺、资金缺乏、人才缺失现象十分普遍;志愿者服务的主体地位还未得到制度上的保障,其参与公共产品供给的范围非常有限。但是随着政府"彻底抛弃旧的治民观念或为民做主的观念,而确立为民服务和'人民做主'的理念",相信政府能够发挥积极作用——承担起服务者的角色,引导社会多元主体走向合作治理,实现公共产品多主体多中心供给。

资料来源:张文静.政府形态演进与公共产品供给方式的变迁[J].理论观察,2017(07):85-87.

## 3.2 公共产品与市场失灵

### 3.2.1 提供公共产品的重要性

公共产品的充分提供,对经济社会正常运行、经济资源的流动与配置、消费者福利等有着重要的影响,具体体现在以下几方面。

1. 保障市场经济有序运行

公共产品的充分提供是市场经济有序运行的必要条件。如果缺乏社会安全,缺乏规范和约束经济单位行为的普适的行为规则,如果普适的行为规则得不到实施,那么市场经济便不能有序运行,而社会安全、行为规则的制定与实施都属于公共产品。因此,充分提供这些种类的公共产品是市场经济能够有序运行的必要条件。

2. 减少经济资源的非生产性消耗

公共产品的充分提供有利于减少经济资源的非生产性消耗。若社会安全有保障,行为规则公正、合理,且能得到有效实施,那么就可减少人们因为各种矛盾或理由而产生械斗、战争、偷窃等行为的可能性,从而将更多的经济资源用于生产财富的活动中,有利于增加生产。

3. 调动生产者的生产积极性

公共产品的充分提供有利于调动生产者的生产积极性。在人身与财产权利有保障,行为规则公正、合理,且能得到有效实施的条件下,生产者可依自己的意愿从事生产、积累财富,从而激励其自身努力发展生产。

4. 促进经济资源的充分流动和利用

公共产品的充分提供是经济资源充分流动和得到利用的必要条件。公路、铁路、桥梁、港口、机场等公共产品的提供状况对经济资源的流动和利用具有至关重要的影响,公共产品越充足,经济资源的流动性和利用率就越高。经济资源的流动性和利用率越高,越有利于提高经济资源的配置效率,越有利于产业结构的升级,越有利于生产能力的增长,从而越有利于经济的增长和发展。公共产品提供不足是落后国家和地区经济发展缓慢的重要原因。

### 5. 提高技术创新能力和生产效率

公共产品的充分提供有利于技术创新能力和生产效率的提高。经济单位的人身权利和财产权利得到有效的保障，公路、铁路等基础设施提供充分，既可以为技术创新提供保障，也有利于技术、技术人员、专业人员的引进、流动与重组，有利于技术创新的扩散，并且可以增加技术创新的竞争压力，从而推动技术创新，促进生产效率的提高。

### 6. 促进社会分工和经济社会化

公共产品的充分提供是充分利用规模经济效应和推进社会分工与经济社会化的重要条件。缺乏公共产品，人身权利与财产权利将得不到保障；缺乏基础设施，单位产品生产规模的扩大必然受到根本的限制，社会分工也会因产品市场扩张和经济资源流动所受到的约束而受到相应制约，经济社会化也要因此受到限制。因此，要充分利用规模经济效应，促进社会分工和经济社会化，就必须保证公共产品的充分提供。

### 7. 减少消费者福利损失

公共产品提供不足，其一，会直接造成消费者福利损失，导致其人身权利与财产权利得不到保障，例如基础设施提供不足而不能出行等，会给消费者带来直接的福利损失；其二，会导致消费者花费额外或更多的费用，例如桥梁未建，消费者到河流对岸市场购物就要花费很长的时间，也要耗费租船费用；其三，会导致产品种类少、生产效率低、生产规模小，从而间接导致消费者的福利损失。

## 3.2.2 "搭便车"行为

由于公共产品具有非排他性，难免产生"搭便车"的问题。所谓搭便车(free ride)，是指某些人虽然参与了公共产品的消费，但没有支付其生产成本的现象。

为了说明公共产品与"搭便车"之间的关系，我们以放烟火为例来加以分析。这种产品没有排他性，因为要排除任何一个人看烟火是不可能的，而且它也没有竞争性，因为一个人看烟火，并不会阻止其他任何一个人看烟火。

例如，美国一个小镇的公民喜欢在7月4日看烟火。根据经验，全镇500个居民中的每个人对观看烟火都给予了10美元的估价，而放烟火的成本为1000美元，由于5000美元的利益大于1000美元的成本，小镇居民在7月4日看烟火是有效率的。

私人市场能实现公共产品的提供效率吗？也许不能。设想这个小镇的企业家艾伦决定举行一场烟火表演。艾伦肯定会在卖出这场晚会的门票时遇到麻烦，因为他的潜在顾客很快就会想到，他们即使不买票也能看烟火，烟火没有排他性，因此，人们会选择成为搭便车者。搭便车者是指得到一种物品的收益但避开为此支付代价的人。

"搭便车"是市场失灵的表现，它产生的原因是商品本身具有外部性。如果艾伦举行烟火表演，他就给那些不交钱看表演的人提供了一种外在收益。艾伦没有考虑到这种外在收益，尽管从社会的角度来看烟火表演是合意的，但从私人的角度来看无利可图。结果，艾伦作出不举行烟火表演这种从社会的角度来看无效率的决定。

私人市场不能提供小镇居民需要的烟火表演，满足这一需求的方法是显而易见的：当地政府可以赞助7月4日的庆祝活动。镇委员会可以向每个人增加2美元的税收，并用该笔收入雇佣艾伦提供烟火表演。与此同时，小镇上每个居民的福利都增加了8美元——烟火表演的估价10美元减去税收2美元。尽管艾伦作为一个私人企业家不能做这件事，但作为公共雇员他可以帮助小镇实现这个有效率的结果。

小镇的故事是老生常谈，但也是现实的。实际上，美国许多地方政府都在7月4日放烟火。而且，这个故事也说明了公共产品的一个一般性结论：由于公共产品没有排他性，"搭便车"问题就排除了私人市场提供公共产品的可能性。但是，政府可以潜在地解决这个问题，如果政府确信总收益大于成本，政府就可以提供公共产品，并用税收为它支付成本，这可以使每个人的状况变好。

通过上述例子，我们发现，由于"搭便车"问题的存在，产生了典型的市场失灵的情形，即市场无能力达到帕累托最优分配。对此，格罗夫斯和莱迪亚德的解释是：在公共产品的消费中，经济行为人通常会控制或占用某些人的产品份额，以减少自己提供这些产品的代价。他们的结论是：公共产品的生产必须依靠一种集中计划的过程，以达到资源的有效配置。

值得一提的是，林达尔曾在格罗夫斯和莱迪亚德之前提出过一个模拟市场的方法来解决"搭便车"的问题。这一方法的要点是，通过给公共产品的每个消费者假定不同的价格来模拟市场。后来的研究发现，如果消费者能够遵守规则，即没有道德危机，那么通过林达尔价格来有效地分配公共产品将是可行的和成功的。但是如果买主不遵守规则，不仅无法实现资源的有效配置，而且还会因为参与者的促进(如利益集团对政策施加的影响等)而导致设计目标不明确。

现实情况是，人们在消费公共产品的行为过程中往往是不遵守规则的。这种现象之所以会发生，是因为在公共产品的消费过程中不存在一种协调的刺激机制，以致每个人都倾向于给出错误的信息，自称在给定的集体消费中获得的收益要少于其实际收益，以求产生对每个人来说都有利的结果。

既然在公共产品的消费过程中不存在一种类似竞争市场中的协调的刺激机制，难以避免"搭便车"问题的产生，那么由政府集中计划生产并根据社会福利原则来分配公共产品就成为解决"搭便车"问题的唯一选择。

▶ **案例3-3 绿色农产品品牌建设中的"搭便车"问题**

如果不能有效解决绿色农产品品牌建设中农户"搭便车"问题，品牌建设仍难免遭遇失败。正如金华毒火腿事件、赣南染色脐橙事件，一旦出现个别生产者为追求私利投机取巧、以次充好，整个品牌的声誉和价值都会发生贬损，进而产生株连效应。

解决品牌"搭便车"问题首先需要了解并分析"搭便车"的表现与特性。"搭便车"行为的类型不同，解决"搭便车"问题的方式与途径也会有所区别。有学者将集体维权活动的"搭便车"行为分为两类：一类是经济型"搭便车"，另一类是自保型"搭便车"。经济型"搭便车"不愿意为维权活动出资，而自保型"搭便车"则是指实施风险较大的抗争行动时，坐等他人"冲锋陷阵"。但不管是经济型"搭便车"还是自保型"搭便车"，相对于集体行动的其他参与者而言，其行为都容易识别，属于公开型"搭便车"行为。农村集体公共服务合作供给中的不愿出资者或者导致公共牧场悲剧的过度放牧者也属于这种公开型"搭便车"者。

与上述"搭便车"行为不同,绿色农产品品牌建设中的"搭便车"行为是一种隐蔽型"搭便车",其显著特点是"搭便车"行为比较隐蔽,难以监督,不容易被集体行动的其他参与者发现。绿色农产品品牌建设中,"搭便车"行为之所以表现为"隐蔽型"特征,与农业生产的特殊性紧密相关。第一,绿色农产品品质识别困难。建设绿色农产品品牌之所以必要,根本原因在于农产品质量不易识别,而对农产品品质进行检测不仅耗费时间,而且成本高昂。第二,绿色农产品生产过程监督困难。在绿色农产品品牌建设中,虽然合作社社员有义务按照绿色农产品生产要求和规范进行灌溉、施肥、病虫害防治等,但由于农村各个家庭分散劳动,合作社没有能力对其生产过程进行有效监督。第三,农民"搭便车"行为的影响具有滞后性;一方面,品牌"搭便车"行为被发现的概率受到抽检广度和抽检频率的影响,具有不同程度的滞后性。另一方面,品牌"搭便车"行为对品牌声誉会产生潜在威胁,而品牌声誉下降带来的影响也具有滞后性。

资料来源:楚德江,张玥.权能共享:绿色农产品品牌建设中"搭便车"行为的治理[J].西北农林科技大学学报(社会科学版),2021,21(06):52-62.

## ▶延伸阅读3-4 "搭便车"行为的限制途径

### 一、奖惩和补偿奖惩

在不同的环境中,可以有效减少不公平行为。奥尔森认为,公共产品只提供集体激励,但是这种激励不足以使理性人做出集体行动的努力,因此有必要进行选择性激励,增强个人的责任感和忠诚意识,使其能为集体利益做出牺牲。因此,给予个人选择性激励是解决"搭便车"困境的途径之一。但是,奖惩容易使个体产生憎恨、嫉妒等外生性问题,这些问题会激化集体内部矛盾,最终阻碍公共产品的有效供给。所以,在运用奖惩手段的同时,需要运用补偿政策来降低个体的不平等感,减少个体负面情绪及激发个体的互惠动机,提高公共产品自愿供给水平。

### 二、信息公开和社会网络建设

在信息开放的情况下,社会网络可以通过人际关系、伦理、面子等影响集体成员的态度和行为选择,从而对搭便车进行制约。社会网络还可以强化奖惩、个人价值观塑造等的效用。所以,应该加大信息公开力度,如公开选举、信息透明、财务公开等,促使不合理行为得到不断规范。重要的是,互联网对集体行动具有明显的影响,由于互联网信息传播具有成本低且速度快的优势,加上公民线上线下的联动,使得微小的搭便车行为更容易被暴露,并引起公众的谴责和愤怒。根据心理防火墙实验,人们对社会欺骗性行为更加敏感,更容易记住不忠于社会契约以及"搭便车"的人,所以信息公开和互联网将对"搭便车"行为起到一定的抑制作用。

### 三、规范和制约

道德伦理、组织文化和社会规范对个体的行为有着深刻而长期的影响,使个体在滥竽充数时会产生愧疚和不安,从而减少"搭便车"行为。制度框架约束着人们的选择。集体可以通过改进某些制度,建立行为与成本、效益、风险之间的联系,如改变公共产品的产权属性,变动决策者的费用结构,或对成员进行人力资本投资,从而塑造成员价值观,增加博弈链长度,提高"搭便车"成本和风险,加强监督和举报,可以在一定程度上减少"搭便车"行为的发生。

另外，在义务性群体中，成员可能会被要求举办公开的仪式来确认他们对这个团体的承诺，以通过共同的社会化和利他主义的选择来降低"搭便车"的风险。例如，某些团体成员和公职人员的宣誓能发挥类似的作用。

**四、多中心治理**

多中心治理理论认为，存在一种自主组织和自主治理的秩序，行动主体既相互独立，有不同的利益追求，又能够相互监督、寻求合作，避免推卸责任和机会主义的诱惑，以求得持久性公共利益的实现。因此，公共产品应由具有多个权力中心的网络进行供给，强化治理主体的参与意识和责任意识，通过竞争和协作给予公民更多的选择权和更好的服务。

资料来源：黄远翠."搭便车"行为：动机、影响因素与规避措施浅析[J]. 管理观察, 2019(21)：35-36.

### 3.2.3 博弈论与公共产品提供

1. 博弈论概述

博弈论(game theory)或叫对策论，主要研究决策主体的行为发生直接相互作用时的决策以及这种决策的均衡问题。在博弈论里，个人效用函数不仅依赖于他自己的选择，而且依赖于他人的选择，个人的最优选择是他人选择的函数。从这个意义上讲，博弈论研究的是存在于相互外部经济条件下的个人选择问题。

博弈论可以划分为合作博弈和非合作博弈。合作博弈和非合作博弈之间的区别主要在于人们的行为相互作用时，当事人能否达成一个具有约束力的协议，如能达成协议，则为合作博弈，如不能达成协议，则为非合作博弈。合作博弈强调的是团体理性，主要强调效率、公正与公平；非合作博弈强调的是个人理性、个人最优决策，其结果可能是有效率的，也可能是无效率的。正因为博弈论具有上述特性，所以成为用来解释私人在提供公共产品时效率低下的原因的有力工具。

2. "囚徒困境"模型

这个模型在一定程度上奠定了非合作博弈论的理论基础，并且它可以作为实际生活中许多现象的一个抽象概括。"囚徒困境"讲的是两个嫌疑犯作案后被警察抓住，分别被关在不同的屋子里接受审讯。警察告诉他们，如果两人都坦白，各判刑8年；如果两人都抵赖，各判刑1年(或许因证据不足)；如果其中一人坦白另一人抵赖，坦白的放出去，抵赖的判刑10年(这有点"坦白从宽、抗拒从严"的味道)。图3-3给出"囚徒困境"的战略式表述。这里，每个囚徒都有两种战略：坦白或抵赖。表中每一格的两个数字代表对应战略组合下两个囚徒的支付(效用)，其中第一个数字是第一个囚徒的支付，第二个数字为第二个囚徒的支付。该战略形式又称标准形式，是博弈的两种表述形式之一，它便于作静态博弈分析。

|  |  | 囚徒 B | |
|---|---|---|---|
|  |  | 坦白 | 抵赖 |
| 囚徒 A | 坦白 | -8，-8 | 0，-10 |
|  | 抵赖 | -10，0 | -1，-1 |

图3-3 "囚徒困境"的战略式表述

在这个例子里,实现纳什均衡的战略组合是(坦白,坦白):在给定B坦白的情况下,A的最优战略是坦白;同样,在给定A坦白的情况下,B的最优战略也是坦白。事实上,(坦白,坦白)的战略组合不仅能实现纳什均衡,而且能实现占优战略(dominant strategy)均衡,也就是说,不论对方如何选择,个人的最优选择是坦白。比如,如果B不坦白,A坦白可被放出来,不坦白则会判刑一年,所以坦白比不坦白好;如果B坦白,A坦白会被判刑8年,不坦白判刑10年,所以,坦白还是比不坦白好。这样,坦白就是A的占优战略;同样,坦白也是B的占优战略。结果,每个人都选择坦白,各判刑8年。

"囚徒困境"反映了一个很深刻的问题,这就是个人理性与集体理性的矛盾,即个人理性的结果不一定能够导致集体理性。如果两个人都抵赖,各判刑1年,显然比都坦白各判刑8年好。但实际上无法实现这个帕累托改进,因为它无法满足个人理性要求,(抵赖,抵赖)的战略组合不能实现纳什均衡。换个角度看,即使两名嫌疑犯在被警察抓住之前建立一个攻守同盟(死不坦白),这个攻守同盟也没有用,因为它不构成纳什均衡,没有人有积极性去遵守协定。

"囚徒困境"在经济学上有着广泛的应用,公共产品的供给就是一个"囚徒困境"问题。如果大家都出钱兴办公用事业,所有人的福利都会增加。问题是,如果我出钱你不出钱,我得不偿失;而如果你出钱我不出钱,我就可以占你的便宜。所以,每个人的最优选择都是"不出钱",这种纳什均衡将导致所有人的福利都得不到提高。

3. "囚徒困境"模型的扩展——"修路博弈"模型

我们对"囚徒困境"模型进行以下扩展,将其改造成"修路博弈"模型,并将其应用于公共产品提供的分析中。如图3-4所示,设想某地有一个只有两户人家的小居民点,由于道路情况不好,与外界的交通比较困难。如果修一条路,则能解决很多不便。假设修路的成本为4,每家得到的好处为3。如果两家联合修路,每家分摊成本2,各得好处3,两家的纯"盈利"都是1;如果一家修路,另一家坐享其成,修路的一家要支付全部成本4,获得好处3,净"盈利"为–1;如果两家都不修,结果两家的盈利都为0。

|  |  | 李四 | |
|---|---|---|---|
|  |  | 修 | 不修 |
| 张三 | 修 | 1, 1 | –1, 3 |
|  | 不修 | 3, –1 | 0, 0 |

图3-4 "修路博弈"的战略式表述

在这个博弈中,修路是张三的严格劣势策略,我们把它消去;修路也是李四的严格劣势策略,所以也把它消去。这样运用严格劣势策略消去法,我们就得到(0, 0)这个博弈的严格优势策略均衡:两家都不动手,大家得到的好处都是0。

一般来说,如果张三只有李四一家邻居,李四只有张三一家邻居,他们多半会守望相助,相处融洽,自然会好好商量修路的问题,一起把路修好,大家都得到好处;相反,如果两家关系紧张,自然不能达成一起修路的共识。但是,这两种情形,都不在博弈讨论之列。

博弈论牵涉的局中人,都是经济学上所讲的"理性人",他们只为己,但是不害人。现在城市公寓里面的不少居民,与邻居的关系差不多呈现"理性人"的状态。对于他们来说,都市化进程的一个副产品,就是"身旁的人已不再熟悉",陌如路人。新公寓家家装修一流,可是楼道里杂乱无章,阴暗得很。路灯坏了,往往长久没有人修理。修路灯也和修道路一样,是一个大家都袖手旁观才是"严格优势策略均衡"的博弈。

所以,公共产品的问题一定要有人协调和管理。就一个国家而言,较为重要的公共产品是国防、教育、基础设施等。政府责无旁贷,要用好来自纳税人的钱,把文化教育、社会保障、基础设施和国防公安等事情做好。

▶ **案例3-4　跨区域公共产品供给困境的理论分析**

跨区域公共产品具有正外部性和空间外溢性,供给过程中必然会涉及多层次和多维度供给主体之间的利益协调。作为理性的政府决策者,一般有扩大其任时政绩的倾向。一方面,地方公共产品的数量和质量属于考察地方政府官员在任业绩的指标;另一方面,提供良好的公共产品,有利于地方改善营商环境,推动经济增长,地方政府官员也可以得到更好的政绩,从而获得升迁机会。本文将跨区域公共产品分为两类:其一是由某个地方政府主导提供的跨区域公共产品,其他地区的政府则选择补偿和不补偿主导地区的外部效应成本,比如河流上游水资源治理、传染性疾病的防治等公共产品;其二是区域内各个地方政府合作共同供给的跨区域公共产品,由于其空间外溢性强,成本和收益难以平衡,单个地区没有足够的财政能力来供给,需要多个地方政府合作共同提供,比如公路等交通基础设施、灌溉工程等。跨区域公共产品供给失效实质上是一种"囚徒困境"或者集体行动的困境,接下来将分别从主导供给模式和合作供给模式分析各地区政府间供给跨区域公共产品的冲突博弈。

**一、主导供给模式下的冲突博弈**

在主导供给模式中,博弈局中人有主导地区群体、受益地区群体和协调管理机构。其中,主导地区群体是区域公共产品的供给者;受益地区群体是区域公共产品的潜在受益群体,存在"搭便车"行为动机;协调管理机构是冲突协调者,以促进全社会福利最大化和提高居民生活水平为目标,还能以某些特殊手段或者强制性机制达成主导地区和受益地区的均衡策略,使得两者各自的成本和利益的平衡成为可能。

**二、合作供给模式下的冲突博弈**

对于合作供给的跨区域公共产品来说,在没有惩罚机制的情况下,区间内合作供给失效几乎是必然的。一般来说,区间内各地区达成合作,不仅可以减轻各个地区的财政负担,提高区域内的社会整体福利水平,也能有效配置区域内的公共资源,使得整个区域社会效率最大化。但是,由于政府决策者是理性经济人,以自身利益为出发点,难免会存在机会主义的想法,从而陷入"囚徒困境"。

资料来源:石英华,刘彻. 跨区域公共产品有效供给的困境及其对策[J]. 地方财政研究,2021(10):35-41,51.

## 3.2.4　公共产品由市场提供的缺陷

绝大部分私人产品是由市场提供的,那么公共产品是否也可由市场来提供呢?回答是肯定的,即公共产品是可以由市场来提供的。所谓市场提供公共产品,也就是由私人(或企业)生产,经由交易途径而向消费者提供公共产品。如人身与财产安全服务、消防、传染病防治、道路、桥梁、灯塔等都可以由市场提供,都可以形成交易市场。现在由政府提供的许多公共产品在历史上都曾经是由市场提供的。总之,公共产品并不排斥市场提供。

### ▶专栏3-1  海上的灯塔必须由政府来提供吗?

著名经济学家科斯(R. Coase)在1974年发表的《经济学上的灯塔》一文中,研究了英国早期的灯塔制度。17世纪以前,灯塔在英国是名不见经传的。17世纪初,领港公会建造了两座灯塔并由政府授权专门管理航海事务。科斯注意到,虽然领港公会有特权建造灯塔,向船只收取费用,但是该公会却不愿投资建造灯塔。1610—1675年,领港公会没有建造一座新灯塔,但同期,私人却投资建造了至少10座灯塔。但在当时的灯塔制度下,私人要避开领港公会的特权建造灯塔,必须向政府申请许可证,经政府同意授权,私人才能向船只收费。该申请还必须由许多船主签名,说明灯塔的建造对他们有益,同时表示愿意支付过路费(toll),过路费的多少是由船的大小及航程经过的灯塔多少来确定的。久而久之,为了便于管理,干脆根据航程统一收费。私营的灯塔是向政府租地建造的,租期满后,再由政府收回让领港公会经营。到1820年,英国当时的公营灯塔有24座,而私营灯塔有22座。在这46座灯塔中,有34座是私人投资建造的。后来,政府开始收回私营灯塔。到1834年,在56座灯塔中,公营(即由领港公会经营)灯塔有42座。到1836年,政府通过法规将剩余的私营灯塔全部收回。1842年以后,英国的灯塔全部由公会经营。

公共产品由市场提供会带来许多问题,从根本上来说,是缺乏效率或效率低下的问题。这些问题产生的根源在于公共产品的性质与私人或企业提供者的行为动机(追逐利润)的矛盾。公共产品由市场提供的缺陷主要表现在以下几方面。

1. 造成公共产品缺乏供给或供给不足

对于纯公共产品来说,如国防,由于其具有完全的消费非排他性,无法将不付费者排除在外,任何人都可以免费享受安全国防带来的利益,如果没有人愿意为国防纳税,提供国防服务的人就不能获取任何收益,也就不会有人去组建军队保障国民安全,最终会造成国防服务缺乏供给。

对于具有一定程度上的消费非排他性的公共产品来说,由于消费者可以免费或可以少交费来享受公共产品,会导致生产者得不到应有的收益,从而导致很少会有人愿意提供该类产品,最终造成此类公共产品的供给不足。

公共产品具有的消费非排他性致使"搭便车者"的出现,"搭便车者"的存在使得市场不能或不可能有效地提供公共产品。如果不交费得到的产品数量并不比交费者少,人们就不愿意付费得到这种产品。一种公共产品的非排他性程度越高,"搭便车者"会越多,此种公共产品的提供越是不足。

2. 造成公共产品的利用不足

对纯公共产品来说,由于其具有完全的非竞争性,增加额外消费者的边际成本为零,若采取由市场提供的办法,将不付费者排除在外,只会造成已经生产出来的公共产品闲置,造成社会的福利损失。

某些具有排他性或不完全的非排他性,但具有消费的非竞争性的准公共产品,若由市场提供,会造成闲置。例如桥梁,可以采取设卡收费的办法来排他(不让不付费者通行),但在非拥挤条件下,这种做法只会造成桥面的闲置(桥梁通过能力的闲置)。因为在这种条件下,增加额外的通行者并不会使边际成本增加,所以桥梁通过能力的闲置在经济上是不合理的,会造成生产者的产量损失和消费者的福利损失。

公共产品缺乏提供或提供不足(说明配置到公共产品部门的资源过少,而配置到其他部门的资源过多)和公共产品的低效利用意味着经济资源的配置效率低,没有实现经济资源的最优配置。

3. 某些公共产品不适合由市场提供

某些公共产品并不适合通过市场力量来提供,诸如国防、法律等纯公共产品。由市场力量来提供这些公共产品可能会导致损害公共利益的行为产生,会导致社会不公正。

综上所述,虽然公共产品并不排斥由市场提供,但由市场提供公共产品存在根本的缺陷。

## 3.3 公共产品有效供给的理论分析

### 3.3.1 公共产品有效供给的庇古均衡

1. 庇古的观点

庇古在讨论税收的规范原则时,讨论了资源如何在私人产品与公共产品之间进行最佳配置的问题。庇古所用的是效用方法,他假定每个人在消费公共产品时得到了利益(效用);同时,每个人为了支付这种公共产品而缴纳的税产生了这个人的负效用。个人支付税收的负效用被定义为放弃享受私人产品的机会成本。

庇古认为,对于每个人来说,公共产品的最优供给发生在这样一个点上——公共产品消费的边际效用是纳税的边际负效用。这就是庇古的观点。

2. 庇古观点的证明

设 $G_i$ 为个人 i 得到的公共产品,即政府对 i 的财政支出;

$T_i$ 为个人为该公共产品支付的税;

$M_i$ 为 i 的收入;

$U_i$ 为个人得到的效用,$NU_i$ 为净效用。

$$假定 T_i = G_i T_i$$

$$\frac{\partial U_i}{\partial G_i} > 0, \quad \frac{\partial U_i}{\partial T_i} < 0$$

$$\max NU_i = U_i(G_i) - U_i(T_i)$$

$$s.t. \ G_i + X_i P_i = M_i$$

$$L = U_i(G_i) - U_i(T_i) + \lambda(M_i - G_i - X_i P_i)$$

$$\frac{\partial L}{\partial G_i} = \frac{\partial U_i}{\partial G_i} - \lambda = 0$$

$$\frac{\partial L}{\partial T_i} = \frac{-\partial U_i}{\partial T_i} - \lambda = 0$$

则 $\dfrac{\partial U_i}{\partial G_i} = \dfrac{-\partial U_i}{\partial T_i}$

3. 对庇古方法的评估

庇古的方法存在不少问题。首先，其方法基于基数效用论，而基数效用论显然是有缺陷的。其次，虽然每个人也许能在自己的预算内对公共产品与私人产品做最佳配置，然而并不存在将这些个人的最佳配置结果加总的机制。如果社会作为整体能像个人那样行动，则通过使公共产品的边际社会效用与纳税支出的边际社会负效用相等，庇古的方法是可行的。在两者相等的那一点上，可以确定最佳公共产品数量。但是，对于这种公共产品来说，每个人从公共产品中得到的效用可能等于也可能不等于其负担的税收带来的负效用。可见，从庇古的分析出发，整个社会在公共产品的供给上可能会达到均衡，但个人则不一定能达到均衡。

尽管存在一定的不足，庇古的分析仍然是具有意义的，因为他提出了许多问题，而这些问题是公共产品理论必须回答的。例如，不同的个人对于公共产品与私人产品的偏好如何进行加总？如何确定一个集体的总偏好？在一个社会中，边际效用与边际负效用该如何分布于不同的社会成员之间？

在庇古看来，一个社会的税收负担应根据个人的能力来进行分配。既然社会上存在不平等，那么，政府就应有差别地落实税收负担，对福利进行再分配，即以不均等的方法对待不平等问题。这是资产税与累进税制的理论基础。

▶ **延伸阅读3-5　碳达峰碳中和：碳税，减排不得不上的手段**

实际上，很难有一种方案能够完美地解决温室气体排放的外部性问题，经过各种理论探索和实践，基于庇古理论的"碳税"方式和基于科斯理论的"碳交易"模式都成为减少温室气体排放的选项。

早在20世纪20年代，庇古在他的《福利经济学》中提出，对环境污染者课以补偿性的税收，增加其私人边际成本，以使其与社会边际成本相当。庇古的重要贡献在于论证环境问题的重要经济根源是外部性。在市场经济条件下，私人部门不会自发地减少产量或进行污染治理，因此庇古提出政府可以通过税收的形式进行限制，迫使私人部门实现外部成本内部化。

这样的环境税后来被称为"庇古税"。西方发达国家在20世纪70年代开始把"庇古税"引入税收制度，并且很快取得了明显的社会效果，环境污染得到有效控制，环境质量有了进一步的改善。

"庇古税"在发达国家的推广对减轻工业化以来的环境污染起到了非常明显的作用，西方国家环境污染问题大幅度减轻都发生在"庇古税"实施之后。因此当气候变化这一议题被普遍重视之后，用"庇古税"来解决温室气体排放问题成为一个自然而然的选择，实施"碳税"很快成为解决温室气体排放问题的主流思路。企业过量排放温室气体的受益者是自己，而潜在危害可能会留给几代之后的全人类。和污染物排放相比,温室气体排放的外部性更加明显。因此,更适合用"庇古税"来解决问题。

但"庇古税"并非没有遭遇挑战。当"庇古税"还停留在理论阶段,没有国家实施的时候,经济学家科斯就对庇古的理论提出挑战。科斯承认外部性的存在,但他认为,"庇古税"实际上是一种政府对市场的粗暴干预,用税收的办法解决外部性问题是错误的。科斯的主张是,只需要明确产权,外部性的问题就可以通过市场交易来解决,不需要政府干预。

环境污染常常被认为是一种被厌恶的"公共用品",但按照科斯的观点,如果将产权确定为私有产权,环境污染就变成了"私人用品",依然可以通过交易的方式来解决。这比政府通过税收的方式来协调相互关系的效率更高。政府通过税收方式干预,税率如何确定都需要人为测算,很可能因为偏差而导致一些企业和个人缴了更多的税,政府的低效也会导致税款未必能真正弥补受害人的损失。而产权清晰的交易主体却可以通过讨价还价找到最优答案,每个人都可以通过市场交易获得满意的赔偿,企业则支付了价格机制决定下的污染成本。但科斯的理论看似完美,在现实中却很难实现。实际上,很难有一种方案能够完美地解决温室气体排放的外部性问题,经过各种理论探索和实践,基于庇古理论的"碳税"方式和基于科斯理论的"碳交易"模式都成为减少温室气体排放的选项。

中国根据自己的实际情况,先选择"碳交易"作为减排的突破口,并首先在电力行业开始实施。相对而言,"碳交易"容易金融化,能够吸引金融机构和社会资本,并提高资源配置的效率。但在中国目前的市场环境下,"碳交易"如果在各行业推开,存在高昂的监管成本和道德风险。而"碳税"的优点在于,促进碳减排效果明显,实施起来简单易行,可以增加政府收入,政府可将收入用于投资开发新减排技术。不过"碳税"的缺点也比较明显,增加了企业税负,有可能导致产业外流。

受覆盖面和调控范围限制、碳交易价格形成机制构建难度大、市场失灵等因素影响,有研究机构预测全面运行的全国碳市场也只能覆盖我国50%的碳排放量,面对"30、60"碳减排压力,仅以"碳交易"一种手段难以保证目标实现,"碳税"的实施必定成为大势所趋,企业在制定长期规划时,尤其是高耗能企业,除了"碳交易",也应该将"碳税"的因素考虑在内。

"碳交易"与"碳税"分别代表着两种不同的机制,各有利弊。对于中国这样经济规模大、产业结构复杂的国家,仅靠"碳交易"一种政策手段难以实现"30、60"目标,双管齐下很可能是最终的解决方案。

资料来源:刘戈.碳达峰碳中和:碳税,减排不得不上的手段[N].中国经营报,2021-06-21.有删改

### 3.3.2 公共产品有效供给的局部均衡

在纯私人产品的局部均衡分析中,假定消费者的偏好与收入是已知的,再加上其他一些限制条件,就能确定某种产品的均衡价格与均衡产量。现在,我们对私人产品与公共产品的局部均衡分析做一个对比。

1. 关于私人产品的局部均衡

对私人产品进行局部均衡可以用图3-5来表示。

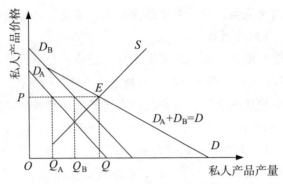

图3-5 私人产品的局部均衡

图中，$D_A$线与$D_B$线分别代表个人A与个人B的需求，为了画出市场对该种私人产品的需求线，就需要对不同的个人需求加总。通过水平加总，可知市场需求$D=D_A+D_B$。这是因为，个人需求线上任何一点都反映个人在既定的价格水平上愿意购买的私人产品量，市场需求线是表示当消费者面临同一价格水平时他们愿意消费该产品的总量，当价格为$P$时，$D=Q_A+Q_B=Q$。在价格变化区，需求量加总也会发生变化。当市场供给线$S$既定时，均衡价格就是$OP$，个人A的需求量是$OQ_A$，个人B的需求量是$OQ_B$，总产量$OQ=OQ_A+OQ_B$。在这里，关键在于每个人是价格的接受者，要确定的是在某一价格下的产量。

2. 关于公共产品的局部均衡

对公共产品进行局部均衡可以用图3-6来表示。

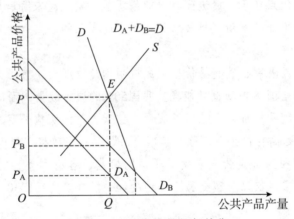

图3-6 公共产品的局部均衡

图中，$D_A$与$D_B$分别代表个人A与个人B的需求线。萨缪尔森称这种需求线为"虚假的需求线"，因为在实际生活中，个人不会明确表达他对一定数量的公共产品愿意出多少价格(税)，这种需求线对分析问题是有帮助的。公共产品一经提供，则对任何个人来说都是可支配的，全体个人对一定数量的公共产品所愿支付的价格(税)是由个人的不同需求线垂直相加而得到的。总需求$D=D_A+D_B$，在公共产品的供给曲线$S$确定以后，$D$与$S$线的交点决定公共产品的均衡产量$OQ$，而所有个人愿意为产量为$OQ$的公共产品所支付的均衡价格(税)$OP=OP_A+OP_B$。在均衡点上，供给公共产品的成本等于收益。

为什么私人产品的市场需求是水平相加，而公共产品的社会需求是垂直相加呢？这是因为，在私人产品场合，每个人是价格的接受者，他能调整的只是产品数量；而在公共产品场合，每个人所能支配的是同样数量的公共产品，但他愿意支付的价格是不一样的。这一点，是由公共产品的定义得知的。

在对公共产品的分析中，公共产品的价格应看成税。这样，关于公共产品的局部均衡分析实际上是假定以个人交纳的税来负担公共产品的生产成本，并假定税额是由个人受益程度决定的。这在财政学上叫税收的利益原则。

3. 有效定价原则

假定图3-5与图3-6中的供给曲线S是产量增量的边际成本，则有效定价原则就可表达为：①在私人产品中，$OP_A=OP_B=OP=MC$。每个人面临相同的价格，对一定数量的私人产品产出来说，市场价格等于边际成本。可见，私人产品的有效定价原则是市场价格等于边际成本。②在公共产品中，$OP_A+OP_B=OP=MC$。可见，公共产品的有效定价原则是个人价格总和等于边际成本，即$\sum P_i=MC$。

公共产品的有效定价原则进一步告诉我们，公共产品是不能靠市场来提供的。这是因为，个人对公共产品的评价是不一样的，向每个人要求的公共产品的价格应根据每个人对公共产品的边际价值评估来确定，而不能由市场来统一定价。从这里，我们可以得出有区别征税的原则。

### 3.3.3 公共产品最优供给的一般均衡

关于公共产品最优供给的一般均衡分析，由萨缪尔森在1954年于《公共支出的纯粹理论》中完整地提出，下面分三步来讨论这个问题。

1. 两种产品、两个消费者情况下的一般均衡

在这种情况下，萨缪尔森假定：①两种最终供消费的产品，一是私人产品X，二是纯粹的公共产品G；②生产的可能性边界已确定；③两个消费者的偏好已经给定。分析任务是解出私人产品X与公共产品G有效的相对价格与最优产量，也就是要找出一组最弱的必要条件，以证明对这两种产品来说，帕累托有效配置是存在的。

公共产品最优供给的一般均衡分析如图3-7所示。图3-7(a)表示个人A对私人产品$X_A$与公共产品G的偏好；图3-7(b)表示个人B对私人产品$X_B$与公共产品G的偏好；图3-7(c)表示社会资源在生产私人产品X与公共产品G时的可能性边界。

该项分析首先应以个人B的效用水平确定为前提，比如B的效用水平为$B_2B_2$。知道B的效用水平为$B_2B_2$后，再思考个人A最高能达到哪一条无差异曲线。

我们先看图3-7(c)，$B_2B_2$是(b)图中第二条无差异曲线的下移。在生产可能性边界FF上减去$B_2B_2$，我们就可得到个人A可能的消费曲线。在P点，B消费$G_1$单位的公共产品与$OX_1$单位的私人产品，这表示个人B消费了社会全部的私人产品，因此个人A就没有私人产品可消费。然而，与公共产品不同，B对$G_1$单位的公共产品的消费并不影响A可消费同样多的公共产品，因此，对应于$B_2B_2$线上的P点，A可能消费的位置是图3-7(a)上的P′点。同理，图3-7(c)图上的Q点，也代表B消费掉全部的私人产品，所以，相应来说，A可能消费的位置是Q′点。由此，我

们可以在区域 $G_1G_2$ 内,在图3-7(a)上画出个人A的消费可能性曲线 $TT$。$TT$ 线是当个人B的消费满足以后,个人A可能消费的私人产品与公共产品的不同组合的轨迹。当 $TT$ 线与A的某一条无差异曲线相切时,其切点就是个人A的效用函数的最大值点,在图3-7(a)上,切点为 $M$。注意,$M$ 并不是个人A消费可能性曲线上的最大值。从 $M$ 点引一条垂线到图3-7(c),可以发现,在 $M$ 点,个人A消费 $X'_A$ 单位的私人产品与 $G'$ 单位的公共产品;而个人B消费 $X'_B$ 单位的私人产品与 $G'$ 单位的公共产品。

$M$ 点是满足帕累托最优组合的一个点。在 $M$ 点,如果个人A还想改善自己的处境,则只有提高消费可能性曲线 $TT$,而 $TT$ 上移则意味着 $B_2B_2$ 下移($FF$ 不动),于是个人B的效用满足水平必然会下降。可见,在 $M$ 点,要再改善A的状态,必然要以损害B的利益为代价。所以,$M$ 点是满足帕累托最优组合的一个点。

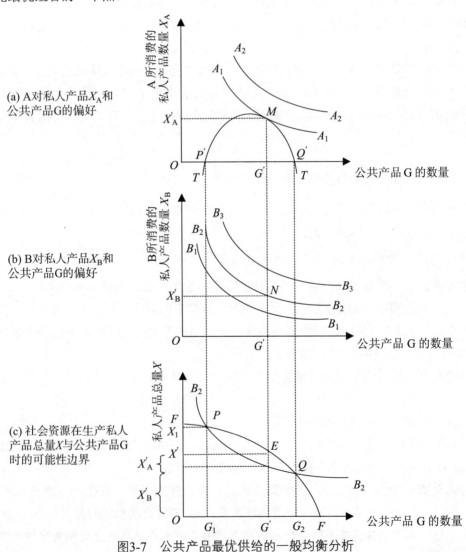

图3-7 公共产品最优供给的一般均衡分析

在存在公共产品的条件下,达到帕累托最优的特殊条件是什么呢?我们知道,在私人产品的生产、交换分配与消费中,达到帕累托最优的条件是:①$\text{MRTS}_{LK}^X = \text{MRTS}_{LK}^Y$(劳动与资本的边际技术替代率相等);②$\text{MRS}_{XY}^A = \text{MRS}_{XY}^B$(A与B两人的边际替代率相等);

③$MRS_{XY}^A = MRSY_{XY}^B = MRT_{XY}$(边际转换率等于边际替代率)。然而，较之于公共产品的生产、交换分配和消费过程，这第三个条件就不同了。请看图3-7(产品X与Y，生产要素L与K，个人A与B)，在$G_1G_2$内，$TT$线上任何一点的斜率=$FF$线上对应点的斜率-$B_1B_2$线上对应点的斜率。而在$M$点，即帕累托最优点，$TT$线的斜率=$A_1A_1$线的斜率。可见，在帕累托最优点，$A_1A_1$线斜率=$FF$线斜率-$B_2B_2$线斜率。由于$A_1A_1$线斜率=$MRS_{XG}^A$，$B_2B_2$线斜率=$MRS_{XG}^B$，而$FF$线斜率=$MRT_{XG}$，得出$MRT_{XG} = MRS_{XG}^A + MRS_{XG}^B$。这表示，在只有私人产品的社会中，社会上不同的个人对某一种产品的评价应相等，并且等于社会生产该产品的客观机会成本，而在存在公共产品与私人产品的社会中，社会上不同的个人对公共产品的评价的总和才等于公共产品的客观机会成本。这与局部均衡条件时有效定价的原则类似。

如果为个人B选择另一种效用水平，则个人B会有另一条无差异曲线。相应来说，个人A就会有不同的消费可能性曲线$TT$。这条不同的$TT$线会与A的不同无差异曲线相切，其切点的轨迹如图3-8所示的$L$线。

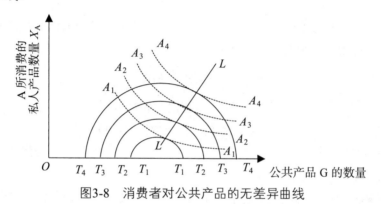

图3-8 消费者对公共产品的无差异曲线

由此，我们可以得出结论，只要将私人产品与公共产品在A、B两人间做不同的分配，社会可以有无数个帕累托最优点。在$LL$线上的任何一点，都代表个人A的序数效用顺序指数，相应来说，该点也代表个人B的序数效用顺序指数，这就有可能把$LL$线上所有帕累托最优点在效用可能性轨迹上反映出来，如图3-9所示。

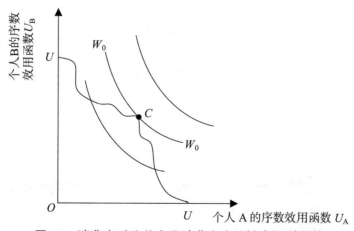

图3-9 消费者对公共产品消费产生的社会福利函数

在图3-9中，$UU$线代表A、B两人在不同的分配情况下得到的效用组合。所以，$UU$线称为效用可能性曲线。$W_0W_0$ 线是社会福利函数曲线中的一条,该函数是由萨缪尔森继伯格森之后提出的。社会福利函数是反映社会价值判断的福利水平函数。最佳状态由图3-9中的 $C$ 点确定,$C$ 是 $UU$ 线与 $W_0W_0$ 相切点。

$C$ 点有4层含义:①由于 $C$ 点反映了个人A与个人B在特定分配条件下所得的效用组合,$C$ 点包括私人产品在A、B两人之间的分配与公共产品的数量。②由于 $C$ 点是 $UU$ 线上的某一点,而 $UU$ 线上某一点表示 $LL$ 线上某一点,$LL$ 线上某一点是A或B无差异曲线与 $TT$ 线的切点,该点上必然存在个人A或B的无差异曲线的斜率 $MRS^A_{XG}$ 或 $MRS^B_{XG}$,而由 $MRS^A_{XG}$ 或 $MRS^B_{XG}$ 我们可以得知 $X$、$G$ 之间的相对价格。可见,$C$ 点实际上确定了私人产品X与公共产品G之间的相对价格。③知道X、G之间的相对价格,$MRS^A_{XG}$ 与 $MRS^B_{XG}$,就可以知道 $MRT_{XG}$,由 $MRT_{XG}$ 可以确定 $MRT_{XG}$ 与 $MRS_{XG}$,从而可以确定生产要素的相对价格。可见,$C$ 点确定了生产要素的相对价格。④$C$ 点既已确定了生产要素的相对价格,实际上也就确定了社会分配关系。

2.对两种产品、两人模型的推广

在一般情况下,只要存在私人产品与公共产品,则公共产品的最优供给量的条件是边际替代率之和等于边际转换率,用公式表示为

$$\sum_{i=1}^{n} MRS^i_{j,k} = MRT_{j,k}$$

$i=1,\ldots,n$(消费者数目)

$j,k=1,\ldots,m$(物品数目) (3-1)

换言之,如消费的边际替代率反映个人从公共物品的边际增量中所得到的边际利益,则这种边际利益必然要在每个人之间进行加总。

如果我们以私人产品价格为计价单位,由于 $MRS^A_{XG}=P^A_G/P^A_X$(边际替代率等于G、X的相对价格之比),得到

$$MRS^B_{XG}=P^B_G/P^B_X \quad (3-2)$$

$MRT_{GX}=MC_G/MC_X$(边际转换率等于G、X的相对成本之比),于是

$$MRS^A_{XG}+MRS^B_{XG}=P^A_G/P^A_X+P^B_G/P^B_X=MC_G/MC_X=MRT \quad (3-3)$$

又由于私人产品的价格对所有的消费者来说是一致的,即

$$P^A_G=P^B_X=P_X \quad (3-4)$$

$$\frac{P^A_G + P^B_G}{P_X} = \frac{MC_G}{MC_X} = MRT \quad (3-5)$$

定义私人产品的价格为价格计量单位,$P_X=1$,$P_X=MC_X=1$,我们就可得到:$P^A_G+P^B_G=MC_G$。它的含义是:公共产品的供给达到帕累托最优的必要条件是,每个人对公共产品交付的价格(税)要等于公共产品生产的边际成本。回想一下局部均衡的条件,$\sum P_i = MC$,一般均衡的必要条件实际上是 $\sum_{i=1}^{n} MRS^i_G = \sum_{i=1}^{n} P^i_G = MC_G$,两者含义是相同的。这就要求政府提供的公共产品数量在边际产量的边际成本要等于社会上个人愿意为该公共产品支付的税金的总和,否则,政府提供的公共产品就不再是最优的。

### 3. 对限制条件的分析

萨缪尔森对公共产品供给达到帕累托最优状态的分析,是以下面三个假设为前提的。

(1) 在财政机构中,存在一个无所不知的计划者,他了解每个人愿意为公共产品支付的价格。只有在了解这些价格(税)后,由 $\sum P_i = MC$,计划者才能算出应向社会提供多少公共产品。为了解决社会分配问题,这个无所不知的计划者还将知道全体个人的效用函数。显然,对于任何一个计划制订者来说,要掌握如此完整与详细的信息是不可能的。萨缪尔森也没有暗示存在这样的政府。但是,关于公共产品的帕累托最优供给显然要以这类信息的取得为前提。而在实际生活中,没有一个中央计划制订者可以获得满足公共产品帕累托最优供给量的全部信息。因此,想用计划来解决公共产品最优供给问题是不可能的。财政计划中种种所谓最优设计,是值得怀疑的。

(2) 假定每个人愿意准确地披露自己对公共产品的偏好。而事实上,个人将会发现,隐藏自己对公共产品的偏好,对自己是有利的。这就导致计划者得不到关于公共产品价格集的信息。而在市场机制下,同样得不到关于公共产品价格集的信息。结果,即使是在非常小的群体之中,每个人也往往会隐蔽自己对公共产品的偏好,以逃避对公共产品的成本承担责任,这样,就会造成全社会个人对公共产品的偏好被歪曲,也就谈不上使 $\sum_{i=1}^{n} MRS_{j,k}^i = MC$。这说明,只要存在"搭便车"现象,就是靠计划来提供公共产品,难以使资源配置达到最优。

(3) 模型假定公共产品的成本由个人缴纳的税金支付。然而,这些税不对产品的相对价格产生影响,因而不会改变个人对私人产品与公共产品的相对需求。在实际生活中,征税往往会影响产品的相对价格,从而会改变个人对私人产品与公共产品的偏好,造成价格信号扰乱,使公共产品的供给达不到帕累托最优。

以上三个限制条件说明,公共产品的供给要实现帕累托最优,无论是在计划体制中,还是在市场体制中,都是不可能的。这是否说明关于公共产品的一般均衡分析完全是空想、脱离实际的呢?事实并非如此。一个假设是否成立,不一定看它是否接近复杂的现实,而是看它是否具有解释力与预见力。公共产品供给的一般均衡,为我们判断国家提供的公共产品是否最优提供了标准与规范($\sum_{i=1}^{n} MRS_{j,k}^i = MRT_{j,k} = MC_G$),也使我们知道了实现公共产品供给的帕累托最优存在哪些困难。这本身就是富有启迪性的。

## ▶案例3-5 做好高质量公共服务供给 提升贵阳贵安发展竞争力

"'十四五'时期,是贵阳贵安深度融合发展,提升城市影响力、带动力和竞争力的历史新开端,加强贵阳贵安基础教育、医疗卫生、养老服务、就业保障、公共体育、社会保障、医疗保障等公共服务体系建设是'强省会'行动和推进新型城镇化的重要部分,对提升人民群众获得感、幸福感、安全感,增强省会人口承载力、内需带动力、发展竞争力,推动高质量发展都具有重要意义。"贵阳贵安"强省会"行动工作领导小组高质量公共服务供给指挥部指挥长王嶒在接受采访时说。

根据第七次全国人口普查数据,贵阳市常住人口规模已经达到598.7万人。按照工作部署,到2025年,贵阳城市常住人口将达到700万人。城市人口数量的增加,将带动城市规模及空间分布重构，导致公共服务资源需求进一步加大，如何为人民群众提供更高质量的公共服务也就成为"强省会"工作的重中之重。

高质量公共服务供给指挥部作为贵阳贵安"强省会"行动工作领导小组下设的14个指挥部之一，主要负责统筹卫生健康、教育供给、社会保障、就业保障等公共服务领域事业发展，承担构建全方位就业创业服务体系、推动教育现代化、打造优质高效医疗卫生服务体系、创建全国全民运动健身模范市、补齐公共文化设施短板等重点工作。王嶒说，关注和改善公共服务是贵阳贵安全面提升城市发展竞争力的核心要件之一，抓住了公共服务问题，就等于抓住了城市经济建设与发展的根本。

王嶒表示，下一步，高质量公共服务供给指挥部将进一步找准症结、理清思路、聚焦重点、压实责任、狠抓落实，结合15分钟生活圈打造，重点关注教育、就业、文化、卫生、体育、养老、托幼等领域，补齐公共服务短板，不断提高公共服务供给水平和能力，为经济社会高质量发展提供强劲动力。

一是要提高站位、增强自觉，深刻认识实施"强省会"行动的重要意义。确保领导到位，做到指挥长亲自抓、履好职，区(县、市、开发区)党政主要领导及市直部门主要负责人具体抓、尽主责，构建横向到边、纵向到底的指挥部组织领导体系，把"强省会"行动作为贵阳贵安经济社会发展的最强音、作为推动高质量发展的主抓手、作为凝聚力量真抓实干的集结号，以强烈的政治责任感和使命感推动各项目标顺利完成。

二是要齐心协力、全力以赴，全力打好保障和改善民生攻坚战。确保目标到位，按照"简单化、年度化、数字化、项目化"的工作要求，聚焦公共服务领域重点目标任务，如推进贵阳康养职业大学、贵阳市中医院、贵阳奥体中心二期主体育馆建设等，构建重点突出、简单明了，可量化、易操作的指标体系，以月保季、以季保年，全力以赴完成既定目标任务，切实提高公共服务能力和水平。

三是要积极主动、善作善为，确保完成"强省会"各项目标任务。确保政策到位，加快推动省委、省政府支持"强省会"行动的政策措施落地、落实、落细，把已出台的政策用足、用活、用好，抓紧出台配套政策文件，全面提升政策综合效能。

四是要建立机制、强化考核，形成推动"强省会"的强大工作合力。确保机制到位，充分行使指挥部工作职能，进一步完善调度、协调、督查、考核"四个机制"，建立涵盖常规调度、项目建设、会议协调、问题反馈的指挥部全方位运行体系，充分调动指挥部各工作专项组的积极性，层层传导压力，推动形成强大的工作合力。

资料来源：彭刚刚.做好高质量公共服务供给 提升贵阳贵安发展竞争力[N].贵阳日报，2021-10-30(001).

## 案例3-6 加快突破跨区域公共产品供给困境

2021年12月17日，中央全面深化改革委员会第二十三次会议审议通过了《关于加快建设全国统一大市场的意见》等政策，旨在充分发挥全国统一大市场建设的基础作用和引领示范功能，为突破跨区域公共产品供给困境提供有效途径。

全国人大代表、天衡会计师事务所董事长余瑞玉表示，高效的跨区域公共产品供给对提高区域内财政资金使用效益、促进区域分工及协同发展、提升区域发展战略成效、处理经济发展不平衡矛盾等方面具有积极意义。从政策制定看，尚未有专门针对跨区域公共产品供给的顶层设计，但相关的公共产品供给思路在国家"十四五"规划、《中共中央关于全面深化改革若干重大问题的决定》等政策文件中有迹可循。

余瑞玉介绍，从中央至地方层面，在部分具体领域开展了相关探索。但是，跨区域公共产品供给仍然存在评估指标缺乏有效性、科学性，理论研究缺乏普遍性、支撑性等现实问题。

基于此，余瑞玉建议，完善跨区域公共产品专门法律政策供给。在现有领域立法、区域探索等基础上，推进跨区域公共产品供给从部分领域逐步向教育、卫生、环保等领域全面推进，完善合作机制、利益补偿机制、跨区域公共产品横向转移支付机制等。

"尤其是要鼓励有条件的地区率先开展试点，根据地区经济社会发展实际探索补偿标准、地方事权划分等细则，为下一步开展全国性的区域公共产品供给协调奠定良好基础。"她说。

此外，她建议完善评估体系和政府考核指标。一方面要将提高跨区域公共产品供给能力作为重要内容，加强评估模型建设；另一方面要强化目标在地方考核指标中的引导作用，突出其对区域协同发展水平的影响力，增加相应指标在绩效考核中的占比，进一步去除唯GDP的考核导向。

同时，余瑞玉表示，应加强跨区域公共产品问题的理论研究。健全相关科研体制，构建统筹一体、党委负责、政府管理、社会参与的理论研究机制，建立专门工作小组，并由生态环境、教育等公共产品供给相关部门对地方开展跨区域公共产品供给工作的专项数据采集，充分发挥地方智库、院校的资源优势，完善数据加工，形成不同层级的地方数据库，为中央决策提供更多科学依据。

资料来源：刘安天. 加强科技金融创新监管[N]. 中国会计报，2022-03-11(005).

## ▶案例3-7 疫苗公共产品的有效供给分析

公共产品的提供是"采用集体机制对其提供者、量与质、生产与融资方式、管制方式等问题作出决策"的过程。政府通过优化公共产品的供给效率，可以实现资源优化配置，避免浪费。不同类型的疫苗，其公共性程度各不相同，有不同的付费主体，故其供给方式也因具体情况而异。

根据分析可知，一类免费疫苗属于纯公共产品，是社会成员不愿意也无力提供且市场机制提供又可能存在失灵的物品。纯公共产品无法通过收费制度实现排他性消费，因此私人不愿提供，也不适合由私人提供。同时，纯公共产品非排他性与非竞争性的特征，导致自愿合作机制和市场调节配置机制失灵，只能由政府介入。政府应当作为一类疫苗的提供主体，为疫苗服务付费，并进行管理。一类免费疫苗的生产和经营可以允许其他市场主体参与。政府在提供一类免费疫苗的同时，要克服由于信息不对称、公共产品外部性和分配公平问题所带来的弊端，确保疫苗的及时有效供给。

二类自费疫苗属于准公共产品。部分疫苗产品具有较高的技术性要求，企业的营利空间比较小，私人并不能很好地提供这种疫苗，"长生疫苗事件"就产生了极大的负外部性。因此，应加大政府在二类疫苗供给方面的责任。同时，政府也不是万能的，应由政府和消费者共同为二类疫苗付费。仅由政府承担二类疫苗的供给成本有以下弊端：一是消费者若没有对二类疫苗付费，容易导致过度使用疫苗，造成有限资源的浪费；二是二类疫苗的研制成本和对生产技术要求较高，单由政府提供疫苗会导致疫苗供应效率低；三是市场信息有滞后性，且信息不对称以及"权力寻租"等现象屡见不鲜。让市场主体参与二类疫苗的竞争，既可以更好地提高疫苗服务质量，满足个体需求，又可以有效地规避因政府供给二类疫苗可能带来的弊端，如资源浪费、效率低下和分配不公平问题。因此，在二类自费疫苗的生产环节可以让市场主体参与，采取多样化的生产方式，通过政府外包、转让经营权等政策，引入市场机制。政府和市场主体共同提供疫苗，既能实现民众对疫苗的平等消费，又发挥了市场优势。这不仅能够实现疫苗服务的目标，也能提高政策实施和资源配置的效率，保证二类自费疫苗的高效供给。

当公共产品的使用者超过公共产品的最大承载能力时，公共产品就具有了私人物品的性质；当实际使用者人数超过该公共产品的计划使用者人数时，公共产品的消费就具有排他性和竞争性，其公共性也会随之消失。疫苗排他性技术水平的不断提高是由私人提供疫苗公共产品的技术前提。政府和私人可以订立合约，约定由私人管理和提供公共产品，但是政府拥有公共产品的所有权。在政府的监督下，非政府组织也可通过公开投标取得某项公共产品的特许专利经营权，获得政府的经济补贴和资助。消费者的消费能力参差不齐，政府对消费者也应当给予适当的财政补贴。对于那些有较弱非竞争性的物品，政府要加强对其价格的监管。政府与私人订立合约时也须关注市场准入、政府管制、正确处理合同的完备性、关注社会弱势群体等情形，实现政府与私人部门合作的利益最大化和市场调配的稳定性。

资料来源：袁梦玲，羊海燕. 疫苗供给及其风险分配的经济法分析[J]. 医学与法学，2022，14(01)：67-71.

## ▶ 延伸阅读3-6 实现公共产品有效供给的政策参考

现实生活难以满足经济学理论假设，但是这并不意味着抽象的模型分析就失去了意义。从理论层面对现实问题进行抽象描述，能够剥离复杂的社会现象进而看到经济运行的本质，政府部门可以通过采取相应的政策措施使得现实的公共物品资源配置尽可能与理论相匹配，不断追求资源配置的有效性，实现在一定政策环境约束下的社会福利最大化。基于理论模型的分析可以为公共物品的有效供给提供有价值的参考。

第一，完善政府监督机制。在公共物品供给过程中，不能完全依靠职业道德约束政府官员将为公众谋福利作为工作目标，而应建立完善的监督机制，以避免政府官员利用手中的权力牟取个人利益，出现寻租腐败等现象。一方面，不断完善政府内部监管机制，划清责任主体、明晰权责、奖罚分明，增强政府官员的责任意识、担当意识与法律意识；另一方面，建立公众、企业与第三部门等多元参与的监督机制，鼓励并充分调动社会各界参与政府行为监督的积极性，尤其涉及资金问题，要建立资金使用情况公布渠道，接受社会公众监督与问责。

第二，运用信息技术手段提高政府决策的科学性。充分运用互联网、大数据、人工智能等信息技术手段，建立人机交互平台，将人的智慧与计算机系统性、高效性、模型化的分析力有机结合，尽可能地提高人们对信息掌握的完整度，更全面地对公共资源配置的必要性、可行性等进行科学、合理的成本—收益评估，在此基础上做出相应决策，不断提高政府决策的科学性，最大限度减少或避免公共物品配置扭曲或效率不高等现象。

第三，完善市场化竞争机制。政府部门主动将供给无效或低效的公共服务领域让位于市场，构建公共物品多元供给格局，提高资源配置效率。一方面，不断完善政策法规体系，营造良好的市场竞争环境，通过给予政策或税收优惠，积极引导并鼓励社会企业参与公共物品供给，提高企业的社会责任感；另一方面，重视政府组织结构变革、人才管理体系变革，不断提高政府部门的服务意识、竞争意识与创新意识。

总之，现实中公共物品的供给不可能完全符合理论模型，但可以通过一些政策手段使得现实经济的运行尽可能符合模型的预判，最大限度地提高资源利用效率，为公共物品的有效供给提供理论支撑，为政府部门决策提供参考依据。

资料来源：毛紫君.公共物品有效供给的经济学分析与对策研究[J].技术经济与管理研究，2021(04)：68-71.

# 3.4 公共产品的生产与经营

## 3.4.1 政府生产经营与私人生产经营

如何为社会提供公共产品，主要取决于公共产品自身的特点。从世界各国的情况来看，公共产品的生产经营方式有两种：一是政府直接生产经营；二是由市场上的私人部门生产经营。政府直接生产经营就是由政府建立公共产品的生产经营实体，由政府直接控制生产经营实体来生产经营公共产品。公共产品由市场上的私人部门生产经营通常是指政府利用预算安排和政策安排形成经济刺激，引导私人企业参与公共产品生产经营，这也被称为政府间接生产经营，其实质是在公共产品的生产经营过程中引入市场机制。

对于纯公共产品，最适合的生产经营方式是公共部门生产经营，主要由政府生产经营。这是因为，纯公共产品的非排他性和非竞争性的存在导致公共产品无法排斥社会任何人消费该产品。对于纯公共产品来说，一是无法区分谁是具体受益者，谁是非受益者；二是即使能够区分受益者和非受益者，也很难确定某人从公共产品中所获利益的具体数额。上述两点决定了它无法按受益原则来收费，因而只能采取由政府通过征税这种间接收费的方式来向社会供给。在许多国家，造币厂、中央银行和气象服务等都是由政府直接经营的。

对于准公共产品来说，根据具体情况，既可以由公共部门生产经营，也可以由市场上的私人部门生产经营。也正是在这个意义上，公共事业部门履行政府的一些职责，成为政府职能的延伸。在向社会提供准公共产品的过程中，为了平衡受益者与非受益者的负担，提高资源的使用效率，可以采取类似市场上的私人产品的供应方式，按某种价格标准向消费者收费，即消费者必须通过付款才能获得消费权。例如，对于医疗产品，既可以采取政府无偿供给方式，也可采取政府供给、个人付费方式。邮政、电力、铁路、保险、医疗、自来水、煤气等，在有些国家是由政府直接经营的，而在有些国家是由公共部门与私人部门共同或分别经营的。由于混合供给方式包含政府的政策因素，它与市场供给的私人产品在性质和管理上是有很大区别的。

国防安全是一种应该由国家提供的纯公共产品。有人认为，国防领域的产品应完全由政府生产和经营，其理由包括：第一，出于安全保密的考虑；第二，大多数武器的制造成本太高，难以供给市场。第三，存在因顾客改变主意以及不可预见的技术困难引起的不确定性；第四，产品是特制的，买方是垄断者，供给者也可能成为垄断者，从而导致成本与价格不能进行市场交易，只能通过"个别"的讨价还价来确定。事实上，虽然国防是一种纯公共产品，只能由政府来提供，但为了实现国防安全所需要的军事装备就不一定是公共产品，也不一定必须由政府自己生产经营。许多国家都不是由政府直接生产经营军事装备的，而是通过合作开发或购买来获得军事装备。例如，美国的武器库中，从劳动密集型的军服到技术密集型和成本密集型的原子、电子等高科技武器(如原子弹、核潜艇、军用飞机等)，几乎全部由私人部门生产经营。

由政府通过公共支出直接承办公共工程项目是不少国家政府的传统做法。在中国等亚洲国家，这一做法具有悠久的历史。中国古代修建的用于防御的万里长城就是一项宏伟浩大的公共工程。在历史上，中国的中央政府和地方政府的主要工作之一就是修建水坝、运河、道路、宫殿、烽火台、都城和寺庙等。

在西方国家的许多公共领域，都允许各种社会团体和个人持合法执照经营。只要遵守有关法律，不管是个人、团体、宗教部门、慈善团体、股份公司、企业家、基金会、境外人士等，均可参与经营。不管是出于营利性动机还是非营利性动机，都可以被核准经营。

20世纪30年代初，经济危机之后，许多国家奉行政府干预主义，通过扩大公共开支，大举兴办公共工程。这样做的目的，一方面是改善福利措施，提供公共产品，干预市场和弥补市场缺陷；另一方面是为了反经济危机，刺激就业和需求，发展经济。应当明确的是，在市场经济国家，政府经营的公用事业总体来看所占比例并不大，较大一部分公共产品是由政府委托私人企业生产经营的。在传统的计划经济国家，作为垄断经营者的政府通过行政垄断控制着几乎所有企业的所有产品的生产经营。不仅是传统意义上的公用事业，如公路、桥梁、公园、图书馆、博物馆、基础设施、文化教育等领域都有一个自上而下、上下对口的庞大行政机构统一管辖各领域里众多的公共企事业单位，即使是私人产品，几乎也是100%由政府和公有企业直接生产经营。

### 3.4.2 政府提供公共产品的必要性

1. 智猪博弈与政府提供公共产品的必要性

对于政府为何提供公共产品这个问题，我们通过博弈论中的另一典型例子——智猪博弈(boxed pigs)来加以说明。这个例子讲的是，猪圈里养了两头猪，一头大猪，一头小猪。猪圈的一端有一个食槽，另一端安装一个按钮，控制猪食的提供。按一下按钮会有10个单位的猪食进槽，但是按按钮是需要付出劳动的，谁按按钮谁就需要付出2个单位的成本。问题是按钮和食槽分别放置于猪圈的两端，当付出劳动按按钮的猪跑到食槽的时候，坐享其成的另一头猪已吃了不少猪食。具体情况如下：若大猪先到，大猪吃到9个单位的猪食，小猪只能吃1个单位的猪食；若两头猪同时到，大猪吃7个单位的猪食，小猪吃3个单位的猪食；若小猪先到，大猪吃6个单位的猪食，小猪吃4个单位的猪食。图3-10列出了对应不同战略组合的支付水平，如第一格表示两头猪同时按按钮，因而同时走到食槽，大猪吃7个单位的猪食，小猪吃3个单位的猪食，扣除2个单位猪食的成本，支付水平分别为5和1，其他情形可以此类推。

|  |  | 小猪 | |
|---|---|---|---|
|  |  | 按 | 等待 |
| 大猪 | 按 | 5, 1 | 4, 4 |
|  | 等待 | 9, -1 | 0, 0 |

图3-10 智猪博弈战略式

在这个例子中，首先我们注意到，不论大猪是选择"按"还是"等待"，小猪的最优选择均是"等待"。比如，假定大猪按按钮，小猪也按按钮会得到1个单位的猪食，如等待则得到4个单位的猪食；假定大猪等待，小猪按按钮得到-1单位的猪食，如等待则得到0单位的猪食。所以，"等待"是小猪的占优战略。假定小猪总是选择"等待"，大猪的最优选择只能是"按"。所以，纳什均衡就是：大猪按，小猪等待，各得4个单位的猪食。多劳者不多得。

智猪博弈这个模型可以用来解释公共产品需要由政府来提供的原因。比如，村里住着两户人家，一户富，一户穷，有一条路年久失修。这时候，富户一般会承担修路的责任，穷户则很少这样做，因为富户家常常高朋满座，朋友们需要坐车过来；而穷户家只是自己穿着破鞋走路，路修好了他走起来舒服，路修不好他也无所谓。在这里，富户相当于我们的政府，而穷户则相当于私人部门，因此需要由政府来承担提供公共产品的责任。改革中也有类似的情况。同样的改革带给一部分人的好处可能比另一部分人多得多。这时候，前一部分人比后一部分人更有改革积极性，改革往往就是由这些"大猪"推动的。如改革能创造出更多的"大猪"，改革的速度就会加快。

2. 政府提供公共产品的必要性

(1) 市场力量和第三种力量提供公共产品的局限性要求政府提供公共产品。公共产品的充分提供和利用是经济资源优化配置、提高生产效率和消费者福利、促进经济发展的重要条件或因素，因此，应保障公共产品的充分提供。虽然公共产品的提供并不排斥市场力量和第三种力量，并且社会应该鼓励它们提供公共产品，但由它们提供公共产品不可避免地存在某种缺陷，要么会导致公共产品缺少供给或供给不足，要么会导致公共产品利用不足，并且有些公共产品并不适合由市场力量和第三种力量来提供，因此，需要由政府向社会提供公共产品。

(2) 政府履行其经济职能需要政府提供公共产品。在市场经济中，由于市场缺陷的存在，使政府在经济中负有对经济进行规制的责任，包括抑制、限制或消除垄断，促进竞争，解决外部经济效应问题，建立和维持公平交易与公开竞争的经济秩序，协调个人利益与社会利益，协调短期利益与长期利益，促进地区经济的平衡发展，促进国民经济长期而稳定地增长等。政府要履行这些方面的经济职能，离不开公共产品的充分供给与利用。公共产品的充分提供既是政府履行其经济职能的重要条件，同时也是政府履行其经济职能的重要手段。因此，政府要履行其所应该履行的经济职能，成为有效政府，就应该提供公共产品。

(3) 相比之下，政府具有更强的提供公共产品的能力。虽然政府能力并不是无限的，但因为它的特殊性，使其具有市场力量和第三种力量所不具有的能力：①作为公共权力机构，它具有市场力量和第三种力量都不具有的合法强制力，有能力为提供公共产品而运用强制手段动员经济资源；②政府是一种长期存在的公共权力机构，它能够持续地向社会提供公共产品；③可以通过立法赋予政府提供公共产品的责任，并授予其筹资和分配资源的权力，从而使公共产品的提供具有稳定性；④政府是代表公共利益的公共权力机构，民主政府受到选民监督，因而能够保持公正，更适合提供那些由市场力量和第三种力量不能提供的公共产品。因此，政府应该并且有能力向社会提供社会需要的公共产品。

此外，市场力量和第三种力量不愿提供的或不能提供的产品，也应该由政府来提供。因为保证公共产品的充分提供是市场经济中政府的重要经济职能。

### 3.4.3 政府提供公共产品的方式

1. 公共产品需求与私人产品需求的差别

(1) 私人产品的需求与产品价格的高低成反比关系，价格上涨可以减少需求量；而公共产品要么是免费的，要么价格定得很低，因此公共产品的需求量要么不受价格的影响，要么仅受很小的影响。

(2) 私人产品的需求由消费者的收入水平等共同决定，受消费者收入预算的约束；而公共产品的需求则同消费者的收入水平等没有关系，不受消费者个人收入的约束。

(3) 私人产品的需求存在可选择性，因为私人产品市场一般是竞争性市场；而公共产品的提供一般是非竞争性的，因此，公共产品的需求一般不存在可选择性。

(4) 私人产品的需求通过消费者在市场上的购买行为来显示(买或不买、多买或少买等)；而公共产品的需求一般并不是通过消费者在市场上的购买行为来显示的，而是通过其他多种途径来显示，具体包括：①通过投票来选择代表自己的利益或者需求偏好的代表(议员等)来显示自己的需求偏好；②通过发表言论、上书、游说、抗议、游行示威等方式来显示；③直接投票决定是否参加某项公共产品的提供计划；④其他多种方式。总之，公共产品的消费者不是通过投"货币选票"的方式来显示需求，而是通过投"政治选票"以及其他方式来显示自身需求。

公共产品需求的特点决定了公共产品提供决策的特点，其最重要的特点就是公共产品提供决策的集体性质。同私人产品的提供决策不同，私人产品的提供决策是分散决策、经济决策(由生产者按利润最大化原则决定是否生产、生产什么、生产多少等)。公共产品的提供决策则是集体决策、政治决策，是由政府依照行政规则(多数票或首长制)来决定的，而不是按利润原则作出的。

2. 公共产品的提供决策制度

如果采取民主投票制度，则公共产品的提供决策制度可以分成全体一致同意制度、过半数同意制度(简单多数同意制度)、特定多数同意制度三种类型。如果公共产品的提供决策采取委托行政机构作出的办法，公共产品的提供决策制度还应包括行政决定制度。

需要说明的是，就政府公共产品提供决策制度来说，由于各国采用的政治制度不同，上述几种制度的具体内容可能会因此不同。在直接民主制下，全体一致同意、简单多数同意、特定多数同意指的是全体国民中有投票权(表决权)的国民投赞成票的票数在全部票数中所占的比重。在代议民主制下，全体一致同意、简单多数同意、特定多数同意指的是议员或选民代表投赞成票的(人)票数在全部议员或代表(人)票数中所占的比重。应该说，在这两种不同的民主政体下，公共产品提供决策方案通过的难度、实施成本等是存在差别的，甚至同样的方案在不同的民主政体下，投票结果也可能不同。在代议制下能够通过的方案，在直接民主制下可能不会通过；在直接民主制下能够通过的方案，在代议制下则可能不会通过。

实行民主政体的国家现在采用的都是代议民主制，不过即使是代议民主制，对于某些公共产品的提供决策仍然存在采用直接民主制的做法，如一些国家在通过新宪法、改变政体时就采用全民公决(直接民主制)的方式；有的则采取直接民主制与代议民主制相结合的方式，如通过新宪法时采用既要求半数选民同意又要求半数议员同意的混合方式。

行政决定制度是指公共产品的提供决策由行政部门决定的一种公共产品提供决策制度。从此种制度来看，一种是由行政主管部门独立决定的制度，如港口主管部门自己决定是否兴建港口；另一种是由多个行政部门共同决定的决策制度，即一项公共产品的生产或方案提供只有在获得多个行政部门的同意之后方为有效的决策制度。行政制度是一种下级服从上级的科层等级制度，所以行政决定制度实质上是首长决定制。行政决定制度的优点是决策效率高，但对福利、实施成本的影响具有不确定性。通过的方案有可能符合所有人的意愿，有可能符合多数人的意愿，也可能只符合少数人的意愿；实施成本可能很低，可能很高，也可能通过的方案无法实施。

以上说明，公共产品的提供决策制度不同，会导致公共产品的提供结构、提供数量等出现差异。

3. 免费提供与有偿提供的选择

所谓免费提供，是指政府通过征税筹资，通过生产或购买公共产品，然后再无偿提供给消费者公共产品的提供方式。有偿提供则是指政府生产或购买公共产品，或者采取委托经营方式，向消费者有偿提供公共产品的提供方式。采取有偿提供方式，消费者要利用公共产品，必须付费。

公共产品的提供采取何种方式，主要应该考虑两个方面的因素：①公共产品的性质或者公共性的程度。对于纯公共产品，适于实行免费提供。②政府的提供能力。对于非纯公共产品，采取何种方式提供，则应依政府的提供能力而定。由于政府的能力是有限的，各种公共产品的提供之间存在竞争性的关系，政府首先要考虑公共产品提供的均衡，然后依照公共产品公共性程度的高低，由高到低依次决定免费提供的公共产品范围。对于有偿提供的公共产品，政府应该根据政府的提供能力、提供成本和公共产品的外部性等来制定合理的收费标准。

4. 直接提供与间接提供的选择

公共产品是由政府直接提供还是间接提供，应该考虑以下几个基本因素：①公共产品的公共性程度。纯公共产品(如国防、立法等)一般应该由政府直接提供；消费品具有完全的非排他性或很高的非排他性，也宜由政府直接提供。②外部性的大小。公共产品的外部性越大，越宜由政府直接提供，外部性小的则可考虑由政府采取间接提供的方式。③提供成本或效率。对于那些既可由政府直接提供，也可采取间接提供的公共产品，则应从提供方式的成本和效率两方面来考虑。如果一项公共产品，间接提供的成本低于直接提供，效率高于直接提供，则应该选择间接提供；反之，则应该选择直接提供。

需要说明的是，一些公共产品提供方式的选择并非非此即彼，往往需要将两种方式结合起来。一些公共产品的提供往往是在某些阶段或时期实行间接提供，而在另一些阶段或时期实行直接提供，如桥梁、港口、飞机场，可先采取间接提供的方式，然后采取直接提供的方式，这就是经常采用的BOT(build—operate—transfer，建设—经营—转让)方式。马斯格雷夫(R. A. Musgrave)曾说："公共产品需要通过预算支付的方式提供，让使用者可免费得到。然而这并不意味着公共产品必须由政府生产，公共产品可以像大多数私人物品一样由私有企业生产，不过产品将被出售给政府。"[1]

5. 直接经营与委托经营的选择

公共产品可由政府直接经营，也可由政府委托非政府机构经营。当然，公共产品的委托经营应该是在政府管制下的委托经营，委托经营的具体方式可依不同行业、不同企业的差别而有所不同，承包经营、租赁经营及其他多种委托经营方式都是可以选择的经营方式。采用何种经营方式取决于以下几方面：①不同经营方式的后果。例如，国防就不便实行委托经营，因为一旦受托人因某种原因而不提供服务，国家就会失去安全保障。②经营方式的效率比较。经营方式不同，提供同样数量和质量的公共产品所需要耗费的经济资源以及运作效率会存在差别，政府应该进行比较，选择效率高的经营方式。直接经营的效率高，就采取直接经营；委托经营的效率高，则采取委托经营。在可供选择的委托经营方式中，也应该选择效率最高的委托经营方式。

### 3.4.4 政府提供公共产品的范围

政府可通过多种方式提供公共产品，可以由政府提供的公共产品的范围也比较大，一般来说，政府提供的公共产品包括公共性程度高的公共产品、不宜或不应由非政府力量提供的公共产品、非政府力量不愿意或无力提供且外部性大的公共产品、非政府力量没有能力提供或虽有能力提供但非竞争性程度高的公共产品等。

1. 公共性程度高的公共产品

公共性程度的高低可以用公共产品受益人或消费者人数的多少来衡量。一种公共产品的受益人或消费者的人数越多，则其公共性程度越高；一种公共产品的受益人或消费者的人数越少，则其公共性程度越低。因此，一种公共产品的公共性程度越高，其外部影响越大，其提供与利用状况对经济资源配置效率、生产效率、消费者福利、经济增长等的影响就越大，对政府履行其他方面的经济职能的有效性的影响也越大，市场力量和第三种力量提供这种公共产品的能力越是不足。所以，公共性程度高的公共产品应该由政府来提供。依此，政府首先应该提供纯公共产品，因为公共产品的提供会对全体国民产生影响，然后随着政府能力的增强，再逐渐延伸至公共性程度较低的公共产品。公共产品的公共性程度的高低决定着政府提供公共产品的顺序。从历史上来看，政府提供的公共产品经历了一个由公共性程度最高到公共性程度逐渐降低的演化过程。也就是说，政府只有在保证公共性程度较高的公共产品的提供之后，才能提供公共性程度较低的公共产品。国防是公共性程度最高的公共产品，在历史上，国防一直是各国

---

[1] 迈克尔·曾伯格. 经济学大师的人生哲学[M]. 北京：商务印书馆，2001：273-274.

优先保证提供的公共产品，然后是公共秩序，如果政府还有能力，再提供其他公共性程度较高的公共产品。公共性程度很低的公共产品，因其受益人或消费者较少，其提供状况对社会生产和居民福利的影响较小，并不适合由政府来提供。由于政府是一个由多级政府构成的体系，从最低一级到中央政府包含多个层级，公共产品的公共性程度也应该作为划分不同层级的政府提供公共产品的范围的依据，公共产品公共性程度的高低决定了提供公共产品的政府层级的高低。公共性程度越高，越应由高层级的政府来提供；公共性程度越低，越应由低层级政府来提供。那些供全体国民消费的公共产品当由中央政府承担提供责任(如国防、全国性立法等)，而只供一个地区的居民消费的公共产品当由地方政府承担提供责任。

2. 不宜或不应由非政府力量提供的公共产品

有许多种类的公共产品，即使非政府力量能够提供，也不能由非政府力量来提供，这就是那些由非政府力量来提供可能会损害公共利益的公共产品。例如国防，一方面其公共性程度最高，另一方面若将其交由非政府力量提供，可能会损害国家安全；再如立法和司法，若由非政府力量提供，很可能会使其成为少数人牟取私利、损害大多数人利益的工具。诸如此类的公共产品都应由政府垄断提供，这是保证此类公共产品的提供符合公共利益的必要条件。

3. 非政府力量不愿意或无力提供且外部性大的公共产品

公共产品的非排他性程度越高，搭便车者一般来说会越多，市场力量和第三种力量会越不愿意提供。例如传染病防治、基础科学研究，都具有很大的正外部性，排他不易，私人或企业一般并不愿意提供此类公共产品，第三种力量又没有能力提供此类公共产品，如果政府不提供此类公共产品，就会出现此类公共产品提供不足的情况。

4. 非政府力量没有能力提供或虽有能力提供但非竞争性程度高的公共产品

这类公共产品包括跨地区的道路、大江大河的整治、桥梁、港口、消防设施等。这类公共产品由非政府力量提供，要么会提供不足，要么会利用不足。由政府提供此类公共产品是使其得到充分提供和充分利用的必要条件。

总之，提供公共产品是政府的重要经济职能，但政府并不是要提供所有公共产品，政府只对符合上述条件的公共产品承担提供责任。

▶ **案例3-8 政府公共服务"外包"不是"甩包"**

2021年12月6日，一则关于"南通市容管理人员当街抢夺卖甘蔗老人的甘蔗"的视频在网上流传。视频显示，多名身穿带有"静通市容"字样服装的人员围住一名推着自行车的老人，并拿走车筐里的甘蔗，老人发出哭喊声。次日，南通市海门区三星镇镇长袁卫涛回应称，视频中身着制服的人员是政府购买服务的第三方市容管理公司。

工商信息显示，江苏静通市容管理服务有限公司成立于2017年7月7日，注册地位于南通市海门区三星镇，法定代表人为张某鲲，经营范围包括(治理)城市乱涂、乱画、乱扔杂物、乱倒渣土、乱贴小广告的市容管理服务；城市市容协调检查服务；等等。

所谓政府购买公共服务，是政府通过公开招标、定向委托、邀标等形式将原本由自身承担的公共服务转交给社会组织、企事业单位履行，以提高公共服务供给的质量和财政资金的使用效率，改善社会治理结构，满足公众的多元化、个性化需求。

购买公共服务，是公共服务优化配置的第一步，并不意味着公共服务达到正常化、规范化、理想化的目标。如果只购买公共服务，停止履行公共服务监管职能，不跟踪、不改进、不优化公共服务的模式和结果，或者对群众反映的公共服务问题不关注、不回应，政府购买公共服务就不会达到理想的目的，甚至等于懒政。

政府购买公共服务，既要明确部门监管责任，安排专人与第三方机构联系和协调，实现依约监管、各负其责，也要具体服务具体对待，防止和避免政府购买的公共服务简单化、短期化和形式化。办了事不难，办好事不易。只有把公共服务视为己出，始终密切关注，才能探索寻找到令公众满意的公共服务新模式，走出一条公共服务创新监管和成功监管的新路子。

实践中，个别地方在实行政府购买公共服务后，往往容易出现两种问题：一种是一包了之，以为购买了公共服务就办成了事，以为办了事就没有了事情的责任；另一种是买了服务就中断了正常投入，原本需要持续投入的公共服务，一旦买断，就中止财政投入，公共服务只满足于日常运营，缺乏常态维护，公共服务设施的陈旧、老化、毁坏现象日渐突出，公众满意度大减。

因此，尽管购买公共服务能节约成本，但政府对公共服务的监管及投入是持续事项，不能降低公共服务的效率效果，政府应承担的投入不能因为"外包"而"甩包袱"，第三方机构承诺的运营项目或服务也不能打折。

资料来源：本报特约评论员.政府公共服务"外包"不是"甩包"[N].广西法治日报，2021-12-11(001).

### 3.4.5 政府提供公共产品的效率

**1. 政府提供公共产品效率低下的原因**

保证公共产品的充分提供是政府的责任，但由于经济资源是有限的，如果公共产品的生产效率低下，提供一定量的公共产品就需要投入更多的经济资源，从而减少私人产品的生产，降低居民福利水平。因此，要求提高政府提供公共产品的效率。如何使政府提供公共产品具有效率呢？这是一个相当复杂的问题。提供公共产品效率低下是人们对政府提供公共产品的主要批评之一。要知道如何才能够提高公共产品的效率，我们首先需要分析导致政府提供公共产品效率低下的原因。关于这个问题，经济学家做了不少研究，结论包括以下几点。

(1) 公共产品提供行业一般都采取垄断经营方式，缺乏竞争的外部压力，导致公共产品提供单位不积极提高效率。

(2) 公共产品提供单位同生产私人产品的营利性企业不同，它不以利润最大化为目标，而只为完成政府规定的提供任务，从而缺乏提高效率的内在动力。

(3) 公共产品提供单位的预算约束是"软"的。大多数公共产品提供单位都依靠政府财政拨款来营运，同传统计划经济体制下的国营企业一样，各提供单位普遍存在高报生产(提供)成本和投入量的情况，一旦完不成指标或者出现亏损，还会继续要求政府增加财政拨款或者要求财政补贴，这样提供单位就缺乏提高效率的内在压力。

(4) 对公共产品提供单位的负责人缺乏有效的经济激励机制。公共产品提供单位大多是由政府任命的官员或经理进行管理，对他们来说，薪金是固定的，干好干坏，在薪金上都不会有什么差别，缺乏有效的经济激励机制；而在营利性企业，经理干得好可以加薪、分红，甚至升迁，从而获得更多的经济收益，存在有效的经济激励机制。因此，由于缺乏对公共产品提供单位的官员或经理有效的经济激励制度，使得他们缺乏提高效率的积极性。此外，在官员或经理的任命上，往往不能做到以才能作为标准，这就使公共产品提供单位的官员或经理更加缺乏提高效率的积极性。

(5) 对公共产品提供效率的评价存在困难。①营利性的私人企业可以利润、销售额等为效率高低的评价标准，但对于公共产品提供单位很难有一个合理的评价标准(往往只能依靠一套标准，一旦依靠一套标准，也就使得评价失去意义)。与营利性的私人企业不同，对公共产品提供单位即使规定了效率评价标准，公共产品提供单位也可以采取种种手段作假。例如，评价公安部门的效率，若以发案率高低作为评价标准，公安部门就会少报、瞒报发案数，从而降低发案率；若以破案率作为评价标准，公安部门又会采取各种手段(少报、瞒报发案数，未破案者不报，或草草结案等)提高破案率。②营利性的私人企业可以将其他企业作为比较标准，而公共产品提供单位一般缺乏这种可比标准。例如，立法部门与司法部门的工作效率比较、国防部门与公安部门的工作效率比较、消防部门与环境卫生部门的工作效率比较，都很难得出恰当的结论。这样就很难根据公共产品的提供效率对公共产品的提供单位进行奖惩。

(6) 政府官员腐败。如果政府官员腐败，公共产品提供单位的负责人就只会追求自身利益的最大化和权力的扩张，不会关心公共产品提供效率的高低，公共产品的提供也就不可能有高效率。

### 2. 解决公共产品提供效率低下的对策

要使政府提供公共产品具有高效率，应从导致效率低下的一般原因入手，采取相应的对策。

(1) 建立和完善民主与法治制度，保证政府官员的廉洁。这是提高公共产品提供效率的前提。

(2) 改革公共产品的提供体制，对于那些由市场提供具有高效率的公共产品，在政府进行必要管制的条件下，交由市场去提供。

(3) 引入市场机制，利用市场机制的作用来提高效率。对于那些不是必须要由政府直接经营的公共产品，政府应该考虑引入市场机制，采取竞争性的委托经营方式，以促进提供效率尽可能地提高。例如，垃圾清运、道路维护、桥梁维护、港口管理、下水道疏浚、养老院管理等，都可以通过公开招标的方式，选择合适的企业来经营(管理)，政府与企业签订合同，由企业负责经营(管理)、政府实施监督。

(4) 改进公共产品提供单位的官员或经理的任命制度和收入分配制度。对官员或经理加强民主监督，官员或经理的升迁应取决于其业绩和能力，收入分配制度应具有灵活性，官员或者经理的报酬应该反映其经营或管理业绩，逐步使公共产品提供单位的官员或经理的任命制度和收入分配制度成为对公共产品提供单位提高效率具有正面刺激作用的制度。

(5) 不断改进公共产品提供效率的评价指标。虽然很难明确评价公共产品提供效率高低的唯一合理的指标，但不断改进评价指标，使其更为合理还是可能实现的。因此，应该从实际出发，努力改进效率评价指标，从而通过对指标完成情况的评判，促进公共产品提供效率的提高。

需要注意的是，要使公共产品提供效率达到最优状态是存在困难的，社会所能实现的是最大限度地提高公共产品提供效率，以达到更高的目标。

### 3.4.6 公共产品私人生产与经营的方式

既然市场机制在公共产品供给方面有些无能为力，那么政府的介入就成为一种自然的结果。但是，政府介入公共产品的生产经营不等于政府直接生产经营公共产品。因此，政府在何种程度上提供公共产品成为日益重要的问题。由政府生产和经营公共产品往往会缺乏效率。那么，如何提高公共产品的生产和经营效率呢？人们认为，在弱化政府部门生产经营公共产品的同时，可以让私人部门参与竞争，例如用招投标方式让私人部门投标承包公共产品的生产经营。这样，通过私人部门之间的相互竞争可使政府部门以较低的成本购买同样数量的公共产品，然后再出售给社会公众，以此来提高公共产品生产和经营的效率。

私人生产经营公共产品可以采取以下三种不同的方式。

1. 签订合同

政府选择私人厂商的方式一般是公开招标，借助投标者的竞争，在诸多企业提出的一揽子服务方案中选取收费最低者，或在接受政府方案的厂商中选取要求补贴最少者。合同的内容十分繁杂，视公共产品的性质而定。很多公共产品的生产经营，如公路维护、收集垃圾、街道照明、自来水供应、桥梁维修、图书馆管理、公园管理等，大多采取这种方式，如表3-1所示。

发达国家的许多高科技项目的研发也采用这种方式，如美国国防部就是与私人公司签订合同进行潜水艇的研制。合同签订后，一般来说，政府都会给予私人公司一定的津贴和优惠政策，并规定违约的处罚措施。例如，美国在20世纪60年代初期实施的阿波罗登月计划。过去，不少国家的政府在实施像阿波罗计划这样的大规模工程时，往往是政府自己盖工厂、雇工人、开展生产经营，浪费很大，效率很低。在实施阿波罗计划的过程中，美国航空航天局改革管理体制，在设备布局、各级火箭的技术规格等方面都以合同的形式转包给私人公司。由此带来的利润动机激发的积极性和研究开发及生产经营方面的专门知识是阿波罗计划获得成功的重要因素。

表3-1 美国城市中政府通过签订合同形式把公共产品交由私人生产的情况

| 项目 | 城市数目 | 项目 | 城市数目 | 项目 | 城市数目 |
| --- | --- | --- | --- | --- | --- |
| 垃圾收集 | 339 | 道路维护 | 63 | 娱乐设备 | 7 |
| 街道照明 | 309 | 医院 | 57 | 犯罪化验室 | 5 |
| 电力 | 258 | 运输 | 49 | 公园 | 5 |
| 工程服务 | 253 | 公墓 | 47 | 交通控制 | 5 |
| 法律服务 | 187 | 桥梁维护 | 25 | 水污染控制 | 5 |
| 救护车 | 169 | 征税 | 24 | 少年犯罪管教 | 4 |
| 垃圾处理 | 143 | 下水道处理 | 21 | 工业发展 | 24 |
| 水电账单收集 | 104 | 图书馆 | 17 | 电器卫生 | 17 |

(续表)

| 项目 | 城市数目 | 项目 | 城市数目 | 项目 | 城市数目 |
|---|---|---|---|---|---|
| 家畜控制 | 99 | 防火 | 13 | | |
| 规划 | 92 | 蚊虫控制 | 12 | | |
| 自来水供应 | 84 | 博物馆 | 12 | | |
| 水处理 | 67 | 犯罪化验 | 7 | | |

资料来源：赵志耘.中国财政理论前沿[M].北京：社会文献出版社，2003.

2. 授予经营权

适合采用这种方式生产经营的是那些外部效应显著的公共产品。许多传统的公共领域都可以采用这种方式委托私人公司经营，例如自来水公司、电话、供电、广播电视、航海灯塔、报纸、杂志等。例如，在美国，私人部门要想开办电台和电视台都可以到联邦通讯委员会去申请，经核准，该委员会下发执照授权经营。又如，从16世纪起，英国航海业的浮标、信标和灯塔都是由国王向私人组织——领港公会颁发许可证授权其建造和管理的。领港公会是一个以航海业为主要公共服务对象的私人组织。到19世纪中期，英国议会颁布法令，把全国所有的灯塔经营权全部授予领港公会，后来还有一些私人申请建造灯塔并得到了授权。

3. 经济资助或政府参股

经济资助或政府参股主要适用于那些盈利性不高或只在未来才能盈利、风险大的公共产品。资助的方式有补贴、优惠贷款、无偿赠款、减免税等。基础研究和高精尖技术研究的风险大、周期长、预付资本量大，是政府资助的主要领域。虽然私营企业可以依靠冒风险经营而繁荣昌盛，但某些类型的风险只能靠政府来承担。例如，私营公司不能发展原子能作为电力能源。因为整个研究费用巨大，要使生产成本降到一般经济的水平，必须要经过很多年才能达成；即使私人公司愿意冒大的风险，也不能保证该公司会获得充分的利益。况且，重大的技术风险的解决，需要多方面的配合，并不是靠单个私营公司就能解决的。市场经济国家的政府资助的领域主要有宇航、生物工程、微电子技术等，通过政府资助可在一定程度上促进科技进步。由政府资助的另一个重要领域是教育，在西方国家，教育由私人和政府共同承办。此外，财政补贴的领域还有公共卫生与保健、公共图书馆、博物馆等。

政府参股主要适用于投入大的基础设施项目，如桥梁、水坝、电厂、高速公路、铁路、电信、港口、机场和高科技等。政府参股又分为政府控股和政府入股。政府控股是针对那些具有重要作用而私人企业又无力承担大量投资的项目；政府入股主要是向私人企业提供资本和分散私人投资风险。政府参股的比例不是一成不变的。项目在建初期，政府股份一般较多，一旦项目开始正常经营、能获得较稳定的正常利润，政府便开始出卖自己的股份，抽回资金转向其他项目。

20世纪后期，在公共产品生产领域，市场力量的作用越来越大，一些原来由政府生产经营的准公共产品，甚至纯公共产品也转由市场提供。缩减政府生产经营和管制范围已成为世界上较为普通的现象，这种现象在基础设施领域尤为常见。像美国、法国、英国、澳大利亚、日本和意大利等国家，政府都放松或取消了对价格、利润，以及运输、通信、能源和金融等行业的市场准入等方面的管制。电信、金融、能源、采矿和基础工业中的无数国有企业被出售或以其他方式转给私人企业经营。在英国，20世纪70年代以后的改革取得了显著的成效。全国联合运输公司于1982年转为民营，其后3年中利润提高了3倍；1987年，英国航空公司转为民营；至20世纪90年代初期，英国出售了包括航空、电信、运输、码头、石油、汽车等重要产业在内的很多家公营企业。

通过引入市场竞争机制，由私人企业生产经营公共产品，一方面可提高公共产品供给效率，另一方面可减轻政府的财政负担。

### ▶ 案例3-9　运用PPP模式完善双城经济圈公共基础设施的对策

中共中央、国务院印发的《成渝地区双城经济圈建设规划纲要》(以下简称《规划纲要》)，强调"合力建设现代基础设施网络""强化公共服务共建共享"。这给新时代运用PPP(public-private partnership，政府和社会资本合作)模式推动成渝地区双城经济圈公共基础设施建设提供了新的机遇。创新性运用好PPP模式，要加快引"制"引资，切实助力《规划纲要》落地落实、扎实推进。

#### 一、重视PPP项目"公益性"和"经营性"的分类、策划与实施

充分重视成渝地区双城经济圈各级PPP项目的研究、区分和策划，针对不同类别公共基础设施建设项目采取不同措施。一是不适宜引入PPP的"纯公共产品"，可由政府直接实施，但不宜硬性包装成PPP项目勉强推介。二是用户直接付费的经营性项目，应当鼓励社会资本通过PPP方式进行投资和运营，同时积极推动服务价格政策的研究和调整，确保服务价格适时适度到位。三是由用户付费但直接收费困难的经营性项目，如公共能源保障、生态共建共保、污染跨界协同治理等，可以采用联合收费的方式，如垃圾处理费与天然气收费、自来水费与污水处理费。四是有经营性收费但无法满足项目资金流充分性的"准经营性"项目，特别是一些大型公用事业项目，如城市轨道交通、高速公路、市郊铁路等一体化综合交通运输体系，要合理区分项目内容架构，将其中有经营性收益的内容拆分出来交由社会资本投资运营管理，基础设施部分则由政府投资，或者通过政府增加资金或扩大建设融资合理削减PPP部分的资金体量，激发和确保社会资本的积极参与。五是主业公益性强，尚有某些"关联收益"的公共设施项目，如基本公共服务标准化便利化、教育文化体育、公共卫生和医疗养老合作等，应区分政府付费和市场收费，防止界面利益和成本的混杂与冲突。

#### 二、加强对PPP过程的专业指导和合法合规性管理。

成渝地区双城经济圈部分市、区(县)政府和相关部门对PPP的关注度和热情较高，推介的项目数量众多，资金体量庞大。同时，也存在PPP中介咨询机构鱼龙混杂、专业性人力资源缺乏、主管机构和操办人员知识技能不足等问题。因此，要加强对各级政府部门和机构、PPP项目主管和主办人员的业务、实务的培训和指导；要重视对PPP项目中介咨询机构的评估和筛选，防止用工程技术资质来替代PPP项目业绩和经验倾向，用单位合格资质来掩盖人员资质缺陷的倾向，防止通过恶性价格竞争来择定PPP咨询机构，从而确保PPP项目方案、财务方案、文件编制的质量。

#### 三、实现资产运作与资本运作、存量与增量齐抓并重

PPP模式涉及"资本运作"和"资产运作"，"增量"和"存量"两种项目类型。在PPP

模式的推行中,应当坚持"资本运作"与"资产运作","增量项目"与"存量项目"齐抓并重。在成渝地区双城经济圈公共基础设施建设中,有很多已建成并成功运营的存量项目,已经形成了数量可观和品质优良的资产,对社会资本的吸引力很强。因此,可将这类"优良资产"通过PPP模式直接推向市场。对于存量现成亦有增量需求的区域性公共服务项目,如生态共建共保、污染跨界协同治理、公共卫生和医疗养老等项目,可以采用"存量"与"增量"挂钩的方式来实施PPP模式,在存量资产的运营收益中逐步实现增量资产的提升。

### 四、界定分置政府行政内容和市场交易内容

一方面,在PPP合同条款设置上,采用"条款单列"分立分置,把属于政府行政的内容和市场交易的内容分置。落实《规划纲要》中"完善配套政策体系"的要求,增强依法行政、依法管理的意识,凡涉及法定监管的内容,应适用相关法律规则和程序;凡涉及财产市场交易的内容,应适用公证、仲裁、诉讼等民商事规则和程序。另一方面,双城经济圈内的各级政府应认真对待PPP项目中的"共同责任"或"责任分担",落实《规划纲要》中"强化组织实施"的要求。双城经济圈建设规划区域内各级政府在PPP项目前期准备和决策中,要注重政府和企业对公共服务能力和规模设定环节的"共同责任"或"责任分担",尤其是政府不宜对规模风险和需求风险大包大揽。因城市规划设定、资源限制、政策法规规定等原因必须由政府事前确定的相关内容,应明细其中属于政府的责任;能够由投资人通过设计方案和建设内容加以表明的,应明确属于双方的责任。

资料来源:丁新正,刘涵艺.运用PPP模式完善双城经济圈公共基础设施的对策[N].重庆日报,2021-12-02(011).

▶ **延伸阅读3-7  公共产品PPP供给模式应替代政府供给模式吗?**

关于公共产品应由公共提供还是私人提供一直存在较多分歧。随着我国社会经济的发展,公民对公共产品的需求量不断增大。公共产品生产建设投资大、长期性、持续性及公益性等特点导致公共产品建设及维护资金的来源成为十分棘手的问题。从财政资金的角度看,国家财政支出对公共产品生产持续投入的增长潜力有限,单一的政府提供已无法满足日益增长的公共产品需求。如今,随着公共机构(中央或者地方)与私营企业之间的合作越来越多,合作关系的重要性也越发受到关注,特别是私人部门和公共部门合作来提供公共产品或服务的公私合作伙伴关系(PPP)。

为了提高我国基础设施建设水平,保持我国经济的持续健康发展,采用PPP模式建设基础设施已迫在眉睫,但PPP模式并非适合所有项目。迄今为止,我国已有很多项目采用PPP模式,但由于诸多因素导致这些项目质量不容乐观,部分项目并未达到目标。这些不成功的PPP经验为我们应用PPP模式敲响警钟:实践中政府该如何做才能使PPP模式更有效率?"PPP模式具有效率"是一个相对概念,特指比起传统模式,PPP模式所具有的优势。换言之,相较于传统模式,哪些项目更适合采用PPP模式。

有研究基于不完全契约理论的视角,通过数理模型从社会效率的角度出发,将PPP模式与传统模式进行比较,讨论了PPP模式在基础设施领域的适用范围,研究结果如下所述。

(1) 在政府不存在财政预算约束的条件下,由于PPP模式下基础设施的建造质量优于传统模式,如果合同能够明确规定公共服务提供水平的度量标准,则PPP模式优于传统模式,例如公

路、学校、大型体育场馆以及保障性住房等。另外,由于工人的努力与公共服务的提供水平具有正相关性,作为一种提高公共服务提供水平的方法,本文建议在PPP模式下,运营期工人的聘用可分为私人聘用和公共聘用。由于工人作为消费者使得他们与政府的偏好有更多的共识,政府应聘用对服务水平贡献较高的人员,其余由私人聘用。

(2) 在政府存在财政预算约束的情形下,政府要保证基础设施的质量,采用PPP模式时政府的支出较少,这有效地缓解了基础设施项目需求量大而政府资金不足的矛盾。

(3) 若具体决策人能够通过政府建成的设施或服务最大化其私人利益,政府的最终决策会偏向造成资源浪费的政府提供模式。例如,在一些西方国家,学校雇佣新教师被视为赢得选票的典型方法,但过度聘用也会造成社会资源的极大浪费。本模型认为,由于PPP合作商仅从自身利益最大化的角度出发进行建造和运营,为避免巨大的资源浪费,一些能给具体决策人带来私人利益的项目应采用PPP模式。例如,教育可由PPP模式提供,而监狱的建造及管理对政绩影响很小,可由公共部门提供。

资料来源:刘穷志,庞泓. 公共产品PPP供给模式应替代政府供给模式吗?[J]. 广西财经学院学报,2017,30(01): 29-36.

## ▶ 延伸阅读3-8 中美政府公共服务外包比较分析

美国的市场化程度较高,在改造政府的过程中仍然坚持引进市场机制来提高效率,尝试包括合同外包在内的各种提供公共服务的可替代方案。政府管理能力、财政压力等往往影响政府公共服务外包的力度。据调查,合同外包往往发生在原本效率低下的公共部门。美国地方政府为了提高政府管理能力,引进了绩效激励机制、工资福利制度以及预算制度等新的管理技术,在一定程度上制约了合同外包的发展。我国由于市场化程度较低,提高公共服务效率的空间很大,不能因为美国近年来呈现的逆合同承包趋势而否定合同外包。

可以说,美国地方政府在实行政府公共服务外包的过程中追求的一个基本原则就是以绩效为本,在垃圾处理、自来水供应以及其他社会福利工作的外包中,政府更多地采用绩效型外包模式。所谓绩效型外包,是指在承包合同中明确规定承包商所应提供服务的结果,而达到目标的具体过程和方式由承包商决定。我国更为关注公共服务生产过程和投入,包括生产工序、过程、员工工资、所用设备数量和种类以及时间和人力等,属于投入型外包。当然,我们不能盲目地进行绩效型外包的改革,因为确立一套科学合理的绩效指标和评价体系是非常庞杂的工作,如果实施得不好,可能会导致垄断。

因此,我国推行公共服务外包是必要也是可行的。我国政府应在大胆尝试合同外包制的同时,尽可能地保持效率和公平的平衡,避免走美国的老路。

我国政府在实行公共服务外包政策时,应注意以下几点。

(1) 明确政府角色。由于政府公共服务的特殊性,全体人民是公共资产的所有者,政府是公众的代理人,代表公众的利益,同时又是公共服务的发包者,从选择承包人、标准的制定到对承包者的监督,政府都应起到"掌舵者"的责任。

(2) 加强自身能力建设。公共服务外包不可以简单理解为政府把工作外包给私人组织,政府自身可以降低要求。恰恰相反,公共服务外包要求政府熟悉相关产业的市场状况、技术水平,了解合同签订、特许经营等法律知识,具备谈判技巧,建立激励机制,加强监管,规范自身行为。

(3) 培育私人企业,试行公私混合模式。我国私营企业力量薄弱的原因除了历史因素以外,还体现在政府扶植力度不够,缺乏公平竞争的大环境。私营企业力量弱小,就影响了其在公共服务中发挥作用。因此政府在自身改革的同时,应注意培养和鼓励私人企业的成长,使其快速发展成为有能力的地方企业,增加潜在的竞争者。我国政府还可以借鉴美国的公私混合提供模式,发挥政府和市场各自的优势。政府适当介入,可以减轻企业的压力,规范市场,方便监督,既能提高政府自身的能力,又能防止私人垄断的产生。

总之,要实现政府改革,政府公共服务外包是一项很好的选择。在实施公共服务外包的过程中,应灵活应对,只要结果有利,不能教条于固有形式。政府公共服务外包,并不意味着政府对服务的供给不承担任何责任,可以一劳永逸,正如波雷特所说:"大大精简的公共机构成为一个授权者,而不是供给者,其职能浓缩为确定的监督和合同的执行。"政府要建立完善的监督体制,充分发挥社会监督的作用,真正做到为民服务、由民做主。我国政府可以借鉴美国的经验教训,灵活运用多种手段,提高我国公共服务质量。

资料来源:石传东,许良超. 中美政府公共服务外包比较研究[J]. 大连大学学报,2010,31(05):101-104.

## 3.5 公共产品的收费与定价

### 3.5.1 公共产品收费的可能性和可行性

传统上,消费者对公共产品的消费支付大部分属于间接支付,即在消费公共产品时不必立即支付相应的费用。因为消费者是在支付各种税金时支付公共产品费用的。事实上,有关某些公共产品是否应该收费、能否收费、如何收费、是否给予补贴等,一直存在争议。

灯塔作为公共产品的一个例证,成为众多经济学家争议的焦点之一。萨缪尔森的观点偏向于政府出面建造,他认为灯塔收费存在技术上的困难;即使在技术上解决了收费的困难(如通过雷达跟踪),也不应该收费,因为"容许更多的船只使用灯塔的社会成本是零附加成本",所以,收费是不经济的。他还提出,政府应树立的目标是"做人民所需要的而人民靠个人的力量又根本不能做或做得不那么好的事情",灯塔就属于这个范畴。但有些人对此进行了猛烈抨击,简而言之,主要有三种观点。

1. 收费的困难可以逐步解决

灯塔收费困难而私人不愿建造与经营灯塔的事实已为经济学界所"公认",但科斯在考察英国灯塔制度的演变过程之后却得出相反的结论,为此他专门撰写了《经济学中的灯塔》一文。他认为,私人是可以建造并经营灯塔的,收费也是可行的,"萨缪尔森所热衷的制度——由政府从普通税中筹措资金,从来没有在英国实行过",他还建议"经济学家不应该把灯塔作为只能由政府提供服务的例子"[①]。他认为财产权的人格化与明晰化是解决那些不易收费的公

---

① 科斯. 经济学中的灯塔[M]. 上海:上海三联书店,1990:167-168.

共产品的突破口,不解决这个问题,不仅许多公共产品的收费问题解决不了,即使私人产品的收费也会出现问题。现代科学技术的发展是解决收费困难的重要基础。随着科技的迅速发展,以前某些不易收费的公共产品也逐渐具有收费的可能。电视台很难向用户收费是人们常举的例子,但现代科技的发展使电视收费成为可能,电视收费在不少国家都已成为现实——电视客户必须交纳相应的费用方可正常收看电视节目。另外,随着市场经济的完善、经济管理方式的转变,即使是那些传统上受益和付费不存在直接对应关系的产品供求,也可以通过其他间接方式解决消费者不直接付费、生产者与供给者无法得到相应回报的问题。例如,广播电视台可通过经营广告间接获得回报。

### 2. 某些公共产品可以收费

在不少国家,医疗、住房、教育、消防、垃圾收集等公共服务是全部或部分免费的。但随着社会的发展,人们发现,实行免费制的公共领域要逐步缩小。一些学者甚至认为"可以在公共生活的一切领域中重新建立价格逻辑",免费制具有强烈的"反社会"效果。例如,大学教育免费就是一种倒退。免费制会引发许多社会弊端,首先是加剧了社会贫富两极分化,使高收入集团占了便宜,而大多数中等收入阶层没有从中得到好处;其次是扩大了公共产品的消费需求,造成严重的"拥挤"现象;再次是加剧了资源浪费;最后,不利于提高服务质量,反而会导致服务质量的下降。作为公共选择理论创始人之一的戈登·塔洛克(Gordon Tullock)在对英国"全民医疗制度"进行调查和分析之后指出,在该制度建立以后的10年中,尽管医学取得了惊人的进步,但最低收入阶层的死亡率不断上升,最高收入阶层的死亡率则持续下降。他得出的结论是"英国建立的全民医疗制度是与最贫困阶层的利益背道而驰的社会措施的典型例子"①。

### 3. 一些政府补贴制度要实行改革

对医疗、教育、住房等一些公共产品的消费,人人具有平等的权利,因此,对这些产品给予一定的财政补贴是必要的。但问题是,补贴政策可能是错误的。比如,若把补贴补给消费者效果可能更好,但实际上却把补贴给了公共产品的生产者。这种补贴政策导致贫困阶层的经济状况并没有得到多大程度的改善。更重要的是,这种补贴制度使消费者没有选择的余地,没有选择就意味着没有竞争,没有竞争就会导致资源配置无效率,浪费现象和服务质量下降现象随处可见。因此,与其补贴生产者,不如补贴消费者,这样就可以恢复一些领域的竞争,从而使公共服务的质量得以提高,并使之高效、低耗、多样化,使消费者有更多的选择自由。

需要指出的是,公共部门包括政府部门和公共事业部门,这两类部门所提供的公共产品是有区别的。政府部门提供的主要是纯公共产品;公共事业部门提供的主要是准公共产品,准公共产品既有公共产品的特征又有私人产品的特征。例如,教育、医疗、卫生、城市供气、供水等。公共事业部门提供的消费品有公共产品的特征,因此需要政府出资或补贴,当然,出资和补贴的方式在不同的国家有所不同。例如,英国原来对自来水供给是免费的,其资金来源靠地方税解决,但在私有化浪潮中,英国对自来水供应采取了引入私人资本和由私人部门经营的办法,政府只是对价格予以控制。

---

① 勒帕日. 美国新自由主义经济学[M]. 北京:北京大学出版社,1985:207.

纯公共产品免费消费是以公共产品的非竞争性和非排他性为基础的。准公共产品的消费可以设置排他装置，从而使对准公共产品的消费进行收费成为可能，例如，收费桥。对准公共产品的消费进行收费可以提高准公共产品的消费水平，同时也符合谁出钱谁消费的原则。在这种情况下，收费是有效率的。如果准公共产品的成本完全靠税收来解决，既无法解决拥挤问题，还有可能产生鼓励消费者浪费的后果。因此，采取收费的方式可以达到供给和消费均有效率的目的。准公共产品的收费，本质上是以交换为基础的收入形式，即消费者"一手交钱，一手获得公共产品"。例如，对教育可以收费，目的是避免教育"拥挤"而导致的质量下降。对医疗收费，可以控制医疗保障费用的支出，避免浪费。

但是，对准公共产品的收费只能是辅助形式，它不可能达到替代税收手段的地位。这是因为对准公共产品的消费尽管可以收费，但它并没有改变公共产品的某些性质。

## ▶延伸阅读3-9　算好燃气下乡这笔账

一个多月来，燃气行业利好频出。先是2月21日，中央发布的一号文件提出，推进燃气下乡，支持建设安全可靠的乡村储气罐站和微管网供气系统。此后，"十四五"规划提出，推动市政公用设施向郊区乡村和规模较大的中心镇延伸，完善乡村水、电、路、气、邮政通信、广播电视、物流等基础设施，提升农房建设质量。

短短几句话对燃气行业而言，蕴含着未来十年甚至更长时间内重大产业投资机遇。如何保障农村群众在经济可承受的前提下的用气需求，这是一笔不小的"经济账"。

### 需求侧：期望取暖成本在2000元以下

"天然气方便又干净，不仅能做饭，还能取暖、洗澡，生活条件和质量比以前提高了很多。"

"现在使用的管道天然气与城区天然气价格一样，都是2.65元/立方米，因此100元燃气费只用来做饭的话大约能使用3个月，政府还一次性补贴266元，性价比很高。"

"冬天使用天然气成本太高了，用不起。"

……

记者走访多个煤改气村庄了解到，村民大多对使用清洁能源表示认可。但受收入水平限制，农村居民使用燃气取暖的支付能力有限，使用意愿较低。相对煤炭、柴火取暖，天然气价格偏高，尤其是在冬季采暖用气高峰期，非计划用气量激增，造成燃气使用成本加大。据调查，86%的农村居民期望取暖成本在2500元以下，超70%的农村居民期望取暖成本在2000元以下。

实际上，我国农村地域辽阔，村落社区分散，大多农村采用天然气管道供气不经济，气网建设往往需要考虑"经济性"问题。

对此，国务院发展研究中心资源与环境政策研究所研究员郭焦锋表示，对于气源充足、经济条件较好的农村地区，对燃气价格承受能力较强，适宜大力推广。比如川渝地区具备资源优势，用气方便，燃气下乡普及率很高，"镇镇通"通气率可达80%。

对于管网暂时无法覆盖的地区，中石油经济技术研究院经济师徐博表示，使用LNG点供及LPG微管网优势颇多，但未来转换天然气需要进行管网系统置换并更换灶具，同时LNG点供局域网建设需要配建 LNG 气化站，设备运营管理要求较高，无形中增加了成本。可以动员有条件的地区使用生物天然气清洁供暖，增加气源，而不必局限于管道天然气。这样一来保护环境和增加收入一举两得，从而减轻采暖成本压力。

### 供给侧：靠政府补贴不是燃气下乡的驱动力

为了让天然气更好地代替煤炭和柴火，国家对村民安装天然气有一些相关安装补贴。

例如，购买及安装设备的补贴标准是农民买燃气设备并安装后总费用的 70%。意思就是说，农民花费 10000 元，国家补贴 7000 元，农民自己花费 3000 元。

再如，使用天然气的气价补贴标准是采暖用气为 1 元/立方米，每户一年最高补贴气量是 1200 立方米。仅限采暖期使用，使用补贴暂行 3 年。天然气的收费是按阶梯式计算的，每年超量再购买的话，气价收费标准会提高。

此外，建设村内入户管线有户均 4000 元的投资补助。针对储气设施的建设，国家也会适当补贴，标准由市县商储气企业确定。

据了解，煤改气 3 年补贴期满之后，省级一方将采取退坡方式(逐步减少、最终退出)继续补贴 2 年，即 2020 年冬季采暖用气享受的补贴退坡减少 50%，2021 年冬季采暖用气享受的补贴减少至 25%，之后将不再给予补助。至于市县两级，可结合各自实际情况制定具体办法。

"补贴款项让政府背负不小的财政压力，未来补贴终将消失，因此靠政府补贴不是燃气下乡的驱动力。"陕西省燃气设计研究院原院长郭宗华表示，天然气是必需品而非奢侈品，是居民基本的生活资料、工业用户基本的生产资料，应保持合理、适度低廉的价格。

在郭焦锋看来，补贴是农村清洁取暖和用气的关键一环，短时间内不会轻易退出，预计还将持续 7 年左右，但未来将逐步退出，因此不能仅靠补贴提升燃气普及率。要解决经济账、环保账、社会账，还要在价格方面进行全面改革，打通输配气环节，放开上下游价格，使其回归到合理水平。

例如，降低增值税，将增值税从 9% 降至 6% 甚至更低，以减少供气和用气成本。

### 未来：多措并举降低燃气下乡成本

《中国散煤综合治理报告 2020》显示，"十四五"期间，中央清洁取暖资金需求范围为 246.6 亿～331.9 亿元。其中，建设补贴需求为 176.6 亿～214.1 亿元，运行补贴需求为 70.0 亿～117.8 亿元。

多位业内人士表示，降低气源成本需加大科技攻关力度，提升关键技术及装备的国产化水平，并重点推进高端燃气壁挂炉的国产化，降低终端用户的初始投资费用。同时，建立 LNG 资源采购协商协调机制，避免出现多家主体竞争、哄抬价格而导致用气价格大幅波动。同时，尽可能减少天然气供应中间环节费用，完善成本监审机制，定期公布典型城市输配气价和销售价格，建立终端用户自主选择气源的途径。

"建议优化、完善燃气门站价格政策，灵活运用市场化交易机制，确保民生用气门站价格总体稳定。"徐博表示。

在全国政协委员、天津市滨海新区政协副主席蔡庆锋看来，碳达峰之前，天然气作为最具潜力的清洁能源，将会成为我国能源结构调整的主要增长点和低碳转型的主力军。

他建议，尽快建立全国石油天然气开发技术研发中心，充分发挥天然气实现碳达峰的桥梁作用，注重协调可持续发展。

据蔡庆锋介绍，从已实现碳达峰和碳中和目标的国家来看，天然气使用比例都比较高，是能源供应的主力军。从我国天然气资源情况来看，主要以致密气、页岩气、煤层气等非常规资源为主，如果大规模开采成本降低，将对天然气价格起到很大的拉动作用。他在调研中发现，我国非常规资源大规模商业性开采面临技术手段和经济效益挑战，尚处于勘探开发早期阶段。

为此，蔡庆锋建议，建立全国石油天然气技术研发平台，整合"三桶油"及其国内高校、企业等资源，加快前沿技术研发，加大人才培养力度，建立技术成果共享运作机制，加快开发闲置天然气资源利用技术，解决占总资源量近50%的闲置天然气利用问题，提高资源利用率，加大天然气大规模化工利用技术开发力度。同时加快在天津成立京津冀天然气交易中心，既可以有效打通天然气生产、供给、消费等环节，解决天然气产业发展不平衡的突出问题，充分释放市场的价格调节功能，促进天然气资源优化配置，又可以为我国能源行业高质量发展提供有力支撑，助力提升我国大宗商品定价的国际话语权。

"地下储气库是最适合国情的储气方式，有天然气'粮仓'之称，为城镇燃气调峰发挥了主体作用，如北京冬季安全供气主要依赖地下储气库，冬季用气量的40%~50%来自地下储气库，为京津冀地区雾霾治理、安全供气发挥了重大作用。"针对如何加快建立地下储气库问题，蔡庆锋建议，在国家有关部委牵头下，加快储气库基地及储气设施重点项目建设，在津冀已经废弃的油藏区域或气藏区域地下建立更多储气库，缓解季节供应压力。

资料来源：李元丽. 算好燃气下乡这笔账[N]. 人民政协报，2021-04-13(007).

### 3.5.2 准公共产品的收费原则与定价标准

由于公共部门具有垄断性，而且公共部门实质上履行着某些政府职能，探讨准公共产品的收费原则与定价标准是非常必要的。

首先，公共部门是非营利性组织，因此收费不能以营利为目标。这是公共部门的收费原则之一，公共部门收费的目的是提高准公共产品的供给与消费效率。公共产品供求虽然可以像私人产品那样采取货币交换的形式，但仍应坚持其非营利性。

其次，对公共部门提供的劳务收费主要有两种情况。一是对要求政府提供特定的服务行为进行收费。如对需要进行确认的法律权利的行为进行收费，对工商登记、纳税登记、产权证明、结婚登记等进行收费。这类服务往往具有特定的对象，有一一对应的关系，并且不会由于这一特定的服务而涉及广泛的社会利益。二是对公共部门提供的在消费时具有拥挤性的消费品进行收费。公共部门一旦提供公共产品，充分被消费就是最大的效率。因此，当公共产品消费不具有拥挤性时一般不应该收费，因为收费反而会降低公共产品的供给与消费效率。假定某立交桥正常容量是每分钟通过100辆汽车，如果不收费每分钟有120辆车通过，这必然会导致拥挤而降低使用效率。现在采取对汽车收费，目的是让不愿交费者绕道走，从而减少拥挤。收费标准应该定在能够排除20辆汽车的水平，收费过高使消费容量少于100辆汽车是不适当的。因为公共产品一旦提供，固定成本大体可以看作一个常量，消费不足显然是一种浪费。

再次，对准公共产品收费的排他成本必须是低廉的。对准公共产品收费就要设置排他装置,而排他装置是要花费成本的。例如公路收费,就涉及收费人员的费用、相应的管理费用以及排他装置的费用等。如果排他成本太高,或者技术上不可行,那么就不应该收费。这是因为提高的准公共产品的消费收益反而小于成本的付出。例如,在高峰期十字路口通常不收费。因为根据现有技术若要进行排他性收费,反而会加剧拥挤。当然,如果科技水平达到了很高的程度,可以低成本地解决收费问题,那么收费就是可行的。

对公共部门供给的准公共产品的消费进行收费,实质上就是对该类消费品的消费进行定价。对准公共产品的收费或者说公共服务收费要正确、适当地进行定价。公共服务定价可以采取免费、低价、平价和高价等不同的价格政策。一般而言,要根据政府提供的服务所需要的费用和人们从公共服务中所享受的利益来确定基本的收费水平。

免费和低价可以促进人们对公共服务的最大限度使用,使其社会效益最大化,适用于全国范围普遍使用的公共服务,如初级义务教育、免疫注射等。平价可以用收费来弥补该项公共服务的大部分或部分成本费用,适用于无须特别鼓励,又不必要特别限制使用的公共服务,如公路、公园、医疗等。平价可以促进对该项公共服务的节约使用,弥补公共支出。高价可以有效地限制公共服务的使用,并为政府提供额外收入。这种价格有"寓禁于卖"的作用。

在传统上,政府收取的使用费通常低于提供该种公共产品的平均成本。平均成本和使用费之间的差额,便是对使用者的补贴,而这一补贴是以税收为资金来源的。也就是说,政府对提供的公共产品收取的使用费,往往只相当于政府为提供该种产品所花费的成本费用的一部分。例如,对公共住宅、公共交通、教育设施、公共娱乐设施等收取的使用费,都属于这种类型。收取使用费的作用,除了可以为政府筹集一部分公共收入之外,更重要的在于以下两个方面:一是有利于提高政府所提供的公共设施的使用效率;二是有助于避免经常发生在政府所提供的公共设施上的"拥挤"问题。

### ▶案例3-10 中国新冠疫苗以成本定价,不以营利为目的

随着疫苗全面上市的临近,公众对新冠疫苗是否能纳入医保、如何定价等问题尤为关注,网上也出现了各种版本的价格。

此前有全国人大代表提出"将接种新冠肺炎疫苗纳入医保全额报销"的建议。

针对此建议,国家医疗保障局在官网发布《对十三届全国人大三次会议第9354号建议的答复》(以下简称《答复》)称,我国基本医疗保险筹资水平特别是城乡居民医保的筹资水平较低,2019年城乡居民医保人均筹资仅800元左右,而此次疫苗接种人数众多,所需费用总额高,明显超出医保基金承受能力。

2019年12月1日实施的《中华人民共和国疫苗管理法》显示,我国将疫苗分为免疫规划疫苗和非免疫规划疫苗。2020年7月公布的《基本医疗保险用药管理暂行办法》中明确指出:预防性疫苗不纳入医保支付范围。

此前,国药集团党委书记、董事长刘敬桢在接受媒体采访时表示,国际临床三期试验结束后,新冠灭活疫苗就可以进入审批环节,预计12月底能够上市,并且他透露,灭活疫苗上市后,价格不会很高,预计几百块钱一针。如果打两针的话,价格应在1000元以内。

在服贸会的公共卫生防疫专区,科兴生物董事长、总裁兼CEO尹卫东也表示,由于采购

方不同,采购规模不同,疫苗售价会有一定浮动,但最终价格会在百元级别,不会超过千元。

郑忠伟表示,网络流传定价版本都不实,中国新冠疫苗的价格,首先坚持企业主体定价,同时坚持几项基本原则:一个是公共产品属性原则,定价一定不是以供需作为基础,而是以成本为基础;二是根据大众对新冠疫苗接种的意愿和需求对新冠疫苗定价。

郑忠伟表示,新冠疫苗的定价一定是在大众可接受的范围内。他强调,影响新冠疫苗价格的因素很多,包括成本、产能、接种规模等,不同的技术路线成本也不同。比如,灭活疫苗生产需要高等级的生物安全生产车间,成本相对较高;腺病毒载体疫苗等疫苗成本相对较低,随着产能和接种规模的扩大,成本也是变动的。

资料来源:朱萍. 中国新冠疫苗年底产能将达6.1亿剂,以成本定价不以营利为目的[N]. 21世纪经济报道,2020-10-21(001).

### 3.5.3 边际成本定价法

**1. 边际生产成本和边际拥挤成本都为零的产品**

为了达到社会资源最优配置的条件,产品和劳务的定价应使价格(平均收益)等于边际成本,否则就会带来效率损失。

图3-11表明一座不拥挤的桥梁的需求情况。用通行人数代表对这座桥梁的需求,它是价格(过桥费)的函数。$DD$是需求曲线,它向下倾斜表示价格(过桥费)降低会带来需求(通行量)的增加。$Q_C$为通行能力线,在通行量低于$Q_Y$的情况下,边际生产成本为零;$Q_Y$为拥挤线,在通行量低于$Q_Y$的情况下,边际拥挤成本也为零。$Q_Y$与$DD$不相交表明这座桥不拥挤,此时边际成本线$MC$与横轴是一致的。由于边际成本为零,按照效率准则,价格也应为零,这时桥的通行量达到$Q^*$。显然,这座桥的运营收益也将是零。考虑到桥的固定成本无法弥补,所以此时桥的经营者不但赚不到利润,还将蒙受损失。

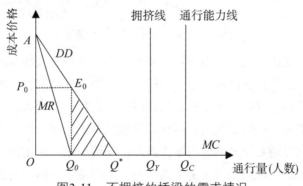

图3-11 不拥挤的桥梁的需求情况

然而,排他是可能的,私人公司有可能建造这座桥并按其愿望收费。一座桥的供给方必然是一个垄断厂商,$MR$为厂商的边际收益曲线,它在$DD$线的下方。为使利润达到极大,厂商将使其边际收益等于边际成本,这时的通行量为$Q_0$,与之相对应的价格则为$P_0$。

我们可以看出,由于收费,桥的通行量由$Q^*$减至$Q_0$,消费者剩余从$OAQ^*$减至$AE_0P_0$,梯形

$OQ^*E_0P_0$ 是消费者剩余的损失,其中 $OQ_0E_0P_0$ 被垄断者所攫取,而 $Q_0Q^*E_0$(图3-11中的阴影部分)为社会福利的净损失。

为避免这种福利损失,这类产品应由政府免费提供,用统一征税的办法筹集资金,以弥补造桥的直接固定成本。

2. 边际生产成本为零和边际拥挤成本不为零的产品

有些产品的边际生产成本为零,但随着消费者人数的增加会出现拥挤现象,也就是其边际拥挤成本不为零。

图3-12表明一座拥挤的桥梁的需求情况,其中 $DD$、$MR$、$MC$、$Q_C$、$Q_Y$ 的含义都与图3-11相同,所不同的是,这里拥挤线与需求线相交,表明在一定的价格以下,可能产生拥挤现象。

当拥挤现象产生时,厂商的边际生产成本仍然为零,但由消费者承担的拥挤成本却增加了。这时如果仍然免费供应,就会出现过度消费。如图3-12所示,当价格为零时,通行量将达到 $Q_1$,阴影部分代表消费者获得的效用不足以补偿社会福利的净损失,而这种净损失是由他的消费带来的成本所引起的。为避免过度消费,当供给量短期内无法增加时,就只能收费。此时应按照边际拥挤成本收费,即均衡价格和通行量应为边际成本线 $MC$ 和需求曲线 $DD$ 的交点 $E$ 所确定的 $P^*$ 和 $Q^*$。鉴于边际拥挤成本计量困难,以及收费的目的是限制过度消费,实际收取的价格应以能够保证不出现拥挤为准。

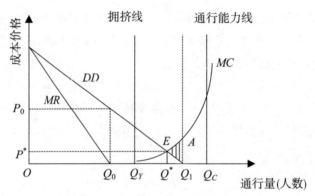

图3-12 拥挤的桥梁的需求情况

道路的定价是一件复杂而又重要的事情。通常,除了某些桥梁和高速公路收取通行费外,一般来说都是免费的。这种免费政策导致了一些不良后果,拥挤的城市街道是说明这种情况的最好例子。使用街道是不收取任何费用的,驾驶汽车的人作为纳税人,使用城市街道虽然需要纳税,但其纳税与使用街道的次数无关。因此,驾驶汽车的人都认为城市街道是免费的。这就使更多的人从利用公共交通系统转向使用私人汽车,从而造成城市道路和街道的严重拥挤,进而导致为改善道路和街道状况需要付出更多的费用。为避免这一情况的恶化,对使用道路的汽车除了收取建筑道路的费用以外,还要加收使用道路或街道造成拥挤的费用,可考虑采取发放街道使用许可证或者收停车费等办法来解决这一问题。

公共服务收费只适用于可以买卖的、适于采用定价收费方法管理的公共服务部门。只有制定正确的公共服务收费政策,才能达到社会资源最佳分配的目的。

## 案例3-11　北京开放自动驾驶出行商业化试点 价格如何确定

北京正式开放国内首个自动驾驶出行服务商业化试点，率先在经济技术开发区60平方公里范围投入不超过100辆自动驾驶车辆开展商业化服务。

市自驾办相关负责人介绍，在保障市场公平竞争原则的前提下，企业可采取市场化定价机制；在向乘客明确收费原则、支付方式等信息的前提下，方可开启体验收费服务。这标志着国内自动驾驶领域从测试示范迈入商业化试点探索新阶段。

那么，价格如何确定？

### 一、自动驾驶出行可市场化定价

2020年，北京经开区等多地的居民开始免费尝鲜自动驾驶出行服务。如今，商业化试点处于探索阶段，企业可以市场化定价。

百度和小马智行成为首批获准开展自动驾驶出行商业化试点服务的企业。两家企业现阶段将在经开区60平方公里范围，投入不超过100辆自动驾驶车辆开展服务。

"截至目前，北京自动驾驶累计安全测试里程接近300万公里，管理政策创新成效良好，已具备开展商业化试点条件。商业化试点是自动驾驶应用场景落地的最终环节，进而形成产业闭环。"市自驾办相关负责人解释说。

自动驾驶出行服务是否会给传统的出租车、网约车市场带来冲击？

"与现有经开区约3000辆规模的传统出行服务车辆相比，商业化试点车辆占比很低，不会给现有出行服务体系带来明显影响。"相关负责人说。在定价上，商业化试点也将遵循市场公平竞争原则，采用市场化调节定价机制，针对自动驾驶新业态和所提供的新型科技服务体验性质，在参考传统出行服务定价机制的基础上，在定价策略上与现有传统出行服务车辆有所差异，探索新业态下的定价机制，不会对现有市场造成影响。

### 二、折扣力度大，方便区内短途出行

随着自动驾驶出行服务商业化试点在北京经开区率先落地，记者实地体验了一把自动驾驶出行。

记者打开手机上的"萝卜快跑"App，选择自己附近的站点，下单等待约半分钟后，一辆自动驾驶车就来到了记者所在的马路边停靠。

记者进入自动驾驶车辆后座，输入手机尾号验证后，车辆随即开始自动行驶。出于相关法律法规的要求，目前主驾驶座上仍然坐着安全员。不过，除非出现特殊情况，安全员通常不会干预车辆行驶。在计费方面，在记者体验的约4公里路程完成后，"萝卜快跑"的价格约为36元，使用大额优惠券后的最终支付价格约为1.8元。另有乘客体验了约5公里行程，滴滴快车的价格约为13元，专车价格约为33元，而"萝卜快跑"的价格约为40元，另有大额优惠券可抵扣，抵扣之后实际支付金额仅为2元。

自动驾驶出行服务的价格为什么这么便宜？大额优惠的情况是否会常态化？对此，"萝卜快跑"运营方、百度智能驾驶事业群副总裁魏东回应："为了鼓励更多市民体验，前期我们会通过发放优惠券、乘车送礼物等形式吸引大家乘坐体验，后续会根据供需变化和市民接受度的提升，逐步探索恢复市场化的价格。"

自动驾驶汽车上路载客，是否会对传统出行服务形成冲击？魏东对此作出回应，"萝卜快

跑"提供的自动驾驶出行服务主要是与传统的出租车、网约车形成互补。传统出租车、网约车能够满足乘客去机场、车站等一系列长短途出行需求，而自动驾驶出行服务的商业化运行目前还仅限于亦庄，以满足亦庄内短途出行为主，它能在早晚高峰时段弥补短途出行服务运力不足的短板。

资料来源：北京开放自动驾驶出行商业化试点 价格如何确定[EBIOL]. (2021-11-28)[2022-05-06]. https://baijiahao.baidu.com/s?id=1717664741775387307&wfr=spider&for=pc.

### ▶ 案例3-12　河南高速公路：通行费收费标准与养护和服务质量挂钩

收费站拥堵，通行缓慢，路面养护不到位，服务区饭菜质量差、商品价格虚高、服务态度恶劣、厕所脏乱差……今后，高速公路经营单位再出现以上情况，相关路段将被给予降低通行费收费标准的处罚。

2019年8月20日，针对日前出台的《河南省高速公路车辆通行费收费标准与养护和服务质量挂钩管理办法(试行)》，省交通运输厅又印发了实施细则，对评分标准和考核科目进一步规范和细化。

#### 一、"挂钩管理"旨在制度约束

截至目前，我省高速公路通车总里程达6600公里，收费站404个，服务区157对，日均车流量150万辆以上。作为全国重要的综合交通枢纽，河南周边与6省交界，多条高速为国家主动脉，连接南北、贯穿东西，高速公路养护质量和服务水平直接关系河南的窗口形象。

随着高速公路车流量的不断增长，群众对品质出行的需求日益提高。但调研显示，我省高速公路还存在路网老化、设施陈旧、收费站拥堵频率增加等情况。此外，高速公路用于养护的资金投入不足，低于全国平均水平，造成路况持续下降。

业内有关专家认为，高速公路收费合约应当首先体现安全运营和公众服务等基本要求，如果收费标准与养护和服务质量脱节，缺少制约条件，缺乏激励措施，收费标准一经批复、长期不变，与管理服务水平高低无关、与路况好差无关，久而久之就会造成高速公路养护和服务质量整体下滑，被群众"诟病"。

为此，我省立足打基础、谋长远的政治站位，提出了出台挂钩政策的大思路，着力从制度约束层面解决长期影响我省高速公路可持续发展的机制障碍。"今后，各条高速路段的服务是否达到安全、舒适的标准，将直接决定经营单位能否按照标准足额收取车辆通行费。"省交通运输厅有关负责人说，在省政府批准的收费标准内，根据养护和服务质量评价情况，实行车辆通行费收费标准下调浮动管理。

#### 二、行业六大科目考核

高速公路运营项目按自然年度实施服务质量评价，新增高速公路运营项目开通之日起加入服务质量评价体系。年度评价实行百分制，其中行业评价为90分，社会评价为10分。行业评价主要包括6项内容，权重分别为：公路养护(含路面养护、收费站改造)30分，服务区服务20分，收费服务(含信息化建设)15分，运行监测和应急管理10分，安全生产管理(含路产管理)10分，车辆救援服务5分。

比如，在公路养护方面，发生道路交通事故致人死亡的，经司法鉴定确因护栏设计、施工或养护不到位等原因造成的，扣2分。在服务区服务方面，要求公共卫生间无异味、无蚊蝇，设施设备完好，卫生整洁，有完好可用的第三卫生间和残疾人卫生间，能够免费提供卫生纸、洗手液和干手设施。卫生间存在绕行的，扣5分；卫生间有异味的，扣5分。在收费服务畅通保障方面，出现收费站出口车辆排队至主线，入口车辆排队至地方道路，每站、次扣0.3分。在车辆救援服务方面，接到救援信息，未按规定时间到达事故现场和设置安全警示区，每发现一次扣0.5分，扣完为止。

高速公路养护和服务质量年度评价，坚持日常评价与年终评价相结合，采取全面自查、日常巡查、随机抽查、专项检查、社会评价等多种方式。其中社会评价委托交通行业专家、社会监督人员、新闻媒体人员及第三方社会调查机构进行。年度评价分值=100-日常评价扣分分值-年终评价扣分分值-社会评价扣分分值。

据了解，高速公路运营项目养护和服务质量年度评价在85分以下的，下年度通行费收费标准按省政府批准的收费标准下调5%。出现因运营管理原因发生重、特大安全生产责任事故等重大过失的，下年度按省政府批准的收费标准下调3%～5%。

资料来源：河南高速公路：通行费收费标准与养护和服务质量挂钩[M].河南日报，2019-08-21.

## ▶延伸阅读3-10　高速公路收费定价模式

### 一、收费定价基本原则

高速公路作为准公共产品，是一种具有不完全竞争性和排他性的社会产品，定价的基本原则应是"合理利润、合理负担、调节需求、促进社会福利的提高"。其中，"合理利润"指高速公路的建设及运营成本能够得到补偿，同时利用BOT等模式引入的资本能够有必要的利润；"合理负担"指使用者负担合理的费用，也需要考虑高速公路使用的外部性；"调节需求"指定价有利于高速公路的节约使用，特别是针对路网流量密集地区，起到价格杠杆的调节作用；"促进社会福利的提高"指有利于高速公路持续经营，提升社会共同福利。这4项基本原则相互联系又相互制约，如流量较小、成本较高的道路，按合理利润定价，会让使用者负担过重；按照边际成本定价，价格最低，供给量最大，社会福利最大，但难以弥补成本，无法持续经营；按照固定供给量进行需求调节定价，拥堵路段利润高、使用者负担重，不利于社会福利最大化。

### 二、常见的定价模式

(1) 基于成本的定价模式。该模式从道路生产者的角度出发，收费主要目的是偿还建设贷款及利息、支付养护管理费用，以实现道路建设项目及运营的收支平衡，制定的费率应在满足财务平衡约束条件下实现社会福利的最大化。对于建设过程中引入的其他资本，费率的制定还应适当考虑一定的收益率。基于成本的定价模式一般采用平均成本定价模型，对收费费率主要的影响因素包括建设与运营成本、投资收益率、车流量、收费期限等。

(2) 基于使用者效益的定价模式。该模式是从道路使用者的角度出发，按照"谁受益、谁负担"的公平原则，高速公路使用者为使用高速公路支付车辆通行费，换取增加运输量、降低运输成本、缩短运行距离、减少交通拥挤和节约运行时间等道路使用效益。从维护公路使用者合法权益的角度，收费费率应不超过用户获得的效益。实际中各用户的效益存在差异，可用社会平均值代替。这种定价模式主要采用级差效益法，使用"有无对比法"计算道路使用者在通行高速公路和普通公路之间形成的级差效益，并以此作为制定不同载重或不同车型收费标准的基础。级差效益法要求高速公路收费不能超过道路使用者获得级差效益的一个固定比例。世界银行建议高速公路收费的费率标准不能超过级差效益的40%，亚洲开发银行建议这一比例不能超过30%。

（3）基于路网管控的定价模式。该模式从道路管理者的角度出发，收费主要目的是控制道路的交通量，最大限度地提高现有道路的使用效益，一般也称为收费控制公路。支持控制收费行为的经济理论是公共经济学中的边际成本效益理论。根据这一理论，当某条道路处于饱和状态时，增加交通量将导致道路拥挤、时间延误、经济成本增加。此时需要对过往的车辆征收通行费，所确定的收费标准应当使得边际车辆包括通行费在内的总付费等于其边际成本，有利于获得最大的道路使用效益。而对于交通量未达到饱和的公路，不应当实行以控制交通量为主要目的的收费制度。这种定价模式主要依据收费弹性制定收费标准，即重点评估收费标准调整对交通流量的影响程度。采用这种方法，必须经过大量的系统评估测算和量化分析，才能制定合理的通行费标准，因此操作较为困难。

资料来源：孙如龙，陆正峰，速鸣，王健. 高速公路收费定价模式分析及建议[J]. 交通企业管理，2020，35(01)：37-41.

## 复习思考题

### 一、名词解释

受益的非排他性　　准公共产品　　消费的非竞争性　　纯公共产品
公共资源　　　　　俱乐部产品　　搭便车行为　　　　边际成本定价法

### 二、简答题

1. 公共产品具有哪些特性？
2. 如何识别公共产品？
3. 举例分析一些重要的公共产品。
4. 为什么要提供公共产品？
5. 公共产品市场提供的主要缺陷是什么？
6. 简述公共产品与私人产品有效供给的局部均衡比较。
7. 举例说明如何用博弈论对公共产品的提供进行分析。
8. 公共产品最优供给是如何实现一般均衡的？
9. 萨缪尔森对公共产品供给达到帕累托最优状态的分析，是以哪些假设为前提的？
10. 简述政府提供公共产品的主要范围。
11. 政府提供公共产品的必要性有哪些？
12. 政府提供公共产品的方式有哪些？

13. 政府提供公共产品效率低下的原因有哪些？如何解决其效率低下的问题？

三、论述题

1. 试对政府和私人的生产效率进行比较。

2. 公共产品是否可以在私人部门生产？如果可以，那么私人部门生产、经营公共产品通常采取哪些形式？

3. 对于公共产品的消费是否应当收费？如果可以收费，那么这些收费是否能够实现？

4. 修建收费公路是许多国家通行的做法，收费标准应该怎样确定才是合理的？

# 第4章 公共选择理论

**本章学习目标**

了解公共选择理论的产生和发展；了解公共选择理论的研究方法、学派及主要观点；掌握市场化与非市场化的区别；掌握投票悖论、阿罗不可能定理与中间投票者定理；理解公共选择过程中各经济主体的行为特征；掌握寻租与腐败的关系、影响与治理。

**本章知识结构**

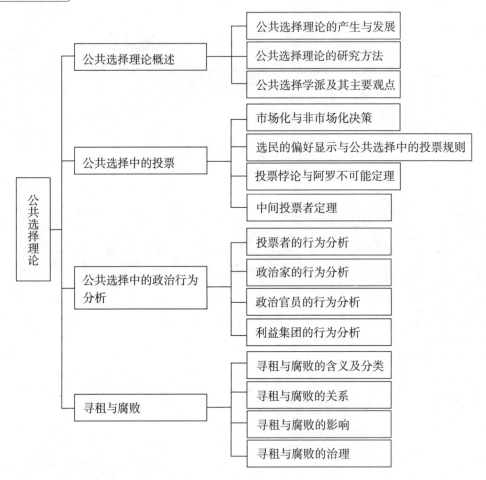

## 4.1 公共选择理论概述

公共选择(public choice)理论是20世纪50年代由公共选择学派建立和发展起来的西方经济学理论之一。作为经济学和政治学交叉融合而产生的一种理论，公共选择理论在"经济人"的基本假定下，运用微观经济学分析方法，研究经济学和政治学两个学科领域中的选择行为。

### 4.1.1 公共选择理论的产生与发展

"公共选择"(public choice)在西方的文献中又被称为"集体选择"(collective choice)、"政治的经济学"(economics of politics)等。公共选择理论是用经济学的方法研究政治问题的一种理论，它从经济学角度研究非市场化决策，它源于财政理论，和财政学有着千丝万缕的联系。所谓公共选择，就是通过集体行动对提供公共产品的各种方案进行比较选择，从而提出符合帕累托最优原则的方案的过程。

18至19世纪，一些数学家对投票问题产生了兴趣，并对之进行了研究。其中数学家孔多塞和勃劳德对投票规则的特性进行了研究。20世纪，部分经济学家对财政决策问题做了初步研究。这些研究成果与启蒙思想家的政治哲学及古典经济学一起，构成了公共选择的思想源头。

20世纪初，瑞典经济学家维克塞尔和林达尔都企图用边际价值来说明公共行动的决定。在维克塞尔看来，政府公共财政活动确实带有某种政治性质，公共财政学是与政治紧密联系在一起的，脱离对政治过程的研究来研究财政是不能从根本上解决问题的。政府公共财政活动不应是政治权力的结果，而应是人们在自愿基础上选择和交换的结果，政治权力结构本身也是如此。他对财政决策问题进行了研究，是现代公共选择理论的先驱。

公共选择理论产生于20世纪40年代末，并于20世纪五六十年代形成了基本原理和理论框架。英国北威尔士大学教授邓肯·布莱克(Duncan Black)发表了他的著名论文《论集体决策原理》(载《政治经济学杂志》1948年2月)，布莱克凭借他的开创性成果而被称为"公共选择理论之父"。

公共选择理论的领袖人物当推美国著名经济学家詹姆斯·布坎南。布坎南与戈登·塔洛克(Gordon Tullock)合著的《同意的计算：立宪民主的逻辑基础》被认为是公共选择理论的经典著作，也被视为创立公共选择学派的里程碑式的作品。1969年，布坎南和塔洛克在弗吉尼亚理工学院开办"公共选择研究中心"，该中心侧重对政治过程的理解，从而加强对市场过程的理解。1986年，布坎南因其在公共选择理论方面的杰出贡献及其对经济学发展产生的重要影响而获得了诺贝尔经济学奖。此后，公共选择经济学作为西方经济学的一个重要分支，得到了经济学界的广泛认同。公共选择理论开始了其国际化的进程，公共选择作为"新政治经济学"出现在欧洲、日本和其他地方，得到了蓬勃的发展。

### ▶ 专栏4-1 布坎南与公共选择理论

詹姆斯·麦吉尔·布坎南(James Mcgill Buchanan)，1919年出生于美国田纳西州，1946年进入芝加哥大学深造，1948年获哲学博士学位。此后，布坎南相继任教于美国一些著名大学，讲授经济学。在弗吉尼亚大学任教期间，他和沃伦·特纳于1957年创建了杰斐逊政治经济学和社会哲学研究中心，开始致力于公共选择理论的研究。1963年他和戈登·塔洛克一起创立并领导公共选择研究协会，1969年又在此基础上建立了公共选择研究中心，该中心后成为全美公共选择理论研究基地。布坎南还先后担任过美国南部经济学会主席、西部经济学会主席、美国经济学会副主席等一系列重要职务，是一位声名卓著的学者。

布坎南公共选择理论的一个基本特征，就是把西方经济学中的"经济人"假设引入对人们的政治行为的分析中，以此作为研究个人与政府决策行为的出发点。

布坎南指出，每一个参加公共选择的人都有其不同的动机和愿望，他们依据自己的偏好和最有利于自己的方式进行活动。简单地说，他们就是经济学早已定义的"经济人"。布坎南认为，经济人的假设不仅适用于经济活动领域，也完全适用于政治活动领域。人们在政治领域中的行动与经济领域中的行动在本质上是一样的，总是遵守趋利避害、舍小利求大利的行为准则。没有理由认为选民在选票箱前的行为与消费者在市场中的行为有本质差别，选民总是受自利原则支配而行事。因此，在其他条件相同时，一个选民总是愿意投票赞成那些预计能给他带来较大利益的政治家，而不愿投票赞成有可能给他带来较小利益甚至损害他利益的政治家。

资料来源：张建. 布坎南与公共选择理论[J]. 经济科学，1994(2). 有删改

## ▶延伸阅读4-1　公共选择的理论渊源

18世纪，法国数学家孔多塞等人对投票规则的数学分析是公共选择理论最早历史渊源。近代政治思想家霍布斯、斯宾诺莎、洛克等人的理论主张，以及美国联邦党人思想和托克维尔等人的观点是公共选择的思想渊源。

### 一、19世纪兴起的社会契约论是公共选择理论中国家学说的潜在基础

19世纪，英国霍布斯、洛克等人的政治学说，特别是法国卢梭的社会契约论，是公共选择理论的主要思想来源之一。卢梭曾指出："社会秩序乃为其他一切权利提供了基础的一项神圣权利，然而这项权利绝不是出于自然，而是建立在约定之上的。"霍布斯认为，可以称社会契约为"所有人反对所有人"的一种自然状态。而且，在这场无休止的斗争中，人们必须通过契约寻求自我保护与和平，同时就契约而言，它必须具有强制性才能惩罚违背契约的人，也就是"带剑的契约"。而洛克又将这一自然状态学说改造为主权在民学说，目的在于从人的自然属性来解释国家的自然属性并奠定了近代国家的基本观念和原则。这种自然法思想和有限的政府学说，成为公共选择理论中国家学说的潜在来源。

### 二、20世纪西方公共财政理论中边际分析对公共选择理论具有重要影响

20世纪初，瑞典经济学家维克赛尔和林达尔试图以边际价值来说明公共行动的决定。公共选择理论认为，政治家和政府官员存在追求私利的动机。那么，如何将个体私利与公共利益相结合，通过科学有效的公共选择机制实现从个人利益到公共利益的转化，且保证在这种转化过程中没有损失效率？公共选择理论认为，"选择性激励"措施能够促使团体中的理性个体进行有利于集体的行为，以提高公民参与公共决策的意愿。这意味着政治行为人必然是在一定的规则内做出选择的。而在维克赛尔看来，判断规则改变是否有效的标准只能是一致性原则，这一观点对后来的布坎南等公共选择学派的经济学家产生了巨大影响。

资料来源：余燕，刘书明. 公共选择理论的发展及反思[J]. 中国集体经济，2020(10): 70-71. 有删改

## 4.1.2 公共选择理论的研究方法

公共选择理论是把经济学方法运用于政治学研究的一种理论，因而经济学的几种基本研究方法都在其中有所体现。根据布坎南的总结，公共选择理论的方法论由三个要点组成：个体主义的方法论，政治活动中的经济人假设，把政治过程视为一个交换过程。

**1. 个体主义的方法论**

方法论上的个人主义认为，一切社会现象都应当追溯到个人行为的基础上，都必须从个人的角度来分析阐述；个人的目的或偏好是经济学分析的出发点和基石，必须把个人的目的性放在首位；个人根据自己的利益采取行动，个人的目的性乃是一切社会行为的充分起因。

公共选择理论把个人作为基本分析单位，把社会存在看作个人(而不是集团或阶级)之间的相互作用。该理论认为，应当根据个人来解释社会和政治，而不是根据社会来解释个人。

当然，个人主义并不是说个人的决策和选择是孤立的，个人选择行为不是永远不变的。相反，个人的选择会随着制度环境的不同而不同。首先，不论是什么制度环境，选择都是个体的选择。其次，个人主义不必然是利己主义，个人主义并未限定个人所追求的目标一定是个人主义的，个人主义的目标取向也可以是利他主义的。最后，个人选择的方案与选择的结果不要求一致，个人参与集体选择时的方法与选择的集体结果是两回事。

个体主义的方法论坚持个人同意是政治活动应遵循的基本标准。个人同意就意味着自愿交换，这实际上是主张让个人对自己的行为负责，从而维护个人自由。当然，方法论的个人主义也存在难题。最明显的是从方法论的个人主义出发，无法解释个体行为的整体后果。例如，有理性的个人只会使用个人的成本—收益进行分析，对于福利经济学提出的帕累托最优的概念，想用个人的情况来说明整体的状态是很难实现的。

公共选择理论方法论上的个人主义，体现在他们对社会秩序和个人行为的看法上，以及对政府和政治的见解上。在公共选择理论看来，个人是社会秩序的基本组成单位，而政府只是个人相互作用的制度复合体，个人通过制度复合体作出集体决策，去实现他们相互期望的集体目标，同时他们也通过制度复合体开展与私人活动相对立的集体活动。政治就是在这类制度范围内的个人活动。

**2. 政治活动中的经济人假设**

公共选择理论的一个基本出发点，就是把经济学中的经济人假设引入对人们政治行为的分析。公共选择理论认为，政治领域中的人，如政治家、文官及其他国家(政府)代理人，同经济领域中的人是一样的，都是"经济人"，都以追求个人利益最大化为行为目标。政治家追求选票最大化，选民追求投票净收益最大化，执行决策的政府官员追求预算最大化。

公共选择理论把政治制度看作一个普通的市场——政治市场。在政治市场中，人们建立契约交易关系，一切活动都以个人的成本—收益计算为基础。没有理由认为单个选民在投票箱前的动机与单个消费者在超级市场上的动机有本质上的不同。因此在其他条件相同的情况下，选民一般愿意投票赞成这样的政治家——其行动将会给选民个人带来"更多的东西"；而不愿投票赞成另一类政治家——其纲领将使选民付出的成本高于其给选民自身带来的利益。政治家的基本行为动机也是追求个人利益最大化。政治家的效用函数包括的变量有权力、地位、名声、威望等。虽然增进公共利益也可能是政治家目标函数中的一个变量，但是这个变量不是他的目标函数中的首要变量或权重最大的变量。因此，政治家在追求个人目标时未必符合公共利益或社会目标。

传统的政治学在对人性的认识上与经济学不同，它对人的假设是"政治人"。"政治人"是一种慈善、博爱的利他主义者，或者说是代表民众利益，为了追求公共利益而开展活动，力图实现公共利益最大化的人。公共选择理论彻底颠覆"政治人"的概念。经济人假设开辟了对政治现象和政治行为的全新观察视角和研究方法，构成了公共经济学的逻辑出发点和理论前提。

3. 把政治过程视为一个交换过程

公共选择理论认为，经济学不是一门选择科学或资源配置理论，而是一门交易科学或市场理论。经济学的主题本来是研究个人的交易倾向、交易过程和个人在自由交易中自发产生的秩序。经济学的基本命题是个人之间的交易，经济学是关于交易的契约的科学。

市场与政治的实质性差别，不在于个人追求的利益或价值的种类，而在于他们追求各自不同利益时所具备的条件。在政治决策中，个人以其所同意承担的成本份额而获得公共需要。集体行动是以个人行为为基础的，可以看作一个集团（或组织）全体成员之间的复杂交易或契约。市场是自动交易过程的制度体现，个人是按照各自的交易能力进入自动交易过程的。经济学就是研究具有不同利益的个人之间的交易或协商的关系。人们在不同的社会组织下通过交易来谋取相互利益，而不同的社会组织就是人们进行合作行动的结果。因此，集体选择应当列为交易经济学的研究对象。

公共选择理论强调政治活动的交换本质，其目的在于阐释国家的作用是通过政治规则的制定与实施来保证人们自愿选择的自由。有效率的政策结果源于集团之间、个人与集团之间、组成集团的个人之间的讨价还价、协商与调整，所有的政治活动应该建立在政治参与者自愿合作的基础上。强制性的实现和权力获得的前提是自愿交换，其目的也是维护和促进人们的自由权利。

### 4.1.3 公共选择学派及其主要观点

一般认为，公共选择理论可以分成三个流派，即弗吉尼亚公共选择学派(virginia school)、罗切斯特社会选择学派(rochester school)和芝加哥政治经济学派(chicago school)。

1. 弗吉尼亚公共选择学派

在布坎南和塔洛克领导下的弗吉尼亚公共选择学派是公共选择理论中影响最大的一个学派，也是公共选择理论中最有争议的一个学派，因为其成员坚定地主张把公共选择理论与伦理学分开。这个学派既反对传统的新古典经济学，又反对传统的政治学，它还与包括凯恩斯主义宏观经济学和福利经济学在内的诸多经济学流派针锋相对，从而在一定程度上把自己变成了西方经济学界的异端。

弗吉尼亚公共选择学派的特色是强调方法论上的个人主义和宪法政治经济学，其代表人物是布坎南、塔洛克。这个特色使得它既不同于社会选择学派，又与芝加哥政治经济学派相区别。该学派认为，个人是社会秩序的基本组成单位，政府只是相互作用的制度复合体，个人通过复合体作出集体决策，去实现他们相互期望的集体目标，集体本身既不选择也不行动。

弗吉尼亚公共选择学派的主要兴趣不是研究投票动机，因为他们认为投票者理性弃权，并且在选择中还存在程序控制问题。弗吉尼亚学派的分析目标主要集中于利益集团、寻租、立法、司法、行政和联邦官员制度。这些分析大多都得出政治市场失灵的结论。

弗吉尼亚公共选择学派不赞同把未经修改的私人市场理论原封不动地应用于政治市场分析，它认为政治市场上的决策者并非总是对现状掌握完全的信息。这些决策者不可能总是把未来的不确定性转换成等值的确定性，决策者不可能不犯错误。在弗吉尼亚公共选择学派看来，政府并不会比私人市场做得更好，现行的政治市场缺乏运行效率，政府失灵是普遍的现象。政府失灵的出路在于宪法改革，因为宪法可以看作能够使个人从相互交易中获得利益的一套规则，政府失灵的原因是约束政府行为的规则过时或约束乏力。要改善政治，就必须改善或改革规则。他们主张对投票(选举)规则、立法机构、官员政治和政府决策规则(尤其是制定政策的规则)进行一系列改革，通过规则起到约束政府的作用。

### 2. 罗切斯特社会选择学派

罗切斯特社会选择学派称自己的研究领域为"实证的政治理论"，并善于运用博弈论的抽象语言描述现实的政治法律过程。主要代表人物是赖克、奥德斯霍克、布拉蒙斯、希里奇、麦克尔维、谢泼斯尔和温盖斯特。他们大多在美国罗切斯特大学执教，这一学派因此而得名。其中威廉·赖克(William Riker)是罗切斯特学派的领袖人物。

罗切斯特学派有两个特点：一是坚持用数理方法来研究政治学，在投票、互投赞成票、利益集团和官员研究中使用数学推理；二是坚持把实证的政治理论同伦理学区分开来。前一个特点导致这个学派与弗吉尼亚学派之间存在诸多分歧，后一个特点使它与西方传统的政治学相区别，这也是这一学派和弗吉尼亚学派的共同特点。

罗切斯特学派始终用实证的政治理论来研究选举、政党策略、投票程序控制、政党联盟形成、立法机构和政府官员。直到20世纪80年代初，罗切斯特学派论著的大部分内容都是偏重理论性的和抽象的，基本上不涉及制度内容。这一学派的成员大多对西方传统的政治学偏好制度主义持反感态度，而注重空间投票模型的研究。但是，谢泼斯尔和温盖斯特的论文《结构诱导均衡和立法选择》(1981年)在很高程度上改变了罗切斯特学派的研究方向。他们发表了一项研究美国立法和联邦官员制度的计划，这项研究计划大量地利用了新制度经济学的最新研究成果，把政治学和经济学融合在一起。

### 3. 芝加哥政治经济学派

芝加哥政治经济学派一贯的传统是关注制度现实。该学派代表人物有乔治·J.斯蒂格勒(George J. Stigler)、加里·S.贝克尔(Gary S. Becker)、佩尔茨曼(Peltzman)、罗伯特·J.巴罗(Robert J. Barro)、兰德斯(Landes)和理查德·A.波斯纳(Richard A. Posner)等。

在公共选择理论的三个学派中，芝加哥政府经济学派的自由主义色彩，尤其是"反历史"的色彩最为浓重。该学派认为，经济学家可以观察、解释和描述历史过程，但不能影响历史进程；努力改变这个世界——总体来说是枉费心机的，是对本来就稀缺的资源的浪费。在绝大多数芝加哥政府经济学派学者的观念中，政治市场总是出清的，交易符合所有交易者的利益，因而总是有效率的。

芝加哥政治经济学建立在效用和利润最大化的假设前提之下，它从价格理论和实证经济学的角度来分析政府，把政府看作受追求自身利益的理性个人所利用的、在社会范围内对财富进行再分配的一种机构。在芝加哥政治经济学模型中，经济人几乎唯一地被看作预期财富最大化者。在个人的效用函数中，不可能知道其他人观点，如利他主义、恩赐的态度等。这个学派认为，在个人的效用函数中能了解其他人观点的只能是社会学家。该学派认为，从结果而不是从任何直接的公共利益设计来看，政治市场只不过是起决定性作用的利益集团成员满足其再分配偏好的在技术上有效率的一种机制。

芝加哥政治经济学派的一系列假说保证了政治市场均衡既是严峻的，又是瞬时的。首先，它假设个人是价格接受者而不是价格制定者，因而在政治市场上个人很少有，甚至完全没有斟酌使用权。其次，它假定这些价格反映了一切相关的经济信息，因此，个人会在政治市场上进行最优搜寻。最后，它假定对经济行为的一切约束都是有效率的，这些约束也反映了生成或修改这些约束的这部分人的效用最大化行为。

## ▶延伸阅读4-2  威廉·赖克与罗切斯特社会选择学派

1962年，威廉·赖克用博弈理论来批评唐斯(A·Downs)的《民主的经济理论》(1957年)。唐斯在他的著作中认为，民主政治中的政党与经济中追求利润的企业家是类似的，为了达到其个人的目的，他们制定了能获得最多选票的政策，这就像企业家生产能获得最多利润的产品一样。政党是为了赢得选举而制定政策，不是为了制定政策而赢得选举。换句话说，政党从事活动是为了获得政治支持最大化，这种政治支持最大化具体体现为获得选票最大化。为了实现这一目标，执政党在其政策决策中一般采用多数原则，它所追求的只是能给它赢得更多选票而不是失去更多选票的那些政策。在多数票规则(或选择制度)下，每个政党为了获得过半数票，必须在许多方面与不确定性做斗争，由此会导致党派合作，最终会形成两个大党的政治联盟。赖克则认为，政治活动是一个博弈过程，政党竞争是一个零和博弈，一方所得是另一方所失，每个政党的最优策略是让对手规模尽可能大，而自己只需保持略有优势(有时甚至是一票之差)就可以战胜对手。因此，在多数票选举制度下，最终将会形成在规模上略有差异，但仍然是势均力敌的两个政党。据此，赖克认为，冲突和冲突解应是公共选择理论必不可少的组成部分。

1973年，威廉·赖克和奥德斯霍克出版了《实证的政治理论导论》一书。在这本书中，他们提出可以把政治学定义为"社会选择如何由个人偏好发展演化而来的奥秘"，并认为这个奥秘可以通过使用精确的统计方法建立起来的数学政治科学(mathematical political science)来加以解析。罗切斯特社会选择学派倡导的这种研究方法遭到布坎南的反对。布坎南认为，这种方法会把经济学变成应用数学或工程学，经济学的本意会被自然科学的含意所取代。

罗切斯特社会选择学派的大多数论著不讨论规范问题，他们试图站在中性立场上来研究民主选举中的多数票循环、相互抬轿子(log rolling)造成的缺乏效率、利益集团政治学、官员斟酌权等公共选择论题。与弗吉尼亚公共选择学派不同，罗切斯特社会选择学派的一部分成员对布坎南等人倡导的宪法改革持极端怀疑态度，谢波斯尔于1982年发表的《宪法改革有助于解决政府预算问题吗？》即表达了这种态度。罗切斯特社会选择学派的另一些成员则公开反对那些寻找联邦官员制度缺陷的研究，菲奥瑞勒于1983年发表的《对美国联邦官员制度的鞭挞》一文就公开为美国联邦官员制度的弊端进行辩解。

资料来源：方福前. 当代西方公共选择理论及其三个学派[J]. 教学与研究，1997(10)：29-34，63. 有删改

## 4.2 公共选择中的投票

### 4.2.1 市场化与非市场化决策

1. 公共选择理论的切入点：市场化决策与非市场化决策的划分

公共选择理论的切入点是将决策环境划分为市场环境和非市场环境，由此证明了经济学工具在政治现象上的适用性。在日常生活中，人们每天都面临大量的选择：小到穿什么衣服，买什么食品；大到在选举中给哪位候选人投票，大型公共工程投资如何决策等。公共选择理论认为，所有这些选择都可以根据其决策环境的不同划分为市场化决策和非市场化决策两大类。

公共选择是一种非市场行为，指人们通过民主政治过程来决定公共产品的需求、供给与产量，是把个人或私人的选择转化为集体选择的一种过程或机制，是对资源分配的非市场化决策。公共选择与以市场选择为基础的个人和企业的私人选择既有联系又有区别。无论是市场选择还是公共选择，都是自由的交易过程。两者的差异性表现在：其一，就行为主体而论，尽管参与选择的主体都是组成社会的个体，但参与公共选择的个体与参与市场选择的个体的身份是不一样的。在市场选择中，相关的个体主要是个人和企业，而参与政治选择的个体则是政治家、选民和官员。其二，在作用的媒介和方式上，市场中的个体通过买卖决策来表达意愿，而政治市场上的个体参与公共选择使用的手段则主要是投票等。

市场机制与政治机制的构成如图4-1所示。

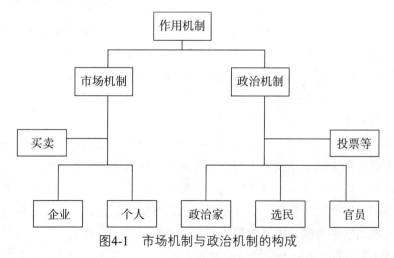

图4-1 市场机制与政治机制的构成

当然，行为主体身份与交易媒介的差异还仅仅是外在形式上的，公共选择与私人选择在本

质上还存在巨大的差别。因此，为了对公共选择做比较深入的了解，我们还需要就公共选择和私人选择之间的本质差异作出比较说明。公共选择与私人选择之间的本质差异至少可以从以下4个方面来说明。

(1) 在个体决策与最终结果的确定性方面。在经济市场上，个体不仅是进行选择的单位，也是作出最终决策的单位。个体的选择行为与最终的结果之间存在一一对应的关系。在市场上，如果个体打算购买一台笔记本电脑，只要他愿意为此付钱，最终到手的绝不会是台式机。相反，在公共决策过程中，在许多时候，个体选择者虽然也是行为主体，是进行选择和决策的单位，但个体的选择与个体所得的结果之间并不存在一一对应的关系。例如，在2012年美国第57届总统选举过程中，支持罗姆尼的选民最终得到的结果就取决于其他人支持奥巴马和罗姆尼的情况，可见，个体对最终结果的影响不是决定性的。

(2) 在决策者的理性程度方面。在市场选择过程中，受成本的约束，个体掌握的信息总是有限的。而由于集体选择过程中个体决策所具有的非决定性特征，使个体更加缺乏了解相关信息的激励，个体决策的理性程度进而也就更低。就购买电脑和投票表决而言，尽管在购买电脑等私人选择中有人很粗心，而在投票表决等公共选择中有人很细致，但总体来说，在信息不充分的情况下买东西的机会成本太高。但是，如果你不小心投错了对象，由于你的选票不会左右选举，一个错误的或者缺乏信息支撑的选择几乎没有什么后果。个体对于最终结果缺乏决策性，使得理性的选民经常缺乏动力去获得投票所需的信息，大多数选民只是依赖于候选人免费提供给他们的信息(通过政治广告)、大众媒体的报道以及和朋友及同事的交流来进行决策(格瓦特尼等，2004)。经济学家把这种缺乏激励获取信息的现象称为理性无知效应(rational ignorance effect)。

(3) 成本与收益的对等性。在市场交易过程中，个体的选择都是独立作出的，都是自愿的，消费者要消费某种商品，就得为商品付费，因此，个体所承担的成本与所获得的收益基本上是对等的。但是，在公共决策中，成本与收益的对等性因选择的特殊性而被打破。一方面，许多选择都是集体依据少数服从多数原则作出的，个体支付的成本与获取收益之间并不存在必然的对应关系。对于某个公共支出项目，如政府拨款来拯救问题严重的券商，持不同意见的少数人通过纳税来筹措项目资金。公共产品的提供也是如此，纳税多的个体并不意味着从政府那里获取的服务多；反之，没有纳税的个体，也并不等于他一无所获。另一方面，公共选择过程中所具有的成本收益的不对称还表现在捆绑销售问题上。在市场上，每个购买者可以从不同的商家那里购买不同的商品，可以从杂货店购买五金杂货，从商场购买衣服，很少出现捆绑销售问题。但公共决策往往由个人投票来表达选民的意见，而且一旦意见达成，就只能接受由公共部门提供的公共服务和公共产品。

(4) 在信息的传递、偏好显示(preference revelation)和偏好加总(aggregating preference)方面，公共决策与私人市场化决策也存在很大的差异。其一，在直接的集体决策中，由于个体的偏好不一致，集体决策面临一个信息加总的问题。假定某一议案在多数规则下获得通过，这仅表明半数以上的人将因议案通过而获利，但并不表明总的收益会超过总成本。更何况，在公共决策过程中，决策可能面临个体偏好掩饰的战略行为的困扰。其二，在间接的代议制民主决策过程中，代表(议员)所传递的有关社会民众的信息也是有限的，是存在偏差和扭曲的。公共选择与私人选择的联系和区别，如表4-1所示。

表4-1 公共选择与私人选择的联系和区别

| 联系 | | | 区别 | | |
|---|---|---|---|---|---|
| 选择方式 | 性质 | 动力 | 确定性 | 对称性 | 信息汇总 |
| 私人选择 | 交易 | 经济人竞争 | 确定 | 对称 | 充分信息 |
| 公共选择 | 交易 | 经济人竞争 | 不确定 | 不对称 | 有限信息 |

对公共选择与私人选择作出理论上的区分，并不等于说两者之间是毫无关联的。实际的情况恰好相反，公共选择与私人选择也存在许多相似或相同的地方。其一，从公共选择理论来看，无论是政治市场上的公共政策决定者，还是商品市场上的买卖双方，都是理性的经济人。个体追求自我利益的本性使得政治市场与商品市场同样存在竞争。在市场上，企业家之间存在竞争，消费者之间存在竞争，使得市场部门被称为"竞争性"部门。同样，在公共决策领域，政治家为了竞选而竞争，官员为了职位而竞争，部门领导为了预算项目而竞争，社会利益集团为了获得特权或对自己有利的法律而竞争(格瓦特尼，等，2004)。其二，在选择的性质方面，无论是政治决策还是市场化决策，都是广义交易的特定类型。众所周知，经济市场是一个由供给者和需求者组成的交易结构。在这样一个交易结构中，作为供给方的生产者与要素提供者向市场提供商品、劳务和相关的生产要素，而作为需求方的消费者和要素需求者则到市场上购买自己所需的商品和要素，供求双方经过讨价还价，最终得以成交。其三，尽管公共决策打破了个人消费和支付之间的关系，但两部分的稀缺性都限定了总消费和总支付之间的联系。格瓦特尼等人指出："尽管政府能打破个人为某种物品支付成本和消费这种物品的权利之间的联系，但是，总消费和总支付的联系事实上还存在，世界上没有人为提供稀缺物品而付费。公共部门所提供的免费物品只对特定的人免费。从社会角度来说，这些物品当然不是免费的。"[①]

2. 市场化与非市场化决策的关系

公共选择是一种非市场行为，它与以市场选择为基础的个人和企业决策是有区别的，主要表现在以下几个方面。

(1) 消费偏好的表达方式不同。虽然，公共选择与市场选择都可以归结为以个人消费偏好为基础的选择，但两者在表达方式上有很大差别。首先，市场选择通过个人的购买力和购买行为来表达偏好，是一种"货币投票"；而公共选择通过选票来表达自己的意愿，是一种"政治投票"。其次，投票的权数不同。市场选择的货币投票以个人的消费能力，即个人拥有的货币量为基础，钱多的人权数就大，没有钱的人就没有参与选择的资格；而公共选择是以个人权利为基础，无论居民财产状况如何，政治地位都是平等的，实行的是"一人一票制"。因此，有人把市场经济下的个人消费表达方式称为"以足投票"，把公共选择称为"以手投票"。

(2) 参与的程度不同。市场购买行为是个人取得消费利益的必要条件，因为个人如果不购买商品，就无法进行消费；而公共消费则不同，不论个人是否参与投票，都可以享受政府提供的公共产品，也不会因为个人参与了投票而比别人享受更多的利益。

---

① 詹姆士·D. 格瓦特尼，等. 经济学：私人与公共选择[M]. 王茂斌，等，译. 北京：机械工业出版社，2009.

(3) 消费偏好体系不同。对市场产品的选择是个人按照自己的偏好进行的，个人的每项决策都真实地显示自己的偏好，因此，选择结果具有明确性，选择过程具有一贯性；而在公共选择中，政府的每项决策都会涉及民众的不同偏好，而且会受到各种条件的限制，许多即使参与选择的人也不一定能充分表达自己的真实意愿。例如政府有一笔财政资金，有人希望用这笔资金来建设医院，有人则希望用这笔资金来建设学校，还有人希望用这笔资金来建设道路或者街道等。在这种情况下，政府总是希望把各种意见综合起来，从而使各方面都满意。为了做到这一点，政府在处理这个问题上往往照顾这部分人的利益，而在处理另外一个问题时照顾那部分人的利益，这就导致政府在处理问题时缺乏目标的明确性和一贯性。也就是说，市场选择是结果明确的选择，而公共选择往往是一种结果不十分明确的"混合选择"。

(4) 表达偏好的性质不同。市场选择是个人自愿的选择，而公共选择是带有一定强制性的选择。公共选择的结果在照顾到一部分人利益的同时，难免会牺牲另一部分人的利益。一旦公共选择的结果已经确定，不管个人是赞成还是反对都必须接受，因而公共选择是带有一定强制性的选择。

▶ **延伸阅读4-3　"理性无知"的动因探究**

**一、理性可能驱动"不知情"**

法国市场研究公司益普索自2012年起，每年在多个国家开展民意调查"感知的危险"，以了解人们的认知与现实之间的差距。结果显示，在气候变化、移民数量、人口死亡原因等许多问题上，公众对基本事实和科学共识经常是无知或"误知"的。群体基于无知或错误信息作决策可能造成严重后果，向其提供更多信息、提供正确信息似乎是理所当然的对策。威廉姆斯提出，群体性无知对整个社会有害，但就个人而言，无知常常是当知识与个人利益产生冲突时的"战略性反应"。获得知识是要付出成本的。例如，在选举时期，一位普通公民若想负责任地投出一票，就要花费大量时间和精力去了解每一位竞选人的情况，但这一票很可能无法给投票者本人带来任何好处。也就是说，"变得知情"的收益与成本比很低，尤其是相较于其他更有趣或对自身影响更大的事情而言。于是，人们选择"理性无知"。这个概念由美国经济学家安东尼·唐斯(Anthony Downs)在其著作《民主的经济理论》(1957)中首次提出，其含义是当获取信息的成本高于潜在收益时，"不知情"是人们基于理性作出的选择。

在人们很有兴趣且掌握大量信息的领域，人们仍可能会选择"理性无知"。美国达特茅斯学院政府系教授布伦丹·尼汉(Brendan Nyhan)等人的研究显示，对政治很感兴趣的人经常对自己的观点十分自信，尽管他们的观点与已确立的知识和可以方便地获取的证据相悖。对于这一现象，威廉姆斯以"理性的有动机无知"来解释，即无知是由拥有知识、"保持知情"而非获得知识、"变得知情"的预期成本驱动的。知识是力量，但很多时候也是"负担"，而无知可能将人们与令人痛苦的真相和责任隔绝开，帮助人们支撑自身依赖的价值感和归属感。当知识通向令人不适的真相或与正面的自我形象产生冲突时，人们常常会主动选择无知。更重要的是，无知常常是对社会性激励因素的"战略性反应"。美国阿肯色大学哲学系教授埃里克·冯克豪瑟(Eric Funkhouser)的研究显示，在许多社群中，信念是群体身份认同和团结的标志。鉴于新证据而抛弃旧信念不仅意味着改变自己的想法，还存在失去社群地位的风险。这种激励因素将人们推向包裹于身份认同和自豪感之中的社会适应性信念。

## 二、社会性奖惩影响信念形成

据威廉姆斯介绍,社会性奖励和惩罚以及群体内的身份认同,对人类信念的形成具有重要影响。知识可能构成对社会适应的威胁。例如,科学家普遍认为,人类活动正在导致气候变暖,如果不果断采取行动,代价将极其高昂。然而,许多人选择无视或彻底否认气候变化的存在,这一方面源于承认气候变暖真实存在会令人感到焦虑、绝望、无力,另一方面,对许多人来说,否认或轻视气候变暖是寻求群体文化认同和身份认同的标志。

在美国皮尤研究中心的一项全国性民意调查中,当被问及"在二氧化碳、氢气、氦气、氖气中,科学家认为哪一种气体最易引起大气温度升高"时,约有60%的受访者给出了正确答案,且这与他们的政治立场(民主党或共和党)无关。然而,当被问及全球变暖是否证据确凿时,民主党受访者与共和党受访者给出正确答案的比例差距较大,前者超过85%,后者不足50%。这说明,人们会基于群体立场和社会性奖惩动机,作出"知情"或"不知情"的选择。

公众对生物进化论的态度呈现相似情况。根据美国西方学院心理学系教授安德鲁·施图尔曼(Andrew Shtulman)等人的研究,人们是否相信进化论的影响与其身份认同密切相关。随着科学知识的增加,身份认同高度"世俗化"的人相信进化论的可能性上升,身份认同高度"宗教化"的人不相信进化论的可能性上升。

## 三、无知背后的激励因素

针对"理性的有动机无知",威廉姆斯表示,此处的"理性"指工具理性,它能使个体达成自己的目的。当一个人作出保持无知的决定,往往是因为其衡量过此举的成本和收益,因此有动机无知是理性的。当然,有动机无知在认识层面上常常是非理性的,它阻碍了知识的生产。当一个人的有动机无知给他人造成损害时,它还可能是违背伦理的。很多时候,驱使人们偏离认识理性的不是非理性或成本效益分析,而是经过校准的理性自利,即当追求真相与社会经验冲突时,舍前者取后者能带来实际好处。

威廉姆斯认为,人们不能仅在纯粹的认识论视角下理解无知现象。人是社会性动物,人的知识导向是具有战略性的。在某种意义上,科学知识可能威胁令人感到安慰的错觉,动摇人们赖以获得意义和归属感的社会关系。如果想减少无知现象,须着眼于问题的根源——降低个体获取和认可知识的成本。当某个群体的成员需要凭借缺乏依据的信念来标志其群体身份时,要多措并举保障个人可以在不放弃追求知识的前提下,保持其看重的群体成员身份。解决"理性的有动机无知"问题需要采用复杂且严格的个人和集体策略,而制定和执行这样的策略首先要更准确地理解驱使人们回避真相的实际激励因素。

资料来源:王悠然. 探究"理性无知"的背后动机[N]. 中国社会科学报,2021-01-22(003). 有删改

## ▶案例4-1 "理性无知"的一个例子:竞争性选举与负责制政府

西方社会和学界普遍认为,竞争性选举制能够保证政府充分地对选民负责,选举政府能够满足选民的偏好,"将选民的利益放在心中"。这种观念被称为民主的"佚名理论"(folk theory),其背后潜在的推导逻辑是,掌握决策权的代表与总统是通过选民选举产生的,他们自然会关心选民的利益、选民的诉求,对选民负责,否则他们就会在下次选举中失去选民的支

持,无法取得连任。这实际上就是认为在"竞争性选举"与"负责制政府"之间存在很强的因果关系。受西方理论的影响,国内有一部分人也对上述观念及其推论深信不疑,这种信念使得他们认为中国特色社会主义对负责制政府的实现形式的探索是没有必要的,最终还是要走向西式民主。这样的观念不利于确立中国特色社会主义制度自信,不利于新时代中国特色社会主义的制度创新。

事实上,上述信念并没有充分的根据,因为这种因果关系赖以成立的许多条件都是很难满足的。

选民能够有效地监督代表是"选举使得政府对选民负责"能够成立的一个重要条件,而这一条件是难以满足的。所谓有效监督,是指选民能够清楚地知道代表有没有在决策中回应他们的诉求,一旦选民发现代表没有充分回应他们的诉求,他们就会在下次选举中以让代表下台的方式来实施惩罚。可见,有效监督的一个关键是选民要充分地掌握关于代表决策行为的信息。如果选民对代表做了哪些决策或者这些决策是否回应了他们的诉求并不知情,则即使代表没有回应选民的诉求也不一定会遭到选民的惩罚,监督就会失效。这样,选举就无法保证代表充分地对选民负责。

事实上,在大规模社会中,由于选民普遍处于"理性无知"的状态,有效监督是很难实现的。奥尔森曾指出:"由于单个人投票改变选举结果的可能性非常之小,一个普通的公民,不管他是物理学家还是出租车司机,通常对公共事务存在理性上的无知现象。"对于他的集体行动理论,可以理解成"集体行动困境"的一种体现。有效监督的实现会使所有的选民受益,因而是一种"集体利益",具有公共产品的性质。这种集体利益需要选民投入大量的时间与精力成本才有可能实现。比如,选民既要去了解代表做了哪些事情,还要具备相关的知识以评价代表所做工作的好坏。如果选民不掌握相关的经济学知识,就无法推断出当前糟糕的经济状况是源自本届政府的政策、上一届政府的政策,还是源自独立于任何政府行动的其他因素。这样选民就无法准确地对真正不称职的代表施以惩罚。并且,选民还要在代表未能回应他们的诉求时与其他选民协调一致行动,从而达成以改选来"威慑"或是惩罚代表的目的。对于有大量的个人工作和生活琐事需要处理的单个选民而言,"有效监督"的成本是一项不小的负担。同时,由于选民数量众多,单个选民是否进行这种投入并不会对有效监督的实现以及他本人能够从中得到的好处产生明显的影响,这种投入的收益很小。此时单个选民就会缺少"亲自"去监督代表的动机,而是更有可能选择搭其他选民的"便车",即自己不去了解相关信息与知识,而是"坐享"其他选民监督代表所带来的好处。这对单个选民而言是一种理性的选择,因而一般情况下,绝大多数的选民都会做出这样的选择。如果选民确实都做出了这样的选择,他们对于代表的所作所为就会普遍处于一种无知的状态,对代表的监督就很有可能会失效。这就是选民在监督代表时所面临的"集体行动困境"。

根据"政治无知"问题研究专家伊利亚·索明(Ilya Somin)对美国历次总统选举所做的经验研究,选民的无知的确使得即使在政府决策中存在显而易见的重大失误的情况下,政府依然可能逃脱选民的改选惩罚。例如,虽然胡佛和卡特总统分别因为1932年和1980年的政策失败而在选举中遭受了惩罚,但至少要为这些失败承担同等责任的他们的前任,如柯立芝、尼克松与福特却并未遭到这种惩罚。这就表明,选民对政府的监督在许多时候确实是失效的,这样政府对选民负责的可能性就会降低。

总之,"选举使得代表对选民负责"的信念所面临的一个难以克服的难题,就是由于选民对代表行为的"理性无知"而难以保证选民对代表的有效监督。没有这种有效监督,代表就会缺乏对选民负责的动机,"代表会充分地对选民负责"的逻辑也就难以成立。

资料来源:牛文浩. 竞争性选举与负责制政府:一种"脆弱"的因果关系——选民、利益集团与代表理性互动视角下的分析[J]. 教学与研究,2019(06):76-84. 有删改

### 4.2.2 选民的偏好显示与公共选择中的投票规则

1. 选民的偏好显示

西方经济学家和政治学家认为,不同经济阶层的投票者在进行公共选择时的偏好是不一致的。从选民的偏好是否存在多样性出发,可以将人们的偏好分为单峰偏好与多峰偏好两大类。这种偏好的不一致,使得政党和政治家为争取施政方案所必需的中间投票者(中位选民)的过程趋于复杂化。

在多数投票规则下,谁的方案符合中间投票者的利益谁就有可能通过当选控制政府。因此,对于政党和政治家而言,竞选过程实际上就是一个发现中间投票者的偏好并争取他们的支持的过程。

1) 投票决策中的单峰偏好与多峰偏好

在某些情况下,依据简单多数规则所取得的政治均衡并不是唯一的。可能有两种或两种以上的提案,均获得多数赞成票。例如,当有三个或更多的方案可供选择时,就其中的任意两个方案进行的投票便是所谓的配对投票。每一种被否决的提案,当与另一种可以选择的提案配对时,都有可能变成胜利者。按照配对投票次序的不同,三种可以选择的提案都可以在简单多数规则下获胜。这种现象被经济学家称为"循环性"。一旦出现循环,多数规则下的投票结果便不具有确定性,政治均衡也就不存在了。这时,没有任何一种提案可以战胜其他所有可供选择的提案。

造成多数规则下投票结果的唯一性或循环性的原因在于人们的偏好可能会出现多种情况,可分为单峰偏好和多峰偏好两大类。

单峰偏好(single-peaked preference)意味着人们最理想的结果只有一个。对于这个唯一的最理想目标的偏离,无论是正的方向,还是负的方向,都是坏的事情。

多峰偏好(multiple-peaked preference)意味着人们最理想的结果不止一个。最初,当人们偏离其最偏好的选择目标时,境况会因此变坏。但若继续沿着这个方向运动,其境况则会最终变好。

如果所有的投票者的偏好都呈单峰形,那么多数规则下的投票结果就是唯一的,不会出现循环现象。

如果多数规则下的投票结果出现循环现象,那就说明在所有投票者中至少有一人的偏好是多峰形的。也就是说,只要有一人的偏好呈多峰形,多数规则下的投票结果便可能出现循环现象。

如果用不同的效用值表示选民的偏好程度,在三个备选方案中显示的单峰或多峰偏好如图4-2、图4-3所示。

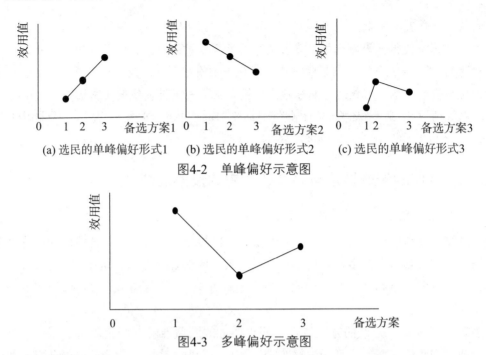

图4-2 单峰偏好示意图

图4-3 多峰偏好示意图

2) 选民的偏好显示途径

投票不仅是公民权的体现，更是个人偏好的显示。从这个意义出发，个人偏好是投票(公共选择)的研究起点。所谓偏好，是指个体对两个或两个以上选择对象之间关系的一种主观感受。一般来说，无论是对私人产品还是对公共产品，人们都有一定的偏好。

偏好需要表达，个人偏好的表达是集体决策研究的重点。由于私人产品和公共产品的性质不同，使得社会公众在私人产品面前会真实地显示自己的偏好，而在公共产品面前则不一定会真实地显示其偏好。对公共产品而言，人们显示其偏好的途径一般有以下4种：

(1) 通过投票表达，包括直接投票和间接投票两种方式。前者是选民亲自对公共产品供给方案进行投票；后者是先选出代表或议员，然后由代表或议员进行投票。

(2) 通过发言表达，包括书面表达和口头表达两种方式。前者如投稿给媒体或上书有关部门；后者如游说议员、游行等。

(3) 通过进退表达，又称"以足投票"。例如，当人们认为某一社区的公共产品符合自己的偏好时，他就会迁入该社区；反之，他就会迁出该社区。

(4) 通过反叛表达。当民众不愿意接受政府提供的公共产品，上述方法又不奏效时，在一定条件下就会发动政变或革命以推翻现任政府。

3) 投票行为

政治上的决策通常是通过投票进行的。现实生活中，人们显示公共产品偏好的基本途径就是投票。投票不仅是公民权的体现，更是个人偏好的显示方式。民众通过投票行为表达自己的偏好，投票行为的作用就是将个人偏好转化为社会偏好。

(1) 投票行为所显示的个人偏好信息是不完全的。如果一位选民投票支持某项方案，只能由此判定选民认为从这项方案中自身获得的收益高于其需支付的成本。而如果要想知道收益究竟比成本高多少则是非常困难的。同样，如果大多数选民投票某项方案，由此只能判断对于大多数人而言，收益高于成本。对于这项方案总体的收益和成本的比较关系是无法作出判断的，很有可能剩下的少数人遭受的损失会非常严重，以至于这项方案的总成本高于总收益。

(2) 人们在投票过程中，往往不会真实地反映他们的偏好，可能会出现以下4种情况。

① 隐瞒偏好。如果人们将要承担的公共产品成本取决于自己所显示的对公共产品的评价，人们可能会隐瞒或者从低申报自己的偏好。

② 策略性投票。有时采取策略性的投票方式会取得更有利于自己的选举结果，此时，人们也会显示自己的真实偏好。

③ 无意参与投票。由于在实际的民主制度中，对于个人而言，投票与否往往对最后选举的结果影响不大，虽然投票的成本本身并不高，但与投票的收益相比就不能忽视了，这使得人们参与选举的积极性很低，不愿意显示自己的偏好。

④ 偏好强度差异。即使人们有机会充分显示他们的偏好，但不同个人或者集团偏好的强度不同，基于不同偏好强度的投票结果很可能不会反映大多数社会成员的利益，而是更多地反映特殊利益集团的利益。

因此，要保证投票行为能够实现人们的偏好，必须在投票行为发生之前尽可能采取有效措施鼓励选民表现其真实偏好。投票行为是一种选择行为，这意味着在个人进行选择的时候，会面对多个备选项。将备选项按个人偏好排序是将个人偏好加总为社会偏好的前提。

**2. 公共选择中的投票规则**

投票行为必须依据一定的规则。投票规则是把个人偏好汇总为社会偏好，将个人选择变为社会选择的具体方法。下面介绍两种常见的规则：一致同意规则和多数投票规则。

1) 一致同意规则(全票通过制)

一致同意规则又叫全体一致原则，是指一项集体行动方案只有在所有参与者都同意或者至少没有任何人反对的前提下，才能实施的一种表决方式。此时，每一个参与者都对将要达成的集体决策享有否决权，或者说，它适用于那些"非此即彼"的选择。而对于那些有多种选择可能的方案或提案，由于不同投票者为各自的利益考虑，投票结果往往是分散的，不宜遵循一致同意规则。

一致同意规则的一个典型例子是联合国安理会决议的一票否决制。任何决议的实施都必须事先得到安理会五个常任理事国——中国、美国、俄罗斯、英国、法国的一致认可，如果有一个理事国反对，就意味着相关议案被否决。

(1) 一致同意规则的优点。一致同意规则具有如下优点。

① 投票结果符合帕累托效率。新的方案应当符合"在有利于一部分人境况改善的同时，至少不会使另一部分人的境况变得更糟"。因为，如果这一方案使一部分人的境况变糟，他们就会投反对票。

② 避免"搭便车"行为。在此规则下，每个成员都会清楚地意识到，个人行为不仅影响其他成员的行为，而且直接关系到集体行动方案是否能够形成。如果其他待选方案可以使得部分成员不付出任何代价地从中受益，那么这项方案将被其他成员否决。

(2) 一致同意规则的缺点。一致同意规则具有明显的缺点。

① 非常复杂、费时且昂贵。一项方案的通过需要经过每一个成员的同意，方案本身可能要

经过无数次的讨论、修改和表决，还要付出巨大的努力来说服最后一个质疑者，成员的时间损失很可能大于他们从方案中得到的收益。

② 一致同意规则无法排除个人的策略行为。一致同意规则假定每个人在集体决策中都会诚实地投票，实际上，当事人可能隐瞒自己的偏好。出于特殊目的，当事人可能宁愿接受而不是反对哪怕是使自己收益最少的方案，使集体决策的结果达不到帕累托最优。当集体中成员很多，成员们各自的偏好不同时，由于每个人都具有否决权，集体决策将无法作出。

③ 一致同意规则很容易引起讨价还价、敲诈和拖延。如果有一个人意识到他的否决票可以阻止一项方案通过，他可能会提出对自己有利的要求。一旦他的要求不能得到全部满足，他可能会拖延投票，甚至敲诈那些支持该方案的成员。

④ 一致同意规则在某些情况下还会出现"一致同意悖论"。一致同意规则在逻辑上鼓励局部小型的"一致同意体"出现，因为人数越少，达成一致同意越容易，结果是局部达成一致同意的小型"一致同意体"越多，实现社会整体的一致同意就越困难。从另一个方面讲，为了使其他人都同意自己的方案，一方可能不惜使用行贿的手段，结果败坏了社会风气。

一致同意规则仅适用于最低程度的集体选择，或者说只有在大家意见本来就比较一致的情况下才是可行的。为了避免因为投票规则的内在问题导致决策机制失效的情况，一致同意规则只在特定的条件下采用。

2) 多数投票规则(多数票通过制)

多数投票规则，又称过半数规则，指一项方案或决策需经半数以上成员投票赞成方可通过或采用的一种投票规则。多数投票规则又可以分为简单多数规则和比例多数规则(绝对多数规则)。前者要求一项方案的赞同人数只要超过投票者数的一半即可通过，后者则在赞同者超过半数的基础上还要达到一个特定的比例，如2/3、3/5或4/5。一种是直接民主，社会选择直接由选民以多数票原则决定；另一种是代议制民主，一些公民被选出来代表各部门的利益，然后由这些代表进行社会选择。

(1) 多数投票规则的优点。多数投票规则与一致同意规则相比，具有节约集体决策成本的优点，因为顾及大多数人的偏好要比照顾全体参与者的偏好容易得多。此外，多数投票规则也符合人们一般的公共观念，在实践中是一种常用的投票规则。

(2) 多数投票规则的缺点。多数投票规则有其明显的缺点。

① 使部分人利益受损。最终决策的实施，可能使多数派参与者的福利得到改善，少数派参与者的福利遭受损失，其结果是非帕累托改善。这种投票的结果甚至可能使多数人不喜欢的方案当选。例如，有三个方案，对其进行一次性简单多数投票，每一个方案所获的票数都没有超过半数，但其中有一个所获的票数最多，结果该方案当选。而实际上，这个方案是多数人不喜欢的方案。

② 少数人不热心参与。由于单个参与者的选择行为在多数投票规则下具有可忽略性，在无形之中助长了选民不重视选举权的行为。例如，上市公司中大股东对投票比较积极，小股东则因为"人微言轻"，而不重视投票权。

③ 可能存在投票交易。在多种选择中，参与者之间可能通过相互交易谋求个人利益的增加，但却会损害其他人的利益。

④ 可能出现"投票悖论"。多数投票规则具有导致方案相互循环、最终结果不存在的可能性，即出现循环投票的"投票悖论"。

⑤ 容易导致"多数人强制"现象。集体行动方案具有内在强制性，最终的集体决策按照多数成员意愿决定，结果又要求全体成员服从，这可能导致多数人侵害少数人利益的现象发生。在"多数人强制"的情况下，资源配置就会出现分配不公的结果：或者是支付相同的成本却享受不到相同的收益，或者是支付不同的成本却收到了相同的收益。

⑥ 无法准确表达个人对选择的偏好程度。多数投票规则无法表达个人对选择的偏好程度。例如，一个人对三种方案进行选择，他最喜欢A，其次是B，最后是C，但是，这样的排列无法反映他对A、B和C的偏好程度。如果用打分的方法来衡量，他给A打了71分，给B打了15分，给C打了14分，也就是说，他对B和C的偏好实际上差异并不大。

### ▶延伸阅读4-4 "搭便车"理论

美国经济学家曼柯·奥尔森在1965年发表的《集体行动的逻辑：公共利益和团体理论》中提出了"搭便车"理论，其中心论点是：公共物品一旦存在，每个社会成员不管是否对这一物品的产生做过贡献，都能享受这一物品所带来的好处。公共物品的这一特性决定了，当一群理性的人聚在一起想为获取某一公共物品而奋斗时，其中的每一个人都可能让别人为了达到该目的而努力，而自己则坐享其成，这样一来，就会出现群体无作为的局面。布坎南在《自由、市场和国家》中也提到与之类似的一个现象：当某个人通过一笔资产获得税前投资收益10美元，将面对50%的边际税率。政府纳税5美元，纳税人余留5美元。新的免税投资得到收益6美元，现在这6美元全为纳税人所得。尽管纳税人增加了收益，可是国家净损失4美元。从全局的或总体的意义上讲，国家的经济效率比发现税收漏洞以前低了。随着越来越多的纳税人学会新的免税选择，经济效率将变得越来越低，直至达到某一点。

由于存在以下机制，奥尔森认为，"搭便车"困境会随着一个群体成员数量的增加而加剧。

当群体成员数量增加时，群体中的个体在获取公共物品后能从中取得的好处会减少；当群体成员数量增加时，群体中的个体在一个集体行动中能做出的相对贡献减少，从而导致自豪感、荣誉感、成就感降低；当群体成员数量增加时，群体内人与人之间进行直接监督的可能性会降低，也就是说，在大群体内一个人是否参加某一集体行动往往无人知道；当群体成员数量增加时，把该群体成员组织起来参加一场集体行动的成本会大大提高，也就是说，大群体需要付出更大的代价才能发起一场集体行动。因此，在一个大群体中，虽然每一个人都想获取一个公共物品，但每个人都不想因此而付出代价。

与之相应的还有"逃票乘车"理论，即集团的利益属于所有人，集团越大，成员的心理越会趋向于坐享其成，即不支付公共产品总成本中应分担的份额，而分享公共产品带来的收益。由于很多人都有不愿付费只愿享受的"逃票乘车"心理，公共产品不能由私人来提供，而必须由公共部门或政府来承担供给责任。这也是政府要通过税收强制人们为公共产品的生产做出贡献的理由。

资料来源：马飞.集体行动中的搭便车行为分析[J].北方经贸，2014(03):156.有删改

▶ **案例4-2　日本青年投票率低成社会问题**

据雅虎新闻网2021年10月24日报道，距离日本第49届众议院选举投票还有一周，而有关选举投票率的话题，再次受到舆论关注。有调查显示，在世界多国中，日本的选举投票率较低，越来越多的人特别是年轻人，对政治漠不关心。

根据国际民主和选举援助学会2020年发布的统计数据，在各国议会选举中，世界上投票率最高的国家为越南，投票率高达99.26%。在发达国家中，澳大利亚的投票率最高，为91.89%。不过，澳大利亚投票率高的"秘诀"是，国民有投票义务，若不参与投票，将被罚款。日本排139位，投票率为53.68%，属于低投票率国家。

报道称，在日本，年轻人的投票热情下降已成为一个社会问题。在2017年的众议院选举中，20～29岁群体的投票率仅为33.85%，而当时整个日本的投票率为53.68%。与其他国家相比，日本年轻人的低投票率现象更为明显。日本内阁府2019年6月发布的《有关日本与其他国家年轻人意识的调查》结果显示，在日本与另外6个调查国家中，日本仅有43.5%的受访年轻人表示对政治"感兴趣"，均低于德国的70.6%、美国的64.9%、英国的58.9%、法国的57.5%、瑞典的57.1%，以及韩国的53.9%。

对于"未来是否希望成为国家或地区的领导者，并积极参与政策制定"这一问题，回答"是"的美国受访年轻人比例为69.6%，英国为61.6%，韩国为60.0%，法国为56.5%，德国为54.5%，瑞典为47.0%，而日本垫底，仅为33.3%。

报道分析认为，日本年轻人对政治选举较为漠然的态度源自"一种对国家未来发展缺乏憧憬的低迷情绪"。在有关"本国有什么值得骄傲"的提问中，仅7.3%的日本受访年轻人选择"将来有广阔发展前景"，远低于瑞典的31.4%和美国的24.1%。

在此次众议院选举中，每个政党都强调要增加普通民众收入。不少20多岁的日本人对此表示，对这些政党兑现承诺感到悲观和怀疑。也有年轻人表示，希望资深政治家言而有信，切实解决社会问题，提升年轻人对国家未来的期待。

资料来源：日本青年投票率低成社会问题[N].环球时报，2021-10-25(004).有删改

### 4.2.3　投票悖论与阿罗不可能定理

**1. 少数服从多数的失灵：投票悖论**

18世纪，法国思想家孔多塞提出了著名的"投票悖论"，认识到多数通过规则会导致方案循环的可能性。约一百年以后，C. L. 道奇森(1876)重新分析了这个问题，此后，邓肯·布莱克(1948)和肯尼思·阿罗也分析、研究了这个问题，直至今日，投票悖论一直是现代公共选择文献讨论的一个重点。

所谓投票悖论(voting paradox)，是指如果存在至少三个可由社会成员以任何方式自由排序的备选方案，就可能会出现循环的选择结果，即采用少数服从多数的投票规则，最终的选择结果可能不是唯一的，依赖于投票过程的次序安排，不同的投票次序会导致不同的集体选择结果。

在这里举个简单的例子。假设三个投票者甲、乙、丙针对A、B、C三个备选方案进行投

票，三个人的偏好排序如表4-2所示。

表4-2 投票者的个人偏好排序

| 选择顺序 | 投票者 | | |
| --- | --- | --- | --- |
| | 甲 | 乙 | 丙 |
| 第一选择 | A | B | C |
| 第二选择 | B | C | A |
| 第三选择 | C | A | B |

根据表4-2中的偏好排序和多数法则进行投票，我们可以得到这样三个有趣的结果。

(1) 如果只允许投票者甲、乙、丙分别投一票，结果就是一个方案一票，没有解，即没有结果。这表明投票者甲、乙、丙虽然各有各的偏好次序，但没有集体偏好次序，因为结果是三个投票者构成的社会认为，方案A、B、C都差不多，三个解都是可以的，没有差别。

(2) 如果我们进行两两投票，例如，先在A与B之间进行投票，发现A比B好；然后在B与C之间投票，发现B比C好；最后在C与A之间进行投票，发现C比A好。这就形成了一个循环，也就是说，投票者甲、乙、丙组成的社会不能从个人偏好中得出一个符合传递性原理的集体偏好次序。

(3) 我们进行另一种两两投票：先在A与B之间进行投票，结果是A优于B，取A；然后在A与C之间进行投票，结果是C优于A，取C。我们重新开始，先在B与C之间进行投票，选B；再在B与A之间进行投票，结果选A。最后我们再重新开始，在C与A之间进行投票，选C；再在C与B之间投票，结果就是C。这表明，在特定情况下，选择结果是不确定的，由于选择次序不同，任何方案均可能成为最后的结果，只要该方案在第一轮投票时不进入投票程序，而只在第二轮投票时才进入投票程序，它就会成为最后优胜方案。这就说明，投票结果并不取决于社会对方案的真正偏好，而是取决于社会投票的次序，次序决定结果，这显然不符合投票制度的初衷。

投票悖论表明，多数投票制度并不一定能够从个人偏好中推导出集体偏好。这时，为了使社会有集体偏好，只能人为地制造集体偏好，即使这一偏好并不是从个人偏好中推导出来的。

2. 少数服从多数原则的失灵：阿罗不可能定理

阿罗不可能定理是诺贝尔经济学奖得主阿罗于1972年在《社会选择与个人价值》一书中提出来的。在民主社会中，能否找到一种投票程序，它所产生的结果不受投票程序的影响，同时又尊重每一个人的偏好，能将所有个人的偏好转换为一种社会偏好，并作出前后一致的决策呢？阿罗证明了这是不可能做到的，这就是著名的阿罗不可能定理。也就是说，不可能存在一种能够把个人对N种备选方案的偏好次序转换成社会的偏好次序，并且能够准确表达社会全体成员的各种各样的个人偏好的社会选择机制，即阿罗不可能定理，或称"阿罗悖论"。

阿罗认为，要想通过个人偏好推导出社会偏好需要5个必备条件。

(1) 帕累托准则。如果一个社会中的每个人都认为X和Y一样好，即两者没有差别，但哪怕是有一人认为X比Y好，则社会必须认为X比Y好。当然，如果一个社会中所有的人都认为X比Y好，则社会也应该认为X比Y好。这一原则是非常重要的。假定一个人认为X比Y好，而其他所有人都认为X与Y没有差别,而社会也认为X与Y没有差别,这显然不利于社会福利的改善,并且也使得社会偏好没有包括认为X比Y好的个人偏好。它虽然符合少数服从多数的原则,但是否定了个人偏好的价值,社会福利也会遭受净损失。

(2) 个人理性原则。对于任何一组给定的个人偏好来说,社会选择规则必须能够产生一种社会秩序,这种社会秩序具有两个属性:①完全性,即对于任何两个不同的可供选择的社会状态X与Y,总有一个比另一个更理想或两者没有差别;②传递性,即对任何三个可供选择的社会状态X、Y、Z,如果某人认为X比Y好,Y比Z好,则他一定认为X比Z好。

(3) 非个人独裁原则。不存在这样的个人,使得不论社会全体成员的个人偏好如何,社会或集体的偏好总是同这个人的偏好一致。也就是说,任何人都不是其他个人偏好的规定者,自然也不是其他个人需求曲线的规定者。

(4) 定义域的非限制性假定。社会顺序必须按下列方式产生,即社会选择赖以产生的定义域必须包括所有可能的个人偏好顺序。这就是说,我们不能通过限制个人偏好顺序的定义域来产生某一个社会顺序。

(5) 有关选择方案的独立原则。假设X、Y是任何两个选择方案,如果每个人关于X、Y的相对偏好没有改变,那么不论他关于X、Y以外的其他选择方案的偏好是否发生了变化,社会关于X、Y的相对偏好也不应改变。该原则的含义是社会偏好顺序产生于个人偏好,社会偏好顺序的变化源于个人偏好次序的变化。如果对于给定的选择集合,个人偏好次序不变,不管其他偏好次序有什么变化,社会对给定选择集合的偏好次序也不会变。

以上5点界定了任何一种由个人偏好导出的社会或集体偏好,从而决定了社会偏好实现公共利益所必须满足的要求。这些条件是确保制度内部逻辑一致性的必要条件。这5个条件是以个人偏好顺序为基础的,所以,集体决策排除了个人之间对效用的比较。

阿罗研究的结论是:任何社会选择规则,要同时满足上述5个条件是不可能的。

## ▶延伸阅读4-5  阿玛蒂亚·森对阿罗不可能定理的发展

阿罗的不可能定理对社会选择理论的影响是深远的。他在其著作《社会选择和个人价值》中详细阐述了不可能定理。在此后的二十几年中,虽然不少学者试图努力解决阿罗定理中所提出的悖论问题,为不可能定理寻求一种求解的方法,然而进展不大。阿罗不可能定理对福利经济学和福利政策的影响应该说是消极的,其消极意义在于,如果人们无法找到一种理想的社会选择和社会决策的评价标准,那么社会选择,特别是社会福利政策,也就失去了价值评价基础。如果对不同的社会选择难以作出孰优孰劣的评价,那么包括社会福利政策在内的一切社会决策也就无法进行。不难理解,不可能定理所包含的政策含义也是非常明确的,如果我们无法对社会福利政策的优劣进行价值判断,我们就不要实行它,或者把它限制在最低程度。瑞典皇家科学院在评价不可能定理的影响时说,"它成为福利经济学在其后的20年研究中的一个不可逾越的障碍"(The Royal Swedish Academy of Social Sciences, 1998)。

直到20世纪60年代末和70年代初期,随着阿玛蒂亚·森一系列论文和论著的发表,社会选择理论研究才出现了突破性进展。如正文中所述,任何社会选择规则要同时满足5个条件是不可能的,民主体制下通行的多数人投票原则经常会违反条件(2)中的传递性条件。为了解决这个悖论，阿玛蒂亚·森在1996年发表的《多数决策的一个可能性定理》(也是他讨论社会决策的第一篇论文)中提出了一个解决办法。他认为，如果对个人偏好施加一种价值限制(value restriction)条件，那么阿罗悖论就可以得到解决。这里的价值限制的基本原理是这样的：存在三种社会选择状态时，如果所有个人都认为其中的一种状态不是最优的，或者其中的一种状态不是次优的，或者其中的一种状态不是最差的(Sen，1982，p115)，在这样一种价值限制下，阿玛蒂亚·森通过数学逻辑证明了依据多数人投票原则得到的社会选择结果具有传递性。阿玛蒂亚·森提出了另一个解决办法，也就是对传递性这一公理条件进行修改。如果将阿罗条件(2)中的完全传递性修改为准传递性(quasi-transitivity)，那么条件(2)将会与其他几个条件一致起来(Sen，1970，p76-77)。

阿玛蒂亚·森在发展阿罗不可能定理的过程中提出以下几点。

### 一、把判断加总和利益加总区别对待

阿罗定理主要探讨个人偏好加总问题。而阿罗的偏好是个很宽泛的概念，可能与个人切身利益关系不大或完全无关，也可能与个人利益息息相关。阿玛蒂亚·森把前者视为与个人判断相关的偏好，而把后者视为与个人利益相关的偏好。相应地，加总问题分别是判断加总和利益加总，加总的结果分别为社会决策(主要指委员会决策)和社会福利判断。对社会决策而言，只寻求一种公平的方式处理个人判断偏好，以达到某种社会可接受的选择即可，而不管这种选择从社会福利的角度来看是不是最优的。对于社会福利判断而言，则必须关注个人的各方面福利信息，寻求最优的社会福利判断。基于上述思想，阿玛蒂亚·森把阿罗定理试图解决的问题，区分为寻求合理的社会决策机制和最优社会福利判断两个方面，分别进行探讨，并取得了突破性的进展。

### 二、强调社会选择的规范性

为解决投票悖论问题，阿玛蒂亚·森提出了价值限制定理，从而把那些不符合价值限制要求的个人偏好排除在外，而这种价值限制要求应是某种社会价值判断要求的一种体现。在寻求最优的社会福利判断方面，阿玛蒂亚·森引入了效用或福利的人际比较，要么不同个人对一组社会状态的偏好强度可以比较，要么不同个人在同一社会状态下的福利水平可以比较。不论哪种情况的人际比较，都是以一定的社会价值判断为基础的。从这个意义上看，阿玛蒂亚·森是在增加社会选择的规范性内涵的基础上，对阿罗不可能定理进行发展的。

### 三、在效率与平等两者中，偏重平等

阿玛蒂亚·森认为，帕累托标准的一个重要缺陷是忽视了收入分配问题，也忽视了人与人之间的不平等问题，而要讨论平等或不平等这一问题，首要的前提就是人与人之间的福利是可以进行比较的。因此，阿玛蒂亚·森提出了人际效用或福利可以比较的各种假定。阿玛蒂亚·森偏重平等的思想还突出表现在他推崇罗尔斯的最大最小化规则，显然，如果苛守这一规则，较小幅度提高低收入者的福利，可能会给其他人造成更大的福利损失，从而导致一定的效率损失。

资料来源：刘欣欣.阿玛蒂亚·森对阿罗不可能定理的发展[J].经济研究导刊，2010(32)：17-19.有删改

### 4.2.4 中间投票者定理

中间投票者又称中位选民,是指对某一方案的需求选择持中间立场,或者说其偏好处于两种投票者对立偏好的中间状态的投票者。他把投票者(人数为偶数)分为兴趣或意愿相反的两组,他的偏好选择刚好落在所有选民偏好选择序列的中间。争取中位投票者是解决投票循环的又一方法。

在图4-4中,假定共有7个投票者要针对保安雇佣量的提案进行投票。这些投票者的边际效益曲线分别为$MB_A$、$MB_B$、$MB_C$、$MB_M$、$MB_F$、$MB_G$和$MB_H$。保安的边际成本(平均成本,横轴)曲线为$MC=AC$。每个投票者为雇佣每一个保安所需缴纳的税收为$t$(纵轴)。保安所提供的安全保障具有纯公共产品或服务的所有特性,并随保安雇佣量的多少而增减。再假设每一个保安的雇佣费用为$AC=MC=350$元,每个投票者为雇佣每一个保安所承担的税收份额为$t=50$元($AC/n=350/7=50$元)。

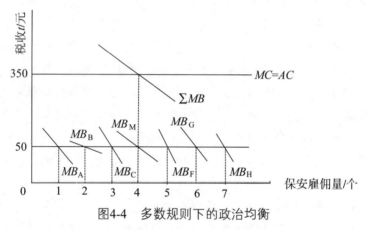

图4-4 多数规则下的政治均衡

在图4-4中,边际收益曲线为$MB_M$的投票者,就是中间投票者。可以看出,所有投票者的偏好结果区间为1~7个保安。投票者M的最偏好的结果为4个保安,恰好处于1~7这一区间的中间位置。有3个投票者的最偏好的结果少于4个保安,另有3个投票者最偏好的结果多于4个保安,因此M即为中间投票者。

进一步看,如果所有投票者对公共产品或服务的边际效益曲线均呈向右下方倾斜(如图4-4所示),那么,中间投票者最偏好的公共产品或服务的供给,就是多数规则下的政治均衡。在公共经济学中,它被称为"中间投票者定理"(median voter rule)。

假定有5个投票者A、B、C、D和E,他们正在为举办一场周末聚餐而进行决策。其中,每个人对这场聚餐的支出规模偏好都是单峰的。表4-3给出了每个人最偏好的水平。由于偏好是单峰的,当支出水平越接近一个人偏好的峰顶,投票者便会偏好该支出水平。支出0~5元,所有的投票者都偏好于不花任何钱;支出5~100元,B、C、D与E同意支付;支出100~150元,C、D与E同意支付。但是,任何超过150元的支出方案,都会遭到至少三人的抵制,即A、B与C。这样,多数投票者会选择150元的支出水平。这恰好是C偏好的数目,那么C就是中间投票者。这一选举结果反映了中间投票者的偏好。

表4-3 聚餐支出的偏好水平

| 投票者 | 支出/元 |
|---|---|
| A | 5 |
| B | 100 |
| C | 150 |
| D | 160 |
| E | 700 |

可见，当所有偏好都是单峰时，多数投票会产生一个稳定的结果，所选出的结果能反映中间投票者的偏好。但是，若所有投票者的偏好都非单峰型，则可能会出现投票悖论。

如果所有投票者的偏好都是单峰的，那么不会出现投票悖论，而一定能产生一个均衡的投票结果，并且这个结果就是中间投票者偏好的结果。如表4-4所示，孙三就是中间投票者。如果我们采取简单多数投票规则，在这种情况下，应该是孙三的800元方案获胜。因为任何低于800元的方案，都至少会获得包括孙三、钱三、周五在内的三个或三个以上的人支持；而任何高于800元的方案，都会遭到包括孙三、钱二和赵大在内的三个或三个以上的人反对，所以800元方案将胜出。

表4-4 中间投票者的偏好

| 投票者 | 偏好的最高公共支出水平/元 |
|---|---|
| 赵大 | 200 |
| 钱二 | 400 |
| 孙三 | 800 |
| 李四 | 1200 |
| 周五 | 1600 |

中间投票者定理是由A. 唐斯(A. Downs)在他1957年出版的《民主的经济理论》中提出的。唐斯指出，如果在一个多数决策模型中，个人偏好都是单峰的，则反映中间投票者意愿的那种政策会最终获胜，因为选择该政策会使一个团体的福利损失最小；或者说在多数裁定原则下，假定投票者的偏好是单峰的，则选择结果是由中间投票者的偏好决定的。简言之，中间投票者最偏好的公共产品的供给量就是简单多数规则下的政治均衡状态，即所谓的中间投票者定理。中间投票者定理表明，任何一个政党或政治家，要想获得极大量的选票，必须使自己的竞选方案与纲领符合中间投票者的意愿；反过来，任何政党或政治家，如果要赢得选举，必须保持中庸。此外，一个社会里中产阶级越多，那么整个社会政治就越稳定，社会经济生活也就越有条件理性化，而不是走向极端。因此，中产阶级的存在与现代法治民主政治的稳定有着非常密切的关系。

中间投票者定理成立的原因在于，在比较任何两个方案的时候，每个投票者都会选择最接近自己最优偏好的方案。如果把中间方案与公共产品数量高于它的方案放在一起比较，则中间投票者和希望少消费公共产品的一半投票者会支持中间方案，从而使中间方案得到通过；如果把中间方案与公共产品数量低于它的方案放在一起比较，则中间投票者和希望多消费公共产品的一半投票者会支持中间方案，再次使中间方案得到通过。偏离中间投票者方案的任何方案，都不能获得过半数支持，所以中间投票者的偏好总能够获得过半数票。

中间投票者定理也能很好地解释为什么有些公共产品总是存在过度供给的问题。这是因为中间投票者的收入并不总是等于平均收入。如表4-5所示，某个由三个人组成的社区的总收入为30 000元，小区实行比例税率，税率为10%。现在有一项3000元的公共支出。假设每个人从公共支出中的获益是平均分配的，即各得总收益的1/3，那么我们会发现，张三和李四的公共项目净收益均大于零，而且由于李四增加支出的边际成本小于其从公共项目中获取的边际收益，他会倾向于更高的支出水平，从而造成公共支出的过度扩张。

表4-5  公共项目过度支出

| 投票者 | 收入/元 | 税收(比例税率10%) | 公共项目收益/元 |
| --- | --- | --- | --- |
| 张三 | 4000 | 6000 | 20 000 |
| 李四 | 400 | 600 | 2000 |
| 王五 | 1000 | 1000 | 1000 |

中间投票者定理在公共选择理论中具有重要的意义。在直接民主制度下采用的是多数票制，如果每一位投票者都直接投票，中间投票者的决定作用是明显的。在代议制民主制度下，中间投票者定理在两党竞争的模式中同样起重要作用。在两党竞争的条件下，当投票者只是需要就一个问题表明偏好时，中间投票者偏好的方案将获胜。中间投票者定理的结果是两党都力图使自己的政策向中间投票者的偏好靠拢，以求获得更多的选票。

## 4.3  公共选择中的政治行为分析

### 4.3.1  投票者的行为分析

**1. 投票者的内涵**

一般而言，选民就是投票者。投票者是否参加投票，主要取决于两个方面的因素：一是其参加投票的效益和成本；二是其投票对公共选择产生影响的可能性。参加投票的效益来自投票者从行使公民权利中所获得的满足和利益。参加投票的成本，是指为投票所花费的时间和精力。只有在参加投票有净收益($MB-MC \geqslant 0$)的情况下，投票者才会乐于参加投票。美国学者唐斯给出了投票者的投票行为函数模型

$$R=BP-C+D \tag{4-1}$$

式中：$R$ 表示投票者行动(投票、搜集信息)；$B$ 表示投票者行动的潜在收益；$P$ 表示投票者进行该项行动时产生收益的概率，$BP$ 表示投票者参与投票的收益期望；$C$ 表示投票者的行动成本，如收集投票所需信息花费的成本、参与投票所需花费的时间成本、赶往投票地点所需的交通费用等；$D$ 表示作为投票者行动补充的私人收益，主要是投票和收集信息活动产生的额外收益，例如，与人接触、沟通的愉悦或参与重大决策时的成就感等其他心理收益等。显然，如果$R=0$，则表示投票者是否参与投票对其收益的影响为零，投票者是否参与投票对其本人来说无关紧要；如果$R>0$，则表示投票者将参与投票。

选民首先是"经济人"，关心个人利益，他是理性的，并且是效用最大化的追逐者。每一个人在选择过程中都以追求个人的经济利益为动机，总是倾向于选择能给自己带来最大收益的

一项,因而会依据自己的偏好,采用最有利于自己的方式开展活动。"经济人"有两个基本特点:自利和理性。人的自利性表现为,个人的行为只受个人利益的驱使,其目的是追求个人效用的最大化,或是以尽量少的投入换取尽量多的产出,或是以尽量少的花费获得尽量多的效用,直到遇到抑制为止。人的理性表现为,他们在行动时必然进行成本—收益分析,在经济活动中既注重收益,也关注成本,最终或是取得最大收益,或是把所支付的成本降到最低。

2. 投票者的行为特点

投票者有如下几个行为特点。

1) 投票者对选民利益的维护程度不确定

在存在委托—代理关系的情况下,当代理人(投票者)和委托人(选民)的目标发生冲突的时候,投票者还会在多高程度上代表选民的利益,这一点值得注意。投票者有可能会优先选择对自己有利的方案,投票者在选举前的承诺和选举后的兑现可能会不一致。

2) 投票者的行为既理性又无知

理性是指投票者作为经济人会对收益超过成本的方案投赞成票,否则会投反对票或弃权。无知是指由于信息的不完备,投票者有可能作出有违自身利益最大化的选择。唐斯在《民主的经济理论》中建立了"理性无知"模型,对这种情况进行了分析。唐斯认为,对于投票者而言,投谁的票取决于自己所掌握的有关候选人的信息。至于是否收集信息、是否投票,就取决于选民预期从这些活动中能够获取的收益与需要付出的代价。若收益大于成本,那就收集信息、投票,反之则不参与这类政治活动。代价包括收集信息、投票所耗费的时间与精力。预期收益主要是指自己最支持的政党或候选人与其他政党或候选人带给自己的净收益的差别,即对政党差别的估价。此外,还包括参与政治活动时附带的好处。在对上述损益进行权衡之后,投票者的理性行为势必导致"无知"的结果,投票者将不去收集信息,继续保持对候选人的无知,唐斯称这种现象为"理性无知"。投票者将从候选人与大众传播媒介那里获取免费信息,但这种信息的真实性在一定程度上可能存在问题。

3) 投票者存在"少付多得"心理

公共产品消费的特征和成本分担的方式会使选民产生"少付多得"的心理,从而影响投票者的行为。例如,在公共收入政策方面,选民希望少纳税;但在公共支出政策方面,选民又希望政府能够提供更多的公共产品项目或服务。这样,在公共决策中,就把公共收入政策和公共支出政策分割成两个相互对立的投票过程。这样做的结果是使公共部门的支出规模总体上呈不断扩大的趋势。

## 4.3.2 政治家的行为分析

在投票过程中,在有关政府的作用和其他问题上意见一致或相似的人们,往往会组合成一个势力集团,形成政党。这些政治家不仅会对交付投票者表决的提案的形成施加影响,而且当有关提案的信息相对稀缺时,他们的政治行为通常会在一定程度上左右最终达成的政治均衡。

对于纯粹的政治家而言,他们类同企业家:政治家争取选票正如企业家追求利润;政治家制定政策、进行立法,正如企业家生产产品;政治家不是为了政策本身而制定政策,也正如企业家不是为了产品本身而生产产品。

政治家主要提供公共产品，也偶尔提供私人产品。政治家制定一项惠及部分人的特殊法案，对于这部分人而言该法案是公共产品；对于整个社会而言，该法案却是私人产品，如农产品支持价格政策便是如此。一项立法的具体影响面越小则越是私人产品。同时，政治家也可能直接介入纯粹的私人产品生产领域，例如邮政服务。

布雷顿(Breton，1974)提出了一个被选出的政治家的效用函数公式，这个函数的变量包括再次当选(或当选)的概率、个人的金钱收入、个人的权势、自己的形象、个人的理想追求、个人对公共产品的看法以及政治家特有的其他东西。布雷顿模型的公式为

$$U_p=U_p(\pi, am) \tag{4-2}$$

式中：$U_p$表示被选出的政治家的效用；$\pi$表示当选和再次当选的主观概率；am表示布雷顿提到的其他变量。

想当政治家的人和一般投票者一样，都是效用最大化者。布雷顿模型与很多行为类型有一致性，这些行为包括最大化合法和非法财富，因政治竞争失败而成为献祭的羔羊等。要想获得当任政治家带来的收益，首先要保证其能够当选。大多数被选出来的政治家，往往充分利用中间投票者定理，而不走极端，因为任何一个极端都会降低当选的概率。另外，想当政治家的人往往会选择依托于政党。

## ▶ 案例4-3　美国总统选举中的选民压制现象

美国总统选举采用的是包含两个阶段的间接选举制，首先由各州推举(electors)，之后再由选举人团 (elector college)选出总统。各州选举人名额是预先确定好的，等于各州在国会两院所占席位数。以州为单位，选民投票领先的总统候选人，获得该州全部选举人票(缅因和内布拉斯加例外)，即通常所说的"赢者通吃"。汇总各州选举人票，获得半数以上选举人票的候选人，当选为美国总统。若无人获得半数以上选举人票，则国会众议院受权选出总统。此即美国选举人团制度的基本内容。由于选举人团制度使然，美国大选并不涉及联邦和选民的直接联系。两者始终存在一股居间力量，那就是选举人这一州级选举单位。制度设计的初衷是把各州凝聚在一起，让各州自治权益得到充分保障。然而，当各州以自治名义，制定选举规则并组织选举活动时，州权就会成为寻租工具。地方势力和利益集团的耦合，让它们有能力和愿望左右关键人群、关键选区、关键州的选择，进而影响选举结果。这就让选举政治发生了全面异化，从而让总统选举有悖于选民和地域的双重代表性原则，导致选民对选举结果的怀疑和不满愈发普遍。

时至今日，人们越来越不愿意容忍多数人意见被忽视的情形。例如，在2000年和2016年大选中，小布什和特朗普获得的普选票都低于对手，但他们都获得多数选举人票，进而在大选中胜出。这种局面下产生的胜者被称为"少数票总统"或"错判的赢家"，其政治合法性经常受到质疑。纵观美国选举史，曾经多次发生过选民支持率低于对手却最终当选总统的情况，为什么多数选民支持的候选人有时无法当选？且不论这种结果公正与否，也不论它是否反映制宪者选出最佳执政官的本意，这种状况的发生确实引发或加剧了选民对选举规则的怀疑。

与此同时，人们越来越不愿意看到由局部因素来决定全局的状况。存在这一种情况，即各

候选人的得票数非常接近,以至于极个别地方的细微出入就能影响全国选举结果。例如,1860年,"倘若纽约州支持林肯的选民中,有25 000人转向道格拉斯,林肯就不可能在选举人团中获得多数票"。1916年,这个差距变得更小,两千多票就能让威尔逊错失连任。类似的情况曾出现过7次。多则数万票,少则数千票,即可改变整个选举结果。这种细微的差距使得统计数据上的一点出入就能造成选举结果反转,有变相鼓励各种幕后交易的嫌疑。

在上述两种备受关注的情况中,近年来,第二类情况发生得更频繁,而且引发了巨大争议。2020年大选期间,特朗普致电佐治亚州州务卿拉芬斯佩格,要求后者找到一些选票,以便推翻拜登赢下该州的结果。特朗普的做法并不是孤例,类似做法也不局限在共和党一方。实际上,其他候选人、其他政党也在做同样的事,有些甚至更加过火。他们都寄希望于对自己有利的地方立法,在个别重点州获得选举胜利,进而奠定实现全国性胜利的基础。通过立法手段获得选举优势,就成为两党的共同追求。2020年大选刚落幕,美国两党就在选举立法方面开始了攻防。共和党阵营希望通过地方性立法,全面防止选举舞弊。佐治亚州在其共和党州长的带领下,于2021年3月底通过了"反民主党"的新选举法。民主党阵营则针锋相对,在国会众议院做出立法回应。另外,拜登政府在其《过渡时期国家安全战略》中指出,美国国内的民主进程受到前所未有的破坏。为了确保民主进程的通畅,必须打击"选票压制和制度性剥夺选举权"。在国家安全战略文件中列入选民权利问题,标志着美国的选举政治会进入一个全新的博弈阶段。

资料来源:王玮. 美国选举制度变迁与选民议题演进[J]. 美国问题研究,2021(02):196-219,227.

### 4.3.3 政府官员的行为分析

政府官员(官僚)是公共决策的执行者,公共产品的生产者、提供者和维护者。"官僚"不是一个贬义词,而是中性词,它仅仅表明由众多同僚所构成的官员群体而已。

投票者选出政治家,再由政治家通过立法来开展政治活动,但法律制定的规定往往是比较含糊的。具体计划的实施,需要通过官僚。在西方社会中,官僚是维持公共部门稳定运转的重要力量。而且,他们主要是技术官僚,拥有特别的专业技术(技能)。从这个角度来看,他们与一般的职业人士,如会计师、律师、工程师等,没有太大差异,差别仅在于各自服务的部门不同。在西方社会,官僚已成为一个相当稳定的阶层。

1. 政府官员的行为特点

政府部门及其官员的行为,对公共产品或服务的供给及其效率状况会产生重大影响。可以用追求公共机构权力的极大化来解释政府部门及其官员的行为。官僚机构提供公共产品的行为与市场环境下的企业提供私人产品的行为存在很大差别,具体体现在以下几点。

(1) 相对独立性。官僚实行任命制,他们通常只对任命他们的政府机关和政治家负责,不直接对选民负责,因而并不受选民制约。选民只能通过社会舆论,通过组成一定的利益集团或通过对政党和政府施加影响来影响官僚,所以选民对官僚的制约实际只是一种软约束,作用的过程也相对比较长,官僚的行为具有相对的独立性。

(2) 相对稳定性。官僚机构的成员构成一般比较稳定,机构内部有一套严格的等级制度和晋升规则。私营企业一般有利润这一硬性指标,而官僚机构部门则因其产出都是非营利性的而不能使用这个指标,因此机构的稳定性牺牲了效率。

(3) 特殊性。政治家的政策主张要转变为规章制度,需要通过官僚的一系列活动才能实施,例如起草政策法案,负责审议和选择议案时收集、分析和提供各种必要的信息等,所以他们与社会各界的关系十分密切,官僚提供的信息情况直接影响政治家的决策。

(4) 缺乏竞争性。在公共产品提供中,不存在同类供应者之间的激烈竞争,公共产品提供的规模、种类和水平由官僚机构决定。不同的政府机构之间具有较大的独立性,法律也禁止官僚机构间相互插手事务。

(5) 非利润化。官僚行为不是企业行为,并不严格考虑成本—收益的关系。官僚行为主要是保证公共产品的供给,而不是为政府取得利润,要求按照公共决策的一系列规定循规蹈矩地完成既定程序,不是由个人来决定工作目标。官僚的角色决定了担任某一职位的个人的目标。官僚的收入由税收来支付,并不取决于公共产品的供给量。

(6) 经济人假设同样适用于官僚。官僚的行为动机也是利益最大化。这种利益最大化与市场行为有所不同,它不是以营利为目的,而是通过追求公共权力的极大化来实现利益最大化的目标。公共权力的大小与其所控制的社会资源的数量及政府的预算规模成正比,因此追求公共权力的极大化必然会带来政府预算规模的极大化。

**2. 官员体制的弊端及其改革**

公共选择理论认为,政府官员的经济人性质不仅损害了代议制民主的基石,同时导致了现代政府所固有的许多弊端,使现代官员体制已经无法完成其所担负的有效提供公共产品的使命。官员体制的弊端表现在以下几方面。

其一,官员过于追求个人利益最大化,导致官员体制存在较严重的$X$低效率[①],不能有效地为公众提供公共产品和服务;其二,官员追求预算最大化必然导致政府规模扩大,而官方机构过度扩张会使政府支出越来越多,从而使社会资源被低效率配置;其三,如果官员与政府机构形成了对公共产品生产的双边垄断关系,则必然导致公共产品生产的低效率;其四,作为追求个人利益最大化的经济人,官员享有更多闲暇、更多津贴和更多公费旅游的倾向,这种倾向会导致公共资源的损失和滥用;其五,官员追求个人利益最大化的动机往往会被利益集团利用,成为利益集团谋求私利的工具。

因此,为了避免政府决策中官员在政治市场上追求自身利益最大化可能暴露的种种弊端,改革官员体制是必要的,可以从以下几方面着手:一是建立和强化税收与预算约束机制,遏制公共产品的过量生产和浪费现象;二是引入竞争制度,打破官方机构与议会之间双边垄断的委托—代理关系,将政府的某些活动外包出去,进行社会化、市场化运作;三是将成本—收益分析引入政府工作的绩效评估,改进官方机构的内在运行机制和组织形式,从而提高公共产品的质量,降低公共产品的成本;四是在用人制度方面,在行政领导层中建立能够发挥个人积极性的制度,并强化政府部门员工的竞争意识;五是加强官方机构的责任感,对其进行有效监督,优化对官方机构的外部控制。

---

① $X$低效率,由哈维·莱宾斯坦于1966年提出,它是指一种组织或动机的低效率。其中,$X$代表造成非配置(低)效率的一切因素。

## 延伸阅读4-6　官僚制的几个研究视角

官僚制由马克斯·韦伯首提，而后每一种试图对官僚制做出修正的研究，都站在不同学科立场上赋予官僚制不同的意义，继而成为修正官僚制的新视角。其中，公共选择理论视角下研究的官僚制相较于其他学科，具有其独特性，值得关注。

### 一、马克斯·韦伯的理性官僚制

马克斯·韦伯的理性官僚制产生于一种独特的社会背景。当时的资本主义生产方式带来了组织规模的迅速发展，人们只关注市场竞争的情况也随之发生了变化，政府不再是处理社会问题的配角，加之自然科学的迅猛发展，在全社会范围内催生出理性科学精神，组织内部的科学运行随之得到一些研究者的重视。同时，社会依托宗教神学和道德来约束被统治者，这从组织发展的角度来讲，明显存在人与人之间不平等的缺陷。因而，追寻科学的组织形式成为学者的目标。

基于对整个资本主义社会的考察分析，马克斯·韦伯将科学的组织理念转换为以效率为中心的官僚制内核，并且将理性与专业化相结合，形成专业化分工。法定规则、等级制以及非人格化三个组织特性最终要促成组织效率的最大化。

虽然马克斯·韦伯构建的理性官僚制理论产生于政治与行政高度统一的大背景下，面临行政受到极大阻碍且弊病不断等现实问题多发的时期，但理性主义成为韦伯官僚制的内核，以功绩和效能为中心的行政组织体系建立起来，许多社会学家逐渐接受了韦伯对官僚制的定义。正是高效率的官僚制行政管理理论，解释了现代社会中官僚体制的广泛运用，他定义的官僚组织特征也是实现行政组织效率不可或缺的条件。韦伯坚持的官僚制的优越性是通过历史经验总结而来的，他的"效率"不存在单独评价的指标，在评价效率高低时要依据执行质量的好坏，从范围扩张和运作成本效益来看，这种行政管理体制在地方经济的发展中不会与自然节奏和狭隘的精英政治相适应。它的合理性还在于，对组织的控制基于大型组织系统的分工形式，不仅可将复杂问题具体到每一位官员身上，还可以借此反过来形成权力的中心对他们形成控制。这些构成要素大大扩张了其运作范围，提高了运作的精确性和成本效益。此外，非人格性保证在选择人员时不受个人偏爱所影响，避免了人际关系的不可预期性。

### 二、安东尼·唐斯基于人性的官僚制研究

唐斯对官僚制的研究侧重官僚机构内部，内含官僚行为和官僚组织行为的相互作用。他在形成基本理论时，以三个基本假设为前提，相继提出了一系列命题和"定律"。这三个基本假设为：官僚组织的官员试图理性地实现他们的目标；每个官员在相当程度上为个人利益所驱动，即使当他纯粹执行其正式职责时；每个组织的社会职能都强烈地影响它的内部结构，反之亦然。

### 三、戈登·塔洛克政治关系中的官僚体制

戈登·塔洛克将官僚制的研究视角投向官僚政治，侧重官僚机构内部的政治关系，透析了激发官员行为的动机，研究组织本身的局限性对政策选择所施加的限制。在对官僚行为分析的基础上，进一步讨论改进官僚结构效率的前景。他所研究的"政治"是一种由上下级关系在其中占主导地位或居于主要关系的社会情形，主要观察的是社会关系和社会情形。

### 四、威廉姆·A. 尼斯坎南的官僚经济理论

尼斯坎南的研究侧重官僚机构与外部环境的相互作用，核心在于效率问题，建立起官僚经济模型，因而较多关注官僚机构的垄断性和官僚的自主性。

公共选择理论的优势在于以经济学方法研究政治决策过程，其研究范式中的经济人假设、个人主义方法论为官僚制的研究奠定坚实的基础，唐斯、塔洛克、尼斯坎南三位学者正是基于自利个人的假定，揭示官僚行为和官僚机构行为的弊端，而这些弊端又为我们解决现实政治问题提供了思路，突显政府制度改革的必要性，所以三位学者的研究成果在如今仍具有巨大的理论价值。

资料来源：荆慧敏. 公共选择理论视角下的官僚制研究[D]. 辽宁师范大学，2021. 有删改

## ▶案例4-4　重大突发公共事件中基层官员避责行为

在重大突发公共事件发生后，地方和基层官员采取推诿拖延、隐瞒数据信息等方式避责是普遍现象。在中国古代官僚体制中，同样存在推诿拖延、信息瞒报等问题。18世纪，清朝政府开展饥荒救灾时，乡地和保甲长等基层官员虚报、错报受灾户信息亦非罕见。在统计流民数量时，各地和部门提供的数字出入不一致情况较为普遍，中央巡查官员倾向于夸大灾情程度，而负责"五城"的官员则尽量压低数据以突显业绩。2003年"非典"爆发时期，一些卫生行政部门和地方政府官员试图隐瞒疫情信息以规避责任，由此而被处罚。据不完全统计，期间至少有120名官员受到撤职等不同程度的处分。时任卫生部部长张文康和北京市市长孟学农均被撤职。近年来，我国各级政府部门在政务数据信息公开、回应民众关切等方面已经取得了巨大进步。政务数据信息透明度得到大幅度提高，并赢得国际社会的广泛赞誉。不过，在一些重大突发公共事件中，仍然出现了一些基层官员推诿拖延和瞒报、漏报、缓报数据信息等避责行为。那么，在明知瞒报、漏报数据信息会受到问责处罚甚至法律惩罚的情况下，基层官员为何仍然有隐瞒数据信息的动力？尤其是在国家屡屡强调信息透明公开、政务数据信息通报制度不断完善且互联网等社会监督手段日益健全的情况下，为何仍然会出现基层官员避责行为？

出现基层官员瞒报等避责行为，有多方面原因。有学者认为，我国行政体制中的数字生产、考核机制与基层治理实践的内在矛盾与冲突，是导致重大突发公共事件发生后基层官员采取推诿拖延、隐瞒数据信息等避责行为的重要原因。

与传统社会相比，现代社会的突出特征，在于其理性化、可计算性。凌驾于现代社会之上的，是一套理性化的官僚制。韦伯指出，官僚制具有专业、精确、高效的特征。如他所言："官僚体制的组织广泛传播的决定性的原因，向来是由于它的纯技术优势超过任何其他形式……能达到最佳效果……更加精确……更加便宜。"现代官僚制的理性化，以追求治理效率为导向。理性化、效率导向的原则也是工业社会、资本主义生产的突出特征。

改革开放后，国家在经济社会发展各领域引入目标管理责任制。上级政府对下级政府官员实行岗位责任制。一方面，上级政府逐级下放财政权和人事权；另一方面，上级政府保留制定和分配任务指标的权力。有学者称之为压力型体制，即"一级政治组织(县、乡)为了实现赶超、完成上级下达的各项指标而采取的数量化的任务分解管理方式和物质化的评价体系"。这类似在行政体制中植入发包制的因素，形成介于行政科层制与市场发包模式之间的行政发包

制。在行政发包制中,上级将经济社会发展各项指标分解成一系列量化数据,将其发包给下级。下级作为承包方,必须在上级规定的时间内完成发包任务。

官僚制对信息有着极为迫切的需求。"及时可靠的信息有助于有效的公共政策应对,自由流动的信息提供了关于挑战和官僚表现的有效信息。"对于中国这样多层级、大规模的政府体制而言,信息传递意义重大。因此,重大突发公共事件发生后,政府必须建立一套关于应对重大突出公共事件应对的"数目字管理"体系。这套体系主要达到两个目标:一是快速传递数据信息,力求客观反映重大突发公共事件;二是督促激励地方官员积极应对危机,尽快将公共危机控制住。数字化的管理与考核技术尽管在一定程度上调动了基层官员的积极性,使基层行政具有理性化、规范化的外显特征,但"行政科层化的一个矛盾之处,即它越在责任目标上强调行政效率的提高,就越会在复杂的程序技术设计上付出高昂的成本;越是在考核指标和报表制度上力图规划得细密和周全,就越会显露技术监管的不充分性"。"在这个意义上,指标监管和考核结构的设计,只迷信量化的数字管理,却往往忽视了地方政府实际权力操作中的具体机制和隐性规则,从而使行政科层化在工具意义上背离了以人为本的治理理念。"数字生产体制的内在困境,给基层官员带来了较大压力,迫使其采用各种避责策略行为。

资料来源:倪星,王锐.从邀功到避责:基层政府官员行为变化研究[J].政治学研究,2017(2):42-51.有删改

### 4.3.4 利益集团的行为分析

集体的力量要远远大于分散的个人的力量。在西方社会中,各种利益集团被认为是进行政治决策的主要影响和制衡的力量,而政党和政治家不过是利益集团的代言人而已。通过代表一定利益集团的利益从而获得其支持,是进行政治决策的主要出发点。利益集团之间的相互制衡,则有效地降低了个别利益集团通过损害社会公众的利益而过度膨胀的可能性。因此,广泛的利益集团的出现,被认为是在西方社会中提高公众决策效率的重要前提。

1. 利益集团的内涵

所谓利益集团,是指由一些具有共同利益的人组成并能对政府决策施加影响的团体。它与政党的不同之处在于,利益集团的领导人并不执掌政治权力,但能对政府官员、投票者施加直接或间接影响,以谋求对集团有利的提案支持。利益集团活动的原则是追求集团利益最大化。在政治行为过程中,存在大量利益集团并活跃在各国的政治舞台上。例如,美国商会、美国全国制造商协会、北欧国家渔业协会、日本的经营者团体联合会、英国的律师联合会等,都是不可忽视的利益集团。

公共选择理论认为,利益集团中的个人也是经济人。即使利益集团的利益是公共的,个人必然也会考虑自身付出的成本和获得的收益的比例问题。利益集团的形成遵循特征相似原则,其形成的主要条件有要素收入来源、收入规模、行业或职业、地区、宗教文化、人种特征等。

2. 利益集团的类型

利益集团分为两种类型。

(1) 相容性利益集团。该类利益集团追求的利益目标是集团整体利益的扩大,同时集团中

的个人利益的获得不以损害集团内部其他人的利益为代价。

(2) 排他性利益集团。该类利益集团的收益总量是固定的，这时某个人利益的获得必然会影响集团内部其他人利益的获得。

### 3. 利益集团实施政治行动的途径

利益集团通过多种途径对政府决策施加影响，具体表现为：①用脚投票，将个人集中在区位相同的政治组织里实现帕累托最优；②用手投票，利用组织起来的选票集中对政府施加压力；③用钱投票，提供金钱和物质上的资助，比如在总统竞选中提供竞选资金或对政党日常活动提供帮助；④用嘴投票，在议会中开展游说活动。

由此可知，政府的最终决策取决于各个利益集团的力量对比。决策结果实际上是各利益集团相互妥协的产物。

### 4. 利益集团产生的必然性

广泛存在的利益集团是西方社会民主政治得以延续的重要前提。从公共选择理论的方法论出发研究利益集团的产生有其必然性。

(1) 可以降低信息成本。从选民的偏好表达的角度看，由于每一个选民在就某项备选方案进行投票之前，为了选择能够带来更高效用的方案，他试图对各项方案进行信息收集，以便比较。由于信息的多样性，每一个选民收集信息的成本是高昂的。如果组成利益集团，利益集团的成员可以分摊信息成本和交易成本。利益集团的这项功效吸引着成员。

(2) 可以增强其偏好显示的稳定性。从政府或者候选人的角度看，他们之所以在政治活动中为利益集团的活动留出空间，是因为利益集团的存在和发挥作用对他们同样有利。利益集团力图影响公共政策的一种方式就是让候选人意识到，通过表明其政纲中的某些立场，他们可以从这个利益集团中赢得潜在选票。尽管利益集团成员的偏好相对于分散的选民而言同样不可捉摸，但是，政治家总可以知道不同利益集团之间的偏好差异，而各利益集团又试图通过降低候选人对该利益集团成员如何投票的不确定性，来增加该利益集团全体成员的福利。

(3) 可以提高公共决策中的交易效率。从政治过程的角度看，既然政治过程可以解释为交易过程，在交易过程中缺乏必要的约束才给了利益集团生存的空间。与经济交易过程进行比较发现，"无论是受到保护还是依靠强制实施的私人所有权，以及包括有保证契约得以实施的程序的适当的法律和制度"[①]，这些是对经济行为的约束，由此保证了交易效率。而在政治交易中，尤其涉及公共产品的供给时，即使能够规定所有权，所有权也不会得到尊重，官员和机构可以以全体人民的名义来决定分配标准。因此，评价一种行为是否符合政治角色赋予行为者的权限是极端困难的，这种无约束状态刺激了利益集团通过自身活动获得更多的利益。

(4) 奥尔森的集体行动逻辑。奥尔森认为，集团中的个人也是经济人。既然是经济人，那么即使利益集团的利益是公共的，个人也必然会考虑他所付出的成本和他所获得的个人利益的比例问题。奥尔森认为，理性、寻求自身利益的个人不会采取行动来实现他们共同的或集团的利益。在解释利益集团为何确实存在并发挥力量这一问题时，奥尔森将其原因归结为小团体规模、不同个体利益的不对称、激励和制裁的作用。

---

① [美]詹姆斯·M. 布坎南. 自由、市场与国家[M]. 平新乔，等，译. 上海：上海三联书店，1993：127.

此外，利益集团之间的相互制衡还能有效防止个别集团通过损害公众利益而过度膨胀。

## ▶ 延伸阅读4-7　奥尔森集体行动的逻辑

自20世纪下半叶，由于凯恩斯主义经济学无法解决巨额财政赤字和通货膨胀问题，美国社会发展出一门新的经济学分支——公共选择理论，它以传统经济学理论并不关心的集体行动问题(或者说非市场决策问题)作为研究对象。阿罗的《社会选择与个人价值》、康芒斯的《集体行动经济学》、唐斯的《民主的经济理论》、布坎南与塔洛克的《同意的计算》等著作都在不同程度上探讨了这一问题并提出相关理论。在上述研究的基础上，经济学家奥尔森以全新的视角完整地提出了集体行动的逻辑，"打开了通向正式研究集体行动之门"。

奥尔森的集团理论建立在"理性人假设"基础上，他认为，除非用强制或者其他特殊手段，理性、寻求自身利益的个人不会主动自发地采取行动以实现集团利益。"理性是人类以推理行为实现目的的能力……理性的行为是理性地适应于追求行为者的某个目的的行为。"理性人在追求自身利益的过程中总会倾向使用有效方法获得最高效率，即在一定产出下投入最少或在一定投入下产出最多。基于这种个人理性的逻辑起点，集团成员不会"自愿"为集体利益增值而努力。

奥尔森的《集体行动的逻辑》一书，沿着个人理性→"搭便车"→集体行动失败→集体行动困境的逻辑进行论证，明确批评了历史上集团理论的观点，他认为，由于集体物品的非排他性、非竞争性和外部性，理性的集团成员更乐于坐享集体收益而试图避免承担责任，这种"搭便车"的行径最终导致集体行动的无效，集体行动的困境应运而生。所以，集体行动逻辑的理论内涵可以概括为：首先，集体行动的逻辑驳斥了自亚里士多德以来政治学家和社会学家认为具有共同利益的社会成员会自发地为集体利益采取行动的理论误区。由于每个集团中的成员一般来说都是自利的理性人，而非为集体利益而无私献身的"傻瓜"，他们会计算自己所付出的成本和收益之间的比例关系，使得集体物品的供给(其供给是集体利益实现的重要方面)并非传统集团理论想象得那样一帆风顺，而是充满了挫折和不确定性。奥尔森关注的问题是"集体行动的困境"，或者说是"集体行动的失灵"，他认为在多数情况下，"集体不行动"才符合人们的理性逻辑，才是一种普遍而自然的现象。其次，造成集体行动困境的原因是"搭便车"。在一个集团(奥尔森主要考察的是大集团)范围内，集体收益是公共的，即集团中每个成员无论其是否付出了成本都能平均且共同地分享收益，个人贡献对集团整体或集团成员影响甚微，成员之间并不相互依赖。因而基于对其他人会提供集体物品的预期，集团成员不会为实现共同利益而奋斗，最终促成了每个成员都想"搭便车"的结果。最后，要想解决个人利益与集体利益的矛盾与冲突，关键问题是摆脱集团成员"搭便车"行为的倾向。为了克服这个困境，奥尔森设计了一种动力机制——选择性激励(selective incentives)，这种新的制度安排将激发个人参与集体行动的欲望。选择性激励是驱使集体行动成功的核心机制，通过制度设计，让每个集团成员获得超出其支付成本的个人收益，集体行动的困境也就迎刃而解了。

资料来源：苟园.奥尔森集体行动的逻辑及其困境[J].未来与发展，2017，41(03)：89-91.

## 4.4 寻租与腐败

寻租理论产生于20世纪60年代的美国，它是现代经济学的一个重要分支。1967年，戈登·塔洛克第一次系统地讨论了寻租行为。而第一个用"寻租"(rent-seeking)这一术语来描述所探讨的这种活动的是美国经济学教授安妮·克鲁格(Anne Krueger)，她在1974年公开发表的《寻租的政治经济学》一文中深入研究了由于政府对外贸的管制而产生的对租金的争夺，并设计了数学模型对其进行计算和讨论。寻租的概念一经提出，便在经济学和政治学界广为使用。后来，这篇文章被经济学界视为寻租理论的一个里程碑，克鲁格也被视为寻租理论的鼻祖。

### 4.4.1 寻租与腐败的含义及分类

寻租及腐败是非市场缺陷或政府失灵的一个基本类型。在现代寻租理论中，用较低的贿赂成本获得较高的收益或超额利润的行为，就是寻租。一切利用行政权力大发横财，利用各种合法或非法手段(如游说、疏通、拉关系、走后门等)获得租金的行为，都可纳入寻租活动的范围。

1. 寻租的含义

从字面上理解，寻租就是获取租金的活动，但这并非塔洛克等人所说的公共选择理论意义上的寻租。投入资源获取租金并不一定是寻租，寻租是指"为获取人为制造的财富转移而采取的浪费资源活动"。在现代经济学的发展初期，租金是指由于生产要素(如土地)的自然属性导致的供给弹性不足而产生的超额收入。在寻租理论中，租金的意义发生了很大变化，它是指由政府干预导致的人为的稀缺而产生的差价收入。寻租和政府规制密切相关，政府的许可证发放和物价管制都是租金产生的重要来源。利益集团围绕政府设下的租金采取的竞争行为就是人们所说的寻租。政府设租、利益集团寻租已经成为民主政治过程中重要的社会现象。

所谓寻租活动，从广义上讲，是指人类社会中非生产性追求经济利益的活动，或者说是指那种维护既得的经济利益或是对既得利益进行再分配的非生产性活动；从狭义上讲，寻租活动即现代社会中常见的非生产性追求利益的行为，指利用行政法律手段阻碍生产要素在不同产业之间自由竞争以维护或攫取既得利益的行为。寻租活动有合法、非法之分。合法的活动如企业向政府争取优惠待遇，或者利用特殊政策维护本身的独家垄断地位；非法的活动如偷盗抢劫、行贿受贿、走私贩毒等。在现代社会更为常见的，也是更为高级的寻租方式则是利用行政法律手段来维护既得的经济利益，或是对既得利益进行再分配。这类行为往往涉及采用阻碍生产要素在不同产业之间自由流动、自由竞争的办法。例如，航空公司为了获得对特定航线的垄断权而游说政府；农场主为了阻止进口外国农产品而游说国会制定限制外国农产品输入的法律。

寻租赖以存在的前提，是政府权力对市场交易活动的介入。寻租活动与政府对市场的过度干预紧密相关，涉及两方面的行为主体：一是寻求政府特别优惠的市场经济主体；二是掌握分配政治资源和经济资源权力的政府官员。两者的共同作用使得社会资源向有"钱"的人和有"权"的人聚集，他们一起分享了经济租金。

## 专栏4-2 寻租理论的发展

寻租思想可追溯到古典经济学家亚当·斯密。亚当·斯密当时察觉到英国许多法令助长了某些经济集团追逐私利的行为,却未能着重说明人们在追逐垄断权时所浪费的未来可用于其他用途的资源。此后,萨伊发展了亚当·斯密的思想。他不仅对寻租的成本—收益进行了实证分析,而且对这种追求人为稀缺性权利的行为所造成的社会福利负效应作出了规范性的判断。

1967年,塔洛克在《关税、垄断和盗窃的福利成本》一文中初步探讨了有关寻租现象的问题。据说,塔洛克提出寻租理论是受到他在中国天津的经历的影响。1949年之前的天津有许多缺胳膊少腿的乞丐,塔洛克甚为奇怪,询问他人,此为何故,后得知这些人如不自残,则得不到他人可怜,讨不到钱,要不到饭。乞丐行为是浪费资源,寻租活动何尝不是如此?1947年,安妮·克鲁格的《寻租社会的政治经济学》一文首先明确使用了"寻租"一词,不仅向人们展示了竞相寻租的各种做法,而且提出了在国际贸易中受到数量限制从而带来租金的重要场合下,竞相寻租的简单模型。寻租理论是在这次探讨国际贸易保护主义政策形成原因的研究中被正式提出的。

此后,寻租理论获得长足发展,在此对公共选择学派的观点进行简单介绍。公共选择理论是近些年在西方经济学界逐渐形成的一个新的研究领域,它从经济学最根本的经济假设入手,把政治舞台看成一个经济学意义上的交易市场,从供给和需求两个方面进行分析。政治产品(即公共利益)的需求者是广大的选民或纳税者,供给方则是政府官员、政治家和党派。公共选择理论认为,与普通人相比,政治家并不具有更多的意识形态资本存量,即没有超人的利他意识。作为理性追求自身效用最大化的"经济人",他们在政治市场上按"个人利益第一、集体利益第二、国家利益排在最后"的原则办事。因此,政治家只要有机会就会以权谋私,以损害公众利益为代价牟取个人利益。

寻租研究是公共选择理论的一个重要组成部分。塔洛克曾阐明,他的寻租理论研究"主要讨论那种操纵民主政府以获取特权,并且这种特权对他人的损害大于收益的情况"。以塔洛克、布坎南为首的公共选择学派认为,租金是政府干预的结果,寻租基本上是通过政府活动进行的。因此,限制寻租的基本方式是限制政府。既然租金是由政府行政干预产生的,浪费资源的寻租活动源于行政管制,那么克服寻租行为最有效的办法自然是解除政府管制,也就是要在市场经济中把政府对市场的干预和行政管制限制在绝对必要的范围内。只要政府行动超出保护财产权、人身和个人权利、合同履行等之外,政治分配就在一定程度上支配经济行为,社会资源就不可避免被部分地用于追逐人为的租金这种非生产性(属再分配性)活动。

关于"寻租"一词的定义,即使在公共选择学派内部,也有所不同。布坎南强调寻租的制度含义,把寻租描述成"这样一种制度背景中的经济行为,在那里,追求满足私利的个人尽力使价值最大化的行为造成社会浪费而不是社会剩余";托利森侧重寻租行为的零产出特征,他认为,"定义寻租的最好办法是把它定义为花费稀缺资源追求纯粹转移的行为";塔洛克则把寻租定义为"利用资源通过政治过程获得特权从而构成对他人利益的损害大于租金获得者收益的行为"。但是他们一致强调,对于寻租理论,要重点研究特殊利益集团竞相通过政府来影响收入和财富分配,从而力图改变法定的权利所造成的资源浪费。

公共选择学派的寻租理论,特别是塔洛克的寻租理论具有特别的意义。"寻租概念似乎是经济研究某些领域的关键性树干。在这些领域中，这种堵塞的存在阻碍了它们的发展。寻租概念一旦被发现，便伴随相关思想在经济学中传播，随之而来的经济学研究将以惊人的速度呈现巨大的繁荣。""自寻租理论产生以来，寻租理论的基本概念逐渐被引入其他领域，它已经超越经济学，进入政治学、东方文化研究和社会学。"公共选择学派的寻租理论也存在一定的缺陷。虽然公共选择学派一直抓住了寻租以特权谋利的主要特征，但始终没有把它推广到民主政治制度之外，而仅局限于对民主政治中议员、选民、官僚、利益集团、总统和法院等的行为进行肤浅的描述性分析，缺乏深入的规范性分析。

资料来源：杨志勇，张馨.公共经济学[M].北京：清华大学出版社，2005：178-182.

2. 寻租的分类

1) 按"寻租"行为所属领域划分

按"寻租"行为所属领域，可将寻租分为经济寻租和政治寻租。

(1) 经济寻租指通过获得经济上的垄断特权而获得租金的寻租活动，由经济寻租而获得的租金为经济租金。政治寻租指通过获得政治上的垄断特权而获得租金的寻租活动，由政治寻租而获得的租金为政治租金。

(2) 政治寻租有两种典型形式：一是创租，指政治家或政府官员通过自己的权力设置来为私人或利益集团提供经济租金，从而使自己获得利益的行为；二是抽租，指政治家或政府官员通过自己的权力，威胁私人或利益集团将给他们带来成本损失，或通过政治敲诈的形式向私人或利益集团提出某种利益要求，进而获得利益的行为。

2) 按"寻租"行为的直接目的划分

(1) 为了获得垄断地位而进行的寻租。例如，争取政府对未管制的行业加以管制。

(2) 为维持已获得的垄断地位而进行的寻租。例如，让政府维持既定的许可证数量，防止他人对自己已获租金的侵蚀，因而这种寻租又称为"护租"。

(3) 为防止他人寻租有可能对自己造成损害而进行的寻租。例如，烟草行业想方设法防止政府在他人游说下对行业征税或增税，以维持高额税后利润。这实际上是一种"反寻租"，一般称为"避租"。

在市场经济条件下，较常见的寻租行为有4种：①政府定价；②政府的特许权；③政府的关税和进口配额；④政府订货。

3. 腐败的含义及分类

最广义地讲，腐败指道德败坏者通过运用手中的权力来获取私利的损人行为。从发生领域上看，腐败可分为公共部门腐败和私人部门腐败。许多私人部门的腐败现象为我们所熟知：私人卖主囤积居奇(控制一种紧俏商品的供给而不是使用价格机制实现市场出清)；寡头之间为牟取暴利而达成共谋；购买者为加塞或插队而贿赂卖主或销售代理商，或者他们利用私人关系走后门谋得一份工作等，均属于腐败之列。尽管私人部门的腐败俯拾皆是，而且危害不小，但人们更加关心和痛恨的还是公共部门的腐败。除非特别说明，本书讨论的腐败均为公共部门腐败。

一般认为，公共部门腐败是指公职人员为了牟取个人私利而违反公认准则(Huntington，1989)，或背叛公众信任(Dobel，1978)，或为个人利益出售政府财产或物品(Shleifer & Vishny，

1993),从而造成公共财富的损失。公共部门腐败的主要行为者是公职人员,其中既包括选举产生的政治家和由政治家任命的官员,又包括公共机构雇佣的公务员,如法官和官僚等。腐败的表现形式多种多样,主要有盗窃国库、贪污公款,或在提供政府产品或服务时收取贿赂、徇私舞弊以中饱私囊。

对腐败进行分类的标准很多。大体而言,腐败可以分为两大类,即体制型腐败(systematic corruption)和收买型腐败(venal corruption)。体制型腐败是指政治行为者通过有选择性地授予经济特权或限制准入来创造经济租金,并利用经济租金巩固、加强其对政府的控制。这类腐败的基本特征是政治行为者操纵经济系统,政治过程腐蚀经济生活。换言之,财富创造者的权利时刻受到来自政治权力的威胁,以致他们不得不投靠、依附于政治权势集团。收买型腐败的含义与之相反,它是指各种经济利益集团通过对政府官员行贿影响立法司法、政府管制和政策制定,并使各种管制和政策最终服务于自身的特殊利益。此类腐败的基本特征是经济行为者操纵政治,经济利益腐蚀政治(Wallis,2004)。经济学中讨论的"俘虏理论",即公职人员受贿而成为利益集团的俘虏,便属于典型的收买型腐败(Stigler,1971)。

腐败,也是指国家公务人员借职务之便获取个人利益,从而使国家政治生活发生病态变化的过程。在这个定义中,包含腐败的三个特征。

(1) 腐败的主体是公职人员,非公职人员为私利滥用职权不是腐败。在中国,国有企业、事业单位领导人所行使的权力往往也带有公权的性质,因此,他们往往也被归入公职人员类别加以研究。

(2) 腐败的公职人员在主观上为了自己的私利,丧失公益心。而对于那些出于公益而未能履行职责的行为就不能说是腐败,按现行的法律体系,这种情况大体上属于渎职。

(3) 故意不履行公职,这是对腐败的行为要求。

一般来说,只有同时满足这三个特征,才是人们通常所理解的腐败。这一定义既保证了腐败主体是公职人员,动机是牟取私利,手段是滥用职权、玩忽职守、不负责任、消极怠工等,这些要素共同构成腐败,又揭示了腐败的主观根源在于公益心的丧失。

### 4.4.2 寻租与腐败的关系

寻租不完全等同于腐败。腐败,首先,是政府腐败,即公职人员在运用权力过程中的不法行为;其次,是经济腐败,即用政治权力换取金钱;再次,是作风腐败,即用政治权利实现个人超常的享乐。腐败与寻租的共性在于,经济人运用公共权力主动创租与寻租。有人认为,行贿者才属于寻租者,受贿官员不属于寻租者,而是腐败者,但是实际上,受贿的官员既是创租者或给租者,又是寻租者。因为,贿金无非两种:一是事前支付(预付)的租金;二是事后支付的租金。行贿者绝不会支付超过所寻租金的贿金去购买租金,贿金最终必须从所寻租金中支出,即贿金源于租金。官员主动创租、给租的目的是分享租金,所以受贿官员不仅是受贿官员,也是寻租官员。换句话说,寻租实际上是政府官员与政府以外的利益主体之间的"双向寻租",政府官员利用特权的供给和分配创租,目的在于寻租,而其他想获取特权或想购买特定生产要素产权的利益主体便以与政府官员分享租金为条件,从政府官员处获取租金,政府官员所给的租金中有一部分又会返还,成为官员的寻租收入。可以说,没有受贿官员与行贿者的

"合谋",租金是无处寻觅的。至于说到"没有支付行为的寻租活动是经常发生的",事实的确如此,如大量的游说活动。即使是伴随支付的寻租活动也未必向个人支付,如政治捐款。但此时不存在官员受贿问题,也就不存在受贿官员是不是寻租者的问题。只有明确了受贿官员是寻租者,才能说明其主动创租和给租的动机。总之,腐败是有权者的专利,而只有有权者一方是无法寻租的,所以只有官员在有"合谋"者的条件下的主动创租、寻租才是腐败。腐败与寻租两者的行为主体都是掌握公共权力者,且行为一般来说都是非法的,这是它们的相同之处,不妨称之为"寻租性腐败"。

相比之下,腐败与寻租的异要大于同。例如,所有无权者的寻租都不在腐败之列;所有合法的寻租也都不在腐败之列;腐败者皆为掌权者,而寻租者中的有权者、有钱者、有关系者兼而有之;腐败的内涵十分宽泛,而寻租的内涵比较集中;寻租的目标仅在于租金,而腐败的目标则广泛得多,除租金还有权力、名位、色相等非货币性对象;腐败皆为非法,而寻租则是合法与非法兼而有之。腐败与寻租的交集如图4-5所示。

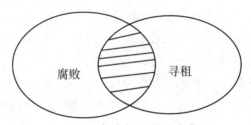

图4-5 腐败与寻租的交集

综上所述,在腐败与寻租之间不能直接画等号,尽管它们之间存在交集部分。区别腐败与寻租有利于对症下药,分而治之。如直接把腐败定义为寻租或者把寻租等同于腐败,将在理论上产生误区,从而在行动上出现盲点,不利于腐败与寻租的治理。界定腐败与寻租的异同,为我们加深对寻租活动的认识,借鉴治理腐败的经验去治理寻租活动,无疑是大有益处的,因为人类与腐败作斗争的历史远远超过与寻租作斗争的历史,长期以来已经积累了丰富的、行之有效的、可借鉴的经验。

### 4.4.3 寻租与腐败的影响

#### 1. 寻租活动的社会成本

寻租活动实际上是一种竞争活动。这是因为,寻租不是个别人的活动,尤其在寻租收益大于寻租成本的情况下,寻租者众多,足以形成一个寻租阶层,相互之间展开激烈的竞争。作为一种竞争活动,本身需要付出一定代价,这些总代价构成寻租成本(rent-seeking cost)。

#### 1) 寻租的理论模型

由经济学原理可知,在自由竞争的市场环境之下,供求关系的平衡会自动产生一种竞争价格;在垄断的条件下,垄断价格会比竞争价格高。垄断价格造成产量减少,生产者则从中获得垄断价格下的租金(相当于因没有在竞争价格基础上生产竞争性产量而造成的消费者剩余损失)。图4-6描述了寻租过程中各要素的关系,可视为寻租的理论模型。

在图4-6中,$P_c$表示竞争价格,$P_m$表示垄断价格。在竞争价格下,消费者剩余为($G+R+L$);而在垄断价格下,消费者剩余是$G$,损失了($R+L$)。三角形面积$L$的损失意味着浪费,长方形面积R表示垄断者获得的租金。

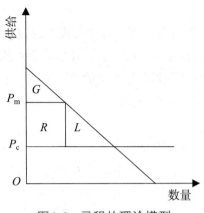

图4-6 寻租的理论模型

2) 寻租的社会成本

从前文对寻租的理论模型的分析可知，寻租是要花费成本的。但是，全面分析寻租行为，会发现该成本不能只考虑利益集团直接支付的时间、精力和资源等，其更广泛和深层的意义在于，该成本并没有创造新的价值，对于社会来说是资源的损失。因此，我们用社会成本来表达。寻租所引起的社会成本包括以下4个方面。

(1) 垄断产生社会成本。传统的经济理论认为，垄断会产生社会成本，降低资源配置效率。与竞争相比，垄断条件下的价格要高一些，产量要低一些，消费者剩余要少一些。垄断条件下造成消费者剩余减少的主要原因有两点：一是价格提高；二是产量减少。价格提高减少的消费者剩余，最终以增加垄断者收入或利润(图4-6中R部分)的形式转移到垄断者受众的身上，这是一种收入再分配，不降低效率。产量减少所减少的消费者剩余(图4-6中L部分)却未转移到垄断者手中，并且谁都未得到，白白从社会中流失，因而是一种净社会损失。传统经济理论认为，净社会损失(图4-6中L部分)就是垄断所造成的(全部)社会成本。

(2) 寻租活动中浪费的资源。与传统经济理论不同，寻租理论认为，垄断造成的社会成本远不止这些。为了获取经济租金，厂商必须向政府开展各种公关活动，或向国会议员进行院外游说，以争取由政府确定的垄断权，或让国会帮助其建立垄断地位。这些活动显然要耗费大量的财力、物力、人力。比如，厂商要雇佣有才能的律师或社会活动家来帮助自己开展寻租活动等，但这笔寻租的资源投资并不创造新的价值，所以是被浪费的。

在完全竞争的寻租中，寻租者众多且信息畅通，众多寻租者之间的相互竞争将会促使寻租成本不断上升，直到与经济租金相等为止，于是经济租金将被全部浪费。如果是不完全竞争，信息是扭曲的，则寻租成本可能超过经济租金，产生更多的浪费，但这种更多的浪费不会持久，在寻租者明白真相后将会自动消失。如果寻租者力求回避风险，他们会因为害怕寻租失败而不参加寻租，结果寻租成本将会低于经济租金。

(3) 由经济寻租引起政治寻租而浪费的资源。除了为获得经济上的垄断特权而获取租金之外，还存在政治上的寻租(如买官、卖官)，即为获取政治特权并从中得到好处而投资。经济上的寻租往往采取院外游说形式，有的甚至采取向当权者行贿的形式。贿赂会使当权的政府官员获取正常收入之外的额外好处，这也是一种经济租金。为获取这种经济租金，一些政府官员便会想方设法地活动以取得政治上的特权,这种政治上的寻租同样要耗费资源,这部分资源不具有生产性,因而也是被浪费的。

(4) 寻租所失去的技术创新机会及福利。寻租所失去的技术创新机会及福利为什么被视为寻租成本呢?这是因为,如果没有寻租活动,用于寻租的开支就可能被用于研发活动、降低成本以及增进社会福利。在社会经济资源总量既定的情况下,用于寻租活动的资源越多,用于技术创新的资源必然相应减少。如果在形成垄断之后,垄断者对技术创新的投入比自由竞争者更少,那么,社会福利的损失就更大。

从以上分析我们可以看出,寻租的社会成本不仅是由垄断本身所形成的,更是由稀缺的社会资源被用于非生产性活动所形成的社会成本构成的。

下面举例加以说明。假设某行业的垄断会形成100万美元的经济租金,即垄断权价值100万美元。有20位厂商竞争这100万美元的垄断权,这表明每位厂商获胜的机会为5%。如果每位厂商都是风险中性,即对风险既不特别反感,也不特别喜欢,那么每位厂商都会耗资5(5%×100)万美元用于寻租,以获取价值100万美元的垄断权或由此产生的租金。显然,最终只有一位寻租者能够成功地获取垄断地位和随之而来的经济租金。虽然成功的寻租者只耗资5万美元就能获取100万美元的巨利,但对于整个社会而言,全部20位寻租者共耗资100万美元。因为100万美元的租金是借助垄断高价而从消费者手中剥夺来的,所以另外100万美元的寻租成本对社会而言未产生任何效益,完全是浪费。在这个例子里,全部经济租金都被浪费了。事实上,寻租也可以以有效率的方式进行,并非必然产生浪费。例如,可以公开招标竞卖能产生100万美元经济租金的许可证,竞争结果是仅有一家厂商中标,获准购买该许可证,该厂商出价最高可达100万美元。在这种情况下,用于寻租的资金转至政府手中,未被浪费,此时的寻租只引起一种收入再分配,未浪费资源。但是,类似这种方式的寻租有时容易引起人们的反感,虽然在经济上有效率,但政治上不可行,所以寻租总是采取隐蔽的无效率方式。

2. 寻租与腐败的社会后果

寻租与腐败将给社会造成的严重后果,主要表现在以下几方面。

(1) 造成严重的资源浪费。资源浪费主要表现在以下三个方面:一是收益的获得者无效使用资源造成的损失;二是游说议员以及争取政府庇护所花费的其他成本;三是政府在决定、管理或抑制非生产性庇护时所支出的任何费用。简单说来,寻租成本包括利益获得者无效使用资源造成的资源浪费;寻租者进行游说所花费的时间与精力,以及为疏通层层关系而支出的礼品与金钱;政府官员为使寻租者支付自己满意的租金以及为掩人耳目而付出的时间、精力与资源;政府为对付寻租者的游说与贿赂进行的反游说、反贿赂所耗费的时间、精力与资源,即反寻租成本。

下面举例加以说明。有一个行业协会游说国会,要求对一些具有竞争性的进口产品征收关税。这种限制能够抬高国内产品的价格,从而为国内厂商创造利润。该行业协会所聘用的游说团、律师以及其他雇员都是宝贵的资源,当然这其中也包括他们自己的努力,这些未来都是可以用于生产活动的。这些人本来可以用来生产产品和提供服务,不仅可以给他们自己带来收益,而且会增加该经济体的总产出。事实上,他们是在利用宝贵的资源来谋取私人利益,却让市场的其他参与者去承担成本。他们这类生产行为对社会总价值以及经济总产出没有任何帮助。从社会的角度看，这种通过政治过程来寻求社会资源转移的支出属于资源浪费。

(2) 阻碍市场机制的有效运行。寻租活动与市场机制在运行方向上是完全相反的。市场机制要求明晰产权关系，而寻租活动则不断地试图通过各种非生产方式来改变产权分配，从而造成产权关系的混乱。在一个充满寻租活动的社会中，企业经济成功不是依靠其产品在市场中的竞争力，而是得益于接近国家的特权渠道，获得政府特许的垄断企业往往没有强烈的动机去完善管理、改进技术、增强市场竞争力，社会经济效率也会随之降低。

(3) 寻租与腐败造成社会福利的减少和社会财富分配的不公。寻租活动是一种非生产性活动，并不增加任何新产品或新财富，只不过通过改变生产要素的产权关系，把更大一部分的国民收入装进寻租者的私人腰包。如果把寻租和反寻租耗费的社会资源投入社会财富的创造中，就能产生更多的社会财富。在寻租社会中，生产者未必多劳多得，而没有从事生产活动的寻租者却获得巨额利润，造成社会财富分配的严重不公。

(4) 寻租严重损害了政府运行的效率和公正性，导致腐败盛行。寻租活动严重扭曲国家公共政策的制定和实施，以损害公共利益为代价，满足特定的人和利益集团的需求。大量的寻租活动最终会损害政府的合法性基础。经济租金越高，寻租激励越大，政府的寻租成本越高，腐败现象就越严重。寻租行为降低行政机构的道德水准，腐蚀干部队伍，引发政府官员的腐败，导致部门与行业不正之风盛行，严重损害党和政府的形象与权威，削弱党和政府的凝聚力和号召力。

(5) 寻租与腐败造成社会道德沦丧。寻租行为严重削弱了市场机制公平竞争的基础，瓦解了社会规范体系。建立在背景、权力、靠山、金钱、关系等因素之上的利益分配机制违反了社会基本道德准则，破坏了社会公正、公平、公开竞争的原则。寻租也降低了行政机构的道德水准，使得公众对政府失去信任。寻租行为对社会的不道德示范，严重降低了人们的道德水准，减少了人们相互之间的信任，最终将导致整个社会道德的沦丧。

(6) 寻租活动与腐败进一步破坏制度和规则。"租金"是由行政干预市场经济活动造成不平等竞争环境而产生的收入。政府对企业进行管制，大大增加了官员对企业进行干预的权力，这种权力的设置称为"设租行为"。由"设租"到寻租，产生了一个贪污腐败、因果联系的恶性循环。完善的产权保护，将减弱创新外在效应的不可把握性，促使创新者获得最大私人收益，促使社会更富有创新精神，经济增长也将更持久和强劲。一个社会如果没有实现经济增长，那就是因为该社会没有从制度方面去保证创新活动的行为主体应得的最低限度的报偿和好处。寻租破坏制度，使得促进创新的激励机制难以形成，经济组织缺乏效率，必然进一步损害经济增长。同时，寻租大量存在还将导致对发展制度抱无所谓态度的人数所占比例上升，并且破坏作为制度发展基础的人与人之间的信任感和相互依赖感。

### 延伸阅读4-8　寻租行为的经济效益

#### 一、寻租行为的负效应

1. 政府腐败

首先，寻租行为的一个重大负效应是催化政府腐败。一方面，腐败为寻租行为的产生提供了助力。过勇等(2003)指出，在属于渐进转型的中国，上层腐败的一个重要表现形式——行政垄断，源于政府的主动创租行为。徐晨等(2018)实证检验了腐败程度如何改变企业在竞争压力下的寻租决定，得出遏制腐败能够减少企业在竞争压力下的寻租行为的结论。另一方面，寻租行为催化了政府腐败。陈晓辉(2018)综合运用实证分析法与规范分析法，指出寻租空间是腐败产生的前提，且权力寻租和腐败行为均因公权力的存在而产生。

2. 企业绩效

寻租活动有助于企业获得更多政府补贴，但这能否提高企业绩效？崔贤奕(2017)发现，寻租有助于企业获得更多的财政补贴，但财政补贴对企业绩效没有显著影响。获得的财政补贴被用来部分或全部抵消寻租成本，甚至不足以覆盖寻租成本。胡浩志等(2016)研究发现，民营企业的寻租行为显著增加了企业获得的政府补贴，但总体来看，民营企业通过寻租获得的政府补贴的使用效率不高，从而对企业绩效产生不利影响。

3. 企业创新

寻租活动对企业创新投入有明显挤出效应，不利于企业创新。卢现祥(2016)总结，寻租不利于创新的错配效应、传染效应和累积性扭曲效应，他指出企业寻租支出对企业研发投入有显著影响。张璇等(2017)实证研究发现，信贷寻租行为并未缓解企业创新的融资约束，反而通过增加融资成本，降低创新利润，挤出和替代了企业的创新投入，且在中小企业、民营企业和资本密集型企业中表现得更为突出。蔡栋梁等(2018)进一步指出，在腐败严重的地区，寻租活动的负面影响降低了政府科技补贴的效果。

4. 资源浪费

寻租活动促使资源浪费。刘启君(2005)认为，既定制度结构下的寻租会导致资源配置扭曲，特别是谋求重新分配收入的寻租行为，客观上会激励人们把精力转移到公共决策领域，促使稀缺资源分流到非物品生产行为上，导致社会效率下降、总效用减少。地方保护、贸易壁垒等政策性寻租行为，也阻滞了资源的合理流动。另外，旷佳雨(2017)指出，寻租行为耗费了大量的交易成本和机会成本。对于一项经济利益，多个寻租者相互竞争会耗费交易成本，交易成本也会促使机会成本上升，而最终的成功寻租者只有少数，从而导致大量的成本耗费。

## 二、寻租行为的正效应

寻租行为隐含着一定的正效应。从推动经济体制转化的角度出发，姜洪(1996)认为应该客观看待寻租现象在过渡时期的两重性，在市场经济形成过程中寻租似乎随时存在，如英国得以进入现代市场经济阶段，幕后推手有很大一部分是寻租者，在一定意义上说，正是寻租推动了贵族资产阶级化、渐进改革及政治民主，因而可以说寻租具有一定的积极意义。张幼文(1994)指出，推进计划体制向市场经济转变，可能是寻租行为的一个正面影响。而且，在转轨国家，寻租是很正常的一种寻利方式。陈晓辉(2018)指出，寻租行为利用行政规范、程序的不足或漏洞，实现自己追求利益最大化目标，在某种意义上有可能促进行政行为的完善或者改进。王宏伟等(2019)在企业寻租策略对企业创新影响的研究中发现，企业寻租支出对企业的研发投入有显著影响：在非国有企业中，企业可通过寻租取得政府研发类补贴和非研发类补贴，从而显著提高研发投入。所以，从经济发展的长远角度来看，寻租行为或许并不都有损于社会。

资料来源：黄爽.新政治经济学视角下寻租行为及其经济效应[J].时代经贸，2020(18): 14-15.有删改

### 4.4.4 寻租与腐败的治理

**1. 寻租的治理**

治理政府寻租行为的有效办法是制度创新，即以制度创新抑制政府的寻租行为，压缩租金存在的空间，减少寻租的收益。

1) 实行制度创新，压缩租金存在的空间

首先，必须完善市场竞争机制和价格机制。稀缺资源的供求活动应尽量通过市场竞争进行，从而使政府在行使其经济管理职能时更加具有透明度和公开性。其次，完善相关市场经济法律法规，尽快出台反垄断法。最后，进一步放松政府管制，建设服务型政府，把更多的事情交给市场去运作，同时把竞争机制引入公共服务领域，限制政府官员的权力滥用。

在市场不健全、政府管制放不开的情况下，很难通过减少政府管制来减少租金。这时，就需要建立租金消散机制。例如，规范和整治城市出租车管理、政府公共工程建设、政府采购、外贸进出口配额、某些行业的生产和经营许可、企业产权交易、土地批租、招投标机制和建立、要素市场与企业产权交易等方面，在具体操作中杜绝暗箱操作，避免形式化，所得租金收归国库，防止部分部门的职位成为"肥缺"。

2) 转换政府职能，减少政府干预

根据寻租理论，政府干预经济，往往会扭曲资源的价格，形成刚性的、由政府权力保障的垄断市场，从而使得交易过程中有额外利润可图，这些额外利润就是腐败的根源。因此，要遏制腐败，就需要设法通过制度安排，减少政府对经济的干预，最好是不干预。由此得出，通过政府职能转变，实行政企分开，充分发挥市场的作用，把私人产品和服务交给市场部门去处理，是最有效的遏制腐败的法宝。简政放权、消除官方利率与市场利率的差异、促进银行竞争、减少补贴、降低关税、取消非关税贸易壁垒、严格限制垄断、促进自由公平的竞争等，都是非常有效地减少寻租活动的措施。

通过转换政府职能来减少寻租活动的具体做法：进一步推进行政制度改革，在制度上加强约束和激励机制，规范政府的各种行为，使之公开化，有利于公民监督，减少寻租成功的可能性；进一步放松各种政府管制，推动经济自由化，严格限制政府对经济的直接干预，减少公共权力对经济的负面影响；全面实现政企分开，确立市场经济平等竞争的新秩序，并把政府干预限制在绝对必要的领域和限度内，下放权力，把更多的事情交给市场或非营利组织处理。

3) 加快行政决策法治化的步伐，建立有效的事前监督和事后惩罚机制

事前监督是为了提高公共权力运作过程的透明度，以便于监督，防止公共权力的非公共运用。比如，建立分配决策公开听证的程序，以提高公共权力运作过程的透明度；建立行政公开制度，公开办事规则、办事程序和办事结果等，公开政府财政预算与实际开支。事后惩罚是为了提高寻租活动的私人成本，从重从严惩处非法创租、寻租活动。事后惩罚机制建立的关键在于要对行贿和受贿者从严处理，加大打击力度，提高预防水平，确保寻租者得到严惩。

4) 建立完善而广泛的监督制度

建立完善而广泛的监督制度，其内容包括独立司法监督、建立独立的廉政机构、新闻媒体和社会公众监督等。通过以上各种制度、机构的约束，把国家权力控制在全体公民手中，使其

最大限度地代表公众的利益，而不为少数寻租者所利用。从经济学意义上看，只要寻租的预期收益大于预期成本，潜在的寻租者就会变成现实的寻租者。而有效的监督约束机制可以加大预期成本，减少预期收益。因而有必要进一步完善监督约束机制，加大惩戒力度。当前，我国房地产相关法律不健全，这是市场失灵的一个重要原因，政府通过制定一系列房地产开发法律法规，解决房地产开发中的政府失灵问题，明确政府的职权范围，使政府的调控行为有法可依，开发商的开发行为有法可循，各自发挥好在市场机制中的作用。同时，加快房地产市场信息系统建设，实行信息透明化、公开化，给予舆论和社会公众充分的话语权，以加强舆论和社会公众监督。

5) 加强宣传教育，建立舆论机制，营造反寻租的社会氛围

道德规范是从内心调节、制约人的行为和活动，比外在的制约更有效，具有根本性的作用。因此，应在政府官员中加强道德教育和廉政教育，培养其敬业精神、工作责任感和事业心、荣誉感等，加强政府官员的素质教育，从道义上提倡官员廉政、自洁自律。

## 2. 腐败的治理

腐败是一个历史性、世界性、现实性的问题。腐败自人类社会出现剥削以来就一直存在，延续至今。有腐败就必然有反腐败，可以说，人类社会从来没有停止过反腐斗争。对腐败的治理是一个国际性课题，它需要世界各国共同研究，加强学习，相互借鉴。反对腐败、建设廉洁政治，是党一贯坚持的鲜明政治立场，是人民关注的重大政治问题。这个问题解决不好，就会对党造成伤害。

1) 健全和创新制度，以制度建设打开反腐败局面

(1) 坚持标本兼治，当前要以治标为主，为治本赢得时间。所谓治本是指在制度上防治腐败，而治标是指惩治正在发生的、老百姓深恶痛绝的官员腐败案件。治本是制度建设，但制度完善是一项长期工作，在目前制度还不完善的条件下，只能先惩治已经暴露的腐败问题。在治标的同时，也要注意治本，反腐工作的根本还是要从制度上下功夫。要深刻认识党风廉政建设和反腐败斗争的长期性、复杂性和艰巨性。

(2) 用民主和竞争原则完善干部选拔任用制度。当前实行的自上而下委任制使得干部选拔任用的权力掌握在少数几个人手里。这也是导致人事腐败的重要诱因之一。买官者若想获得某一职位，只需与少数的几个相关人搞好关系即可。因而买官者会把主要精力和心思用于"溜须拍马""行贿"，以获得相关人的支持，顺利得到某一职位。而在干部选拔任用中引入民主原则，改变少数几个人说了算的情况，把对干部任职的同意权交由广大选民行使，因其面临的是众多选民，而非少数的几个人，所以贿选的成本和风险也大大增加，非个人财力和精力所能达到，再加上群众的眼睛是雪亮的，因而能极大缩小选人用人腐败的生存空间。同时，允许同一职位有多人竞争，一方面能使选民有自由选择候选人、表达个人意志的空间；另一方面也能扩大选人用人的视野，通过"优胜劣汰"的规律，使人才脱颖而出。此外，还可以逐步扩大直接选举的范围和层次，适当扩大差额选举的比例和范围，继续探索公推直选的有效模式，即公开报名、选民直选。在提名干部候选人和选举过程中，鼓励群众参与，开展民意测评，把群众对干部的认可程度作为选拔任用的一个重要标准。

(3) 建立健全公职人员的资历和绩效晋升制度。长期以来，在我国的干部人事制度中，论

资排辈现象十分严重，官员的晋升靠资历而非能力。这种靠资历而非能力的用人制度，严重抑制了人才的健康成长。打破论资排辈这一陋习需要引进资历和绩效晋升制度。虽然世界各国在政治文化、政治制度、行政制度等方面存在不同，公务员制度设计也存在差异，但"资历和绩效晋升"是得到共同认可的。这一晋升制度能够有效激励公职人员在自己的岗位上埋头实干，竭忠尽智，讲求实效，以资历和绩效赢得晋升的机会。

## ▶ 案例4-5  中央纪委国家监委通报5起中管干部风腐一体案例

2021年9月16日，中央纪委国家监委公开通报10起违反中央八项规定精神典型问题，首次把中管干部严重违纪违法案件和厅局级以下干部违纪案例放在一起，进一步彰显了党中央坚定不移推进全面从严治党的决心意志，释放出无论职务高低，谁违反了中央八项规定精神的铁规矩就要坚决处理谁的强烈信号。

通报的案例中，5起为中管干部由风变腐、风腐一体，最终受到党纪国法制裁的严重违纪违法案件，5起为厅局级以下干部因违反中央八项规定精神受到党纪政务处分、组织处理的作风问题，是不收敛、不收手、顶风违纪的典型。党中央三令五申之下，少数党员领导干部甚至是高级干部仍然无视党规党纪，肆无忌惮，不收手、不知止，"四风"问题花样翻新，风腐交织禁而未绝。

### 一、"送礼风"花样翻新，送的是礼、收的是利

违规收送名贵特产和礼品礼金是享乐奢靡问题的突出表现。十九届中央纪委五次全会明确要求，密切关注苗头性、倾向性、潜在性问题，严肃整治一些地方、单位违规收送名贵特产、礼品礼金问题。纪检监察机关贯彻落实中央纪委五次全会精神，坚持严的主基调，严查违规收送问题，持续巩固拓展露头就打、反复敲打的高压态势。2021年1月至7月，全国共查处违规收送名贵特产和礼品礼金问题9574起，批评教育帮助和处理11 383人，其中党纪政务处分8733人。从此次通报的典型案例看，违规收送的问题逐渐由明转暗，有的从收送实体物品转向收送电子消费卡、房屋租赁费。比如，安徽省高级人民法院原党组书记、院长张坚多次收受私营企业主所送价值共计30.86万余元的消费卡；要求私营企业主为其在高档酒店、住宅小区等多处租房并支付费用17.19万余元。在送礼方式上，有的采用物流快递形式"暗度陈仓"。比如，国家税务总局机关党委原副书记王立斌先后2次违规收受基层税务干部赠送的由公款支付的海鲜等礼品以及私营企业主赠送的茅台酒1箱，部分礼品采用快递方式邮寄。

纵观近年来发生的违纪违法案件，有的不收金钱收翡翠，不送现金送纪念钞，有的违规公款购买名酒名烟名茶，既满足个人享受，还用以请客送礼；有的把管辖范围内的名贵特产特殊资源化为个人牟利的工具，拉关系找靠山，污染政治生态。"违规收送背后，是少数领导干部的享乐奢靡之'欲'，是不法商人的精心'围猎'之'局'，根源是为了达到权钱交易的目的。"北京科技大学廉政研究中心主任宋伟分析。梳理案例发现，违规收送问题还具有明显的"节点"特征，春节、端午、中秋、国庆等重要节日是违规收送问题的高发期。中国投资有限责任公司下属新华保险云南分公司团体业务部总经理助理郝学孝，在2020年中秋节前夕，用快递方式违规公款赠送月饼27盒，总价值3780元，月饼款以部门招待费名义在本单位报销。此外，利用子女升学、婚丧嫁娶、生日寿宴等时机收受礼品礼金的现象，也不在少数。吉林省长

春市朝阳区永春镇党委原书记王振平，借母亲丧事、本人生病住院和操办女儿婚礼之机，违规收受3名管理和服务对象礼金，共计1.8万元。"一些党员干部以礼尚往来的名义搞礼品礼金收送，主要是为形成利益关系甚至进行利益交换打基础、做铺垫，在'迎来送往'中搞权力寻租。"宋伟分析。

## 二、"吃喝风"穿上隐身衣，饭不在吃而在"局"

违规吃喝问题是享乐奢靡的主要表现。近年来，纪检监察机关从一顿饭、一杯酒等具体问题抓起，锲而不舍、滴水穿石，违规吃喝问题得到有力遏制。2021年1月至7月，全国共查处违规吃喝问题5419起，批评教育帮助和处理8232人，其中党纪政务处分5744人。从通报案例看，一些党员干部为了躲避监管监控，不断改头换面，"公开不吃暗地吃"，以各种名义虚列开支套取公款，满足自己的口腹之欲。湖南省衡阳县自然资源局通过填写"空白公函"、更换原始菜单、虚增接待次数等方式超标准公务接待，费用共计11.9万余元。有的转移阵地，单位食堂、培训中心以及高档小区、农家乐等成为"新战场"。张坚多次出入私人会所，接受私营企业主可能影响公正执行公务的宴请。还有的转嫁吃喝费用，让下属单位买单。四川唐家河旅游开发有限公司原党支部书记、董事长黄桢富，于2015年6月至2021年2月，要求下属管理单位食堂厨师为其个人"开小灶"，单独准备午餐，费用由下属单位支付。改头换面违规吃喝的另一个表现是"不吃公款吃老板"。有的心照不宣接受私营企业主宴请，有的明目张胆伸手"要饭"，有的甚至将私营企业主当作长期"饭票"。2018年1月底，贵州省政府原党组成员、副省长蒲波，刚由四川省德阳市委书记提任贵州省副省长，即在成都某饭店接受私营企业主为庆贺其升迁安排的宴请。同年4月初，又召集四川省多名领导干部在成都某饭店聚餐，庆祝自己升迁，费用由私营企业主支付。

梳理发现，违规吃喝问题还存在上级带下级"组团"违纪的情况。上海市浦东新区原公路管理署副署长张利豪、桥梁和高架道路管理科科长张亮、路政管理科科长马宏辉违规接受管理和服务对象的宴请，餐费共计1.5万余元，均由对方支付。"违规吃喝，表面上是为了满足口腹之欲、虚荣之心，实质是借吃喝之便进行利益勾兑，行腐败之实。"北京大学廉政建设研究中心副主任庄德水认为，屡禁不止、顽固反复的"饭"背后是"局"在作祟。"这些饭局的意图在于'围猎'干部、权力寻租、营造圈子，其根源在于党员干部意识淡漠，理想信念缺失，纪律观念松弛。"

## 三、风腐交织同根同源，"四风"成为腐败滋长的温床

在2021年初的十九届中央纪委五次全会上，习近平总书记强调，腐败问题和不正之风交织，"四风"成为腐败滋长的温床。梳理很多落马党员干部腐化堕落的过程，往往都是先从不守小节、违规吃喝玩乐开始。"腐败问题往往是由接受一顿饭、一条烟、一瓶酒、一张卡等作风问题逐渐演变而成，背后往往有着权钱交易的影子。"甘肃省兰州市纪委监委党风政风监督室主任郭建珺分析，从刚开始的迷恋觥筹交错、称兄道弟建"圈子"，到后来与商人勾肩搭背、亲清不分，一些党员领导干部身处其中，一步步滑向了违法犯罪的深渊。"不正之风为腐败的滋生发展提供了土壤。"国家电网冀北电力有限公司纪委书记王雪说。

作风问题与腐败问题相生相伴、由此及彼，互为表里、同根同源的特征显著。此次通报的5名中管干部案件，均是风腐一体的严重违纪违法案件。国家开发银行原党委书记、董事长胡

怀邦除违规出入私人会所、由他人支付应由个人支付的费用外，还存在利用职务上的便利，为相关企业和个人，在获取银行贷款、企业经营、职务晋升等事项上提供帮助，非法收受巨额财物等严重违纪违法问题。记者注意到，有些腐败问题还会和形式主义、官僚主义交织在一起。"比如，有的地方在城乡建设中耗费巨资造景，看上去是漂亮的'形象工程''政绩工程'，实际上是'腐败工程'。深究其里，往往藏着政商勾结、权钱交易的污垢。"云南省曲靖市纪委监委案件审理室主任殷红云说。

"'四风'和腐败问题背后往往有特权思想作祟。一些领导干部居'官'自傲，不把自己当公仆，把接受私营企业主宴请、旅游等当作理所当然，在工作、生活上处处要求与其他人不一样。"庄德水说，每一名党员、干部都要牢记蜕化变质往往始于吃喝玩乐，坚持从小事小节上加强修养，从一点一滴中砥砺品质，严守规矩，不逾底线，永葆共产党人拒腐蚀、永不沾的政治本色。

资料来源：陆丽环.隐身饭局的围猎与寻租[N].中国纪检监察报，2021-09-19(004).有删改

## 案例4-6  反腐专题片揭秘案件背后的故事 真实案例震撼人心

2021年1月21日，电视专题片《正风反腐就在身边》第一集《政治监督》在中央电视台综合频道播出，引发热议。

"过瘾！接地气！"北京市海淀区退休干部王康寿和家人一起观看了专题片，"点的这些案例都是发生在老百姓身边，损害的都是老百姓的切身利益。看到这些腐败分子被查处，大家都拍手称快。这几年来，大家是实实在在能感受到正风反腐带来的变化"。

第一集中，一个画面令人惊心——蓝天、雪山与白云之下，多个滥挖滥采形成的天坑异常显眼。青海木里矿区地处祁连山南麓腹地，位于黄河重要支流大通河源头，生态保护意义重大。然而，由于非法采煤，当地生态环境遭到极大破坏。

青海省纪委常委、省监委委员、一级巡视员马鸿思亲身参与了木里矿区非法采煤问题调查处置工作。"看到片中的相关场景，依然觉得震撼与警醒。该事件的发生，暴露出一些部门和党员领导干部漠视生态保护，不作为、乱作为以及腐败问题，既破坏了自然生态，也破坏了政治生态，教训极其深刻。"

守好筑牢国家生态安全屏障，确保"一江清水向东流"既任重道远，又刻不容缓。"我们将深刻汲取木里矿区非法采煤问题的教训，在扎实开展作风问题集中整治专项行动的基础上，加强对木里矿区及祁连山南麓青海片区生态环境综合整治三年行动落实情况的全程监督，推动落实落细以案促改各项任务，用铁的纪律守护绿水青山。"马鸿思说。

湖南省湘西土家族苗族自治州纪委干部监督室主任龙秀全在第一时间收看了专题片。湘西州古丈县先锋村一条产业路3年未修成，村民只能踩着泥巴路，用背篓一趟趟将农作物背下山的片段，让龙秀全印象深刻。

"道路等基础设施建设，既是脱贫的基础性条件，也是稳定脱贫、防止返贫的重要保障。先锋村这条迟迟没修通的路，不仅严重拖累了当地群众脱贫的脚步，更损害了党和政府的公信力。"龙秀全说，专题片重现了交通局局长的驾驶员利用身份便利承包修路工程，还动用关系

让验收"层层失守"的问题,这警示领导干部要切实管好身边人。作为纪检监察机关,我们将持续深化扶贫领域腐败和作风问题专项治理,通过强有力的监督,全力保障脱贫攻坚决战决胜。

江苏省响水县天嘉宜公司"3·21"特别重大爆炸事故,造成78人死亡,76人重伤,直接经济损失达19.86亿元。专题片中,监控拍下爆炸瞬间的灾难景象令人震撼。

看完专题片,江苏省响水县纪委副书记、监委副主任许道春心情沉重。他告诉记者,"'3·21'事故是响水之痛。这次事故揭露出一些党员干部和执法人员目无法纪,政治上不清醒、监管上不担当、底线上不坚守。专题片深刻剖析该案件,再次给我们敲响了警钟。我们要始终把人民的利益摆在第一位,举一反三,亡羊补牢,绝不能让悲剧重演!"

"安全生产不是小事。专题片告诉我们,在生产安全监管方面,不解决形式主义官僚主义问题,真的会酿成大祸。"家住福建福州的陈梦可告诉记者,希望纪委监委不断强化监督,持续正风反腐,对漠视人民生命、违纪违法的人坚决惩处,让老百姓享有更多获得感、幸福感、安全感。

资料来源:李云舒. 反腐专题片揭秘案件背后的故事 真实案例震撼人心[EB/OL]. (2021-01-22)[2022-04-05]. https://www.ccdi.gov.cn/yaowen/202101/t20210122_234428.html.

2) 提高腐败的预期成本,降低官员寻租的风险偏好

(1) 适当提高官员的收入水平,充分利用内部劳动力市场制度。这里所说的并不是"高薪养廉",而是指官员的收入水平应符合我国现有的经济水平。以经济人的角度进行分析,提高官员的收入水平,其寻租的机会成本将随之提高,官员将降低寻租的可能性。

(2) 加重处罚力度。处罚加重导致寻租官员受到的惩罚成本提高。实行重罚(经济处罚)、重处(党纪、政纪、法纪的处罚)同时并用,使犯罪分子在政治上、经济上得不到任何益处。处罚的尺度应大于或至少等于犯罪分子的纯经济收益,使其无任何经济收益可图。

3) 加大监控力度,建立社会对政府的监督制约机制

有效查惩治腐败,关键是要建立、健全我国的反腐败体系,构建反腐败的网络体系,形成反腐败的"合力",以及加强全方位、多层次、多渠道、多手段的权力制约机制的建设,最终达到遏制腐败的目的。

(1) 使各种监督力量达到总体协调。我国已形成中共党内监督、人大监督、政府内部监督、政协民主监督、司法监督、公民监督、舆论监督各种形式的监督体系,在反腐倡廉的职能机构设置上,有中国共产党纪律检查机关、国家司法机关、政府监察机关、审计机关和国家监察委员会。应该说监督体系和职能机关的设置已经比较完善了,但在实际中却未能真正发挥出应有的效能,更未达到"1+1>2"的整体效果。究其原因,在于我国的监督机构分散,关系没有理顺,权限没有划分清楚,缺乏统一协调机制。要改善这一情况,我国可通过明确各监督机关之间的职责和功能,来合理划分各监督机关之间的权限,同时加强各监督机关之间的沟通和联系,避免发生职责碰撞和冲突,进而发挥各监督机关的积极性、主动性,发挥监督系统的整体效能。

(2) 强化内部监督制约机制,以权力制约权力。从腐败产生的情况来看,任何腐败现象都

根源于不受制约的权力。纵观我国政坛落马的高官，虽然腐败手段五花八门，但有一点是相同的，即大权在握而又缺乏有效的监督制约，一个人说了算。"有权力的人们使用权力一直到有界限的地方才休止。从事物的性质来说，要防止滥用权力，就必须以权力约束权力。"①

4) 以法制保障反腐

我国反腐败曾经历运动反腐和权力反腐的阶段，反腐倡廉，教育是基础，监督是关键，法制是保障。

(1) 完善法律体系。坚持以法制反腐的首要前提是有法可依。在宪法的框架下，我国已制定《中华人民共和国公务员法》《中华人民共和国行政监察法》等法律法规，但总体来说，廉政法律体系还不完善，不能很好地适应反腐败斗争形势发展的需要。

现行法律法规多为事后惩戒，缺乏事前预防、事中监督的相关机制；党纪党规比较多，但大多未能上升到国家意志的层面。为此，根据我国当前反腐败斗争的实际，借鉴国外的经验，应尽快制定《廉政法》《反腐败法》《新闻法》《公职人员财产申报法》等。

(2) 严格执法。有人曾用7个"未必"来概括形容当前执法情况：受贿了未必被发现，发现了未必就立案，立案了未必能查清，查清了未必就起诉，起诉了未必能判刑，判刑了未必判实刑，判实刑的也未必真正执行。再完善的法律如果不能得到有效执行，法律也就成了一纸空文，失去了其存在的意义和价值。江泽民曾严厉指出："史实说明，吏治上的腐败、司法上的腐败，是最大的腐败，是滋生和助长其他腐败的重要根源。"当前司法腐败正日益集团化、公开化、体系化，行政权对司法的干涉越来越严重。为使司法机关真正发挥其作用，就要推进司法体制改革，加强司法机关对行政权的监督制约，理顺党的领导与司法权行使的关系，防止党委、政法委借口党的领导对司法工作横加干涉；加大人大对司法机关的监督制约，界定人大监督制约的范围，实行严格的人大对司法人员的认知和罢免机制；优化司法职权配置，重新构建司法辖区，建立各级财政经费保障体制，以排除地方保护主义的不良影响；建立司法人员考试录用、分类管理、选拔任用等制度，保障司法人员有健康的成长途径，建立品德高尚、知识渊博的专家型职业队伍；改革司法机关管理体制，发挥司法人员的积极性、主动性，建立司法人员只服从法律、服从事实的办案机制。最终使司法公正，重新树立司法机关清正廉洁的形象。

5) 加快新闻立法，充分利用网络力量

舆论监督本身是一种"普遍的、无形的、强制的力量"。舆论监督是社会监督体系的重要组成部分，它通过广播、电视、报刊、网络等舆论工具，对社会上一切腐败案件进行曝光，以达到对其监控的目的。从全球来看，凡法治化程度比较高和政治比较廉洁的国家，都十分重视舆论监督在反腐败斗争中的特殊作用。新闻媒体号称是立法、行政、司法外的"第四种权力"。"不怕上告，就怕见报"，一旦腐败行为暴露在光天化日之下，其丑恶嘴脸为千夫所指，腐败分子必将受到惩处。为顺应时代潮流和现实需要，应进一步加快和完善新闻立法，将新闻媒体的权力、义务、责任、监督范围、监督对象、基本原则以法的形式确定下来，将新闻媒体监督纳入法制轨道；在坚持正确舆论的导向下，应保证新闻媒体有足够的自由权和自主权，允许新闻媒体对各种行政行为、廉政行为、腐败案件进行自由、公正、客观的采访、调查、报道和评论。

---

① 孟德斯鸠. 论法的精神[M]. 严复, 译. 上海：上海三联书店, 2009.

在信息化高度发展的今天，网络是传播信息的一种重要方式。网络的广泛普及和其在传播信息方面所具有的即时、互动、直接、廉价等特点，使得网络监督成为反腐败斗争的一个新武器。据人民网的一项调查显示，参与调查的网民中有87.9%非常关注网络监督，当遇到社会不良现象时，93.3%的网民选择网络曝光。在新的社会条件下，拓宽和健全有效的监督渠道，应该认真考虑把网络列为一种必需的监督方法。同时，重视网络媒体在监督违纪和腐败方面的作用，也是"相信群众""依靠群众""从群众中来到群众中去"的一个表现。要使网络监督成为一种新的监督方式，要建立便捷的民意反映机制，变被动为主动，变压力为动力，变对立为互动，摒弃防范网络的惯性思维，改变过去拦、堵、截的做法，引导和支持网络监督在反腐败斗争方面发挥积极的作用；畅通民意表达渠道，建立健全网络举报制度，使其尽快成长为纪检监察机关在反腐败斗争方面的重要支撑力量。

## 案例4-7　网络反腐经典案例

2018年5月11日9点39分，微博网友@鹪蘇爆料"严书记的女儿"，并贴出相关微信聊天记录。该组截图显示，四川省成都市一位幼儿园老师陈某因将惩罚学生严某某的消息发到微信家长群，导致严某某妈妈在群里要求涉事老师当着全班所有师生的面给严某某道歉，否则"通知学校领导来给我解释你对严书记的女儿说这话是什么意思"。之后她声称，学校处理结果已出：开除陈老师。接二连三的"霸道"语气迅速引发关注，很快，拥有4万多粉丝的成都本地知名博主@成都网友小张进一步整合了微信群里的6张聊天图片，配文称"我爸是严书记！严书记的夫人很生气，后果很严重"，引来大量网友们的"吐槽"，相关舆情在5月11日晚间达到高峰，成为网络关注的热点话题。社交媒体作为众包工具在反腐败方面的特征充分地显示出来。很快，有关"严书记"可能存在腐败和滥用权力的线索不断汇集，包括严书记女儿所在幼儿园价格不菲的花费，提前被内定当地最好的小学，"严夫人"所住的小区为当地顶级豪宅，等等，越来越多的信息指向四川省广安市委副书记严春风。之后，关于严书记个人婚姻状况和亲属经商等问题也被揭露出来，在网络上引发舆论风暴。5月14日，四川省纪委监委宣布介入调查，标志着该案件正式进入制度反腐的阶段，之后"严书记"被移送检察机关审查起诉。经调查发现，时任四川省广安市委副书记严春风利用职务之便为他人牟取利益，受贿570余万元。2019年8月，严春风被法院一审判处有期徒刑10年。这是一起典型的由网络揭发和推动，国家反腐体系正式介入，最终腐败官员得到惩处的案例。

网络反腐不仅为正式的反腐机构提供重要的涉腐信息，而且裹挟了强烈的公共舆情力量。反腐机构和组织有义务和责任对此作出回应，以消除网络的质疑和不满。这种回应表明政府对腐败的态度和立场，发布相关信息，是一种对外公开化的过程。

资料来源：大数据应用与腐败治理[EB/OL]. (2021-01-22)[2022-04-05]. http://k.sina.com.cn/article_5044281310_12ca99fde02001f83j.html.

## 复习思考题

### 一、名词解释

公共选择理论　　单峰偏好　　多峰偏好　　全体一致原则　　多数投票原则

投票悖论　　　中间投票者　　　寻租　　　腐败　　　阿罗不可能定理

## 二、简答

1. 公共选择理论的研究方法有哪些？
2. 公共选择理论可以分成几个流派？其主要观点是什么？
3. 市场化和非市场化有什么区别？
4. 全体一致原则有哪些优点？
5. 简述如何解决投票悖论。
6. 阿罗不可能定理的必备条件是什么？
7. 寻租的分类与腐败的特点。

## 三、论述

1. 中位选民的理论含义是什么？其实践意义何在？
2. 结合实际分析参与公共选择过程的投票者、政治家(政党)、政府部门(官员)以及利益集团的行为及其特点。
3. 结合实际，论述寻租与腐败之间的区别和联系。
4. 举例说明寻租活动造成的社会后果，并论述寻租与腐败活动的治理。

# 第5章 政府规制理论与外部性

## 本章学习目标

了解政府规制存在的原因；掌握政府规制理论的分类；理解经济规制和社会规制的特点、目标和内容；了解垄断规制；掌握政府规制失灵的内涵及原因；理解外部性的含义、分类和经济影响；掌握外部性的经济规制和社会规制。

## 本章知识结构

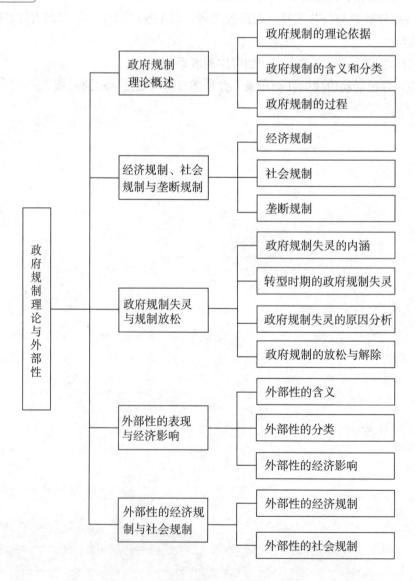

经济学的鼻祖亚当·斯密信奉市场的作用,他提出了"看不见的手"的理论,崇尚完全自由竞争的市场经济。但同时他也认为,在国防、司法、公共服务和公共机构的维持方面需要政府发挥作用。他在《道德情操论》一书中提到,市场作为一定社会规则下的交换活动的总和,其确立和运行需要一定的道德规则和法律制度的约束。他这里提到的道德规则和法律制度的约束便是我们本章所讲到的规制理念的雏形。"规制"一词在经济学领域最早运用于日本经济学家植草益所著的《微观规制经济学》一书中,他在这本书中提到,规制的主体是行政机关,把分析对象集中在与经济主体的经济行为有关的规制上,同时涉及部分由司法机关实施的规制。下面就让我们展开对政府规制理论和外部性的讨论。

## 5.1 政府规制理论概述

### 5.1.1 政府规制的理论依据

微观经济活动中存在市场失灵现象,这就为政府规制提供了理论依据,政府规制的存在就是为了解决市场失灵的现象。由于市场失灵的类型不同,政府规制手段或政策也应有所区别。在市场经济条件下,政府规制的运用主要是针对市场中存在的自然垄断、外部性、信息不对称以及公共产品和非价值产品等问题,目的在于克服由这些问题造成的对资源配置效率和社会福利的损害。

1. 自然垄断

由于存在资源稀缺性、范围经济性及成本弱增性,促使单一产品或服务的提供企业联合起来提供多数产品或服务,形成一家公司或者几家公司,经济学中把这种由于技术原因或者特别的经济原因而形成的垄断或寡头垄断称为"自然垄断"或"自然寡头垄断"。主流经济学家一直把自然垄断的存在以及它所导致的社会福利损失作为政府规制存在的首要原因。

2. 外部性问题

外部性是指一定的经济行为对外部产生影响,造成私人(企业或个人)成本与社会成本、私人收益与社会收益相偏离的现象。外部性可以简单分为正外部性与负外部性。正外部性是指一种经济行为给外部造成的积极影响,使他人减少成本,增加收益。负外部性则是指一种经济行为给外部造成的消极影响,导致他人成本增加,收益减少。外部性问题在社会中普遍存在,在市场经济体制下,市场在社会资源配置中具有基础性作用,但外部性会造成市场配置的失灵,因而需要政府管制。英国经济学家詹姆斯·米德认为,市场机制往往不能很好地解决由个人利益与社会利益的对立所引起的一些社会问题,例如环境污染。这些问题都有赖于政府的控制和干预才能以解决。因此,外部性的存在也就成为政府进行社会规制的必要条件。

3. 信息不对称

信息不完全和不对称问题造成的市场失灵是政府进行社会规制的又一个理由。美国规制经济学家史普博把这种由于信息不完全和不对称所引起的市场失灵问题概括为内部性,它与外部性概念相对应。他认为,所谓内部性,是指虽然经过交易,但交易一方使另一方承担或者获得了未在交易合同中反映的成本或收益。内部性也分为负内部性和正内部性两种，前者如劣质产品给消费者造成的损害并没有在交易合同中得以反映，后者如职工参加培训而从中得到的自身能力提高等好处也没能在劳动合同中反映出来。信息不完全与信息不对称的普遍存在可能会引起逆向选择和道德风险等问题。逆向选择和道德风险都会严重影响公平交易，造成市场的低效率。因此，政府应该对存在信息不完全和信息不对称的行业进行规制。

4. 非价值性产品

非价值性产品的存在也是政府进行社会规制的原因之一。所谓非价值性，是指社会从伦理规范的角度否定产品功能的市场价值。因此，非价值性产品是指在竞争性市场可以自由配置，但因社会伦理道德禁止或限制其生产的产品，如毒品、麻药、核燃料、原子反应堆等。此类产品也可以形成自由市场，在竞争性市场机制下也能够实现资源配置的效率，但是这并非整个社会所希望和倡导的；相反，社会在一定程度上会限制和禁止此类产品的生产和销售。在竞争性市场机制条件下，资源配置是有效率的。但是竞争性市场机制也要受社会道德伦理的规范，否则也会产生一些不良后果，例如海洛因或者其他毒品，它们可以形成自由的市场，在竞争性市场机制下也可以实现资源配置效率，但是这种非价值性产品会给社会带来严重危害，因而需要政府对其进行规制。

### 5.1.2 政府规制的含义和分类

1. 政府规制的含义

"规制"一词由英文"regulation"翻译而来，其含义是规范和制约或者根据规定而制约，国内也有些经济学家将其翻译成"管制"。1970年以前，政府规制的对象主要集中在公共事业领域，如电力、通信、交通等方面。因而关于规制的界定主要集中在有关这些产业的定价和费率结构上。美国人卡恩在其经典教科书《规制经济学：原理与制度》中对政府规制作出了这样的定义：作为一种基本的制度安排，政府规制是"对该种产业的结构及其经济绩效的主要方面的直接的政府规定，比如对进入控制、价格决定、服务条件及质量的规定，以及在合理条件下服务所有客户时应尽的义务"，这种规制被称为传统的经济规制。

随着规制范围的扩大，许多经济学家对规制的含义有了进一步的补充，其中最著名的是施蒂格勒在1971年提出的"作为一种法规，规制是产业所需要的并为其利益所设计的"。在他看来，规制是规制对象的一种经济需求，并可以作为为其服务的一种工具而存在。这种对规制的理解在一定程度上为西方国家的"放松规制"提供了理论依据。植草益认为，规制是社会公共机构依照一定的规则对企业的活动进行限制的行为，是以自然垄断和信息不对称部门为对象，以防止无效率的资源配置的发生和以确保需要者的公平利用为主要目的，通过被认可和许可的各种手段，对企业的进入、退出、价格、服务的质和量以及投资、财务、会计等方面的活动进行的规制。

同时，我们也应该看到，不同学科对政府规制的解释也不尽相同。经济学认为，政府规制是对市场缺陷的有益补充，是实现有效资源配置的必要条件；政治学认为，政府规制是"政治家寻求政治目的的政治过程"，在西方，规制政策的形成和执行本身就是各种力量相互协调和平衡的结果；法学对政府规制的研究主要体现在"执法、市场规则及刑侦程序上"。

**2. 政府规制的分类**

从不同的角度或者目的出发，可以把政府规制分为不同的种类。一般情况下，政府规制分为直接规制和间接规制，又可以分为经济规制和社会规制。这两种分类方式得到了学术界的普遍认同。

直接规制是由政府行政部门直接实施的政府干预，即对特征强烈的公共产品和外部不经济性以及严重影响社会公益的经济活动直接进行约束和管制。直接规制的形式是依据由政府认可和许可的法律手段直接介入经济主体决策，参与其定价、投资决策、产品销售、原材料选择等经济决策过程。间接规制是指在维护市场经济主体自由决策的前提下，对某些阻碍市场机制效能发挥的行为加以规制，它是以依照反垄断法、商法、民法等制约不公平竞争行为为目的的规制。为此，政府实行反垄断政策、反不正当竞争政策、发布市场信息政策等。换言之，为了保护市场机制的合理竞争的基本框架，尊重经济主体的自由决策，而仅制约阻碍市场机制发挥职能的行为，并且以有效地发挥市场机制职能而建立完善制度为目的的规制可以称为"间接规制"。

经济规制是指公共部门通过价格、产量、进入和退出等方面的规定对企业等经济利益主体的决策所实施的各种强制性约束。经济规制的领域主要包括自然垄断领域和存在信息不对称的领域。社会规制是指以保障劳动者和消费者的安全、健康、卫生、环境保护、防止灾害为目的，对产品和服务的质量和伴随提供产品和服务而产生的各种活动制定一定标准，并禁止限制特定行为的规制。与经济规制相比较，社会规制是一种相对较新的规制。社会规制并不针对某一特定的行业行为，而是针对所有产生外部不经济或内部不经济的企业行为。任何一个行业内的任何企业的行为，如果不利于改进社会或个人的健康、安全，不利于提高环境质量，都要受到相应的政府社会规制措施的约束。

## 5.1.3 政府规制的过程

**1. 规制立法**

立法包括新的规制措施的出台以及以后的修改和调整。政府规制依据的是法律，相关法律的出台是政府规制过程的第一步。有很多相关利益主体可能会加入推动规制立法的行列，例如立法机关、政府、企业、消费者、工人等。当然在这个阶段，立法机关将发挥最主要的作用，它要明确哪个机构对哪个行业的哪些方面进行规制。选择机构有可能采用的做法是扩大现有机构的权限，也可能是成立新的规制机构。在立法阶段，规制的政策目标也要确定下来。例如，在2021年9月26日，山东省人民政府发布了《关于公布全省最低工资标准的通知》，根据山东省经济社会发展和职工工资水平增长等情况，经人力资源和社会保障部审核，确定调整后的全省月最低工资标准为2100元、1900元、1700元；小时最低工资标准为21元、19元、17元。月最低工资标准适用于全日制就业劳动者，小时最低工资标准适用于非全日制就业劳动者。调整后的最低工资标准从2021年10月1日起执行，2018年执行的最低工资标准同时废止。显然，最低工资标准的调整起到了保障劳动者及其家庭成员基本生活的作用。

### 2. 规制执法

政府规制的第二步是执法。法律通过之后就进入了实施阶段，规制机构获得法律授权执行法律。由于立法机构制定的政策目标很难细化，这就给规制机构留下了较大的灵活处理的空间。现实中，经济规制政策的制定和执行涉及广泛的公共谈判，规制者更像仲裁者，既建立谈判规则，又斡旋于消费者和企业利益集团之间。规制过程是指由被规制市场中的消费者和企业、消费者偏好和企业技术、可利用的战略以及规制规则来定义的一种博弈。同时，政府规制也具有收入再分配的性质。

### 3. 放松或解除规制

规制过程的最后一个阶段是放松或解除规制。就经济规制而言，放松或解除规制的原因可能是随着技术的进步，有些行业的自然垄断属性发生了变化，这会导致规制的放松或解除。规制的立法、放松或解除都是公共选择过程，执政者持有的经济理念也会对此产生影响。放松规制有两个层次的含义：一是完全撤销对被规制产业的各种价格、进入、投资、服务等方面的限制，使企业处于完全自由的竞争状态；二是部分地取消规制，即有些方面的限制性被取消，而有些规定继续保留，或者原来较为严格、烦琐、苛刻的规则条款变得较为宽松、开明。例如，在进入规制中，将原来的审批制改为备案制。放松或解除规制的目的在于引入竞争机制、减少规制成本、促使企业提高效率、改进服务，当然，这些举动主要针对经济规制。20世纪70年代以后，美国、日本等国家对电信、运输、金融、能源等许多产业实行了放松规制的管理模式。

## 5.2 经济规制、社会规制与垄断规制

### 5.2.1 经济规制

经济规制是指在自然垄断和存在信息不对称的领域，为了防止发生资源配置的低效率和确保利用者的公平利用，政府机关通过法律权限，通过许可和认可手段，对企业的进入、退出、价格、服务的数量及质量、投资、财务会计等有关行为加以规制。政府对经济进行规制旨在弥补市场缺陷，可以说，政府经济规制在一定程度上纠正了市场失灵，平抑了市场经济的周期性波动。

#### 1. 经济规制的领域

正如前文定义所述及的那样，经济规制的领域主要包括存在自然垄断和信息不对称的领域。自然垄断领域是指因为生产、配送方面的规模经济、网络经济、范围经济、沉淀成本和资源稀缺性等，企业仅被限定为一家或少数几家公司的产业，主要包括电力、电信、铁路、航空、煤气、自来水、供热等公益事业，以及金融、保险、交通等行业。自然垄断的基本特征在于其成本的弱增性，其典型产业包括电信、电力、铁路运输、自来水和煤气的供应等。在这些产业的主要领域，有一家或几家企业提供产品和服务，通常比多家企业提供相同数量的产品或服务具有较高的生产效率。但由于这些产业的经营企业有相当大的市场垄断力量，如果不对他们进行政府规制，这些企业就会利用其垄断力量，通过制定高价而获取垄断利润，从而扭曲社

会的分配效率。在一些产业中，由于存在信息不对称，企业往往是信息的垄断者，而消费者往往是信息的被动接受者。这就使得消费者在未必拥有充分信息的情况下，在多种多样的服务和价格中选择一种服务或价格，结果难以实现帕累托效率那样的资源配置效率，并且企业为了实现自身利益最大化，完全有可能通过信息误导，以欺诈消费者等方式来主导消费。因此，电力、电信这些产业也需要政府对其实行规制。

2. 经济规制的目标

实施经济规制的宗旨是使产业合理运营，在维护消费者利益的同时，力求使产业健康发展。对企业实施经济规制是为了实现以下四个目标。

(1) 实现资源的有效配置。在自然垄断产业中，规制的重点是防止垄断企业滥用市场支配力。所谓市场支配力，是指垄断价格的确定和价格的差别以及对顾客有差别的服务。由于将价格确定于边际成本之上的这种垄断价格将损害实现帕累托效率的资源配置，要限制垄断价格的制定，实行价格规制，以便实现资源的有效配置。

(2) 提高企业内部生产效率。如果市场结构是垄断性的，由于企业很少受到竞争的强烈压力，提高企业内部效率的积极性将衰退。因而，有必要采取措施提高内部效率。所谓企业的内部效率主要包括：在现有可以利用的技术条件下，实现投入物的最优组合所带来的生产效率；以最优的生产规模进行生产所带来的技术效率；以最优的配送系统进行发送所带来的配送效率；实现尽可能高的设备负荷率所带来的设备利用效率。

(3) 避免收入再分配。垄断价格、差别价格、内部交叉补贴及差别对待，都是以垄断市场支配力为背景的，几乎都有收入再分配的效果。具体表现为：首先，如果企业确定垄断价格，则不仅资源配置效率受到损害，而且还将发生消费者剩余的一部分成为企业利润被进行再分配的情况。其次，垄断企业在向每个消费者或每个消费群体提供统一服务时，也有可能实现差别价格。再次，经营多种产品或者提供多种服务的垄断企业，也可能通过获取一方事业领域的超额利润来弥补另一方服务领域的过低利润，即内部交叉补贴，这是在不同领域的消费者之间进行收入再分配。

(4) 实现企业财务的稳定化。如果企业不能从长期发展的观点出发，进行适当的投资，不仅会发生供给不足，而且也不能实现企业成长。因而，规制机构需要考虑到企业能够筹措一定的内部资金和外部资金来确保资本成本，以便其能够实现适当投资。因此，企业财务的稳定化也成为经济规制的一个重要目标。

3. 经济规制的内容

经济规制的内容主要包括进入与退出规制、价格规制、数量规制和质量规制。其中，进入与退出规制和价格规制是两种较为主要的规制内容。同时，由于各个被规制产业的技术经济特征存在很大差异，这就决定了同一政府规制内容在各个产业也存在很大的差异。

(1) 进入与退出规制。为了获得产业的规模经济性和成本弱增性，规制者需要限制新企业进入产业。同时，为保证供给的稳定性，还要限制企业任意退出行业。进入与退出规制是指在自然垄断产业中，从确保规模经济效益和范围经济效益，以及提高生产效率的角度出发，特许一家企业或极少数几家企业进入，从而限制其他企业进入。进入与退出规制以限制过度竞争为主要目的。

(2) 价格规制。规制者要制定特定产业在一定时期内的最高限价或最低限价,并规制价格调整的周期。对自然垄断产业进行价格规制,其目的在于实现资源的有效配置,在保护消费者利益的同时提高企业的内部效率,既使垄断企业的价格保持在一个不失公平的水平上,又使垄断企业有提高效率的激励。可见,价格规制是实现社会福利在生产者和消费者之间转移的一种手段。价格规制的具体方式有很多,并且因产业而异。理论上讨论过的价格规制方式包括边际成本定价法、拉姆齐定价法、两段收费制、最高限价法和投资回报率定价法等。

(3) 数量规制。数量规制是指在自然垄断产业中,为了防止因为投资或产出与实际不相符而造成价格波动、资源浪费的直接规制。数量规制主要包括两种:一是投资规制,投资者既要鼓励企业投资,以满足不断增长的产品或服务需求,又要防止企业间的过度竞争和重复投资,还要对投资品的最优组合进行规制,以保证投资的效率和效益;二是产量规制,即政府有关部门对相关产业的产品数量和所提供的服务量进行直接规制。

(4) 质量规制。许多产品或服务的质量具有综合性,并不容易简单定义和直观认定。例如,航空服务质量包括准时性、安全性、机上服务、机舱设备等。在规制实践中,往往不单独实行质量规制,而是把质量和价格相联系,即在价格规制中包括质量规制,如果被规制企业没有达到质量标准,或者消费者对有关企业的商品质量投诉太多,规制者就要降低规制价格水平。

在上述4个方面的规制中,进入与退出规制和价格规制是基本的规制内容。一般而言,自然垄断产业所提供的产品和服务,在很高程度上为生产和生活所必需,而且往往难以为其他产品和服务所替代。因此,必须由政府出面干预,赋予获准进入该产业的企业"供给责任",以保证产品和服务的充分供给,满足社会需求。

▶ 专栏5-1 我国电价规制发展历程

### 1949—1978年:计划经济时期

1950年,中国成立电力行业管理局,初步形成了以中央领导为主、地方领导为补充的政企合一的垂直电力管理体制。1976年前,根据水利部发布的《电热价格通知书》,全国实施电价统一定价。政府持续对电力工业进行高度集中统一管理是基于当时整个社会电力缺乏的时代背景,与当时计划经济体制相呼应,电价决定权主要掌握在国家手中,由国家来进行宏观调控,价格波动比较小。这种电价形成机制在一定程度上缓解了当时我国供电不足的矛盾,但其弊端也是显而易见的:计划电价使得价格脱离内在价值,企业不能按照成本制定价格,会降低电力企业经营效率及生产积极性,限制电力发展,最终导致供电不足的恶性循环。

### 1979—2000年:过渡时期

以1985年为分界点,大致可以将这段时期划分为两个阶段。从电力产业体制角度来看,1985年以前,政府将之前下放给地方的电力管理权上收,由中央机关进行管理,以期缓解之前权力下放产生的供电不足的矛盾。从1996年起,我国电力工业管理体制迎来了里程碑式的历史转型期,以1998年国家电网公司成立为标志,我国电力工业管理体制正式告别计划经济时代,开始向社会主义市场经济体制迈进。

从电价定价角度来看,1985年以前,我国普遍实施单一价格,以1985年4月国家经济委员会、国家计划委员会、水利电力部、国家物价局发布的《关于鼓励集资办电和实行多种电价的暂行规定》为标志，我国电力行业进入了分类定价阶段。1985年之后，我国进入工业经济发展黄金时期，工业较发达地区的每日用电量出现了极大的波动，一些地区率先针对用电量波动采取了分时电价定价策略。1994年，我国在全国范围正式推行分用户、分时段定价方式，标志着我国正式进入了组合电价时代。1997年，国家又出台了全国统一销售电价目录，实现了地区指令性电价与指导性电价并轨。

**2001年至今：向完全市场化演进**

2002年4月，国务院发布《电力体制改革方案》(以下简称《方案》)，标志着我国电力行业定价正式告别政府定价，进入市场竞价新时代。在《方案》中，国家明确提出电价改革十六字方针，将电力行业纵向分为发电、输电、配电、售电4个环节，电力价格由原来的政府定价模式转为市场竞价模式。2003年，国务院印发了《电价改革方案》，将上述4个环节涉及的价格区分为上网电价、输配电价及销售电价三大类别，并规定位于供应链两端的发电及售电价格采用市场竞价模式，中间环节输电及配电继续采用政府定价模式。2005年，国家发改委会同有关部门，针对以上三大类电力价格分别制定了《上网电价管理暂行办法》《输配电价管理暂行办法》和《销售电价管理暂行办法》，标志着我国电力行业定价市场化进程向深入推进。

现阶段，我国电力行业定价模式已经较为规范，定价种类呈现多样、灵活的特点。市场上常见的定价种类除了一部制、两部制、三部制定价外，还有分时定价和季节性定价等。尽管如此，我国电力定价仍然存在许多矛盾和缺陷，包括市场定价机制尚未有效形成、部分业务领域行政垄断力度过大、控制体系和控制专业化水平有待提高、产业组织间利益博弈与产业组织矛盾突出、电价调整滞后于市场供求形势等。作为定价依据的能源成本无法充分体现发电及消耗的资源成本，这可能影响竞争在价格形成中的作用发挥。

资料来源：佚名. 我国电价规制发展历程. [EB/OL]. (2018-10-01)[2022-04-05]. https://www.sohu.com/a/257297813_662580. 有删改

## 5.2.2 社会规制

**1. 社会规制的内涵**

与经济规制相比较，社会规制是一种较为新颖的规制手段。虽然在20世纪初就开始存在对食品、药品的规制，但是直到20世纪70年代，发达的市场经济国家才开始重视社会规制，理论界才开始系统地研究这种规制手段。社会规制与旧式的政府规制即经济规制相比，其行政干预的波及面之广是前所未有的，几乎涉及各行各业。

社会规制的蓬勃发展依托两种社会发展的背景：一是随着经济的增长与发展，出现了大量的环境问题、健康问题和社会安全问题；二是随着生活水平的提高，人们日益关注自己的生命价值和生活质量，从而更加关注环境、安全和质量问题。于是，越来越多的人希望对这些方面的危害和风险实行政府规制。许多学者对社会规制给出了定义，植草益认为，社会规制是以保障劳动者和消费者的安全、健康、卫生、环境保护、防止灾害为目的，对产品和服务的质量和伴随提供它们而产生的各种活动制定一定的标准，并禁止、限制特定行为的机制。这种认识具有普遍性，因为政府在诸如防灾、社会安全和健康方面的行政干预和限制，是为了保护人们的生存权益和社会利益，直接服务于人类的社会目标。而在美国，通常把社会规制局限在健康、安全和环境保护这三个方面,因此,社会规制也被称为HSE管制(health, safety & environment regulation)。社会规制关注社会活动的自然环境,市场过程中的不理想交换和交易行为产生的危害和风险。概括地说,它是政府为了消除由于负外部性和信息不对称引起的市场失灵而进行的规制,其意义在于避免可能由此引起的各种危害,比如环境污染、自然灾害、各种事故造成的健康和安全问题,企业趋利行为产生的低质产品对安全和健康的损害等。除此经济目的之外,社会规制也是为了确保公众和劳动者日常生活中的健康与安全以及保护环境质量。

2. 社会规制的内容与方法

1) 社会规制的内容

社会规制的内容相当广泛,它不以特定产业为研究对象,而是围绕如何达到一定的社会目标而进行的规制,因而其研究内容主要包括以下几方面。

(1) 产品质量和安全。由于生产者与消费者之间存在信息不对称,而运用单纯的市场机制不能解决这一问题,这就需要政府加强对产品质量的管制,主要包括对产品、食品以及药品的质量与安全的管制。

(2) 环境污染管制。环境污染是一种负外部性,会给个人和社会带来严重伤害,需要政府采取直接或间接的管制措施。

(3) 工作场所的健康和安全。由于某个特定产品的生产使劳动者面临特定的危险,即受到伤害的风险。而雇主为了降低企业成本,他没有动机去采取措施以减少风险,政府应该对其进行管制,以保证生产达到安全与健康标准。

2) 社会规制的方法

社会规制的主要方法包括以下几种。

(1) 禁止特定行为,即通过法规直接禁止那些被社会公认有可能引起危害和不良后果的社会行为。

(2) 营业活动限制,即通过批准、认可制度对与提供公共性产品和准公共性产品、非价值性产品有关的事业者及有可能因外部经济而造成损害的事业者进行营业活动的限制。

(3) 执业资格制度,即国家为了确保消费者利益,对于从事与健康、安全、环境联系密切的单位和个人,要对其专门知识、经验、技能等进行认定、证明并发给执业资质证明的制度。

(4) 标准认证和检查制度,即政府从确保产品的安全性、机械设备的安全运转和操作的目的出发,对其结构、强度、性能等方面定出安全标准。

(5) 收费补偿制度,即对有可能引起火灾、环境损害以及利用自然资源的经济行为征收定额费用(如排污费用)和资源补偿费(如矿产资源补偿)。

(6) 信息公开制度,即可规制机构要求其向消费者尽量详细地公开与其所提供产品或服务有关的业务信息,或按照法律规定,消费者有权向卖方索取自己应该知道的有关产品和服务的信息。可以说,社会规制的主要方法涵盖法律手段、行政手段、经济手段甚至舆论手段等。

3. 社会规制的特征和目标

1) 社会规制的特征

社会规制涉及的领域很多,而且各个领域都有其特殊性。透过这些特殊规制对象不同的表面特征,我们仍然可以看到社会规制本身所具有的一般性特征。

(1) 规制是强制执行的，是政府职能的一种体现。社会规制是用政府强制力去限制或影响经济主体决策的过程，因而规制必然具有政府决策的优势和弊端。这决定了规制也是不完全的，就像市场的不完全一样。

(2) 规制具有公益性。社会规制的产品是公益产品，具有不排他性，因此，规制的成果任何人都可以享用。

(3) 规制具有横向制约性。与经济规制是政府对某特定产业的纵向制约不同，社会规制并不针对某一特定的产业行为，而是针对所有可能产生外部不经济或内部不经济的企业行为。任何产业内任何一个企业的行为如果不利于个人的健康、安全，不利于提高环境质量，都要受到相应的政府规制。

(4) 规制具有责任性。社会规制是政府对社会治理责任的一种回应，是政府社会治理职能的内在组成部分。

2) 社会规制的目标

社会规制旨在规避人类活动中由于外部性和信息不对称所引发的各种问题，实现保护环境、防治公害、确保文化教育和福利以及保障国民安全、健康、卫生等目标，从根本上增进社会福利，其目标大致分为以下三个方面。

(1) 限制负外部性活动，保障人类社会可持续发展。在社会发展过程中，人类自身的活动会对外部环境产生大量的负面影响，致使环境、资源等难以再生的社会要素遭到严重的破坏，产生环境污染和资源枯竭等问题。这些问题的出现反过来又对人类的生存和发展造成了不利影响，当人们发现依靠市场机制和个人行为难以解决这些问题时，这些问题也就成了政府社会规制的重要目标。

(2) 激励正外部性活动，促进社会全面进步。人们所从事的活动可能对社会产生正的外部效应，使社会收益大于私人收益，使其他人获益，从而增进社会福利。但具有正外部性的私人活动得不到相应的补偿，就会使行为主体失去继续从事该活动的动力，进而转产于其他活动。这样对社会而言就会产生损失，甚至可能会对社会造成危害。同样，市场对维持正外部性的活动无能为力，必须依靠政府将其纳入社会规制的目标。

(3) 保障信息劣势方的权益。在经济活动中，人们对交易所掌握的信息是不对称的，信息优势方出于某种考虑可能会对信息劣势方构成威胁，使其应有的权益受到损害。因此，各国在社会规制活动中都将信息劣势方权益保护作为重要目标，纷纷以立法的形式规定产品服务的质量标准、从业人员的执业标准以及劳动场所的安全标准等，力争保障信息劣势群体的权益，确保他们的安全、卫生、健康。

4. 对社会规制的批评

1) 对政府使用的命令和控制方法的批评

政府是通过命令和控制来直接实现资源配置的，以确保企业生产出政府认为应当生产的产品。在许多情况下，社会规制严重地干预了被规制企业的运行。在许多情况下，政府为被规制企业作出具体的决策，如必须使用什么样的技术等。在这些情况下，社会性规制代表的远远不只是一种限制性手段，它代表的是对企业的微观管理。命令和控制也意味着，规制当局对不同的受规制者实行不同的标准。例如，有时会允许已有的企业比新企业执行较低的标准。规制的一层含义是：它有助于创造有利于现存企业的市场进入障碍；另外一层含义是：这种双重标准很可能会延缓用新的活动替代旧的相对落后的活动的进程。

2) 社会规制成本太高

社会规制常常是不顾成本地强制要求变革。社会规制被用来增加不具有货币价值的产品，而其代价则常常是具有货币价值的产品。确实，如果私人产品的生产和消费涉及外部性，则社会规制就是一个提高效率的方法。一般来讲，社会规制会改变产出的结构和分配。例如，法律强行要求更加清洁的空气和更加安全的工作环境，这就提高了企业活动的私人成本，在其他条件不变的情况下，它又降低了生产率的增长速度。这是因为企业把产业中的大量新资本投资于生产社会产品，为此，经济利益可能会受到损失。社会规制的成本绝非只有经济上的损益，更多的是企业的自由意志与行为受到限制和干预。对一般竞争的依法限制，可能需要更高的成本。此外，社会规制还会损害一些人的利益以创造另一部分人的福利。正如小贾尔斯·伯吉斯所言，无论社会规制带来什么样的好处，同时都会付出代价。它有选择地把更大的限制和更高的成本强加在那些过去享有更多自由和更多净收入的人身上，以达到改善其他人福利的特殊目的。

无论社会规制遭受什么样的批评，它还是不断蓬勃发展。社会规制是政府干预范围扩大的表现，而这种干预范围的扩大源于人们对社会规制的需求，人们认为政府才是确保其生存能力的最合适的工具，即使政府干预的成本要由那些购买政府服务的人承担，或者由那些从事受管制的生产的人承担。社会规制在今后还将继续存在。然而，在现行的社会规制中，也有一些已经背离了其本来的目的。更重要的是，由于技术的革新，产品与制造设备的安全性、可信赖度显著提高，同时企业的质量管理与检查鉴定体制也有了明显的加强，如此一来，以往的社会规制的一部分已变得徒有虚名。在检查、鉴定制度与基准以及认证制度中有不少已不符合当今时代的要求，这些方面将成为今后加强规制的焦点。

### 专栏5-2　从社会性规制视角看机动车限行的合理性

机动车限行源于20世纪70年代的阿根廷，是指政府通过行政、法律手段等对机动车的使用进行限制和控制，其目的在于缓解交通压力，减少交通拥堵，减少机动车使用造成的环境污染等。机动车限行具体包括尾号限行、限外、禁摩、禁货、环保限行、小客车配置指标摇号取得、小客车配置指标竞价取得、非营业性客车额度拍卖等政策。其中，前五种是直接限制机动车使用的政策，后三种实际上是通过限制机动车的购买以控制机动车总量进而限制机动车使用的政策。小客车配置指标摇号取得常被称为"购车摇号""车牌摇号"或"号牌摇号"。小客车配置指标竞价取得和非营业性客车额度拍卖常被称为"车牌拍卖"或"号牌拍卖"。自20世纪90年代起，我国陆续有城市实施机动车限行政策。该政策属于一种社会性规制政策。基于理论研究对社会性规制实施动因的一般解释，我国城市政府实施该政策的依据在于克服因机动车使用活动产生的负外部性以及其存在的信息失灵而引起的市场失灵，减少其产生的社会不公平，控制其产生危害公众健康、财产和安全的风险。

## 一、克服负外部性引起的市场失灵

机动车的使用属于一种消费活动，具有较强的负外部性，表现在以下几方面。

第一，机动车的发动机多以汽油、柴油、天然气等为燃料，这些燃料在燃烧过程中会排放一氧化碳、氮氧化物等污染物，这些污染物多会对大气造成直接污染，有些还转化为光化学氧化物等二次污染物，而且由于机动车的排气管距离地面较近，其污染物很容易被人体吸入，对人体造成严重危害。

第二，机动车运行时会产生噪声，包括行驶噪声、鸣笛噪声、进排气噪声等，这些噪声具有声源流动、声级高、干扰时间长、影响范围大等特点，严重扰乱人们正常的工作和生活，形成噪声污染。

第三，在特定城市，由于道路资源有限，随着机动车使用量的大幅增加，机动车使用者在占用道路资源时会产生严重的相互影响，造成交通拥堵。而交通拥堵不仅会造成燃料和出行时间的浪费，也会导致机动车尾气污染加剧和交通事故增加，甚至还会造成城市"瘫痪"，阻碍经济社会的发展。

第四，石油、天然气、煤炭等不可再生资源是世界的主要能源，作为石油制品的汽油和柴油是大多数机动车的燃料，机动车的大量使用需要消耗大量的石油和天然气，是造成能源短缺乃至危机的重要因素。能源短缺和能源危机将会对一个地区、国家乃至整个世界的经济和社会发展带来严重影响和危害。

由于机动车使用给第三方乃至整个社会产生前述不利影响，这些影响根本无法通过市场机制来减少或者消除，只能由政府通过实施社会性规制来适当减少这种活动，把不利影响控制在一定范围内。从实践来看，机动车限行政策的实施对于控制城市机动车的过快增长、减少交通拥堵、缓解空气污染有着明显的效果。

## 二、克服信息不对称引起的市场失灵

除了外部性，机动车使用活动也存在信息失灵的问题。机动车是近现代科学技术发展的产物，其本身与使用具有较强的技术性。受制于这种技术性，人们对机动车使用活动的认识，特别是对它产生的外部性的认识不全面、不深入。由于机动车使用是为社会所允许的一种活动，人们即使对它所产生的外部性有所认识，一般也不会加以深究。此外，为了促成机动车交易，机动车供应商通常不会向消费者透露机动车使用产生的外部性问题，而一些政府管理部门为了保持机动车制造产业的发展，往往也不会向公众过多地强调该问题。

在我国，很长一段时间内，很多人误认为机动车使用本身并不存在什么问题，政府只是为了治理交通拥堵才实施该政策，而交通拥堵的治理有多种政策，这只是其中的一种。近些年来，由于许多地区面临长时间的严重空气污染，不少城市不得不加入实施机动车限行政策的行列，许多人才注意到机动车的使用带来的问题之一———空气污染。

当前，我国仍处于道路交通机动化提升的阶段，在许多城市，人们对机动车仍有强烈需求，短期内人们可能仍将忽视其使用的外部性问题。信息不充分、不对称等妨碍了人们就机动车的使用作出理性决策，而这个问题无法通过市场机制来解决，需要政府实施社会性规制政策来解决。从实践来看，机动车限行政策的实施正在逐步改变人们的汽车消费理念，在许多地方，不少公众能够积极支持和参与"绿色出行"行动。

### 三、维护社会公平

现代道路交通中存在一些影响社会公平的问题，解决这些问题、维护社会公平也是实施机动车限行政策的重要依据。在现代道路交通系统中，不同类型的交通参与者因道路资源的占用、速度、自身安全保障性等情况的不同而处于不同的地位。因具有较快的速度、较好的安全保障性以及占用较多的道路资源，机动车使用者居于强势地位。因速度慢、缺少保护物等，行人与自行车等非机动车使用者居于弱势地位，容易受到伤害，成为交通弱势群体。机动车是交通风险的制造者，但在很多情况下承担该风险的却是行人与自行车等非机动车使用者，道路交通的不公平问题主要由此产生。随着机动车数量的增加，其制造风险的增大，该问题也愈发严重。与此同时，道路资源几乎被机动车垄断，城市交通拥堵成为常态，行人与自行车等非机动车使用者深受其苦，这显然也是不公平的。

在我国许多城市，由于城市规划和发展存在问题，道路交通面临日益严重的不公平问题。一方面，绝大多数道路资源被机动车占用，交通弱势群体使用道路资源的权利被严重侵害；另一方面，交通弱势群体受到不断增加的交通风险的严重威胁。从总体上适当控制机动车的数量、减少机动车的使用，是政府维护道路交通领域中的社会公平的重要措施之一。从实践来看，机动车限行政策的实施对于保障交通弱势群体的权益起到了明显作用。

### 四、控制风险

机动车的使用使人们的出行更加舒适、快捷，加快了货物流通的速度，为人们的生产和生活提供了诸多便利，实现了道路交通的大变革，促进了经济发展和生活改善，在总体上是有益于社会的，这也是它被社会所允许的根本原因。然而，该活动本身是具有风险的。作为现代交通工具的汽车等机动车大多属于高速运转装置，它的使用会产生造成人员伤亡、财产损失等危害的交通事故的风险。尽管该风险发生的概率非常小——发生交通事故是小概率事件，但是随着机动车数量的不断增加，风险也在累加，风险实现或交通事故的绝对量不断增加。

实践证明，机动车的使用给社会带来的负面效应是巨大的。一方面，大量的交通事故带来了严重的人员伤亡和巨大的经济损失；另一方面，国家为了治理交通事故不得不投入大量的人力、物力和财力。在我国，根据公安部历年公布的相关统计数据粗略估算，仅改革开放后交通事故就已致使数百万人死亡、数千万人伤残，造成数百亿元的直接经济损失。因而，政府适当限制机动车的购买和使用，并不是因噎废食，而是对机动车的使用带来的总风险的合理控制，目的是把该风险控制在社会能够接受的范围内。从实践来看，近些年来我国机动车数量总体上持续攀升，但道路交通安全形势一直相对稳定，这与许多城市采取的机动车限行政策息息相关。

资料来源：丁芝华，李燕霞. 社会性规制视角下城市机动车限行的合理性研究[J]. 交通运输研究，2020，6(4)：86-94.

#### 5.2.3 垄断规制

1. 垄断及其经济学分析

所谓垄断，是指少数企业凭借其控制的巨额资本、足够的生产经营规模和市场份额，通过协定、同盟、联合、参股等办法，操纵与控制一个或几个部门的商品生产和流通，以获取高额甚至巨额利润。

从政治经济学的角度分析，竞争引起的生产和资本集中为垄断的产生提供了可能性和必要性。

首先，生产日益集中使垄断成为可能。在自由竞争阶段，单个企业资本规模很小，生产和流通主要分散于大量的生产经营职能单一的中小企业，受市场自发力量调节，激烈的竞争使得企业之间难以达成限制竞争的协定。由于单个企业的产量和市场份额微不足道，即使某些企业实现了联合或者达成某种默契，也难以达到操纵市场的程度，而当时工业技术的发展也没有提供这种必要性。随着以股份制为代表的企业组织创新以及生产资本集中的发展，大企业主导生产流通的时代到来，社会生产逐渐集中到少数大企业之中。占据绝对份额的大企业很可能会打破单个企业组织的局限，在一个生产部门或相关产业部门之间进行更高层次的组织协调。

其次，生产集中也使垄断具有必要性和必然性。第一，生产集中使得企业规模扩大，大企业的生产能力迅速增强。而在一定时期的特定市场上，需求总是有限的，如果企业仍遵循自由竞争的规律进行生产，势必导致生产过剩、利润减少，也会造成资源使用的损失和浪费。为了获得利润，大企业之间就会结成垄断组织，瓜分市场份额，以调节生产。第二，生产集中使得大企业规模庞大，资本雄厚，产品及企业形象在公众中有一定的地位，这就使得小企业在进入大企业横行的领域时面临较高的壁垒，自由竞争就会受到限制，逐步形成少数大企业寡头垄断的局面。第三，少数大企业之间势均力敌，为了避免过度竞争造成多方受伤的后果，必然寻求某种妥协，因此会达成垄断协定。

垄断存在诸多弊端，因此政府一般会针对垄断采取一些限制措施，这些限制措施构成了微观经济规制的重要组成部分。同时，我们也应该看到，适度的垄断对经济发展有积极的作用。在现代市场经济中，反垄断不能简单理解为禁止垄断，对于在经济规律支配下形成的各种垄断，应利用其有利的一面，促进经济发展。反垄断政策所规制的垄断是指特定主体在经济活动中限制或阻碍竞争的状态或行为，具体是指企业或其他组织单独或者联合采取经济或非经济的手段，在特定市场实行排他性控制，从而限制或阻止竞争的状态或行为。它不仅表现为实质性限制竞争的状态(垄断状态)，而且更多甚至完全表现为各种实质性限制竞争的行为(垄断行为)；它可以是单个企业的单独行为，也可以是两个或者两个以上企业间的联合或者默契行为；它可以是企业或者其他生产经营主体以经济手段追求或滥用垄断地位的行为，即所谓的经济性垄断，也可以是非市场经营主体以非经营手段从事的垄断行为，即所谓的行政性垄断。由一家或少数几家企业垄断或独占某种产品或服务的市场并不容易，相反，企业规模的扩大，有利于提高企业本身乃至一国的经济竞争力，因此说垄断性企业只要不滥用实力或垄断性地位，对于经济发展来说还是利大于弊的。

总之，和完全竞争相比，不完全竞争市场不能实现最有效的资源分配和资源运用，其中垄断导致了资源分配和资源运用的无效率。这样的结论也为西方国家反垄断政策的出台和对垄断的规制提供了理论基础。

2. 垄断规制的措施——反垄断法

反垄断法是一套法律规范的总称，它是政府通过制定各种法令、法规来限制垄断企业行为的垄断规制方式。更具体地说，反垄断法是调整竞争关系，防范和控制垄断，禁止企业以合谋、滥用经济优势等方式限制和破坏竞争，以保护和促进竞争的法律规范。反垄断法主要通过禁止妨碍竞争的行为和规定合理的市场结构类型来实现促进竞争的目的。它的作用体现在保护竞争者和消费者的合法利益，并维持经济社会的效率和公平。纵观反垄断政策的发展历史，作为或曾经作为政府规制对象的垄断行为主要有公开的横向串谋、暗中的横向串谋、企业合并、掠夺性定价与限制性定价、价格歧视、交易限制等行为。

2007年8月30日，第十届全国人民代表大会常务委员会第二十九次会议通过并颁布了《中华人民共和国反垄断法》，该法于2008年8月1日起实施。这也标志着我国反垄断政策体系的基本完成，意味着我国政府反垄断工作的全面展开。我国反垄断法的任务是反对行政垄断，这是由我国市场结构的现状和经济体制改革的目标和进程所决定的。

我国反垄断法的任务由如下三个方面构成。

(1) 禁止垄断，即禁止市场上和竞争根本不相容的垄断行为。关于哪些垄断行为应列入被禁止之列的问题，各国的反垄断法都做了明确的列举式规定。例如，美国的反垄断法规定，禁止以各种卡特尔合同的形式划分市场、限定产量、决定产品销售价格，而在某一时期垄断美国市场；禁止本国企业加入各种国际性垄断组织或参与国际性垄断协议；禁止州际封锁；禁止价格歧视；禁止营业额超过该行业总营业额以上的寡占行为；等等。在我国的反垄断法中，作出这种规定也是必要的。一般说来，对于行政垄断行为，除国家指定专营外，都应列入被禁止之列。因为行政垄断同竞争根本不相容，严重阻碍市场取向的改革。对于经济垄断行为，则应对其利弊进行比较，来确定是否应被禁止。由于禁止经济垄断在目前带有一定的超前性，在具体规定禁止对象时应予慎重考虑。但是，已为各国市场发展的经验和教训所证明的一些应被禁止的经济垄断行为，在我国也应列入禁止范围。

(2) 限制垄断，即将未被列入禁止范围的垄断行为，限制于适度之内。限制垄断范围比禁止垄断范围广，并且限制方式根据限制对象的不同而不尽相同。在有些国家的反垄断法中，对应予限制的垄断行为也做了列举式规定。例如，美国的反垄断法规定，企业合并、公司之间相互持股及兼任董事、合谋垄断市场等都在限制之列。日本的反垄断法则把有碍竞争的转让股权、企业合并和营业让与列为限制对象。在限制垄断方面，存在一个衡量垄断适度与否的量的问题。美国通常以最大的企业在该行业所占份额来衡量企业对市场的控制程度，不过，美国最高法院在诉讼中并不看重市场占有率本身，而是看重该企业对市场的影响。即使市场占有率较高，若其对市场竞争的影响是有利的，则仍不属于违法。美国一般运用双重分析的方法。首先，分析其在竞争市场的影响，以确定这一行为本身的目的是否具有竞争性。如果控制性目的不明显，再根据其有利竞争的倾向与损害竞争的倾向加以衡量，若后者占优势则认为其为违法。这种双重分析使法院对那些低于控制标准的反竞争活动加以限制，同时那些虽属于垄断但有利于经济发展的安排则得到司法上的豁免。可见，美国法律从量上限制垄断也是具有弹性的，这一点值得我国借鉴学习。

(3) 附随任务。禁止垄断和限制垄断是反垄断法的基本任务。此外，反垄断法还负有附随其基本任务而产生的任务。这种附随任务是基本任务的延伸，它主要是用来界定合法垄断，即明确规定哪些垄断行为为合法垄断。例如，德国在卡特尔法中，就规定了交易条件卡特尔、折扣卡特尔、标准和型号卡特尔、合理化卡特尔、进出口卡特尔、产业结构卡特尔、中小企业合作等是"合法卡特尔"。这些卡特尔有的虽然对竞争有所限制,但其所带来的宏观经济方面的好处大于限制竞争带来的弊端,法律上仍允许其依法定程序成立。这种界定,不仅使垄断的合法与非法的区分明确化,而且为保护和促进合法垄断提供了依据。在市场经济中,生产的集中化并不排斥中小型企业的存在,而且,中小型企业的发展会抵消生产集中造成垄断所带来的消极影响。从此意义上说,整顿和扶持中小型企业也是一种反垄断措施。我国目前企业平均规模仍然过小,未能纳入社会生产的专业化协作体系。只有通过整顿和扶持,促使中小企业提高素质,加快中小企业的重组,增强竞争能力,才有可能实现垄断竞争模式的市场结构,这就要求在反垄断中对中小企业作出保护性规定。

2008年8月1日,我国开始实施反垄断法,但是我国反垄断政策依然面临诸多问题与挑战。第一,处理好行政垄断问题。我国经济运行所面临的首要垄断问题就是行政垄断,这已为我国各界人士所一致认同。第二,滥用知识产权。本来政府是鼓励正当使用知识产权的,但是相当一部分权利人在行使权利时却超出法律所允许的范围或者正当的权限,损害了他人利益和社会公共利益。比如,常见的滥用知识产权行为有搭售、固定价格、"一揽子许可"等。第三,对企业合并行为的约束急需具体化。在水平合并方面迟迟不能公布企业集中的申报标准、类别以及政府批准与否的具体规定;在垂直合并方面也没有有效的应对措施。

### 3. 垄断规制与其他规制之间的区别

垄断规制和其他规制代表了两种对待市场失灵的制度。其他规制是指经济规制和社会规制,其中以经济规制为主,在下文中,为了方便表述,我们用"规制"来简称其他两种规制。垄断规制是由反垄断机构和法院通过执行反垄断法而采取的旨在鼓励竞争的行动。规制是指由政府机构施加于消费者、企业和市场配置机制的一般规则和特殊行为,是一种行政程序的产物,该行政程序涉及市场参与者之间的讨价还价以及通过立法、行政和司法干预所发生的间接互动。两者之间的区别大致有以下四个方面。

(1) 规制机构的区别。反垄断机构主要是指司法部门(如法院),反垄断机构组织主要由掌握法律知识的专业人员组成,其主要任务是对违反反垄断法的行为进行法律制裁。规制机构属于政府行政机关,由政府在需要规制的产业设立专门的规制机关。例如,我国政府在电力产业部门设立电力监管委员会。美国的电力市场监管机构分为两个层次:第一个层次是州公用事业规制委员会,对本州范围内的电力工业进行监管;第二个层次是联邦能源规制委员会,对州际电力交换和州际输电工程进行规制。

(2) 规制内容的区别。反垄断法是为了限制大企业通过联合,对市场进行垄断、损害竞争而制定的法律。一般反垄断法主要调整以下几个方面的内容:市场垄断和滥用市场垄断地位;协议限制竞争;其他不公正交易方法;控制经济力的过度集中。规制则主要有进入与退出规制、价格规制等。

(3) 规制权利的区别。反垄断机构的权利是指法院在司法过程中的审判权和强制执行权,主要包括对构成垄断的案件进行调查审理,并可以强制解散垄断企业,强制禁止企业的垄断行为或判处垄断企业为其垄断行为给其他主体造成的利益损害支付赔偿或罚金,强行禁止企业间可能会造成垄断结果的纵向一体化或横向一体化的联合,以及对市场的其他不正当竞争行为作出的强制性禁止或其他惩罚措施。规制机构的权利要更加广泛,包括调查权、查账权、委托权、立法权、审批权、强制执行权等。

(4) 反垄断法对垄断行为的调整一般是在垄断发生之后才进行，属于事后调整；规制机构的规制行为一般是在垄断可能发生之前就开始进行，属于事前调整。从效果上看，规制措施的事前调整可以减少垄断带来的不良后果，甚至可以避免垄断可能带来的社会福利损失，所以垄断措施的事前调整优于反垄断法的事后调整。

反垄断法和规制都是因市场失灵而产生的，都是为了解决由市场失灵带来的不公平竞争和效率损失的问题，所以，反垄断法和规制的目的是相同的，应该共同发挥作用。反垄断法和规制政策也应该相互配套，相互衔接。在市场失灵的情况下，可由规制机构先行实行规制，必要时可由规制机构代为起诉。总之，规制机构所具有的事前规制、主动规制功能及对被规制内容的专业知识的掌握，与反垄断机构所具有的事后规制、被动规制功能和对法律专业知识的掌握，恰好可以形成互补，两者相互配合，能够更好地达到纠正市场失灵的效果。

### ▶ 专栏5-3 依法规制数字经济平台发展

2021年4月10日，国家市场监督管理总局依法对阿里巴巴集团实施"二选一"垄断行为作出行政处罚，罚款182.28亿元。这是我国数字经济平台领域第一起重大典型的垄断案件，标志着该领域反垄断执法进入了新阶段，也是我国建立健全数字经济治理体系、推动数字经济规范健康发展的里程碑事件。

数字经济被称为"利用比特而非原子"的经济，是以使用数字化知识和信息作为关键生产要素，以现代信息网络作为重要载体，以信息通信技术的有效使用作为效率提升和经济结构优化的重要推动力的一系列经济活动。数字经济平台是新型平台，其以网络信息技术等为主要手段，基于虚拟或真实的交易空间促成双方或多方之间的交易。

近年来，数字经济发展势头迅猛，已成为拉动经济增长、缓解经济下行压力、带动经济复苏的关键抓手。根据中国信息通信研究院研究报告，2019年，全球数字经济平均名义增速为5.4%，高于同期全球GDP名义增速3.1个百分点，其测算的47个经济体数字经济规模达到31.8万亿美元，中国数字经济增长速度领跑全球，同比增长15.6%。2020年，在新冠肺炎疫情冲击和全球经济下行的叠加影响下，中国数字经济依然保持9.7%的高位增长。

随着互联网的普及、网民数量的增加和数字化社会的深刻变革，数字经济平台已经从商业模式、技术工具上升为信息社会的重要组织形式之一，其网络效应随着网络用户的增加而呈指数级增长，这些都在推动数字经济平台不断强化。

随着数字经济平台快速发展，一些数字经济平台企业也衍生出一系列"成长的烦恼"。具体来看，数据已经成为数字经济平台企业中最有价值的资源，一些平台企业难以抑制利用数据维持竞争优势的冲动，会通过限制竞争对手访问、设置进入壁垒等维持自身在这一领域的支配地位，形成"强者恒强，弱者恒弱""赢家通吃"等垄断局面。这些行为不仅会使消费者为商品或者服务支付更高的价格，还可能造成抑制创新、产品和服务质量难以提升以及客户隐私泄露等方面的问题。

我国数字经济平台企业出现的违规行为，主要是实施"大数据杀熟"和"二选一"，以及客户隐私保护不力等。"大数据杀熟"是指同样的商品或服务，老客户看到的价格反而比新客户要高，这是榨取更多消费者剩余的价格歧视行为；"二选一"本应是消费者的权利，但平台企业却要求在网络平台上开设店铺的商家作出选择，这种利用平台优势限制商家的行为实际上侵害了消费者的利益；客户隐私保护不力带来的则是电信诈骗、骚扰电话屡禁不止等诸多问题。

公平竞争是市场经济的核心。只有在公平的竞争环境中，资源才能实现有效配置，企业才能实现优胜劣汰，而垄断则会阻碍公平竞争、扭曲资源配置、损害市场主体和消费者的利益乃至抑制技术进步。对此，我国需强化对数字经济平台竞争政策、法规的制定与实施，更好推动市场化、法治化、数字化协同创新。此次阿里巴巴集团因垄断行为受到行政处罚，就释放出一个清晰的信号：国家鼓励和促进平台经济发展，同时也注重强化反垄断监管，有效预防和制止平台企业滥用数据、技术和资本等优势损害竞争、创新和消费者利益等行为。

从数字经济平台企业的长远发展来看，对其依法规制与支持其更好发展并不矛盾，而是相辅相成的。优化事前合规、事中审查、事后执法的全链条数字经济平台反垄断规制，可以厘清数字经济市场竞争与垄断的边界，促进技术创新和竞争。在鼓励创新的同时进行有效监管，方能以良法善治更好规范和引导数字经济平台持续健康创新发展。

资料来源：胡继晔.依法规制数字经济平台发展[N].经济日报，2021-05-21.有删改

## 5.3 政府规制失灵与规制放松

### 5.3.1 政府规制失灵的内涵

政府规制失灵是政府失灵在微观规制领域中的表现。政府规制失灵与政府的规制政策如影随形，无论是发达国家还是发展中国家，只要是实行政府规制的地方概莫能外。但是，有关政府规制失灵的内涵，理论界至今未有统一的说法。所以，我们可以尝试从以下几个方面把握规制失灵的内涵。

首先，政府规制失灵属于政府失灵的范围，是政府在力图弥补市场缺陷的过程中最终导致预期的社会公共目标无法实现，或者损害了市场组织的效率，或者带来了自身的低效率。在现实中，政府通过不同的途径弥补市场失灵。日本著名产业经济学家植草益把这些途径分为三类，即"公共供给政策""公共引导政策""公共规制政策"。其中，最后一类才属于政府规制的范畴。因此，政府规制失灵是指政府在推行公共规制政策时，经济效率完全不能改善或规制实施后的经济效率低于实施规制前的现象。

其次，经典意义上的政府规制失灵是在市场经济条件下，政府为了克服市场失灵时引起的一种缺陷。市场经济体制是政府规制失灵产生的基本制度条件，这就要求我们必须将计划经济条件下政府的计划管制失灵与市场经济条件下的政府规制失灵严格区分开来。

最后，从社会效益的角度来看，政府规制失灵意味着规制成本超出规制收益，从而使规制行为得不偿失。

### 5.3.2 转型时期的政府规制失灵

在西方经典规制理论中,政府规制是对正常的市场运转出现失灵后的一种纠正,以维护市场的公平竞争,达到资源配置的帕累托最优,其目的是弥补市场中的信息不对称、外部性、垄断和恶性竞争以及公共产品供给不足等方面的问题。但是,我国政府规制的成因却与经典规制理论的分析相去甚远。我国经济社会中到处存在政府规制,不是因为市场失灵,而是源自计划经济的惯性和本能。从政府规制的背景来看,多年高度集中的计划经济体制排斥市场机制的作用,资源配置方式的行政化、计划化,在我国经济体制运行的过程中形成了巨大的惯性。与此配套的政府规制是政府对微观经济主体的活动全面、直接地进行干预,建立什么样的企业、在哪里建立、企业生产什么、生产多少、生产的产品卖给谁、如何定价等问题都由政府确定。中国共产党第十四次全国代表大会首次明确提出要建设社会主义市场经济,我国进入了由计划经济向市场经济过渡的阶段。这个时期的政府规制是一个混合体,既不可避免地带有原有计划经济的影子,又必然包括构建市场经济体系的一些新制度和新措施。

政府规制除了会带来因设立机构、配备人员、制定规制以及计划实施规制而产生的显性成本外,还会带来一些隐性成本,主要表现在以下五个方面。

(1) 政府规制可能产生寻租行为,导致社会福利的损失。实行政府规制的目的在于弥补市场缺陷、维护公众的社会福利,或者是一些寻求规制的产业组织的利益。寻租行为是经济主体为追求经济利益而开展的非生产性活动。寻租行为会造成社会资源的浪费,对社会没有任何效益。

(2) 政府规制往往增大反腐败成本。政府为了防范和控制规制过程中的腐败,必须垫付相关的成本,包括事前的防范成本,事中的监督、制约成本,以及事后的处理成本。政府规制的范围越大、程度越高,官员拥有的权力越大,对权力的监督就越困难,监督的成本也就越高。

(3) 政府规制带来道德风险问题。过度的行政垄断增加了交易成本,导致信誉机制丧失,规制成本也不断增加,呈现内生性自我膨胀的趋势。而当一个社会的寻租行为日益严重,又得不到及时遏制,久而久之会成为一种习惯。在这样一种习惯氛围中,公民的生产积极性和创新的动力会受到极大的打击,从而助长投机取巧的心理,使道德责任感沦丧,社会风气恶化。

(4) 政府规制会导致垄断企业经营的低效率。由于企业普遍缺乏市场竞争的外部压力,从而在相当程度上抑制了通过技术和组织创新提高生产效率的动力。我国许多基础设施经营企业中存在机构臃肿、人浮于事、工作效率低、信息传递效率差等组织管理低效率现象,致使潜在的规模经济效率未能得到发挥,导致企业实际生产成本大大高于按组织能力可能实现的最低生产成本,从而存在资源利用的低效率。

(5) 规制机构的低效率。其主要原因包括以下几方面:①政府规制机构庞杂;②政府规制工作缺乏竞争;③缺乏降低成本的内在激励;④监督信息不完备。

综上可得,政府规制所引发的各种成本和关联费用的增加、资源配置效率的低下等社会福利的损失是不容忽视的。这些弊端就是我国在转型过程中出现的典型的"规制失灵"。

### 5.3.3 政府规制的放松与解除

放松规制已经成为当代世界各国政府规制改革的潮流所向,尽管政府规制会带来诸多好处，比如会避免因放任自然垄断可能产生的低效率，但同时也可能会使得受规制企业内部产生低效率，例如抑制创新，价格体系扭曲，助长工资—价格螺旋上升等。同时，我们不能忽视的是，政府规制的存在还导致了大量规制费用的发生和官僚机构的膨胀。

某些自然垄断产业或领域经过相当长一段时间的发展，就会从自然垄断产业或业务转变为竞争性产业或业务，这就需要放松甚至解除政府管制，由市场竞争机制代替政府规制。20世纪20年代末的经济危机发生之后，美国为了防止危机重演，制定了以1933年银行法为代表的一系列金融规制法律，实行了严格的金融分业管理，其突出要点是银行与证券分业管理经营。这种严格的金融规制对第二次世界大战后的金融稳定以及经济成长发挥了重要的作用。但是随着科技的进步，计算机在经济领域的应用，特别是20世纪70年代之后全世界兴起的金融创新与金融自由化的浪潮，美国的商业银行受到越来越多的来自非银行金融机构的竞争，其地位和利润日趋下降。在世界范围内，以德国为代表的实行全能银行制的国家抓住了经济发展的机遇，呈现勃勃生机。这种体制将银行业和其他金融业务有机结合，允许金融机构从事保险和信托等一系列金融业务。而德国的三大银行都是全能银行，逐步使美国银行在国际金融体系中面临强劲竞争，美国的银行法也因此受到了严峻的挑战。

20世纪70年代起，美国商业银行为逃避金融规制，作出了不懈的努力，如多种金融产品和金融工具的创新。美国金融规制在适应形势中逐渐放松。1987年，美国放开对银行持股公司的限制，允许持股公司经营证券业务；1989年，美国又放开了国内5家最大的银行包销公司的债券和股票；1999年，美国国会两院通过《金融服务现代化法案》，宣布美国自1933年起实行的《银行法》被废止，意味着在美国实行了近70年、对国际金融界产生重大影响的金融分业经营制度最终走向终结。

> **专栏5-4　强化监督、防范和遏制权力腐蚀**
>
> 新年伊始，习近平总书记在十九届中央纪委六次全会上告诫全党："我们必须清醒认识到，腐败和反腐败较量还在激烈进行，并呈现出一些新的阶段性特征，防范形形色色的利益集团成伙作势、'围猎'腐蚀还任重道远。"
>
> "围猎"原本是狩猎中的一种用词，可以理解为四面合围而猎，又称打围、畋猎。将"围猎"用来形容领导干部腐败问题是一种形象的比喻，用来描述一些领导干部被利益集团当作腐蚀目标，通过各种手段和方式对其拉拢，进而最终达到利益交换的目的。从党的十八大以来查处的一系列重大违纪违法案件来看，上至高级干部，下至基层干部，一旦"缴械投降"，便会成为利益集团获取非法利益的"中间人"，肆意利用手中的公权力搞各种利益输送，从而最终使公权力异化为少数人或小团体牟利的"私权力"。与此同时，领导干部深深陷入利益集团早已设置好的"围猎圈""安乐窝"，逐步走向人生的不归路。
>
> "高飞之鸟，易死于食；深潭之鱼，易死于饵。"许多领导干部只看到围猎者手里香饵可餐，却没有看到搞权力寻租背后的磨刀霍霍。面对各种利益诱惑，是丢盔弃甲、缴械投降，让贪欲战胜自律？还是不忘初心、正道前行，秉持共产党人的清廉本色？事实证明，领导干部最终是否堕为利益集团的"猎物"，关键在于其自身：理想信念动摇，必然迷失方向；追求骄奢浮华，终将逸豫亡身。

"打铁还需自身硬。"领导干部的价值观一旦发生扭曲，非常容易被动机不纯的人"围猎"，而且，"围猎"的成功率极高，几乎百发百中！唯有切实解决好世界观、人生观、价值观这一"总开关"问题，才不会被"围猎"，即使遭人"围猎"，也很难被拉下水。焦裕禄知道儿子"看白戏"，不仅严厉批评、补交票款，还带领县委一班人推出了《干部十不准》；杨善洲小女儿杨惠琴即将分娩，女婿用林场公车接岳母到宝山照料，杨善洲硬是交了376元的油费和过路费；周恩来同志的《十条家规》等，都是严把"总开关"的榜样。一身正气、大义凛然，别人就不敢冒犯；"不甘"被围猎，围猎者自然"不敢"围猎，也难以围猎成功。

许多违纪违法的一把手之所以从"好干部"沦为"阶下囚"，有理想信念动摇、外部"围猎"的原因，更有日常管理监督不力的原因。抓住强化监督、防范和遏制权力腐蚀这个要害，是确保反腐败斗争向纵深推进、取得彻底胜利的关键所在。此外，行贿者之所以胆大妄为，一个重要原因是违法成本过低。要把"严"的主基调长期坚持下去，坚持受贿行贿一起查，防止只惩戒受贿者却让行贿者逍遥法外，营造和维护风清气正的政治环境。

资料来源：韩宇. 始终保持对"围猎"的警觉[EB/OL]. (2022-01-21)[2022-04-05]. http://www.chinareports.org.cn/djbd/2022/0124/26037.html. 有删改

## 5.4 外部性的表现与经济影响

自从1890年阿尔弗雷德·马歇尔在其巨著《经济学原理》中提出外部性概念以来，外部性便成了经济学中一个经久不衰的话题。外部性问题贯穿社会经济发展过程中，并对企业生产和居民生活产生重要影响。20世纪70年代以来，由于工业化、城市化、环境污染等一些社会问题的不断加剧，外部性问题几乎成了经济学炙手可热的话题。

### 5.4.1 外部性的含义

我们很难对外部性给出一个准确的定义，所以有些经济学教科书就没有给外部性下定义，如哈维·罗森的《财政学》、斯蒂格利茨的《公共部门经济学》和范里安的《微观经济学：现代观点》。马歇尔在其《经济学原理》一书中最先提出"外部经济"这一概念，马歇尔定义的外部经济是指经济中外部因素(企业之外的因素)的变化对企业的有利影响，如知识积累、技术进步促使企业的成本下降，这种影响对行业来说是内在的，但对企业来说是外在的。马歇尔定义的外部性主要是外部经济。马歇尔的学生庇古最先系统地论述了外部效应，而且区分了外部经济和外部不经济。萨缪尔森和诺德豪斯则认为外部性是一个经济机构对他人福利施加的一种未在市场交易中反映出来的影响，外部性表现为多种形式，有些是正的(外部经济)，有些是负的(外部不经济)。同时，萨缪尔森给出了外部性的一个定义：外部性就是当生产和消费中一个人使他人遭受额外的成本或收益，而强加在他人身上的成本或收益没有经过当事人以货币的形式进行补偿时，外部性或溢出效应就发生了，而且这种影响并没有透过市场交易的形式反映出来。曼昆在其《经济学原理》中这样定义外部性：外部性是指一个人的行为对旁观者福利的无补贴的影响，如果对旁观者的影响是不利的，称为负外部性；如果这种影响是有利的，就称为正外部性。

## 5.4.2 外部性的分类

1. 正外部性与负外部性

正外部性即马歇尔提到的"外部经济",负外部性即庇古提到的"外部不经济"。正外部性就是一些人的生产使另一些人受益而又无法向后者收费的现象;负外部性就是一些人的生产使另一些人受损而前者无法补偿后者的现象。1962年,米德在《竞争状态下的外部经济与不经济》一文中,把外部性分为两种情况:其一是"无偿的生产要素"的作用,即生产中的正外部性,如苹果园和养蜂场的例子;其二是来自环境对企业的有利或不利的影响。他举例说:"假设A是小麦生产者,B是林场,则如果B的面积增加,将导致雨水增加,转而促进A的小麦产量增加,这样,林场的生产要素的边际纯产值就大于它的边际私人纯产值,即产生了正外部性。"

2. 生产外部性与消费外部性

著名华裔经济学家黄有光认为,外部性是一种经济力量对另一种经济力量的"非市场性的"附带影响,是经济力量相互作用的结果。它反映了一个事实,即经济效果传播到市场机制之外,并改变了接受效果的厂商的生产和由其操纵的投入之间的技术关系。外部性有两个标志:一是它们伴随生产或消费活动而产生;二是它们或者产生积极的影响,或者产生消极的影响。

从正外部性与负外部性、生产外部性与消费外部性两种分类出发,可以把外部性分成4种类型:正生产外部性;负生产外部性;正消费外部性;负消费外部性。在20世纪60年代以前,人们大多较为关注生产外部性,如企业对环境的污染问题、垄断企业对消费者剩余的侵蚀等。自20世纪70年代以后,随着经济发展和人们消费水平的提高,消费外部性问题日益突出,如汽车消费过程中的尾气污染、道路拥挤、交通事故增多等,人们关注的焦点也正在从生产外部性向消费外部性转移。

3. 公共外部性与私人外部性

在外部性的分类研究中,鲍莫尔和奥肯把外部性分为公共外部性和私人外部性。公共外部性也称为不可耗竭的外部性,即这种外部性具有公共产品的某些特征,如非竞争性和非排他性。当存在这种公共外部性时,试图通过外部性的实施者和外部性的接受者之间的谈判来解决外部性问题往往是十分困难的。私人外部性也称为可耗竭的外部性,即这种外部性具有私人产品的某些特征,如竞争性和排他性。以煤矿开采为例,开采商获得利益是正私人外部性,而造成污染是负公共外部性,"谁污染,谁治理"的政策就是为使两者能达到平衡的手段之一。

4. 稳定外部性与不稳定外部性

20世纪80年代以前,西方经济学家关于外部性理论的研究绝大多数是稳定外部性。所谓稳定外部性,是指可以掌控的外部性,人们可以通过各种协调方式,使这种外部性内部化。1978年,格林伍德与英吉纳发表了《不稳定的外部影响、责任规则与资源配置》一文,分析了不稳定外部性。他们的分析方法是这样的:假定一个厂商对另一个厂商的影响是任意的,那么在这种情况下，厂商就会遇到风险，厂商在考虑最大化问题时，就要把外部性的分担和对自己的风险态度都估计在内。于是，究竟采取协商方式来解决还是采取合并方式来解决问题，这取决于厂商对于风险的预期。不稳定外部性的另一种情况是科技成果的不确定性。科学技术的不确定性及其副作用的暴露需要一个潜伏期，往往会导致严重的生态环境问题。例如，DDT(双对氯苯基三氯乙烷)的发明与使用。米勒发现了DDT的广谱高效杀虫能力，对农业虫害和居家杀虫都能够发挥神奇的功效。1942年开始DDT开始大量生产并实用化。因此，1948年的诺贝尔生理学或医学奖都给了米勒。这时，它带来的是极大的正外部性。但是，DDT是一种难降解的有毒化合物，长期使用会在环境及生物体内积累，造成环境污染。长期使用DDT的地方，其农产品、水生动物、家畜、家禽体内都有DDT残留，进入人体后会积累在肝脏及脂肪组织内，导致慢性中毒。这时，它带来的是巨大的外部不经济效应。正因为如此，各国都已经禁止这种农药的使用。

5. 技术外部性与货币外部性

瓦伊纳将外部性分为技术外部性与货币外部性。他认为，货币外部性是由价格体系引起的，并不影响资源配置达到帕累托最优均衡的性质。他对外部性的这种区分标准在于外部性是否对社会总产出这一真实变量具有影响，即外部性是否会影响资源配置的效率。货币外部性可以通过价格的变化得以体现，对社会总产出这个真实变量不会造成影响；而技术外部性并不能通过价格信号得到反映，在市场经济中，影响资源分配的行为如果不能被价格机制所调节，那么此行为将影响资源配置的效率，或者说将影响社会总产出。货币外部性和技术外部性之间的本质区别在于它们与资源配置之间的联系，货币外部性是通过价格体系起作用的，其本身不是市场失灵的原因，并不影响资源配置的效率。一般认为，货币外部性的存在并不构成政府干预的基本理由。技术外部性是指总体或局部上不能通过价格机制来反映的福利或生产效应，其最终将影响资源配置的效率与社会福利水平。

### 5.4.3 外部性的经济影响

1. 外部不经济造成产品供应过多，超过帕累托效率所要求的最优水平

假定某个人的行为所导致的私人成本为CP，社会成本为CS。由于存在外部不经济，则CP<CS。如果这个人从该项行动中获取的收益BP大于私人成本CP而小于社会成本CS，那么这个人从事这项活动是获利的，这个人就会从事该项活动(尽管从社会的角度来说是不可取的)。因为如果这个人不从事该项活动，社会上其他人由此而避免的损失为CS-CP，而他不从事这项活动的损失为BP-CP，显然CS-CP>BP-CP。但如果资源重新分配的话，会使社会上每个人的境况得到改善，从而存在帕累托改进，所以该项活动从社会的角度来说是不可取的。图5-1具体说明了外部不经济是如何导致资源配置失当的。

图5-1中，MPC是私人边际成本曲线，即私人供给曲线；MD为边际损害；MSC为边际社会成本曲线；由MPC和MD垂直叠加而成；MB为边际收益曲线，即需求曲线。私人是追求利润最大化的，只要边际收益大于边际成本，他就会继续生产，直到边际收益等于边际成本，即图中的MPC=MB处，此处的产量为$Q_0$，而从社会的角度来说应该是MSC=MB处，即产量为$Q^*$处。

此处的外部不经济造成生产过多,超过帕累托最优所要求的$Q^*$,导致资源配置失当。

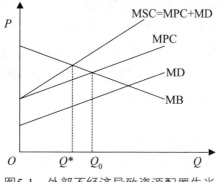

图5-1　外部不经济导致资源配置失当

**2. 外部经济造成产品供应太少,低于帕累托效率所要求的最优水平**

假定某个人的行为所导致的私人利益为BP,社会利益为BS。由于存在外部经济,则BP<BS,如果这个人在该项活动中所遭受的损失CP大于私人利益BP而小于社会利益BS,那么这个人从事这项活动是亏损的,这个人也就不会从事该活动(尽管从社会的角度来说是可取的)。因为如果这个人从事该项活动,他所遭受的损失为CP-BP,社会上其他人得到的好处为BS-BP,显然BS-BP>CP-BP,故可以从其他人获得的好处中拿出一部分来补偿这个人,这样会使社会上每个人的境况得到改善,从而存在帕累托改进,所以该项活动从社会的角度来说是可取的。图5-2具体说明了外部经济是如何导致资源配置失当的。

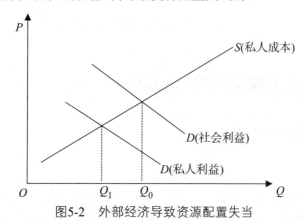

图5-2　外部经济导致资源配置失当

需求曲线并不一定反映社会利益,由于社会利益大于私人利益,社会利益曲线位于私人利益曲线上方,在社会利益曲线和私人成本曲线相交之处得出了社会最优量,社会最优量大于私人利益曲线和私人成本曲线所决定的私人最优量。图5-2中,$S$曲线代表私人成本,上方的$D$曲线代表社会利益,下方的$D$曲线代表私人利益。显然,社会利益曲线与私人成本曲线相交的产量$Q_0$大于私人利益曲线与私人成本曲线相交的产量$Q_1$。外部经济导致生产过少,没有达到帕累托最优所要求的$Q_0$,造成资源配置失当。

**3. 外部效应会造成效率损失**

由于外部性不通过价格变化传导,因而成本得不到补偿。而在私人生产条件下,企业以自身利益为行为目标,只考虑自己所承担的成本和所得到的利益,并以此作为生产决策的依据。

因此，在存在外部效应的情况下，外部效应本身不会得到私人企业应有的考虑；而从全社会角度看，私人提供的产品不足或过多，都会产生效率损失。

下面，我们通过图5-3对外部效应产生的效率损失做进一步分析和证明。图5-3中，MPC、MSC、MR分别表示产生负外部效应活动的私人边际成本、社会边际成本和边际收益。MD表示边际外部损失，MD=MSC-MPC。从私人角度来看，按照边际成本等于边际收益的原则来确定产量，即个人会把产量确定在MPC曲线和MR曲线交点决定的产量$Q$上。但从社会角度来看，产量应确定在MSC曲线和MR曲线交点决定的产量$Q^*$上。这表明私人确定的产量对于全社会来说太多了。实际上，从产量$Q$减少到产量$Q^*$，私人的损失是$AEF$，而社会中其他人的收益是$AFDE$，若假定两者的钱是等值的，则全社会的净收益是$EFD$。与外部不经济产生的效率损失相似，外部经济产生的效率损失源于私人收益低于社会收益，从而导致私人确定的产量对全社会来说是不足的。

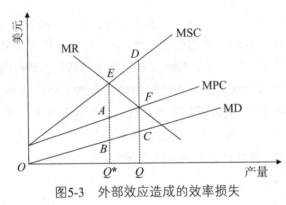

图5-3 外部效应造成的效率损失

## 5.5 外部性的经济规制与社会规制

### 5.5.1 外部性的经济规制

**1. 庇古税**

庇古在1912年发表《财富与福利》，后经修改、充实并更名，于1920年出版《福利经济学》。他首次运用了现代经济学的方法从福利经济学的角度系统地研究了外部性问题，在阿尔弗雷德·马歇尔提出的"外部经济"概念的基础上扩充了"外部不经济"的概念和内容，将外部性问题的研究从外部因素对企业的影响效果转向企业或居民对其他企业或居民的影响效果。

庇古通过分析边际私人净产值与边际社会净产值的偏离来阐释外部性。他指出，边际私人净产值是指个别企业在生产中追加一个单位生产要素所获得的产值；边际社会净产值是指从全社会来看，在生产中追加一个单位生产要素所增加的产值。他认为，如果每一种生产要素在生产中的边际私人净产值与边际社会净产值相等，那么各生产用途的边际社会净产值都相等，而当产品价格等于边际成本时，就意味着资源配置达到最佳状态。边际私人净产值与边际社会净产值之间存在下列关系：如果在边际私人净产值之外，其他人还得到利益，那么，边际社会净产值就大于边际私人净产值；反之，如果其他人受到损失，那么，边际社会净产值就小于边际私人净产值。庇古把生产者的某种生产活动带给社会的有利影响，称为"边际社会收益"；把生产者的某种生产活动带给社会的不利影响，称为"边际社会成本"。

适当改变一下庇古所用的概念，外部性实际上就是边际私人成本与边际社会成本、边际私人收益与边际社会收益的不一致。在没有外部效应时，边际私人成本就是生产或消费一种产品所引起的全部成本。当存在负外部效应时，由于某一厂商的环境污染，导致另一厂商为了维持原有产量，必须增加诸如安装治污设施等所需的成本支出，这就是外部成本。边际私人成本与边际外部成本之和就是边际社会成本。当存在正外部效应时，企业决策所产生的收益并不是由本企业完全占有的，还存在外部收益。边际私人收益与边际外部收益之和就是边际外部收益。通过经济模型可以说明，当存在外部经济效应时，个人主义机制不能实现社会资源的帕累托最优配置。

既然在边际私人收益与边际社会收益、边际私人成本与边际社会成本相背离的情况下，依靠自由竞争是不可能达到社会福利最大化的，那么就应该由政府采取适当的经济政策，消除这种背离。政府应采取的经济政策包括：对边际私人成本小于边际社会成本的部门征税，即存在外部不经济效应时，向企业征税；对边际私人收益小于边际社会收益的部门实行奖励和津贴，即存在外部经济效应时，给企业以补贴。庇古认为，通过这种征税和补贴，可以实现外部效应内部化。这就是著名的"庇古税"。同样，对产生正外部性活动的经济主体课征负的税收——实行价格补贴，会消除私人边际成本(或收益)与社会边际成本(或收益)之间的差异，使资源配置重新回到帕累托最优状态。现以负外部性为例，来说明庇古税的作用原理。

在图5-4中，负外部性产生的效率损失是由私人成本与社会成本相偏离造成的，即图5-4中的MPC曲线与MSC曲线相偏离。庇古税就是对产生负外部性的活动征收一定的税款，税额等于负外部性活动对其他经济行为者造成的边际外部成本(MEC)，即边际社会成本(MSC)与边际私人成本(MPC)的差额，用公式表示为

$$T = MSC - MPC \tag{5-1}$$

结果，MPC曲线上升到MSC曲线的位置，产量由$Q$减少到$Q_0$，外部性问题得到解决。

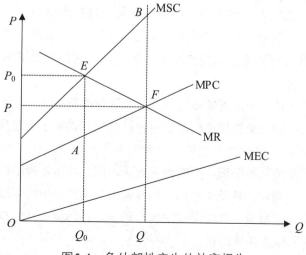

图5-4 负外部性产生的效率损失

庇古税在经济活动中得到了广泛应用。在基础设施建设领域采用的"谁受益，谁投资"的政策，在环境保护领域采用的"谁污染，谁治理"的政策，都是该理论的具体应用。目前，排污权交易制度已经成为世界各国保护环境的重要经济手段，其理论基础也是庇古税。庇古税的基本原则与现行有关国际组织、国家政府及大多数经济学家所认同并倡导的"污染者付费原则"相一致。事实上，征收污染税是目前各国政府所普遍采纳的控制污染的措施之一。

2. 排污权交易

1) 排污权交易的概念

在生产过程中，有些企业会向周围环境排放污染物，一旦排放的污染物超过环境的自净能力就会破坏环境。如果企业没有将治理污染的费用计算在成本以内，就会带来"外部不经济"。一直以来，关于解决环境污染的"外部不经济"问题，经济学家主张在环境政策中更多地发挥经济动力的作用。他们提出了这样一种方法，根据一定的废弃物排放量，向各个污染源分配排放许可，准许各个许可持有者相互购买或出售许可，从而有效地满足一个地区的总排放量水平。这就是我们接下来要讲的排污权交易。

排污权交易设想源于美国，从20世纪70年代起，美国联邦环保局尝试将其应用于大气污染源和水污染源管理，并于1990年在$SO_2$排放总量控制中取得了圆满的成功。据美国总会计师事务所的研究，排污权交易制度自1990年被用于$SO_2$排放总量控制以来，已经取得了空前的成功，获得了巨大的经济效益和社会效益。20世纪90年代，中国引入排污权交易制度，起初主要应用于对酸雨的控制，近几年在各个领域均有了初步尝试。现在，我国许多地方也正在开展排污权交易的试点工作。这意味着市场经济机制运用于环境政策领域，是对目前我国正在实施的环境政策的一个巨大创新和突破。

所谓排污权，是指排污企业向环境排放污染物的一种许可资格。环境容纳、吸收和消化污染物体现为环境自身的纳污能力，即环境容量。作为环境生态价值的体现，环境容量可以具体界定为环境在正常的平衡过程中所能吸收净化的废物总量。由于环境的自净能力有限，环境容量被认为是一种稀缺性资源，同时也是一种具有经济价值的资产。不同于一般的自然资源为人类生产生活提供基本物质材料和能源，环境容量资源是为生产、生活活动提供必需的容纳、吸收和消化污染物的能力。作为整体的环境容量经过技术化"分割"后被分配给私人，形成环境容量的使用权，也就是说，企业可以在合法取得的环境容量范围内排放一定数量、一定性质的污染物。私人对其依法取得的环境容量也可以在国家监督下进行转让，实行环境容量交易，即排污权交易。

排污权交易制度是一种基于市场的环境政策，在这种政策条件下，环境管理部门根据环境质量目标，通过建立合法的污染物排放权，运用各种分配方式和市场交易机制使排污企业取得与其排放量相当的排污权，促使企业把被动治理变为主动治理，这是一种积极的环境经济政策。通常情况下，排污权的初始分配不影响治理效率，因此环境管理部门不需要为企业规定治理责任，而应由企业自主确定。环境管理部门所要做的是确定区域的环境质量目标，并根据这一目标制定该区域的最大排放量。在排污权交易市场上，排污企业从其自身利益出发，自主确定其污染程度，从而买入或卖出排污权。

2) 排污权交易的实质

排污权交易处在环境管理部门监督管理下，各个持有排污许可指标的企业在有关的政策、法规约束下进行交易活动，这种交易活动的实质可归纳为以下三点。

(1) 排污权交易是环境资源商品化的体现。排污权是排污企业向环境排放污染物的一种许可资格。由于环境是资源，环境容量也是一种资源，这里所指的环境容量是环境的纳污能力，它是有价值的。排污企业向环境排放污染物，实质上就是占用环境资源的一种行为。所以，排污权交易过程中被交易的对象就是环境资源，交易使环境资源商品化，交易活动的结果就是将全社会的环境资源重新配置。

(2) 排污权交易是排污许可制度的市场化形式。排污许可制度是国家环境管理部门依照法律、法规的有关规定，向当事人颁发排污许可证，而使许可人获得从事排污活动资格的制度。排污权交易这一污染控制措施要求不拥有许可证者(排污权者)不得排污，拥有许可证者不得违反规定排污，否则将因违法而受到法律制裁。

(3) 排污权交易是环境总量控制的一种措施。排污权的发放量有一个限额，政府根据不同的环境状况制定某一环境排放总量，企业排污不得超出此量。由于只有采用总量控制才能有效地达到环境质量标准，排污权交易的实质就是采用市场机制来实现环境标准质量。

3) 排污权交易的效益分析

排污权交易是指政府环境管理部门评估某地区的环境容量，即容许的最大排污量，然后根据排放总量控制目标将其分解为若干规定的排放份额，并允许这种权利像其他商品一样在排污权二级市场上被自由买卖，以此来控制污染物的排放。排污权交易产生的前提：一方面，政府对环境污染采用"总量控制"措施；另一方面，企业的污染治理水平存在差异。

如图5-5所示，纵轴代表单位污染物治理成本，横轴代表污染物治理量。假如有两个污染企业——企业1和企业2，图中$MC_1$和$MC_2$分别表示企业1和企业2的污染物边际治理成本。可见对于同一污染物治理水平，企业1的治理成本高于企业2，即$MC_1>MC_2$。现执行环境质量标准，对两家污染企业实行目标总量控制，要求两家企业治理的污染总量为$Q_0$。如图5-5所示，$MC_1 \times Q_0 > MC_2 \times Q_0$，即两家企业都治理$Q_0$单位的污染物，企业1的治理费用高于企业2。在经济利益的驱动下，企业1会与企业2交易排污权。假设两者交易的排污量为$Q_0-Q_1=Q_2-Q_0$，则企业1需要支付给企业2总量为$CEQ_0Q_1$的费用，以换取企业2额外承担$Q_0-Q_1$的治理量；企业2将额外承担$Q_2-Q_0$的治理量，以收获$DEQ_0Q_2$的收益。此时，企业1的支付意愿等于企业2的收入预期，双方的污染总量削减为2倍的$Q_0$，满足管制当局的"目标总量控制"要求。于是在市场力量的作用下，企业1和企业2之间的交易便产生了，这种交易就是排污权交易。

排污权交易可以达到治理成本最小化。如图5-5所示，两家企业满足环境标准，达到污染物治理水平$Q_0$时，整体污染治理成本为$TC=OBQ_0+OAQ_0$，而实行排污权交易的整体治理成本则为$TC^*=OCQ_1+ODQ_2$，$\Delta TC=TC-TC^*=OBQ_0+OAQ_0-(OCQ_1+ODQ_2)=CBE+ADE$。因此，进行排污权交易后，整体污染治理成本减少了$CBE+ADE$。可见实施排污权交易，能够通过市场力量来寻求污染治理的边际费用，从而使整体的污染物允许排放量的处理费用趋于最低。对于企业1，由于其购买了排污权，基于$Q_0-Q_1$的污染治理量，治理费用由$CBQ_0Q_1$减少到购买排污权费用$CEQ_0Q_1$，费用减少了$CBE$；对于企业2，由于出售了排污权，将额外治理$Q_2-Q_0$的污染量,其收益$DEQ_0Q_2$大于治理费用$DAQ_0Q_2$,净收益为$ADE$。因此,排污权交易使交易双方都受益,同时也实现了管理当局控制污染总量的目标。

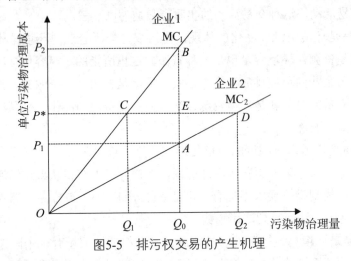

图5-5 排污权交易的产生机理

### 3. 生态补偿

近年来,随着人口规模的持续膨胀和生产力的快速发展,自然资源、生态环境与可持续发展之间的矛盾日益突显,生态补偿问题越来越受到社会各界的广泛重视,并成为自然资源和生态系统管理研究以及社会实践亟待解决的问题之一。相关学者对生态补偿给出了很多定义,但是由于侧重点不同以及生态补偿本身的复杂性,到目前为止还没有统一的定义。从自然属性角度来看,生态补偿也可称为自然生态补偿,《环境科学大辞典》曾将自然生态补偿定义为"生物有机体、种群、群落或生态系统受到干扰时,所表现出来的缓和干扰、调节自身状态使生存得以维持的能力或者可以看作生态负荷的还原能力;或是自然生态系统对由于社会、经济活动造成的生态环境破坏所起的缓冲和补偿作用"。

1) 生态补偿的应用领域

自20世纪80年代以来,很多国家和地区进行了大量的生态补偿实践,主要涉及植树造林、农业环境保护、自然环境的保护与恢复、碳循环、景观保护等。根据不同项目所提供的生态服务的种类及其作用的范围,可以以流域、区域、国家、全球等作为尺度划分范围。较有代表性的生态补偿项目是在哥斯达黎加、哥伦比亚、厄瓜多尔、墨西哥等拉丁美洲国家开展的环境服务支付项目。

国内就森林生态补偿和流域生态补偿做了较多的实践研究和探索。早在1992年末,原林业部邀请了10个部委,用了40天时间,到13个省的林区考察调研,提出面对"濒危林业"的严峻县市必须尽快建立"中国森林生态补偿机制",同时还提出"直接受益者付费"的方案。例如,我国在1998年相继启动了天然林保护、退耕还林等重大生态建设工程。森林的生态补偿问题涉及的一个重要方面是对退耕还林的经济补偿。1998年,长江特大洪水造成了严重的水土流失。从1999年下半年开始,陕西、四川、甘肃三省率先开始了退耕还林的试点工作,2000年试点范围涉及长江上游和黄河上中游地区等17个省区市,2001年拓展到中西部地区20个省区市,到2003年扩展到30个省区市。

生态补偿在农业环境保护中也得到了广泛应用。我国的"退耕还林还草"工程向退耕农户提供一定数额的实物和现金补偿，主要补偿农户粮食损失和植树造林的各种投入，这是我国首次对大规模的生态建设工程采取补偿措施。加拿大联邦政府所倡导的"永久性草原覆盖恢复计划"中，农业部向土地所有者提供管理费用并补偿他们的损失。美国的保护与储备计划、环境质量激励项目，以及欧盟的农业环境保护项目都采取了补偿措施。

由于森林对提供各种生态服务最为有效，生态补偿措施在林业中也被广为采用。我国于2001年设立了"森林生态效益补偿基金"，该基金主要用于对具有生态效益的防护林和特种用途林的森林资源、林木的营造、抚育、保护和管理。在地中海河谷地区，为鼓励造林，常常采取现金奖励、税收减免等形式的生态补偿措施。爱尔兰为鼓励私人造林采取了两种政策激励措施，即造林补贴和林业奖励。哥斯达黎加则对造林、可持续的林业开采、天然林保护等提供补偿。

欧盟于1992年推出了栖息地保护公约，用以保护生态环境的生态补偿措施在法律上被确立。美国的渔业与野生动物保护方案和一些非营利性的土地信托通过激励机制促进私有土地所有者相互加强合作，以创建和改善环境。在新西兰，促进私有土地参与生物多样性保护的激励措施包括自然遗产基金、开放式契约以及降低税率等。

全球碳排放贸易也是生态补偿的一个重要方面。为了减少温室气体的排放，1997年12月，联合国气候变化框架公约参加国第三次会议制定了《京都议定书》。由于在本国内实现温室气体减排的成本更高，于是，一些发达国家热衷于向发展中国家购买碳当量以实现减排目标，全球碳排放贸易被逐渐推向高潮。欧盟的排放交易方案作为对《京都议定书》的响应，于2005年开始实施，欧洲的碳排放贸易市场也进入了快速发展时期。

一些国家对景观保护也采取了生态补偿措施。瑞士景观保护的参与者每年都会从政府那里得到一定数额的补偿。许多地区通过征收门票筹集景观保护所需资金。

2) 生态补偿的原则

生态补偿已经在世界范围内广泛开展，无论是在基础理论研究、价值化研究，还是在实践研究方面，国内外学者都提出了很多有益的建议，这对于促进生态服务市场化、为生态建设筹资、改善生态质量、增强人们的生态保护意识等起到了重要作用。然而生态补偿仍然停留在个案研究的水平上，理论探讨和实际应用之间还有很大的距离，没有形成一套广泛适用的生态补偿机制，尤其是在如何确立补偿标准、生态补偿与地区经济发展的关系、如何实现受益者补偿等问题上还未能找到有效解决办法。这些问题的根源在于BPP(beneficiary pays principle)原则，即"谁受益，谁补偿"原则的无法有效实施，此处的"受益"指享受生态服务。真正实现BPP原则是完善生态补偿机制尚待解决的主要问题之一。受偿地区一般都是贫困地区，如不能解决贫困问题，补偿停止后这些地区将重新面临生态退化的危险。若要实现生态系统的持续健康发展，必须同时满足人们日益增长的物质文化需求。因此，生态补偿还肩负着提高社会福利、改变粗放落后的生产方式、调整产业结构、提高生活水平的重任，即应将"输血式"补偿转变为"造血式"补偿，这是生态补偿机制今后努力的主要方向。

3) 生态补偿的运行机制

生态补偿的运行机制不明晰，这是导致生态补偿失败的一个重要原因。围绕"造血式"补偿这一目标，生态补偿的作用机理与运行过程如图5-6所示。

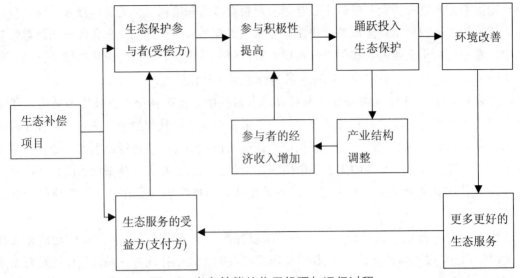

图5-6 生态补偿的作用机理与运行过程

在生态补偿的实施过程中，合理的补偿标准能够充分调动生态服务受偿方参与生态保护的积极性，并且在补偿金和其他辅助措施的支持下，受偿地区能够获得足够的动力和能力来改变原有的落后的生产生活方式，对产业结构进行调整，受偿方加速地区经济的发展，提高当地人们的生活水平。同时生活条件、环境条件的改善和经济收入的增加将进一步激发受偿方参与生态保护的热情，另外，收入的增加也会逐步降低他们对补偿的依赖性，因此，受偿地区会逐渐形成一个既具有生态效益又具有经济效益的良性循环。而对于生态服务的受益方来说，其支付得到了很好的回报，因此会愿意继续为生态服务付费。在受偿方和支付方双方利益都得到满足的情况下，生态补偿得以持续良好地运行。

### 5.5.2 外部性的社会规制

经济规制主要解决社会中存在的自然垄断问题，而社会规制主要集中在消除信息不对称和负外部性等两方面。解决负外部性是社会规制的目标之一，对于外部性的社会性规制，主要探讨外部不经济的规制问题。外部性的市场失灵表现为无法由市场机制来计量和调整，它一旦发生，不仅仅直接损害某个人，往往会损害某一个社会群体，这时作为个体的受害者申诉受害的动力比较小。这种社会规制是在受害者与施害者之间不存在契约关系的条件下，对社会负外部性进行的公共规制。如今，许多国家都制定了相应的法律和公共规制措施，对负外部性的制造者进行规制。同时，为了保证这些法律的现实可行性，对相应的法律实施出台了公共规制方面的行政程序的具体规定和公共资金运用的保证措施。具体来说，针对负外部性的社会规制主要包括如下内容。

**1. 产权规制**

产权是指人们对生产要素或产品所拥有的所有权、支配权和收益权。消除负外部性，首位选择是给能够明确产权的公共产品赋予主体产权。在此基础上，政府对产权进行规制，是要实施一定的法律制度，保护人们的产权不受侵犯；同时，监督人们按一定规则行使产权，并对行使产权的过程中发生的矛盾和冲突加以协调解决。在对投资者的产权保护方面，按照有关产权、投资、企业等法规,政府保护国家、集体、个人的包括知识产权在内的财产所有权不受侵犯,并在这些财产用于投资时,保护其合法权益。在劳动者的权益保护方面,依据劳动法,政府在劳动条件、劳动保护、劳动报酬、劳动者的福利待遇等方面对企业进行监督,在消费者权益的保护方面,政府则主要依据有关法律法规,从产品和服务的价格、质量、消费者的安全、生产者为消费者提供的信息等方面进行规制,以保护消费者的权益。

2. 生态环境保护

环境恶化是整体社会造成的负外部性,生产者为了节省成本而随意排放废气、废水,消费者的消费行为也不可避免地污染了环境。政府必须采取行政措施,对这种负外部性行为进行直接干预。例如,从行政方面指示生产者提供最优的产量组合,调整电力和石化等高污染工业生产布局,严格限制厂址的选择,发放"排污许可证",有时还可以把产生负外部性和负受外部性影响的双方厂商联合起来,使负外部性"内在化"。以污水排泄工厂为例,如果把它和下游的工厂合并,污水净化成本将变成联合企业的私人成本,这样,作为利润最大化的自然结果,负外部性也将受到限制。

政府可以直接规定外部不经济的允许数量。例如,在污染物方面,规定排污标准成为一种典型的并被许多政府所采用的行政手段,即由管制部门制定并依法强制限定每一污染源特定污染物排放的最高限度。通常排污标准和惩罚相联系,超过标准,排污者将受到惩罚。在税收方法中,所有没有消除的污染排放量都要纳税;而按照排放标准,只要符合标准要求就不会受惩罚,因而也就没有推动企业继续消除污染物的动力,保留了一个"污染者特权",未能充分体现"污染者付费"的原则。另外,规定排放标准还存在技术上与操作成本上的困难,而有效的罚金还可能使政府受到"污染者集团"在服从标准与认罚方面的强大政治压力。

环境污染和生态破坏都属于负外部效应,如果施害者与被害者之间的产权缺乏明确的界定,双方的契约选择就可能受到限制,致使由外部不经济造成的损害不能得到解决,于是这些负外部效应通常需要通过政府的规制来解决。政府依据环境保护方面的法律法规,对工厂排放废水、废气等有害物质造成的环境污染问题进行规制,如实施排污许可权交易法。排污许可权可以在企业间交换,甚至还可以由消费者集团或不选择使用排污权的城镇来购买,政府则根据法律监督交易活动的合法性和交易内容来制定标准。1989年12月我国制定的《中华人民共和国环境保护法》和2003年9月1日起实施的《建设项目环境影响评价机构资质管理法》等法规都是为了提高公共部门对环境规制的管理水平,实现生态平衡,预防因规划和建设项目实施后对环境造成的负外部效应,以促进经济、社会和环境的协调发展。

3. 健康与卫生

健康规制体现在对食品、药品与保健品、化妆品等的约束管理方面。例如,中国在2013年组建"国家食品药品监督管理总局",针对食品、药品与保健品、化妆品等进行严密监督和审批,内容包括对中西医药品的研制、流通、使用的行政监督与技术监督,对食品与保健品、化妆品安全管理的综合监督,通过对产品的各项监控保障消费者的健康。

4. 城市规划

城市规划的制定和实施的一部分内容属于公共规制。为了实现一定时期内城市的经济和社会发展目标，确定城市性质、规模和发展方向，合理利用城市土地，协调城市空间布局和各项建设的综合战略部署，政府应制定城市规划。城市规划一旦制定并得到批准，就具有法律性质。从城市规划立法来看，城市规划已在欧美各国成为政府的基本职能。1909年，英国通过的第一部城市规划法，是城市规划立法的里程碑；之后，美国芝加哥成立了规划建设委员会；德国、瑞典等欧洲国家及日本相继成立了类似的机构。中国在1989年颁布了第一部城市规划法律《中华人民共和国城市规划法》，从此，城市建设在依法规划、查处违法占地和违法建设等方面取得显著进展，使得一些城市建设的外部不经济问题得到解决。

▶ **专栏5-5　中国生态修复典型案例——河南小秦岭**

河南小秦岭国家级自然保护区位于河南省最西部、秦岭山脉最东端，地处我国南北地理分界线，总面积15160公顷，森林覆盖率81.2%，属森林生态系统类型自然保护区，主要保护对象是温带、暖温带过渡带森林生态系统。

保护区内生物多样性丰富，野生动植物种类繁多，国家二级以上重点保护植物13种、重点保护动物27种。另外，保护区内有5条黄河一级支流，是黄河中游重要生态保护屏障和水源涵养地。

**一、矿山开采造成生态环境破坏**

小秦岭是我国重要的金矿床密集区，也是全国第二大黄金生产基地。自20世纪60年代以来，持续的黄金开采为经济社会作出巨大贡献，同时也给生态环境造成了较大破坏，造成保护区内矿坑分布数量众多，矿渣堆放量巨大，人类活动频繁，水源河流污染，部分区域生态破坏严重。矿山开采造成的生态环境破坏成为亟待解决的生态问题。

**二、修复小秦岭受损生态系统**

针对小秦岭国家级自然保护区多年金矿开采造成的生态破坏问题，保护区实施了矿山环境生态修复治理工程。保护区创造性地采取并大面积推广"梯田式""之字形"降坡治理渣坡，带营养钵栽植苗木，在石头窝、树坑底部铺设可降解无纺布，二次挖坑覆土等新技术、新经验，成功解决矿区复杂立地条件下生态修复难题。

(1) 工程措施。一是撤销保护区内全部11家矿权单位矿权，彻底关闭封堵1017个坑口；二是拆除矿山设施1.45万个；三是修建挡渣墙2.88万立方米，固定矿渣2002万吨；四是清运矿渣584万吨；五是平整渣坡143.5万平方米，渣坡覆土70.9万立方米；六是修建渣坡排水渠21.2公里；七是修建生态修复区防护围栏18.3公里；八是清理疏通河道15.5公里。

(2) 生物措施。一是栽植各类苗木80.7万株；二是撒播草种1.46万公斤；三是完成矿山环境生态修复面积143.5万平方米。

(3) 提升措施。一是修建小秦岭生态文明建设教育实践基地展馆600平方米；二是建设枣香苑、锦鸡岭、金银潭三个高标准生态修复示范区，对矿山治理生态修复成果进行提升。

通过综合治理，达到"老问题逐步解决、新问题不再产生、生态环境总体向好"的矿山整治生态修复目标。

**三、小秦岭生态环境破坏问题得到历史性改变**

据统计，2016年3月至今，小秦岭国家级自然保护区累计投入资金2.1亿元，全面实施矿山环境整治和生态修复,解决了50多年矿山开采造成的生态环境破坏问题,实现了小秦岭生态环境历史性、转折性、全局性的变化。

(1) 生态效益提升。主要表现为保护区内野生动物显著增多,保护区内水体明显好转,空气质量越来越好。2019年以来,保护区先后监测到国家一级保护野生动物林麝、国家二级保护野生动物勺鸡、黄喉貂、豹猫和大量红腹锦鸡活动踪迹;另外还拍到多种国家"三有保护动物"(指有益的、有重要经济和科学研究价值的陆生野生动物)活动的影像。通过强力整治和精心修复,小秦岭内原来裸露的地方得到了治理和绿化,水体污染得到了明显遏制。据专业机构监测化验,目前,保护区内五条黄河一级支流达到国家三类以上水质标准,空气负氧离子最高含量达到49890个/立方厘米,是联合国卫生组织空气质量一级(2100个/立方厘米)标准的24倍。

(2) 经济效益显著。小秦岭生态环境不断改善,当地旅游业飞速发展,亚武山森林公园等旅游经济圈效益迅速增长,每年实现旅游经济产值1.5亿元。矿山坑口关停后,各矿山企业在地方政府主导下转型发展,绿色经济悄然兴起,国投金城冶炼转型升级项目顺利投产,铜箔产业成为地方又一新兴支柱产业,苹果小镇成为当地的一张名片,当地工、农业产值年增加10亿元以上。

(3) 社会效益突显。小秦岭矿山环境生态修复治理了区内生态环境破坏区域,减少了水土流失和泥石流发生,为下游群众提供了生产生活用水,向社会提供了更好的生态产品,维护了黄河流域生态安全。同时,小秦岭矿山环境生态修复治理工程为当地群众提供了大量就业岗位,带动了绿化苗木培育产业的发展。以展示小秦岭生态修复成功经验为主题的小秦岭生态文明建设教育实践基地先后被中国野生植物保护协会授予"小秦岭生态教育基地",被河南省三门峡市委宣传部授予"三门峡市爱国主义教育示范基地",一年来已接待5000余人次参观学习。2019年3月,中宣部将小秦岭国家级自然保护区列为全国生态文明建设"高质量发展"先进典型;同年8月,国家林业和草原局授予小秦岭国家级自然保护区管理局"保护森林和野生动植物资源先进集体"称号;2021年4月,小秦岭国家级自然保护区管理中心获"河南省五一劳动奖状"。

资料来源:自然资源部国土空间生态修复司、自然资源部国土整治中心.中国生态修复典型案例|河南小秦岭国家级自然保护区矿山环境生态修复治理[EB/OL].(2021-10-19)[2022-04-05].https://m.thepaper.cn/baijiahao_14971335.有删改

## 复习思考题

### 一、名词解释

直接规制　　间接规制　　经济规制　　社会规制
垄断性规制　　规制失灵　　外部性　　庇古税

### 二、简答题

1. 政府规制存在的理论依据有哪些?
2. 政府规制的过程分为几步?
3. 政府规制分为几类?

4. 经济规制和社会规制有哪些具体的规制方式？

5. 外部性有几种分类方式？

6. 政府矫正负外部性的经济政策主要有哪些？

### 三、论述题

1. 结合专栏中的案例，你认为该如何解决"政府俘获"问题？

2. 试述解决负外部性的方法。

3. 对于中国房地产市场的现状，试述你的观点和看法。

4. 举例说明我国存在的垄断行业，并结合理论阐述自身观点。

5. 负外部性如何降低了竞争市场的效率？

6. 政府该采取哪些措施来尽可能消除垄断导致的低效率问题？

# 第6章 公共支出理论与政策

### 本章学习目标

了解公共支出的概念、分类及原则；掌握公共支出增长理论；熟悉公共支出规模的概念、测量及其影响因素；对公共支出结构的概念、影响因素、优化有一定的认识；理解并掌握公共支出的成本—收益分析法；掌握公共支出的政策效应。

### 本章知识结构

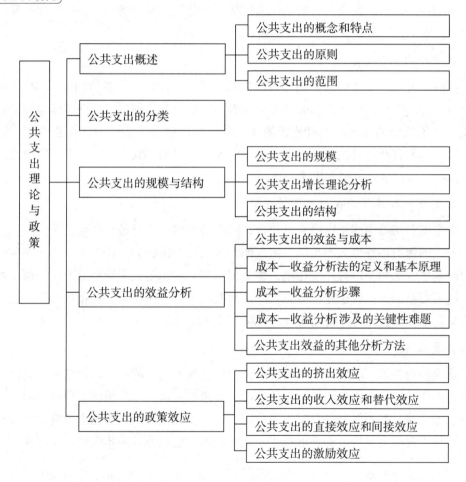

## 6.1 公共支出概述

### 6.1.1 公共支出的概念和特点

公共支出最先是由政府生产公共产品的支出所引起的，后来又包括各种符合公众需要的收入转移行为。公共支出反映了一个政府的政策选择。一旦政府决定以多少数量、以什么质量向公众提供公共产品，则公共支出实际上就是执行这些政策所必须付出的成本。所以，公共支出就是政府行为的成本。因此，公共支出被界定为各级政府履行其必要职能所进行的各项活动的成本，包括提供公共产品和准公共产品，以及为实现收入分配而进行的转移支出。公共支出是政府履行其职能的具体表现之一，具有不同于私人支出的一些特点。

### 1. 公共支出资金源于财政收入

一个国家的财政收入源于税收、收费、国债、国有资产收益及其他收入等，其中税收具有固定性、强制性和无偿性，是财政收入的主要来源。财政收入的主要用途是满足公共需要。但是，随着政府介入社会经济活动的范围不断加大、程度不断加深，政府公共部门的相对规模也有不断扩张的趋势。在公共支出的资金来源中，非税收入(尤其是国债)所占的比重在不断上升，因此，公共支出常出现赤字现象。同时，公共支出的增长比税收的增长快得多，其原因主要有两个方面：一是由于税收具有固定性的特征，短时间内难以增加；二是在商业和经济萧条期，税收难以增加，而公共支出水平会提高。

### 2. 公共支出的主体是公共部门

公共产品的特征决定了公共产品主要应由政府提供，因此，公共部门(主要是政府)就成为公共支出的主体。但是，公共产品的具体提供者不一定是公共部门。在许多国家，公共产品的提供是由受雇于政府的私人组织来承担的。另外，与政府有关的机构、事业单位，如行业协会、学校等，也具有准公共机构的性质，在一定的历史时期，其支出也源于国家财政，因此它们与公共部门一起构成了公共支出的主体。

### 3. 公共支出的目的是满足公共需要

公共支出的一切活动都是围绕满足社会共同需要来展开的。虽然社会上个人的需要是千差万别的，个人的消费偏好也大不相同，但是作为生活在一定社会条件下的个体，在某一时期却有着共同的需要。比如，治理环境污染、保卫国家安全、实施国家管理等不仅是每个社会成员生存和发展所必需的，同时也是社会正常运转和发展的需求所在。这些社会共同需要的满足单靠市场机制是不可能实现的，必须由政府组织实施才能实现。

### 4. 公共支出具有非营利性

在市场经济条件下，政府或个人的经济活动往往受到利益的驱使，以营利为目的，追求利润最大化。而作为社会组织者和管理者的政府，追求的是最大限度地满足公共需要，凡是具有市场营利性的活动，都不属于公共支出的范围，政府不应该参与。因而，政府组织和实施的各项活动都不是以营利为目的，即使取得了一定的收入，也以弥补成本为限，不要求获得额外的收入。

### 5. 公共支出具有一定的生产性

公共支出的本质是对原有生产性支出的社会财富的扣除和消费。公共支出的主体是一个非物质生产性社会管理机构，并不能创造社会财富。但严格来说，不同体制下的国家财政都具有一定的物质生产性。例如，国有化的煤炭、钢铁、运输等行业，大都具有物质生产性。当政府对这些企业进行投资和补贴时，所发生的公共支出就是一种生产性支出。

## 6.1.2 公共支出的原则

古典经济学奉行避免政府干预的经济思想，主张政府应采取尽量节约支出，从而减少税负的财政方针。学术界对公共支出原则的讨论，比对税收原则的研究要少。19世纪中叶以后，财政学家开始注意公共支出的问题，明确了不仅要考虑如何征税，还要考虑如何安排支出，才能保证各类用途的需要获得适当的满足。特别是凯恩斯创建宏观经济学之后，人们开始注意公共支出对经济发展可能产生的影响。

一般各国在确定公共支出原则时都会从两个方面进行考虑：一是该原则能否覆盖公共支出活动的全过程和缓解公共支出中的主要矛盾；二是能否对公共支出活动和国民经济运行直接起到促进作用并使之实现良性循环。一般来讲，良好的公共支出应该遵循以下原则。

1. 公平原则

公平原则的基本含义是同等情况同等对待，不同情况不同对待。前者是横向公平，即同等级别之间的公平；后者则是纵向公平，即不同等级之间的公平。这一概念既适用于税收，也适用于公共支出。

应该承认，在支出方面，遵循横向公平原则是正当的，任何不公平待遇，如对特殊职业和对特殊地带的人提供有区别的补贴，并不能保证所有处在相同地位的人获取同样的待遇。关于纵向公平原则，现代经济思想并不认为其有效。一方面个人的效用是不可测定的，另一方面不同的人之间的效用不能进行比较，这就使纵向公平原则失去了科学依据。

公共支出的公平原则是涉及受益能力的原则。这一原则在各类公共支出中的应用程度可能有所不同。对于居民可以普遍享受利益的各种支出，如国防、司法、警察、行政、社会教育、公共卫生等，政府无法根据各类居民的受益能力安排支出。只有对那些居民可以直接享受具体利益的支出，如学校教育、个人医疗、社会保险和社会救济等，才能较具体地实行公平原则。

根据受益能力原则，对于居民的生活状况有直接影响的支出，特别是各类补助性支出，可以使社会收入和财富分配有所改变，因而它们同税收一样，具有再分配作用。政府可以通过征税和补助两种手段，调节社会收入和财富的分配状况，缩小贫富之间的差距。这类支出的目标是使社会获得最大利益，要对居民中收入不超过规定水平者给予补助，收入越少，补助越多。原因是居民收入越少，补助金对其产生的效用越大，同时对社会产生的效用也随之增大。因此，凡符合补助条件的都要给予补助，只是根据不同情况给予不同等级的补助。

2. 效益原则

由于社会效益是由公私两大部门的各类活动所产生的效益共同构成的，资源配置的关键问题是怎样在公私部门之间配置资源，保证双方都获得合理的供应，既不妨碍私营部门的发展，又能满足公共部门的需要，从而使社会效益最大化。随着政府活动范围的日益扩大，研究公共部门控制经济资源的规模及在其内部各类用途之间是如何进行配置的问题，对于达到社会均衡也具有重要意义。

要确定能否获得最大效益，必须进行成本-效益分析，判定某项支出所消耗的资源与其产生的效益之间的比例关系,从而决定对某一项目是否应配置资源,以及配置多少资源。政府与私人的行为准则有所不同,在进行成本-效益分析时,政府要更多地考虑社会成本和社会效益,前者包括公众所受的各种不利影响,如环境污染、公害、社会秩序不安定等;后者包括整体经济的发展、社会的发展、公众文化与健康水平的提高、社会秩序安定等。

公共支出的社会成本和社会效益,既包括外在的成本和效益,也包括内在的成本和效益。对于支出的外在成本和外在效益,一般只能进行估计,根据支出对整个社会造成的利弊得失,决定支出的方向及其用途,实现支出的合理性;对于支出的内在成本和内在效益,则应该进行具体测算,选定更加符合效益原则的最佳支出方案。

### 3. 稳定原则

作为宏观经济管理手段之一的公共支出,应该把宏观经济稳定目标作为支出的原则,即实现高就业水平、稳定的物价、适度的经济增长和良好的国际收支。

公共支出的总水平是影响社会需求总量的重要因素,购买支出对总需求有直接影响,补助支出对总需求有间接影响。在社会产品供过于求时增加政府支出,在社会产品供不应求时减少政府支出,能在一定程度上使供需关系保持在相对稳定的状态。资源配置随着人们对公共产品和私人产品的偏好而转移。收入分配通过税收和转移支出的变动来稳定总需求。为了保持经济稳定,根据经济状况可以采用赤字或盈余政策。公共服务的数量由支付愿望决定,居民的偏好通过投票机制表现出来。如果社会不需要服务,可以改变政府行为,这意味着即便在周期的低点时期,也不能用支出来刺激需求。

这种稳定的公共支出,是针对政策变化无常提出的。20世纪60年代,英国普洛登委员会提出的以公共政策为主的建议书也倡导这种务实的政策。普洛登委员会认为,支出水平的变化削弱了成本意识,破坏了政府的财务纪律,降低了公共服务的效益。从整体看,公共支出的短期节约措施很少是成功的,有时甚至是有害的,所以最好避免使用。委员会建议,应根据与预期资源相匹配的公共支出总额来制定稳定支出的政策,这样就能促使政策在制度上能够"判断坚定、标准明确以及轻重缓急分明",从而对支出部门产生有利的影响。尽管该委员会极力推进稳定的支出政策,可是它还是承认,政府支出的某些变动是不可避免的,只希望这些变动是微小的、重要的和及时的。

### 4. 量入为出的原则

在资本主义早期,西方国家的政府支出奉行"量入为出"的原则,强调当年收支要平衡。第二次世界大战后盛行"量出为入"的原则,旨在强调财政支出一定要满足政府履行职能、提供公共产品的需要。当财政入不敷出时,不应压缩开支,而应当通过举债或增发货币来解决缺口。

### 5. 公共选择原则

在制定财政支出政策时,例如明确提供何种公共产品、提供多少,必须要广泛听取公众的意见,可以由选民决定或者由议会投票表决,而不能由少数人根据个人偏好来决定。20世纪60年代后,西方社会关于公共选择如何最优地对公共支出产生影响的理论研究甚为流行。相关学者深入地探讨了选举原则和选举制度对公共决策的影响,指出了法定多数、简单多数和一致同意等投票原则对公共选择结构的不同影响。

### 6.1.3 公共支出的范围

公共支出作为政府配置资源的一种主要方式,其作用发挥的范围是有限的。通常认为,市场经济条件下,公共支出的范围应以市场发生失灵的领域和政府的职能为边界,否则,权力就会进入市场,公共支出就会发生特殊的优惠和歧视,社会配置也会发生扭曲。

1. 纯公共产品的供给

纯公共产品是指那些具有消费的非竞争性和收益的非排他性的公共产品,例如国防、外交、司法等公共服务和路灯、道路、防洪等基础设施。这些公共产品的成本和效益无法通过市场价格计算,而市场本身也无法满足或不能有效满足社会对公共产品的需求。但是,从社会发展趋势来看,这些公共产品对于经济的繁荣和人民生活的丰富又是必不可少的。因而,这类产品的提供理应由公共支出负担,不能由社会和个人负担。

2. 混合公共产品的供给

混合公共产品是指介于公共产品和私人产品之间的一种产品,如教育、社会保障、公共卫生、环境保护等。这些公共产品虽然在一定的技术和成本条件下具有一定的排他性和市场化程度,但它们的消费具有公共性。因此,对这类产品的供给,应按照最低保障原则,即实行市场为主、政府资助为辅的原则。

3. 其他形式公共产品的供给

对于大中型项目,政府可以采取一定的投融资手段参与建设;而对于某些市场化程度高、社会效益较大的项目,政府还可以通过注入资本金参股的方式提供资助和支持。

4. 纯市场产品的供给

对于该类产品,依靠市场自身就可以满足社会需求,因此,对这类产品的供给应遵循自由市场交换的原则,公共财政不投入资金。

总之,财政的公共支出只能是政府职能的一部分,对公共支出范围的界定,离不开对政府职能的合理界定。就我国来看,目前之所以会出现财政支出的越位与缺位现象,归根结底是由政府职能没有彻底转变、智能范围模糊不清造成的。

> **专栏6-1　以加强农村公共产品供给扩内需**
>
> 根据第七次全国人口普查数据,当前我国居住在城镇的人口占总人口的63.89%。即使按照常住人口城镇化率计算,我国也仍有5亿多人居住在农村,可见农村是个巨大的消费市场。但是,与巨大的市场规模相比,农村居民消费一直存在消费水平不高、"消费疲软"的现象,与城镇居民消费水平相比差距明显。其中一个重要的制约因素,就是农村公共产品供给不足。近些年来,随着工业反哺农业、城市支持农村以及乡村振兴战略的实施,农村公共产品供给状况有了很大改善。但是,由于历史欠账较多,无论是在基础设施建设方面,还是在教育、医疗、养老等方面,农村与城市相比都存在一定差距。增加农村公共产品供给,不仅能够提升农村基础设施状况,改善农村消费环境,而且能够促进农村居民收入增长,进而提高农村居民消费能

力和水平,是促进农村消费、加快形成宏大顺畅的国内经济循环的重要途径,也是满足人民美好生活需要的重要途径。正如习近平总书记强调的:"在我国发展现阶段,畅通经济循环最主要的任务是供给侧有效畅通,有效供给能力强可以穿透循环堵点、消除瓶颈制约,可以创造就业和提供收入,从而形成需求能力。"

下一阶段,需找准痛点和堵点切实发力,在加强农村公共产品供给上下功夫。

一是增加农村公共产品供给总量。供给总量不足仍是当前农村公共产品供给方面存在的主要问题。一方面,除了传统的农村水、电、路等基础设施建设外,应重点加强现代农村基础设施建设,完善县、乡、村三级物流基础设施网络,打通乡村物流的"最后一公里"。同时,加快农村地区宽带网络和移动通信网络覆盖的步伐,进一步消除城乡之间的数字鸿沟。另一方面,应提升农村公共服务水平。加强农村基础教育、职业教育水平,为农民就业创造更多机会;提高农村居民养老保障水平,使农村居民有合理稳定的收入预期;提升农村公共文化服务水平,满足农村居民对精神文化生活的需求,充分激发农村文化消费市场的潜力,在建设好乡镇文化站、农村文化大院等公共文化服务设施的同时,整合县域文化场馆、非遗传承等文化资源,开展公共文化服务,进一步促进农村公共文化服务与文化产业、旅游业的融合,激发公共文化服务的活力。

二是形成多元主体合作供给机制。首先,政府需承担起农村公共产品供给的主体责任,增加对农业农村的财政投入。其次,可充分发挥志愿组织的作用。志愿组织具有非营利性,且在一定领域具有专业性,因而政府需给予志愿组织更大的成长空间,增强其独立发展的能力,鼓励其有效弥补政府供给的不足。再次,积极稳妥推进农村公共产品供给的市场化改革。理论与实践均已证明,部分农村公共产品可以通过市场化方式提供。同时,随着农村经济发展和农村居民生活水平提高,农村居民对公共产品的需求日益多元化,农村公共产品供给市场化也是满足农村居民多元化需求的重要途径。在这方面,政府要做好监管工作。需要注意的是,形成多元主体合作供给机制,政府应成为多元供给主体的"主角"、多元主体合作供给机制的建立者,保证各个主体充分发挥作用,努力形成政府部门主导、社会力量广泛参与的农村公共产品供给格局。

三是推进农村公共产品供给侧结构性改革。在农村公共产品的供给中,要真正关注农村居民的需求,使"供给"与"需求"匹配。长期以来,我国财政资金投入的评价标准注重"过程导向"而非"结果导向",同时,在农村公共产品供给过程中,提供什么样的公共产品、提供多少公共产品基本是由政府而非农村居民决定。这可能导致农村公共产品的供给偏离需求,导致财政资金使用的低效。推进农村公共产品供给侧结构性改革,就是要真正关注农村居民对公共产品的需求。尽管公共产品是满足农村居民生产生活共同所需的产品,但是不同群体对于基础设施、教育、医疗、养老等方面的需求强度是不同的,因而需要充分运用农村基层协商民主等有效方式,寻求农村居民需求意愿的"最大公约数"。在此基础上,积极探索"以需定供"的公共产品供给方式,充分尊重农村居民在公共产品供给方面的意愿,从而促进农业现代化体系水平进一步提升。

资料来源:曲延春. 以加强农村公共产品供给扩内需[EB/OL]. (2021-12-08)[2022-04-05]. https://m.gmw.cn/baijia/2021-12/08/35366318.html. 有删改

## 6.2 公共支出的分类

所谓公共支出，就是公共部门提供公共服务的支出。公共支出反映了政府依据市场和资本的意愿进行的政策选择。社会一旦决定了供应哪些产品和服务、生产多少、产品质量如何等，公共支出就代表执行这些政策的成本。

公共支出主要包含以下内容：一是通过公共部门的预算提供产品和服务的成本。这是常见的公共支出的含义，也是公共部门账户陈述的科目。二是由于政府执行规章制度和法律而导致的私人部门支出。如通过一项要求旅店装备最低保障水平的消防设备的法律而导致店主花费的钱款，经济学家会将这种支出计算为公共部门支出，因为这些私人部门的支出是由公共部门的决定引起的。因依据不同，公共支出可分为如下类别。

1. 按政府职能分类

公共支出按政府职能分类，也就是按政府支出的费用类别分类，可分为投资性支出、教科文卫等事业支出、国家管理支出、国防支出、各项补贴支出和其他支出等。

1) 投资性支出

在计划经济时期，政府直接组织安排经济建设，整个社会的经济建设要由政府直接提供。这些支出就构成了财政的经济建设支出。它主要包括财政的基本建设投资、增拨企业流动资金、挖潜改造资金支出、支援农业生产支出和其他经济建设支出等。市场化改革之后，政府直接投资大量减少，但这并不意味着政府从此不再参与任何投资活动。相反，从20世纪80年代的重点建设投资，到20世纪90年代末实行积极财政政策下的基础设施的大规模投资等，我国政府的投资性支出规模仍然不小。今后，尽管我国财政的公共化程度将继续加深，但出于为市场提供公共服务的需要，政府所承担的公共工程和其他公共设施的投资性支出规模仍将是巨大的。

2) 教科文卫等事业支出

教育、科学、文化、卫生、体育等这类活动，有助于国民经济的发展、人民生活水平的提高和人民健康状况的改善。这些活动不同程度地具有正外部性，政府同样必须不同程度地介入这类活动中，并为之提供相应的财力。政府的这类支出就构成了财政的教科文卫事业支出。它主要包括这些单位的人员经费支出和公用经费支出以及其他事业发展方面的支出等，也包括财政用于这些部门的投资性支出。这类支出在市场经济下也是政府重要的支出内容之一，是政府为市场提供公共服务的重要手段。

3) 国家管理支出

国家管理活动是国家和政府存在与运转的具体体现。政府职责的履行，就是通过各种政务和管理活动的实行来完成的。市场经济下政府为市场提供公共服务，则是由各种管理工作具体完成的，这就需要付出相应的费用。中国财政用于各级国家权力机关和国家行政机关的支出，构成了财政的国家管理费用支出。例如，各级人民代表大会及其常务委员会机关经费、政府机关经费和公安、检察、司法、安全等国家机关的人员经费和公用经费等。此外，还包括我国驻外使馆等机构的经费、国际组织的经费、捐赠支出等。这类财政支出，随着市场经济体制在我国的健全和完善与国家政权机构的相应改革，其内容和具体项目等也在发生重大变化，而最终这类支出将具有完全的公共支出性质。

4) 国防支出

国家防务自古以来就是必须由国家承担的基本职责之一，换言之，提供防务保护是国家存在的典型特征，即使是在市场经济环境下也是如此。国家防务的建立，需要巨额的资源和要素。为此，近现代政府每年在其预算中都必须安排相当数额的支出，用于军队和其他国防建设。这就是财政的国防支出，在我国，它主要包括军费、国防科研事业费、民兵建设费、专项工程和其他与国防有关的支出等。

5) 各项补贴支出

通过提供各项补贴来履行其所承担的社会经济职责，调节社会经济活动，是现代国家都采用的手段，无论是在计划经济时期还是在市场经济时期都如此，只不过补贴的范围、规模、内容、程度乃至作用有所不同。计划经济时期的财政补贴，与国家制定的计划价格相配合，直接为国家以指令性计划配置社会资源相配合的财政支出不是公共支出。改革开放中，财政补贴逐步减少了直接服务于国有企业盈利活动的内容，逐步增加了服务于市场、服务于经济体制改革和社会稳定的内容，从而逐步地增强自己的公共性质，成为公共支出的重要组成部分之一。

除上述几类公共支出之外，还存在一些名目繁多的杂项支出。

按政府职能对公共支出进行分类，能够清晰、全面、具体地反映政府执行了哪些职能及其政策侧重点，能够对同一国家的公共支出结构进行动态分析，从而看出该国的政府职能结构和内容发生了怎样的演进，有助于预测未来公共支出的发展变化趋势。按职能分类有利于对政府执行经济和社会职能的程度进行横向国际比较，以揭示各个国家的各项政府职能的构成及其差异等。

2. 按支出的用途分类

财政支出用途是由政府职责决定的。在不同国家和不同时期，政府承担的具体职责和任务是不一致的，尤其是在不同的经济体制下其差异就更大。不同国家、不同时期的财政支出，其具体用途纷繁复杂，甚至是千差万别，不存在一个固定模式。就目前中国的公共支出来看，按用途可以分为基本建设支出、支援农业支出、教科文卫支出、抚恤和社会福利救济费、国防支出行政管理费、对外援助支出等。此外，我国财政目前还存在营利性资本支出，如一部分基本建设支出和企业挖潜改造资金支出等。随着国有经济退出一般竞争性和营利性领域，营利性资本支出也将逐步淡出财政支出的范围，届时中国财政大体上将仅保留公共支出。

公共支出的这种分类方式，是按照政府职能分类方式的具体化。这种分类方法可使公共支出指标同国民经济和社会发展指标相互衔接，可以从公共支出中比较直接地反映政府各项支出之间的比例，有助于政府各项政策的实施和运作，也有利于按用途分配公共指标，考核公共支出的使用情况，加强对公共支出的管理监督等。

3. 按支出的使用部门分类

按公共支出的使用部门分类，亦即按政府组织机构分类，它表现为政府支出在政府各部门之间的配置结构。在不同时期，国家的政府组织机构也是不尽相同的。目前，我国政府支出按其使用部门来考察，主要包括用于工业、农业、林业、水利、交通、邮电、商业、物资、文化、教育、科学、文化、国防、行政等部门的支出。不仅如此，还可以对每个部门做进一步划分,如对工业部门的支出,可分为对各个具体工业部门的支出;对教育部门的支出,可分为对各级各类学校的支出;行政支出,则可分为对各级国家权力机关和行政机关的支出,等等。通过这种分类,有利于国家了解和把握国民经济各部分的发展状况并进行相应指导和综合协调,监督检查公共支出本身的使用效果和优化部门的公共支出结构,为保持公共支出在各部门之间的合理比例关系创设条件。

**4. 按经济性质分类**

按公共支出能否得到相应的直接的商品或劳务补偿,可将其划分为购买性支出和转移性支出两大类。

购买性支出是政府用于购买当前的产品和服务(即劳动力、消费品等)、资本品和服务(道路、学校和医院等公共部门投资)等的支出。购买性支出是为了获得经济资源的所有权而安排的支出。一旦公共部门使用了资源,就排除了其他部门对这些资源的使用。公共部门对这些资源的吸纳,就意味着这些公共支出是以放弃其他部门的产出为机会成本的。

转移性支出是公共部门无偿地将一部分资金的所有权转移给他人所形成的支出。例如,财政安排的养老金支出、补贴支出、失业救济金支出等。转移性支出的经济含义,就是政府从某些私人主体那里获得资源,然后转给另一些私人主体。这是资源在社会成员之间的重新分配,公共部门在这里只是作为资源流动的中介机构或中转站。

**5. 国际货币基金组织的分类方法**

国际货币基金组织对公共支出的分类如表6-1所示。

表6-1　国际货币基金组织的公共支出分类方法

| 职能分类 | 经济分类 |
| --- | --- |
| 1. 一般公共服务<br>　公债交易<br>　各级政府间的一般性转移支付<br>2. 国债<br>3. 公共秩序和安全<br>4. 经济事务<br>　农林牧渔业<br>　燃料和能源<br>　采矿业、制造业和建筑业<br>　交通<br>　通信<br>5. 环境保护<br>6. 住房和社区生活设施<br>7. 卫生<br>8. 娱乐、文化和宗教事务<br>9. 教育<br>　学龄教育和初等教育<br>　中等教育<br>　高等教育<br>10. 社会保护 | 1. 雇员报酬<br>　工资和薪金<br>　社会缴款<br>2. 商品和服务的支出<br>3. 固定资本的消费<br>4. 利息<br>5. 补贴<br>6. 赠予<br>　对外国组织的赠予<br>　对国际组织的赠予<br>　对其他一般政府单位的赠予<br>7. 社会保障金<br>8. 其他支出<br>　利息之外的财产性支出<br>　其他杂项支出 |

资料来源:International Monetary Fund.

此外，还有一些其他分类方法，如按公共支出的收益范围，可将其分为一般利益支出和特殊利益支出；按公共支出的强制性分类，可将其分为强制性支出和随意性支出；按公共支出的最终用途进行分类，又可将其分为消费性支出、积累性支出和补偿性支出。

> **专栏6-2　中国的公共支出**
>
> 　　中国尚处于经济社会转型时期，公共支出分散于各部门，理论上有预算内公共支出、预算外公共支出和制度外公共支出之分。预算内公共支出是列入政府的年度预算的财政支出，其数据容易取得。预算外资金是各地各部门根据有关法律法规提取的不在预算内反映的财政资金。预算外支出是以预算外资金为基础形成的支出。我国预算外资金的范围先后经过多次调整。1993年之前，其范围广泛，包括国有企业的大量预算外资金。1993年以后，我国又对预算外资金的管理进行了多次调整，预算外资金规模相对下降。预算内公共支出和预算外公共支出都是在政府的正式制度之内形成的，统称制度内公共支出。制度外公共支出是指游离于此之外的公共支出。从支出的用途来看，制度外公共支出和预算内、预算外公共支出并无太多差异。差异主要在于支出的资金来源上。制度外资金来源通常没有法律依据，它可能是通过民众自愿集资来的(例如，自愿集资修建大型公共工程)，也可能是由政府部门违规收费、摊派、罚款所得。我国预算内公共支出、预算外公共支出和制度外公共支出曾经一度"三足鼎立"。随着公共支出管理改革步伐的推进，所有的公共支出最终将全部并入预算内。
>
> 　　在我国，除了直接的公共支出之外，还有多种形式的支出不计入公共支出，但实际上承担着公共支出职责的经济活动。例如，国有企业提供的公共服务，农村的准财政活动，代替公共支出的政府管制，中央银行的准财政活动等。
>
> 资料来源：杨志勇，张馨.公共经济学[M].4版.北京：清华大学出版社.2018：80-81.

# 6.3　公共支出的规模与结构

## 6.3.1　公共支出的规模

**1. 公共支出规模的含义**

　　公共支出规模是衡量一定时期内政府支配社会资源的多少、提供公共产品数量的多少、满足社会公共需求的能力高低的重要指标。公共支出有狭义和广义之分。狭义上讲，公共支出规模是指在一定财政年度内政府通过预算安排的公共支出总额，它在数量上等于公共部门经常账户和资金账户的支出总额，其中，公共部门的内部交易活动不包括在内。广义上讲，公共支出规模是指某一个财政年度内通过政府安排的用于社会共同需要的所有支持，包括预算内支出、预算外支出和各级政府以各种形式所筹集的制度外支出等。一般情况下，广义上的公共支出规模更加有助于真实地考察国家在一定时期内的公共支出情况。

**2. 公共支出规模的测量**

　　公共支出规模的测量通常采用绝对指标和相对指标体系。

　　绝对指标体系，是指直接以一国货币量表示的公共支出的实际数额。使用绝对指标可以具体、直观地反映某一财政年度内政府支配的社会资源总量和政府提供的社会公共事务的规模，但难以反映这些社会资源在社会资源总量中所占的比重。由于以现价方式来表示名义公共支出规模，且各国经济发展水平存在差异，不宜进行公共支出的动态分析和横向或纵向比较。

相对指标体系，是指一定时期内的公共支出与相关经济指标的比率，即预算年度内政府实际安排和使用的财政资金数量占相关经济总量指标(如GNP/GDP/NI等)的比率。它是国际上对公共支出规模进行分析时常用的指标，反映了一定时期内整个社会财富由政府直接支配和使用的数额，体现了公共支出与宏观经济运行以及国民收入分配的相互关联、直接制约的关系和社会财富的集散程度。一般而言，在经济发展水平、产业结构等大致相同的条件下，公共支出相对指标越大，表明财政参与社会财富分配的比例越高，社会财力的集中程度越高；反之亦然。

3. 公共支出规模的主要影响因素

公共支出规模受多种因素影响，可从需求和供给两个方面进行考察。

从需求方面看，影响财政支出规模的因素有三个：①经济因素。一定的经济水平客观上需要相应的财政支出规模，正如马斯格雷夫和罗斯托所说，经济发展不同阶段的经济水平是影响财政支出规模的重要因素。同时，经济体制的变化和政府干预政策的变化会直接影响财政支出规模的变化。②政治因素。政局不稳、发生战争或出现自然灾害时，财政支出规模必然增大。③社会与历史因素。社会因素，如人口状态、文化背景等也在一定程度上影响政府的公共支出规模。人口增加促使对公共治安、教育、住房、社会福利、城市公用设施等需求的增加，从而导致公共支出的增加。另外，人口结构的变化也会导致公共支出的增加。例如，学龄人口的增加要求提供更多的中小学教育，老龄化社会的加剧则要求社会保障支出中养老金的支出不断增长，以及养老院、老年福利机构等准公共产品不断增多。世界银行的研究表明，随着经济的发展，政府以转移支付和补贴形式安排的支出呈现较快的增长势头，而且越是市场经济发达的国家，其用于转移支付和补贴的支出占政府支出的比重就越大。在OECD(经济合作与发展组织)国家中，政府总支出的一半以上转移支付给了个人。

从供给方面分析，影响财政支出规模的主要因素是国家财力状况或财政收入规模。每个国家或地区一定时期内的财力状况或财政收入规模取决于经济水平，一般可用人均GDP水平来表示。不同国家的人均GDP水平不同，需要的财政支出规模也不同。另外，也可分析财政支出受财政收入制约的状况，即财政收入对财政支出的影响。

### 6.3.2 公共支出增长理论分析

各国的公共支出规模都经历了一个由小到大的演变过程。从19世纪70年代至20世纪90年代中期，工业化国家的公共支出基本上保持增长的态势。这种增长主要表现在两个方面：一是公共支出绝对规模的增长；二是公共支出相对规模(即公共支出占GNP的比重)的增长。随着经济的发展，政府活动范围以及职能的相应扩大，特别是政府干预经济能力的提升，无论是从绝对量上还是从相对量上来看，公共支出在全世界范围内都出现不同趋势的扩张。关于公共支出增长理论的解释主要有以下4种观点。

### 1. 瓦格纳法则

德国财政学家阿道夫·瓦格纳(Adolph Wagner)探讨了公共部门的规模问题。他在考察了19世纪许多欧洲国家及美国、日本等国的公共部门规模增长状况之后,提出公共支出的增长是政治因素和经济因素共同作用的结果。他指出随着经济的工业化,不断扩张的市场和市场主体之间的关系已变得越来越复杂。市场相互作用的复杂性使得商业规则和契约变得很有必要,这就需要建立一套司法制度来执行这些法律。城市化进程的加快和居住密度的提高,导致了外部性和拥挤问题的加剧,从而要求公共部门进行干预和管理。因此,公共部门的服务具有紧迫性。公共部门的服务包括各个方面。至于教育、娱乐、文化、医疗和服务方面公共支出的增长,瓦格纳认为这些服务代表更高一级或具有收入弹性的需要。因此,随着国民实际收入的提高,对这些服务的公共支出的比例也会提高。后来的学者将他的观点概括为瓦格纳法则或瓦格纳定律。这一法则指出,财政支出占国民生产总值的比例是不断增长的,即随着人均收入的增长,公共部门的相对规模也会增长。

瓦格纳集中分析了公共支出的需求因素。由于他所处的德国还在进行工业化,在这样一个特殊的历史背景下,瓦格纳没有必要去解释这样一个问题,即如果经济进入成熟阶段或陷入滞胀阶段,公共部门将呈现怎样的演变趋势。因此,他的模型只假定国家是个有机体,含有技术决定论(目的论)的因素,并认为收入增长几乎不可避免地会导致公共部门的扩张。

从对理论发展的贡献的角度来看,瓦格纳对公共支出演变趋势的分析,更多地指出了公共支出不断增长这一现象,而没有探讨和指出引致这一现象的根本原因。

### 2. 梯度渐进增长理论

英国经济学家皮科克(A.T.Peacock)和怀斯曼(J.Wiseman)对1890—1955年的英国公共支出的演变情况进行了分析,并提出了梯度渐进增长理论。该理论的假定前提是:"政府喜欢多花钱,老百姓不喜欢多纳税,因此政府必须注意人民的意愿。"据此,他们将对公共支出的分析转到投票箱对公共支出增长的影响上来。

在他们看来,作为投票者的公民乐于享受公共产品的收益,但不愿意为此纳税。因此,政府在决定其支出方向时,就必须密切关注公民对其隐含的税收所作出的反应。这一模型假定存在一个公民可以容忍的税收水平,政府安排支出必须考虑这个因素的制约。

政府和公民在纳税额的问题上进行博弈。公民所能容忍的税收水平是政府公共支出的约束条件。尽管政府支出本身具有自我膨胀的内在动因,但公众将依据"税收容忍水平"通过投票箱来遏制政府支出膨胀的势头。他们得出的结论是:英国公共支出的增长是"阶梯式"的、"非连续"的,公共支出的增长只是由公共收入的增长导致的,而不是由别的其他原因导致的。他们认为导致公共支出增长的因素可归结为两种,即在正常时期的内在因素和在非正常时期的外在因素。

(1) 内在因素,一般来说,政府为追求政治权力最大化而倾向于多支出。随着经济的发展和国民收入水平的上升,在既定税制和税率水平下税收收入也会上升,政府支出水平的提高与GNP的增长呈线性关系。因此,在正常时期,政府的公共支出也是渐进扩大的。

(2) 外在因素,是指在社会发展的非常时期(如经济危机、战争和自然灾害等的发生时期),为应付这些突变,要求政府发挥远比平时更大的作用,政府支出便会急剧增加。在此时政府会被迫提高税率或者是增加新税，不愿多缴税的公众也会被迫接受提高的税率和新增的税种。皮科克与怀特曼认为，社会动荡使公共支出维持在较高的水平上，而且公共支出占GNP的比重往往是危机之后比危机之前还要高。

因动荡增加公共支出会产生三种效应：一是替代效应，即公共支出的增加，排挤了许多私人支出。正是这种替代效应使得公共支出又从一个新的高度上呈现逐渐增长的趋势。而且，非常时期过后，公共支出水平即使有所回落，也很难回到原来的水平上。二是检查效应。动荡使许多久存而未解决的问题集中爆发，政府和公民认识到对社会负有责任，要弥补过失，就需要增加支出，社会可容忍或可以接受的课税水平会比非常时期明显提高。三是集中效应。平时分散给地方和个人的权力很难集中，而在动荡时期，中央容易收回地方权力，增加公共支出。因此，由于非常时期公民的理解和支持，政府会把新增公共收入用于动荡后政府新增加的职能活动，从而实现公共支出规模的一次大跳跃。

> **专栏6-3  公共支出的检视效应**

2008年初，我国南方地区发生了50年一遇的重大雪灾，多省份的电力运输纷纷中断，人民的正常生活受到了严重的干扰。

在这次雪灾中，湖南、贵州等地的电塔、输电线路纷纷垮塌，原因是输电线路的设计标准未能将恶劣、极端天气可能对其造成的损害计算在内。根据我国输电线路的架设规范，中部和东部地区输电线路覆冰设计标准大多为10毫米，但是此次50年一遇的雪灾使得我国华中、华东部分地区的输电线路出现了40～60毫米厚的覆冰，按标准设计，输电线路难以承受，纷纷垮塌。

雪灾过后，社会各界纷纷质疑，我国输变电设备不能抵御雪灾，是不是建设标准太低，甚至在"两会"期间有代表提出，要把电网抵御灾害天气的能力提高到50年一遇。但是中国电力投资公司总经理陆启洲认为，这种观点不符合现实。他认为如果要应对这种50年一遇的暴风雪，电力设备建设的标准要提高4个档次，造价要翻8倍，这是超出我国国情的；即使是在美国，也是无法达到的。而且输变电设备的正常使用周期是30年，遇到这种50年一遇的暴风雪的概率非常小。因此陆启洲建议，合理的做法是在科学预测的基础上，在局部地区、局部环节，提高输变电设备的应对档次，而不是全方位提高建设档次。

这个案例反映了当社会运行的客观环境发生改变，特别是重大改变时，公共支出的范围和规模通常也要进行相应调整，这是客观规律。

资料来源：毛程连.财政学[M].上海：复旦大学出版社，2009：70-71.

3. 经济发展阶段论

美国经济学家马斯格雷夫(R. A. Mursgrave)和罗斯托(W.W. Rostow)从经济发展的角度，分别对公共支出增长进行了分析。与瓦格纳相同的是，他们共同关注经济发展与公共支出增长之间的关系；不同之处在于，瓦格纳对公共支出增长点的考察更多是关注公共支出与GNP之间的数量关系以及对这些数量关系的解释；而马斯格雷夫和罗斯托更加关注在不同经济发展阶段，社会对公共支出需要的变化。他们在20世纪50年代提出了经济成长阶段论，认为经济成长需要经过5个阶段，即传统阶段、为起飞创造前提阶段、起飞阶段、成熟阶段、高额消费阶段。根据他们的理论，公共支出不断增长可分为三个不同的阶段，三个阶段又表现各自不同的特点。

### 1) 初期阶段

在经济发展的初期阶段,百业待兴,为了启动经济,促进经济尽快增长,公共部门要为经济的发展提供社会基础设施,比如治安、道路、运输系统、环境卫生系统、法律与秩序、健康与教育以及其他人力资本的投资等,因为政府投资在社会总投资中所占比重较高。马斯格罗夫与罗斯托特别强调,公共部门的上述投资对于经济发展正由早期阶段进入起飞阶段、中期阶段的国家来说是必不可少的。

### 2) 中期阶段

在经济发展的中期阶段,社会基础设施供求趋于平衡,公共部门投资逐渐让位于日益增长的私人投资。政府直接投资规模逐步变小,此时,政府投资只是对私人投资的补充。但由于市场失灵的存在,政府必须加强对经济的干预,来矫正、弥补市场机制的不足,公共支出比重继续增加。

### 3) 成熟阶段

马斯格雷夫认为,在经济发展过程中,当总投资占GNP的比重增加时,公共部门投资占GNP比重却下降了。罗斯托认为,经济一旦进入成熟阶段,公共支出的重点将从提供社会基础设施,转向教育、卫生、保健与社会福利支出。用于社会保障和收入再分配方面的支出相对于公共支出的其他项目及GNP而言,都将会有较大幅度的增长。

### 4. 非均衡增长理论

美国经济学家威廉·杰克·鲍莫尔(William Jack Baumol)将经济部门分为两类:进步部门和非进步部门。进步部门的生产率高,非进步部门的生产率相对较低。这是因为,进步部门在规模经济和技术革新上有优势,劳动生产率的累积性得以提高。导致生产率差异的直接原因,是劳动要素在生产过程中所发挥的作用存在差异。在进步部门,劳动主要是作为工具使用,是生产最终产品所不可或缺的要素;而在非进步部门,劳动本身就是最终产品。在进步部门,可以用资本代替劳动而不影响产品的性质;而在非进步部门,由于劳动服务本身就是提供消费的产品的一部分,劳动量的减少会改变产品的性质。

非进步部门通常包括服务性行业,如餐馆、手工艺、表演等行业。这些行业的生产和服务都是劳动密集型。这些行业提高生产率虽并非不可能,但只是偶然间发生,且速度缓慢。

在进步部门,假定劳动生产率的提高与小时工资率是一致的,即进步部门的单位成本长期保持不变,为了防止劳动从非进步部门流向进步部门,非进步部门不得不把工资率提高到与进步部门相当的水平。如果非进步部门的生产效率提高速度不如进步部门,那么非进步部门的单位成本就会提高,这意味着下一阶段非进步部门相对于进步部门的产出机会成本会提高。如果非进步部门的产出不下降,那么,总成本必然上升。

鲍莫尔把公共部门视为非进步部门,把私人部门视为进步部门,并对公共支出的增长提供了一种解释。他认为,公共部门生产力相对落后是公共支出增长的主要原因。因为相对于私人部门而言,公共经济部门平均劳动生产率具有相对下降的趋势,为了维持私人经济部门和公共经济部门之间的平衡,需要将更多的要素投入到公共经济部门中,如公共部门的工资应与私人部门的工资呈同方向且等速度递增,这便导致了公共支出的增长。

假设非进步公共部门的产出$X_{1t}$完全由生产率水平不变的劳动要素$L_{1t}$生产,生产进步的私人部门中劳动生产率则以指数为$r$的速度增长,这就使私人部门$X_{2t}$的产出出现指数增长,其生产

函数为

$$X_{1t}=\alpha_1 L_{1t} \tag{6-1}$$

$$X_{2t}=(\alpha_2 \ell^{rt})L_{2t} \tag{6-2}$$

$$\frac{X_{1t}}{X_{1t}+X_{2t}}=\frac{\alpha_1 L_{1t}}{\alpha_1 L_{1t}+(\alpha_2 \ell^{rt})L_{2t}} \tag{6-3}$$

假设各部门间的工资率相等,其增长与私人部门生产率同步,则

$$w_t = w_0 \ell^{rt} \tag{6-4}$$

公共部门的单位成本为$C_{1t}$,则

$$C_{1t}=\frac{(w_0 \ell^{rt})L_{1t}}{\alpha_1 L_{1t}}=\frac{w_0 \ell^{rt}}{\alpha_1} \tag{6-5}$$

私人部门的单位成本为$C_{2t}$,则

$$C_{2t}=\frac{(w_0 \ell^{rt})L_{zt}}{(\alpha_2 \ell^{rt})L_{2t}}=\frac{w_0}{\alpha_2} \tag{6-6}$$

公共部门的单位成本随私人部门生产率的提高而逐步提高;私人部门的单位成本则保持不变。

### 6.3.3 公共支出的结构

1. 公共支出结构的含义

公共支出结构,是指公共支出在各部门之间的组合状态以及数量配比,或者说,各类支出的组合以及各类支出在总支出中所占的比重。一般来说,一国在一定时期内的公共支出结构总是表现为各类支出的集合,并呈现一定的数量关系。但如果从整个财政体系的角度考虑,公共支出结构又往往是该时期政府财政职能和政府政策的体现。因此,正确理解公共支出结构应从以下几个方面入手。

1) 公共支出结构是稳定性与变动性的统一

公共支出结构在很高程度上与政府的工作重心紧密相连,是对政府的政策倾向的反映,因此在一定时期内具有稳定性。但是基于一国所处的经济发展阶段的不同,公共支出结构又不是一成不变的,而是处于不断变化之中的,对此,美国经济学家罗斯托提出了著名的"公共结构转换论"。他认为,在经济发展的早期阶段,政府投资在总投资中往往占有较大的比重,且其投资主要集中于社会基础设施方面;而在经济进入成熟期以后,政府投资逐渐减少,投资重点由基础设施转向教育、保健、社会福利等方面。

2) 公共支出结构具有质的规定性和量的稳定性,是质与量的统一

质的规定性是指公共支出各要素自身所具有的特点;量的稳定性则是指公共支出各要素在数量上的比例关系。考察公共支出结构通常从质和量两个方面进行,原因在于公共支出结构不仅是由要素按比例构成的,它也在很高程度上反映诸多要素在公共支出中占何种地位、起什么作用,以及提示人们该如何调整它们之间的关系等。

3) 公共支出结构具有自我调整性

在市场经济体制下,公共支出实质上是一种民主决策支出,这就决定了其发生作用的根本途径是市场机制的自发调节。但是又由于公共支出兼具经济和政治的双重特点,也不能排除政

府有意识地实施宏观调控。

4) 公共支出结构影响市场经济的发展

公共支出结构对市场经济的重要影响主要体现在三个方面。

(1) 随着政府管理经济职能的加强和政府采购制度的健全，政府作为市场经济中最大的买主，不论其公共支出用于哪些方面，都会对市场经济活动产生重大的影响。比如，政府提高公共工程建设或者资本性投资方面的支出比例，就会相应地增加对生产原料和生产设备的需求，从而改变市场的供需结构和价格水平。

(2) 不论政府在何地实现这一购买力，都会给当地的经济发展带来一定的影响，西部大开发就是一个典型的例子。

(3) 政府在收入与支出对比关系上的调整，也会对物价总体水平产生影响。例如，我国实施的积极财政政策，就明显地说明了公共支出结构对经济发展的推动作用。

2. 影响公共支出结构的因素

公共支出作为政府调节经济的基本财政手段之一，虽然体现了政府的意志和政策，但对政府来说，公共支出结构要受到各种因素的制约。

1) 政府职能状况

政府职能，是指国家行政机关依法对国家和社会公共事务进行管理时应承担的职责和所具有的功能。从某种程度上说，公共支出是政府活动的资金来源，也是政府活动的直接成本。因此，政府职能的大小及其侧重点，决定了公共支出的规模和结构。

2) 一定时期内政府的目标

由于公共支出兼具政治和经济双重特性，这就使得政府公共支出结构受到一定时期内政府目标的制约。例如，在战争时期，稳定压倒一切，政府公共支出必须首先考虑军事斗争方面的一切费用；而在经济衰退时期，为了增加就业，促进经济增长，则要实行扩张型财政政策，扩大政府在公共投资方面的支出。

3) 政府调控资源的能力

公共支出的性质在一定程度上反映了一国政府在一定时期内直接动员社会资源的能力。根据公共支出的性质对公共支出进行分类时，一般可将其分为购买性支出与转移性支出，其中，购买性支出的比重大小体现了政府调控资源能力的强弱，转移性支出的比重大小体现了政府实施再分配能力的强弱。我国自改革开放以来，在财政的全部支出中，购买性支出所占比重有所下降，转移性支出的比重则有所上升，反映了随着我国中央放权让利政策的实施，政府配置资源的能力也呈现不断下降的趋势。

4) 公共支出的客观数量界限

在财政资源配置的过程中，公共收入与公共支出所支配的社会经济资源在总量上是一致的。但在资源配置活动中，收入则是第一层次的。可以说，没有收入就没有支出，收入是支出得以实现的前提，而支出只能以收入为限。因此，财政支出结构如何配置，最终会受到可供支出的财政收入的客观限制。

3. 公共支出结构的优化

公共支出作为政府配置资源、满足社会需要的一种途径和方式，其结构直接关系公共支出本身的效率和效果，进而影响国民经济发展和人民福利等重大问题。不同形态的公共支出结构，体现着不同的社会经济发展阶段，反映了公共支出在国民经济资源配置中的重要性。公共支出结构的优化关系整个国民经济的发展，不合理的公共支出结构必然会导致社会资源配置效率的低下，给社会诸多方面带来消极影响。科学合理的公共支出结构是国家调节经济与社会发展、优化经济结构的强大杠杆，有利于社会资源在私人部门和公共部门之间的合理配置，实现社会福利的最大化。因此，优化公共支出结构，建立与公共财政相适应的公共支出结构，成为影响财政改革和资源配置效果的重要因素。

(1) 合理优化的公共支出结构，应该是与支出目的、财政体制、经济发展阶段有较强适应性的结构。

① 公共支出结构必须与支出目的相适应，不可偏离实现支出目的所要求的发展方向。总体来说公共支出的目的是满足不同层次、不同种类的社会公共需要。随着社会经济体制和其他条件的变化，公共支出在社会公共需要之间的侧重点不同，因此，就要求公共支出的构成要素以及要素相互之间的关系能够反映支出目的的变化方向。

② 公共支出结构必须与一定的财政体制相适应。公共支出结构是特定财政体制下的结构，财政体制通过其自身的作用，能够推动或延缓支出结构的转换。因此，与财政体制相适应的支出结构，能够获得财政体制的有力推动而完成自身的转化；反之，与财政体制之间存在经常性摩擦的支出结构，会削弱结构自身演进的能力，使结构发展与财政经济的发展出现停滞或加剧两者之间的不协调。

③ 经济支出结构必须与相应的经济发展阶段相适应，不能超前或滞后于经济发展阶段。在一定的经济发展阶段，会出现具有一定特征的支出结构，或者是支出结构的特征能够反映与之相适应的经济发展阶段。实际上，支出结构的转换与经济增长紧密相连。经济增长到一定阶段，就必然会出现相应的支出结构，而支出结构的进一步转换，则在经济增长上升到一定阶段的时候起到推进作用。因此，公共支出结构必须与特定的经济发展阶段相适应，就是要在一定的经济发展阶段中实现公共支出结构一定程度的转换，使公共支出结构表现出该阶段的主导特征。当然，由于受到人的意识的影响，公共支出结构的转换并不是一个完全意义上的自发组织过程，其转换有可能超前或者滞后于经济发展阶段。但无论转换是超前还是滞后，都会使公共支出结构的进一步转换受阻，使经济发展受阻。

(2) 优化的公共支出结构内部各组成要素之间具有协调性。

首先，优化的公共支出结构的协调应是动态的协调。各个要素在其相对独立又相互联系的运动中，不断打破原有的平衡，又不断实现新的更高层次的平衡。其次，公共支出结构的协调主要是指结构内部各个要素的相互适应。这种意义上的平衡，并不意味着各个要素不分主次地平均发展，而是在明确重点与非重点的前提下平衡发展。平衡是构成支出结构的要素，在不同的条件下，其在支出结构差别的基础上实现要素之间相互促进的发展。

(3) 在优化的公共支出结构中，调整支出结构的"所费"与结构发展带来的"所得"之间应具有低投入、高产出的特征。换言之，优化的或合理的支出结构是具有高效益的结构。从根本上说，支出结构的转换过程应该是不断提高结构效益的过程。

① 由于财政分配活动涉及经济和社会等领域，从而使公共支出结构效益不仅指经济效益，

还指社会效益，因而对支出结构效益的考察，要关注这两种效益。

② 由于社会公共需要是多方面的，公共支出效益也要从多方面表现出来，即以政治、经济、文化、科学、社会等多种形式表现出来。这种表现形式的多样性，说明了支出结构效益之间缺乏通约性，即性质不同，不好相加。这就决定了公共支出结构效益的衡量，应针对一个指标体系，而不是单一的指标。从指标来说，支出结构效益的高低，并非都能直接以量化的指标来表现，尤其是社会效益，更难直接以量化的指标来反映。因此，支出结构效益，从概念上可以将其理解为投入与产出的比较。但在具体表示结构效益时，对难以量化的效益状态，应采取间接的、相对的表示方法。

③ 构成公共支出结构的各个要素具有较高的个体效益，才能实现支出结构的高效益。应当明确，支出结构效益考察的重点是结构的整体效益，而非个体效益。而且，个体效益并不能最终决定整体效益，也不能取代整体效益。然而，个体效益的高低对结构的整体效益具有影响，个体效益是构成整体效益的基础。或者说，整体效益的高低，首先取决于构成支出结构的各个要素个体效益的高低。很难想象，当公共支出结构的各个构成要素均处于效益低下的状态时，结构的整体效益却很高。因此，一个效益较高的支出结构，其构成要素的个体效益也应该较高。提高公共支出结构效益的过程，是从提高构成要素的个体效益开始的。

通常情况下，将公共支出增长对经济的贡献率或者是公共支出结构中各项支出的产出弹性系数作为标准衡量公共支出结构是否得到优化。其中，公共支出结构中各项支出的产出弹性系数是指公共支出中的某一部分占公共总支出的比重增加1%时所引起的人均GDP增加的百分数。

总之，公共支出结构的优化，不仅是加强财政宏观调控和支持经济社会可持续发展的需要，也是构建社会主义和谐社会的需要。不断地调整和优化财政支出结构，面对财政支出保障上的"缺位"和"越位"问题日益严重、财政收支矛盾日益尖锐的情况，按照公共财政的理念，进一步转换政府职能，规范财政支出管理，优化公共支出结构，成为当前世界各国财政改革与发展的一项重要任务。

## 6.4 公共支出的效益分析

### 6.4.1 公共支出的效益与成本

#### 1.公共支出的效益

公共支出的效益，是指政府为了满足社会共同需求而进行的资源配置活动与所取得的实际效益之间的比例关系。简而言之，是指政府在公共活动中的所费与所得之间的对比关系。所费与所得分别指的是公共支出和政府通过资源配置活动所取得的有用效果。在公共支出规模一定的情况下，获得的有用效果越多，则表明公共支出的效益越高。

公共支出效益的内涵包括以下两个方面：一是政府资源分配的外在合理性，即通过政府渠道分配的资源总量在整个社会资源中所占的比例应该符合整个社会资源合理有效配置的客观比例；二是政府运用资源的内在有效性，即公共支出在不同性质、不同类型的社会共同需要之间的分配比例是合理的，从而实现公共支出在不同支出要素之间的合理分布。公共支出效益的提高是政府资源配置外在合理性和内在有效性的有机统一。一般而言，公共支出的效益具体包括以下几种。

1) 经济效益

公共支出与经济领域的其他投入一样，都存在一个经济效益高低的问题，而且在大多数情况下，与生产商把利润最大化当作追求的目标一样，政府也把追求经济利益最大化作为公共支出活动中首先要考虑的问题。

2) 社会效益

公共支出与私人支出的区别决定了政府在作出公共支出决策时不得不考虑经济利益之外的诸多因素，在某些情况下，政府必须把社会效益放在重要的位置。例如，政府对教育事业的投入，可能在短期内效果不是很明显，但是长期看来，它对整个国民素质的提高和社会长远的进步和发展有着深远的意义。

3) 政治效益

公共支出的政治效益通常可以从社会政治的稳定、行政机构的效率、政府决策的水平以及人们对政府的满意度等多个方面进行评价。因为公共支出作为政府调节经济的主要手段，在很高程度上体现着一定的政治目的，甚至有时候仅仅是出于政治的考虑。

4) 生态环境效益

随着社会的不断发展，环境污染、物种灭绝、生态环境破坏日益成为人类社会可持续发展道路上的障碍。"改善生态环境，保持生态平衡"这一人类所面临的共同问题使政府在作出公共支出决策时，必须把公共支出所带来的生态环境效益也考虑在内。

综上所述，公共支出的效益具有经济效益和社会效益相统一、宏观效益和微观效益相统一、直接效益和间接效益相统一的特点。

2. 公共支出的成本

公共支出的成本是指各级政府为履行其必要职能所进行的各项活动的成本之和。实质上，公共支出的过程就是政府对私人部门转移到公共部门的部分资源集中使用的过程。在这个过程中配置资源的成本，也就是我们所说的公共支出。

### 6.4.2 成本—收益分析法的定义和基本原理

一个公共项目的效益在理论上等于全社会每个人愿意为该项目产出所支付的最大数额之和，但是实际上这个总和却不易得到，原因在于受益人通常不能或者不愿意准确表达自己的主观效用。因此，在测算方法上，一般根据公共支出效益的类型进行评估或者通过成本和收益的对比关系作出合理的决策选择。

成本—收益分析法是一种经济决策方法，它是通过比较各个备选项目的全部预期收益和全部预期成本的现值来对项目进行评价，以此作为决策参考或依据的一种方法。

成本—收益分析法的基本原理是用最低的成本去获得最高的收益。在市场有效运作时，判断项目是否有效，根据的是价格与边际成本之间的关系，只要价格高于边际成本，项目就是可行的；反之，则不可行。同理，公共支出项目判断标准是社会边际收益与社会边际成本之间的

比较，若社会边际收益高于社会边际成本，说明该公共支出项目是可行的。成本—收益分析法的表达式为

$$NPV = R_0 + \frac{R_1}{(1+r)} + \frac{R_2}{(1+r)^2} + ... + \frac{R_t}{(1+r)^t} + ... + \frac{R_n}{(1+r)^n} \quad (6-7)$$

$$R_t = B_t - C_t \quad (t=0, 1, ..., n) \quad (6-8)$$

式中：$B_t$表示每年的收益；$C_t$表示每年的成本；NPV表示财务净现值。

根据上文所述，只要项目的收益高于成本，项目就是可行的。此种方法的变种就是成本有效性法。成本有效性法是在收益一定的情况下，对能实现同样收益的方案进行成本比较，选择成本最低的方案。例如，建设北京和上海之间的高速铁路，可供选择的方案有磁悬浮列车和轮轨列车，如果效果差不多，那么就只能对成本进行比较。又如，一个省市要提高高校的入学率，有多种资源可供选择，如创办高校、高校扩招、对其他类型的学校进行改造或者几种方法混合使用等。诸如此类的情况，在作出有效选择时都需要运用成本有效性法进行分析。

除此之外，还可以通过比对收益与成本的比例大小来判断项目可行与否。如果收益/成本>1，那么该项目就是可行的；反之，则不可行。如果有几个方案可供选择，并且每个项目的该比例值都大于1，则此时应该优先考虑比值最大的方案。

另外，内部收益率法也是进行成本-收益分析经常采用的方法。所谓内部收益率，就是使得项目流入资金的现值总额与流出资金的现值总额相等的利率，换言之就是使得净现值等于零时的折现率。一般来说，对于多个可供选择的方案而言，内部收益率越高的方案，说明投入的成本相对越少，获得的收益相对越多，此方案往往是最可能被选中的方案。

### 6.4.3 成本—收益分析步骤

一般来说，成本—收益分析包括以下几个步骤。

**第一步，根据政府所要达到的公共支出目标提出若干备选方案**

备选方案越多，可供选择的余地越大，那么选出优秀方案的概率也就越大。此外，在制定备选项目时，需要将复杂的项目分割成若干个相互联系的小项目。这是为了能够有效地筛选因支出过多而收益无效的项目，从而把节省的开支补给有效的项目，以此来保证不同支出项目的边际收益相互接近。

**第二步，对各个备选方案的成本和收益进行评估**

公共项目的特点决定了公共支出的成本和收益的计算是比较复杂的，因为在评价公共支出项目成本时，不仅要考虑实际的成本和收益，还要考虑外部的成本和收益，即政府的项目建设影响了社会经济的某些方面，使整个社会的总成本和总收益之比发生变化。除此之外，公共项目的成本和收益既有直接和间接之分，又有无形和有形之分，所以，既要考虑直接投入的社会劳务量和社会生产量，又要计算由连锁反应引起的其他人力、物力、财力的耗费以及增加的产量和福利。

**第三步，计算各个方案的成本和效益之比**

在核算出每个公共项目或方案的总成本和总收益之后，再计算出总成本和总收益的比率。

如果计算得出比值小于1，则该方案不可行；如果比值等于1，则说明成本和收益相等，对于此种方案的取舍要根据其他条件来定；如果比值大于1，则表明此方案可行，收益高于成本，净现值大于零。

### 6.4.4 成本—收益分析涉及的关键性难题

公共支出的成本—收益分析过程比较复杂，尤其是在成本和收益的计算方面，涉及很多的技术性问题，而这些问题又在一定程度上影响成本—收益分析的有效性。

1. 影子价格

所谓影子价格，是指对那些无价可循或有价不当的产品与劳务规定的合理的替代价格。这种价格并不真正地在市场上存在，而是一种社会价格。之所以会有影子价格的存在是基于两方面的原因：一是某些产品本身就不存在价格，如政府提高全民的教育水平给人们带来的好处等；二是由于市场失灵现象的存在，使得某些产品的价格与正常价格有差距，即市场扭曲了市场价格。由于在政府的公共支出行为评估中，社会收益和成本并不反映为市场价格，如果想要运用成本分析法对项目或方案进行有效评估，那么影子价格的引入是非常有必要的。

2. 社会贴现率

贴现率属于金融范畴，指的是以未到期的票据向银行提取现金，银行按市场利息率扣除利息，然后将票面余额以现金形式支付给使用者。贴现利息同期票面额的比值，就是贴现率。在不同的时间段，现金流不能直接比较，当期投入的1元钱与若干年后投入的1元钱在价值上是有很大区别的，贴现率越低，对近期实现的项目越有利。因此，要有效地分析一个项目的成本和收益，必须使用经贴现率折合之后的现值，只有这样才不会高估收入，使未来的收益看上去似乎比实际更高。贴现率是将不同时期的货币价值折算为现值的关键，因而在成本—收益分析中具有至关重要的作用。

私人企业在进行成本—收益核算时，所采用的贴现率通常是资金的机会成本(把同样的资金投资于其他项目所能得到的最高收益率)。但是对于政府来说，一个公共支出项目的成本和收益往往要延续若干年，甚至几十年，时间跨度比较大，而且，公共支出的领域常常是市场不完善的领域，所以不宜选用市场贴现率。

公共部门所采用的贴现率，一般被称为社会贴现率。由于市场利率不能很好地反映资源的社会机会成本和收益的相对价值，在参照市场利息率对其作出调整时，需要注意如下问题：一是需要了解一个项目是怎样对经济产生影响的，其成本由谁来承担、收益由谁来享受；二是要明确不同的人对同一公共产品具有不同的福利观和评价；三是要考虑福利的代际分配问题。

那么，社会贴现率该如何选择呢？对此没有明确的答案，比较妥当的方法是按照不同的贴现率对同一个项目分别进行计算，然后观察项目净现值是否对所有合理的社会贴现率都是正数。如果在所有合理的社会贴现率下净现值均为正，说明该项目对贴现率不敏感，决策者可以选择该项目。如果不能保证净现值在所有合理的社会贴现率下均为正，适当降低贴现率对于公共项目的选择是必要的，因为低贴现率从本质上反映了整个社会给予未来收益的较高评价。

### 3. 非市场化公共产品的价值

对于不存在市场价格的产品，比如生命、情感、时间、环境等，应该如何衡量其货币成本或收益呢？经济学家通常采用一些变通方法，根据观察到的现象来推断人们对这些产品的支付意愿。

(1) 清洁空气。有的公共项目改善了空气的质量，有的则恰恰相反，造成了空气的污染，如何衡量人们对空气质量的评价？通常是通过考察不同住房的价格差异来推断人们对清洁空气的支付意愿。给定其他条件相同，一套住房位于空气污染区，另一套住房位于空气清新区，两套住房的价格差异反映了人们愿意为清洁空气支付的价格。

(2) 时间价值。政府对居民提供的公共产品通常是通过节省他们的时间而产生社会效益的，社会效益的评价可以通过时间价值对这些政府支出项目进行量化。比如，由于交通系统改善所节约的时间价值。一般在简单的经济模型中，工资率通常是个人对闲暇时间和工作时间作出选择时的一个尺度和标准，即居民的工资就是其时间的货币价值。

(3) 生命价值。人在其一生中会创造许多价值，但是在国民收入和公共支出资源有限的情况下，人们不得不将生命价值化。作为政府，也必须面对同样的问题。可以通过两种方法对生命价值进行估算。一种是假设的方法，此种方法假设一个人没有死亡，其生命价值便可用其在正常生命周期内能赚到多少钱来衡量。但是此种方法没有扣除个人用于维持自己生命的成本和费用以及社会为其相应节约的教育费用等，所以往往会高估个人的生命价值。另一种方法是通过间接的方式来估算。比如，煤矿工人的死亡率远远高于大学教授，所以对这些从事高危行业的人作出一定的风险补偿是得到大多数人认可的。但是，这种方法同样遭到了批评，因为一般情况下人们并不能很好地意识到自己所处行业的风险，所以又低估了生命的价值。

> **专栏 6-4  生命的价值**
>
> 尽管生命是无价的，但经济学家还是采用各种不同的方法对生命的价值进行估算，不同的研究得出的结论差异较大，最后将生命的价格区间确定为100万～2000万美元。其中大部分研究倾向于将生命的价格区间确定为200万～800万美元(时间为1997年)。
>
> 美国政府已经针对成本—收益分析中，是否在所有机构中统一运用一个简单的生命价值进行过辩论，但未达成一致。迄今为止，不同机构采用的数据并不相同，环保署用的数据通常比交通部大。
>
> 反对统一运用一个简单的数据的人认为，分析中还应包括许多其他因素。例如，死亡是否由一个自愿从事的行动(例如驾驶)引起，自愿与非自愿下的价值可能是不同的。
>
> 评价生命价值最困难的问题之一是，儿童生命的评估是否应该不同于成年人或者老年人。我们经常会面临这样的困扰：有两个癌症研究项目，一个项目的研究目标是儿童常患的癌症，另一个项目的研究目标是老年人常患的癌症，在这两个项目之间如何分配资金呢？
>
> 问题并没有得到明确的答案。美国交通部坚持使用传统方法评估生命，即对所有生命一视同仁。尽管如此，一种可替代的方法——关注所挽救的生存年数，而不是生命的多少，已在新的联邦指南中得到批准。
>
> 资料来源：斯蒂格利茨.公共部门经济学[M].北京：中国人民大学出版社，2005：235-236.

## 6.4.5 公共支出效益的其他分析方法

### 1. 最低费用分析法

最低费用分析法是一种不用货币单位来计量被选公共项目的效益，只是计算每个支出项目的有形成本，并最终以成本的高低来作为选择的标准方法。此种方法多用于军事、政治、文化、卫生等公共项目中，是对成本—收益分析法的补充，其特点是不用货币单位来计量被选公共项目的效益，只是计算每个支出项目的有形成本，并最终以成本的高低来作为选择标准。也就是说，该方法在作出最终决策时只是依据可计算成本的高低，而没有把相应的收益考虑在内，通常选择有形成本最低的项目，因此也被称为"最低成本法"。

最低费用分析法的操作步骤与成本—收益分析法的操作步骤基本相同，但是相比后者，该方法更加简单。具体步骤：首先，根据政府制定的公共支出项目的目标，提出多种备选方案；其次，以货币为同一尺度，分别计算出各备选方案的各种有形费用，然后对其进行加总，计算出项目的总成本；最后，按照费用的高低排序，供决策者选择。

需要注意的是，在计算费用过程中，如果涉及垄断价格，要运用影子价格对不合理的价格进行消除，若遇到需要多年安排支出的项目，为了保证不同备选方案的可比性，则需要用折现的方法对其费用进行折现，然后对其现值进行比较。除此之外，由于某些公共支出项目都难免涉及政治、文化、社会等因素，在运用此方法进行分析时，还需要进行除成本之外的综合考虑，以此来确保所选的项目是最优的。此种方法的难点在于公共项目备选方案的确定，在于如何使不同支出方案能够无差别地实现公共支出的目的。

### 2. 公共劳务收费法

公共劳务收费法又称为公共定价法，是指政府将价格机制的作用运用到公共劳务的提供和使用中，通过制定和调整公共劳务的价格和收费标准，适当地限制和约束社会公众对公共劳务的消费量，从而使公共劳务得到最有效、最节约的运用，以达到提高公共效益的目的。此种方法与最低费用选择法的不同点在于，前者的重点和难点是制定合理的价格和收费标准，而不是对公共支出备选方案的选择。对于不同性质的产品，在定价时可以选择不同的方法。总体来说，主要包括4种政策：免费、低价、平价和高价。

在提供公共劳务时采用免费或低价政策，有利于激励社会成员最大限度地使用该项公共劳务，实现社会效益最大化。此种方法适用于那些从国家和民族利益出发，要求必须在全社会范围内进行普及，但是公众尚无此觉悟去使用的公共项目，如强制义务教育、强制注射疫苗等。但是享用该种定价政策的人通常对其重视程度不够，因此容易产生浪费的不良现象。所以，大多数国家都主张对公共劳务提高收费标准，以此来提高公共劳务的效益。

平价政策，指的是收取与所提供公共劳务所耗费的人力、物力相等费用的政策。这样既能增加政府的资金来源，减缓财政压力，使其能够进一步地改进和提高公共劳务水平，又能保证社会成员节约使用该公共劳务。该政策多适用于从国家和民族的利益出发，既不需要特别鼓励，也不需要特别限制的公共劳务。例如，公园、公路、铁路、医疗等。

高价政策，指的是收取比所提供公共劳务所耗费的人力、物力的价值还要高的费用的政策。此种政策可以有效地限制公共劳务的使用，还可以为国家财政提供额外的收入。一般情况下，该政策多适用于从全社会来看必须限制使用的公共劳务。

需要注意的是，公共劳务收费法只适用于可以买卖以及采用定价管理的公共服务部门，而且在使用时必须制定正确的价格政策，只有这样才能合理分配社会资源。

3. 机会成本分析法

机会成本分析法，是指运用预算资金的社会机会成本来评价公共支出效益的一种方法。预算资金的机会成本，指的是一笔资金由于从私人部门转移到公共部门所损失的私人部门的利益。政府在某一项目中所耗费资源的机会成本，应该能够反映等值资源在各种私人用途中所获得的回报。此种方法的实质是比较私人部门和公共部门分别使用同样一笔资金达到的效益。如果这笔资金交由公共部门使用所能达到的效益大于交由私人部门使用所能达到的效益，则这笔公共支出是有利于提高效率和资源优化配置的；反之，则说明公共支出不利于资源的优化配置并且缺乏效率。如果公共部门使用资金的收益与私人部门使用资金的收益相等，则意味着公共支出社会资源配置处于最佳状态，公共支出的效率是比较高的。

## 6.5 公共支出的政策效应

公共支出政策是一种相机抉择的政策，是政府自觉地对国民经济实施宏观调控的杠杆。公共支出政策的运用具有很强的利益分配导向性，并直接影响社会供需总量及其结构，因此，其效应体现在两个方面：一方面，公共支出政策是政府实现对国民经济进行宏观调控的重要手段之一，如果运用得当，就会对促进经济稳定发展和收入分配等起到重要作用；另一方面，公共支出政策应在一定的经济环境下进行，且力度应适度，力度过小达不到预定的政策目标，力度过大将会对经济发展产生负面影响。这里运用西方经济学的知识对公共支出政策效应进行简要分析。

### 6.5.1 公共支出的挤出效应

公共支出的挤出效应不同于人们通常所说的财政挤出效应。通常所说的财政挤出效应是指政府的财政支出会通过税收机制减少私人部门的可支配收入。而公共支出的挤出效应则是指政府旨在增加社会福利的某些支出项目可以减少公众有关的支出，从而使得公众实际可支配收入趋于增加。

假如政府增加社会保险方面的公共支出，那么就会对私人部门产生以下两个方面的挤出效应。

(1) 个人相应地减少本来准备用于退休养老的储蓄支出，从而增加了现期可供支配的收入。

(2) 那些本来需要支付较高费用赡养双亲的人们，现在由于政府的养老保险支出代替了他们的支出，使得他们可供支配的实际收入趋于增加。

政府对农业进行补贴也会产生这种挤出效应。比如，某一农产品由于某种原因价格下降，这时农户会有两种反应：其一，将农产品贮存起来，等价格重新上涨后再伺机出售；其二，将资源转移到其他有利可图的产品上去。由于贮存需要建造仓库等设施，从而会提高成本，因此，与第一种反应相比，出现第二种反应的可能性会更大一些。这样，就很有可能会造成该农产品的供给短缺。不仅如此，即使日后此种农产品价格再度上涨，由于供给的调整需要时间，也不能保证其有足够的产出来满足市场的需要。为了避免这种情况的出现，政府就应给农民以补贴，引导农民尽可能作出第一种反应。在这里，政府的补贴实际上起着这样的作用，即由政府来承担价格下降时农民必须支付的贮存费用。从政府补贴的这一作用来看，我们可以将此种补贴产生的效果称为"贮存费用的挤出效应"。

我们还可以以另外一种情况为例来对农产品补贴的挤出效应加以分析。当一种农产品由于供给过多而导致价格下降时，这对农业生产来说无疑是一种巨大的风险。因此，政府有必要通过某种补贴措施来稳定该农产品的价格，以便消除可能出现的生产风险。政府的补贴措施有两种：其一，直接给予农民以收入补贴，让其弥补减产(减产是为了保持均衡价格不变)所造成的收入损失；其二，给予该农产品的消费者以物价补贴，以便在价格不变的情况下使消费者有足够的支付能力去购买供给趋于增加的农产品。比较这两种补贴措施，第一种方法要优于第二种方法，如图6-1所示。

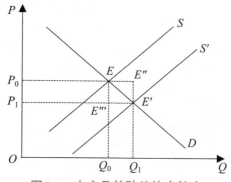

图6-1　农产品补贴的挤出效应

图6-1中，横轴为农产品的产量，纵轴为该农产品的价格。初始的均衡点为供给曲线$S$与需求曲线$D$相交的$E$点，由此决定的价格为$P_0$，产量为$Q_0$。现在由于农产品供给增加，均衡点将移至由$S'$与$D$相交的$E'$点。这时虽然产量已增至$Q_1$，但价格降至$P_1$，农户为此而遭受的收入损失为$P_1P_0EE'$。如果政府为避免农户的损失而采取第二种补贴办法，即给该农产品的消费者以物价补贴，那么政府所支付的补贴数额将为$P_0P_1E'E''$。与此同时，同初始均衡点$E$相比，由于农户追加投入了$Q_0Q_1E'E''$的资源才使产量增至$Q_1$，还导致了资源的浪费。相反，如果政府采取第一种补贴措施，那么其实际支出仅为$P_0P_1E'''E$，该支出额显然小于前述的$P_0P_1E'E''$，其可节约的开支为：$P_0P_1E'E''-P_0P_1E'''E=EE''E'E'''$。不仅如此，由于政府的这一补贴措施可使均衡点维持在$E$点，会产生所谓的公共支出的挤出效应，即可以将$Q_0Q_1E'E''$的资源释放出来，用于其他产品的生产。公共支出的这种挤出效应被人们称为"生产性挤出效应"。

### 6.5.2　公共支出的收入效应和替代效应

除了上文所说的挤出效应，政府的公共支出还会产生收入效应与替代效应。

假如政府给某些贫困家庭以补贴，以改善他们的境遇，但不改变任何商品的价格，这时就会产生公共支出的收入效应。

假如政府的某项公共支出导致某产品价格下降，那么就有可能产生替代效应。例如，当政府对教育进行补贴时，人们对教育的支出便会随着学校收费的下降而减少，从而可以产生节余，并用于购买其他商品，这样就产生了替代效应。

在许多情况下，一项公共支出往往既有收入效应又有替代效应，并且在这两种效应中，替代效应往往造成低效率。这种情况可以从以下两个例子中看出。

1. 政府免费提供某种产品的情况

图6-2中，纵轴为食品消费量，横轴为其他商品消费量，$B_1$和$B_2$为消费者的收入预算线，$I_1$和$I_2$为消费者效用的无差异曲线。假如政府向低收入消费者免费提供食品，那么消费者就可以用节余的钱去购买更多的其他商品，这必然导致预算线由$B_1$移至$B_2$。在消费者偏好保持不变的条件下，新的预算线$B_2$将与效用无差异曲线$I_2$相切于$E'$点。将$E'$点与$E$点相比较，我们可以看到，由政府免费供应食品所产生的收入效应使消费者的福利水平趋于提高，即消费者的总效用增加了，这可通过$F_1E'O_1O > F_0EO_0O$看出。

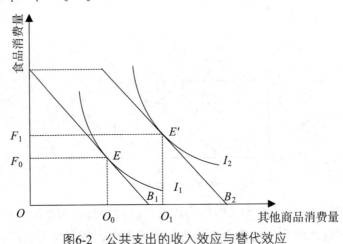

图6-2 公共支出的收入效应与替代效应

2. 政府提供食品券进行补助的情况

图6-3中，纵轴为食品消费量，横轴为其他商品消费量。$I_1$与$I_2$仍为消费者效用的无差异曲线。$B_1$为政府进行补贴以前的收入预算线。$B_2$为政府免费向低收入者提供食品以后的收入预算线。$B_3$为政府向低收入者提供食品券补助后的收入预算线。$B_3$与$B_1$相交于横轴，是因为当该消费者将其全部收入用于购买其他商品时，并不能增加其购买数量，造成这一后果的原因在于政府从价格上给予优惠的商品只是食品，即通过食品券进行补助，而不是其他商品；反之，当该消费者将其全部收入用购买食品时，由于他能得到来自于政府的价格优惠，其购买量可以大幅增加，这表现为纵轴上$B_3 > B_1$。

现在让我们来比较分析$E$和$E'$这两个均衡点的情况。在消费者偏好不变的情况下，随着政府向低收入消费者提供食品券，该消费者的收入预算线便从$B_1$移至$B_3$，并与$I_2$相切于$E'$点，从而使得该消费者的总效用增加（$H_1E'O_1O > H_0EO_0O$）。但是在这里会产生两个问题：第一个问题是，在总效用增加的过程中，食品消费增量要远远大于其他商品消费增量，这可能会导致由替代效应所引起的资源配置的扭曲。第二个问题是，为了使消费者达到同样的效用水平$I_2$，替代效应下的政府开支要大于收入效应下的政府开支，这可以通过$E'$点作一条表示收入效应的$B_2$线，并

将其与 $B_3$ 线进行比较而得知。从纵轴上看，$(B_3-B_1)>(B_2-B_1)$，这意味着替代效应比收入效应花的钱多，从而产生低效率。

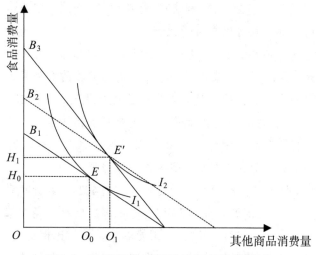

图6-3 政府提供食品券进行补助的情况

## 专栏6-5 多地节前发放消费券带动经济增长

节庆假日也是居民休闲、消费的黄金时期。在中秋节到国庆节期间，全国多地为活跃消费市场积极抢占先机，北京、江苏、湖北、山西等地相继发放消费券，表现出较强的"带货"能力。

**北京：商家促销有动力**

北京多区推出了一系列消费券活动，形式、主题丰富多样。在手机微信中搜索"兴福汇"，进入小程序，"云上消费券"领券通道就出现在页面最显眼的位置。用户轻轻一点即可获得店铺通用的"满300减50元"券、"满1000减150元"券。针对汽车消费，更有"购车大礼包"——针对燃油及混合动力乘用车、新能源乘用车划定不同的额度，最高优惠4000元。北京市商务局数据显示，"2020北京消费季"期间累计发放餐饮购物消费券、智能产品消费券和餐饮外卖消费券3900万张，实现销售额135.2亿元。

北京不仅用消费券挖掘市民消费潜力，更用"真金白银"不断激励市场主体参与的积极性。北京每季度将奖励20家积极参与北京消费季活动并成效显著的城市商业综合体，最高给予80万元支持；当季度商品零售额同比增幅不低于平均增幅，且当季度商品零售额同比增量超过1000万元的企业，最高给予100万元支持；对当季度餐饮收入同比增幅不低于平均增幅，且当季度餐饮收入同比增量超过500万元的餐饮企业，最高给予50万元支持……

"2021北京消费季"启动以来，已累计开展北京首发节、夜京城、体育消费节、网络直播大赛等商旅文体活动超2000项，企业自主发放消费补贴超200亿元，重点监测企业销售额较2019年同期增长10.4%，两年平均增速为5.1%。全市52个重点商圈客流量约73亿人次，同比增长26.4%。

**湖北：餐饮券带货能力强**

湖北消费券是湖北通过互联网平台发放的电子购物券，在消费时可获得不同程度的满减优惠。从9月中旬到12月中旬，湖北分别在中秋节、国庆节、"双十一"和"双十二"发放4轮消费券，每轮又分若干批次，金额共计10亿元，所需资金由湖北省与各市州财政各负担50%。

"消费券包括商场消费券、超市(便利店)消费券和餐饮消费券3类。"湖北省商务厅副厅长黄谋宏告诉记者，商场消费券可以在百货商场、购物中心、家电卖场、家居卖场、手机专卖店、服装鞋帽专卖店等场景使用；超市(便利店)消费券可在超市、便利店、水果店、生鲜店、母婴店、鲜花店等场景使用；餐饮消费券可用于就餐时结算，购买外卖也可以抵扣。

活动期间，所有在湖北省域内的人员，无论是否具有湖北户籍，都可以在支付宝、微信、美团、云闪付4个平台参与抢券。身处湖北省外，也想参加消费优惠怎么办？黄谋宏说，为方便省外消费者购买湖北特色产品，湖北将于10月5日20时在京东、美团优选2个平台发放"荆楚优品""荆楚好粮油"特别消费券，并给予更大的满减力度。

截至9月24日24时，湖北中秋消费券核销比例已超过40%，累计拉动消费超10亿元，杠杆率达5.1倍，即1元券带动5.1元消费。超过72万个湖北商户核销了湖北消费券，其中一半以上是餐饮商户。在商场、超市(便利店)、餐饮3类消费券中，核销比例最高的是超市(便利店)消费券，达55.22%；杠杆率最高的是餐饮消费券，达6.2倍。面向省外消费者的特别消费券，首轮带动"荆楚优品""荆楚好粮油"等特色产品销售金额800余万元。

**山西：点燃旅游市场活力**

山西"双节消费券"发放活动时间为9月19日至10月30日，共计4000万元，消费者可通过支付宝App平台领取，券种分为零售券和餐饮券，面向山西常住人口及在晋工作学习、观光旅游人员，当前地理位置定位为山西省即可申领，核销时不受跨市限制。其中，餐饮券和零售券都设置两种优惠面额，分别为10元、40元，消费者消费满50元、200元时即可使用。活动期间，消费者通过支付宝搜索并领取消费券，同一消费者最多可领2张，零售券1张、餐饮券1张，可在活动指定的山西省线下餐饮、零售实体店使用。

2021年初，《山西省推进服务业提质增效2021年行动计划》发布，山西制定60条具体措施，以培育壮大全省生产性服务业，加快构建现代服务业体系，力争2021年全省服务业增加值突破1万亿元。其中，将通过支付平台发放数字消费券(省级财政1亿元、市级财政3亿元)，重点推动零售、餐饮、住宿等领域扩大消费。

作为"四两拨千斤"的财政手段，消费券对经济的带动作用显而易见。山西财经大学金融研究院副院长王琳表示，在中秋、国庆"双节"消费旺季，山西面向零售消费和餐饮消费共投放4000万元省级数字消费券。这不仅有利于刺激居民消费、改善居民生活、引导居民消费习惯，对于支持本地餐饮、旅游和生活服务等行业也具有积极作用。此轮消费券的发放将在国庆长假期间点燃以太原古县城、忻州古城、皇城相府等为代表的重点景区的消费热潮，并为进一步促进山西旅游消费转型升级，释放区域消费潜力提供新动能。

资料来源：杨学聪，等.多地消费券节前集中发力[N].经济日报，2021-09-29.有删改

### 6.5.3 公共支出的直接效应和间接效应

公共支出分析试图考查和确定政府的政策是怎样影响经济的，帮助决策者更好地了解每项公共措施的配置意义和分配意义，从而使政府决策者能够作出最有效的决策。公共支出政策还

具有直接效应和间接效应。

公共支出的直接效应，是指公共服务是怎样改变其接受者的经济行为，其焦点集中于个人的选择，如确定购买、销售、储蓄、投资和劳动力供给，以及当政府发挥作用时，对这些选择产生的影响。

公共支出的间接效应，是指公共支出如何改变一群人的行为或者影响其他人。政府政策的间接效应可能增强公共措施的影响，也可能削弱公共措施的影响。探讨间接效应时，主要运用供求分析法，也常用到一般均衡理论。

现在让我们运用收入—预算这个分析工具来考查一项简单的公共支出政策是怎样发挥作用的。假定政府为了保证穷人的最低生活水平，决定向低收入家庭发放一种食品券，接受人凭券购买食物可以享受优惠价格。这里假定每单位食物的价格从20美元降到13.33美元，即降低原价的1/3，而由政府补贴价差6.67美元。那么，这项政策措施的直接效应、间接效应将是怎样的呢？下面分别进行分析。

1. 直接效应

这种食品券补贴将怎样改变个人的购买选择呢？图6-4说明了这种情况。由于政府发放食品券，对低收入家庭购买食物进行价格补贴，使食品券接受者购买食物的实际价格降低，因而其预算线也将随之移动。当每单位食物价格为20美元时，其预算线为$AB$。现在每单位食物价格降为13.33美元，相当于食品券接受者增加了实际收入，因而其预算线改变为$AC$。于是这个消费者将作出新的选择，预算线$AB$上的$X$点不再是他的最佳选择。为了达到效用最大化，也由于降低了食物价格，预算线$AC$上的$W$点才是他的最佳选择。由于食物实际价格的降低，使他购买的食物由原来的25个单位(在预算线$AB$上)增加到30个单位(在预算线$AC$上)。所以，政府发放食品券这项政策措施，有效地增加了这个消费者的食物购买量，增进了他的福利，提高了他的物质水平，具体表现在无差异曲线由$U_{50}$提高到$U_{55}$。

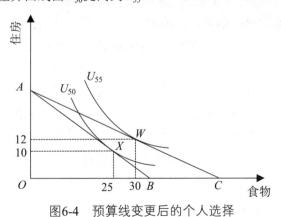

图6-4 预算线变更后的个人选择

以上例子说明，当食品券补贴降低了食物的购买价格而使预算线改变为$AC$时，$W$点才是个人的最佳选择。

2. 间接效应

接下来我们来分析发放食品券这项政策措施所产生的间接效应。食品券补贴使低收入家庭能购买更多的食物，增加了对食物的需求量，如图6-5所示，需求曲线向右上方移动，新的均衡点表示每单位食物的价格由20美元上升到24美元。这种间接效应使食品券计划不能产生最初预期的效力(即使每单位食物的价格由原来的20美元降到13.33美元),因为间接效应导致食物单位价格上升到24美元,食品券接受者的实际购买价格则变为17.33(24-6.67)美元。食品券补贴降低了接受者购买食物的价格,但其净效应(即降低的程度)比最初估计的6.67美元小得多,实际上只降低了2.67(20-17.33)美元。

除了上述间接效应之外,还有另一种间接效应。从图6-4可以看出,食品券补贴不仅降低了食物的实际价格,使接受人能够多买些食物,同时接受者还可以将其收益腾出一部分花费在住房上面,使住房的消费从原来的每月10个单位增加到12个单位,增加的住房需求使市场上的住房价格从原来的每单位50美元提高到55美元,如图6-6所示。

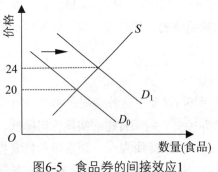
图6-5 食品券的间接效应1

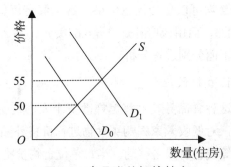
图6-6 食品券的间接效应2

通过上述分析我们可以得出以下结论:即使像这样简单的食品券计划,其直接效应和间接效应都很明显。图6-4表明了直接效应使预算线变更后的个人选择,如果同时把间接效应也考虑进去,则变化后的预算线将不是$AC$,而是如图6-7所示的$DE$。由于需求量的增加促使价格提高,市场上住房的单位价格变为55美元。如上所述,市场上食物的单位价格提高到24美元,食品券接受者购买每单位食物得到6.67美元的补贴,每单位食物的实际价格降到17.33美元。食品券接受者为了使其效用最大化,如果将其1000美元全部用于购买住房,则可买得约18(1000/55)个单位。如全部用于购买食物,则可买得约58(1000/17.33)个单位。当然他还可以选择$DE$预算线上的任何其他组合。

从对间接效应的分析中我们可以获得以下启示:第一,市场效应削弱了发放食品券这项政策措施的作用。价格提高后,使食品券补贴不可能完全有效地增加食物的购买量。由于住房价格也随之上涨,有些消费者甚至有可能购买比以前更少的食物。第二,政府的每项政策,其间接效应都可能扩展到其他市场,比如这里所说的住房市场。

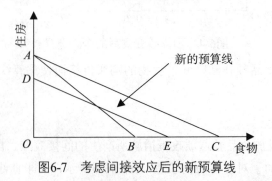
图6-7 考虑间接效应后的新预算线

另外，政府的这项发放食品券的政策措施还会产生间接的分配效应。由于食品券补贴提高了食物和住房价格，对人们的收入起到再分配的作用。没有接受食品券补贴的人们，将要对食物和住房付出较高的代价，他们的福利水平(享受水平)必定会随食品券计划的实施而降低。如果再考虑到他们还要负担食品券补贴的资金来源(即他们的税收负担)，那么这项政策措施的分配效应就更明显。

### 6.5.4 公共支出的激励效应

通常，对公共支出激励效应的分析分散在对各类公共支出具体项目的分析之中，这与公共支出项目的形式各具特点有关。不过，在这里我们尝试提供较为集中和一般化的初步分析。大体上，公共支出可以分为两大类：一类是用于提供市场完全或基本不提供的产品，如国防、外交、法律秩序、经济稳定等；另一类用于提供市场虽有可能提供但往往提供不足的产品，如教育、失业和退休后的收入保障、对贫困者的救济等。前者可称为"非市场性产品"，后者可称为"市场性产品"。对这两种公共支出的激励效应进行分析有着不同的思路。

对于提供非市场性产品的公共支出而言，由于其基本特点是市场或个人本身不提供这类产品，它对个人行为的激励不是更多或更少地消费这类产品，而是首先要对消费这类非市场性产品的受益与因此而减少的其他消费活动的受益进行比较，然后采取相应的行动。从个人来说，如果其受益小于机会成本，那么首先，他可能会通过公共选择过程发表意见；其次，如果发表意见的成本过高，他可能会选择退出自己不满意的财政管辖权，即所谓以足投票，移居他乡；最后，如果前两种行动无效，他还可能采取更为激烈的反抗手段。

对于提供市场性产品的公共支出而言，由于公共部门只是因为担心市场提供这类产品的数量会低于社会最优水平才决定介入，并非市场完全不能提供，那么对其激励效应的分析与对税收激励效应的分析相似，都应侧重考察个人因这种公共支出而改变的消费或提供该种产品的数量以及由此而引起的效率损失。毫无疑问，公共支出政策应该尽量使自身可能引起的效率损失最小化。

在这里，我们尝试着对提供市场性产品的公共支出的激励效应加以分析。

由于这类公共支出要解决的问题是避免私人部门提供或消费数量的不足，往往采取对私人部门的行动给予补贴的做法。这种补贴主要有两类：一类是不随私人活动规模变化的补贴，即固定数量的补贴；另一类是随私人活动规模变化的补贴，即随消费量变化的补贴，消费越多，补贴越多。

#### 1. 固定数量的补贴

以政府向穷人提供一笔购买食品的补贴为例，一般说来，个人在得到固定数量补贴后会增加该商品的消费总量，但他个人购买的受补贴物品的数量会减少。如图6-8所示，以横轴衡量食品数量，纵轴衡量其他商品的数量，设$MN$为个人得到补贴之前的预算线，$E$为消费者均衡点，可知补贴前消费者最优的食

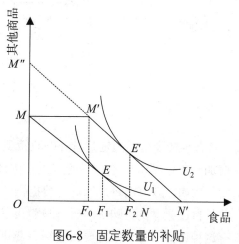

图6-8 固定数量的补贴

品消费数量为$OF_1$。引入固定数量的食品补贴$OF_0=MM'$，假定商品的相对价格不受影响，个人预算线会向右平行移动，相当于从$M'$开始按原来的方式消费，完整的预算线为$MM'N'$，$E'$为补贴后的消费者均衡，补贴后消费者最优的食品消费数量为$OF_2$。由于$OF_2>OF_1$，可见从总量上看个人的商品消费量增加了；又由于$OF_1>(OF_2-OF_1)$，可见个人的购买数量却减少了。这是因为补贴前个人支付他所消费的全部数量$OF_1$；而在补贴后个人总消费量中消费者不用购买$OF_0$，只需购买$F_0F_2$，即$OF_2-OF_0$。

由补贴前的均衡点$E$到补贴后的新均衡点$E'$，消费者的效用水平得以提高，由较低的无差异曲线$U_1$上升到较高的$U_2$。初看上去，这一政策似乎是合理的，但进一步分析可以发现，在该政策下，个人既有可能导致过度消费食品，又有可能导致消费不足。而这两个结果都表明，固定数量的补贴可能导致低效率。

图6-9表明了在固定数量补贴政策下个人可能消费过度的情形。考虑政府转而采取现金转移支付的办法发放补贴，假定现金补贴的数量刚好可以购买食品补贴政策下的食品数量$OF_0=MM'$，则现金补贴后预算线为$M''M'N'$，与食品补贴后的预算线$MM'N'$不同。假设个人的无差异曲线呈图中较为平坦的形式，补贴前消费者均衡点为$E$，位于较低的无差异曲线$U_1$上，消费食品数量为$OF_1$；食品补贴政策后的消费者均衡点为$M'$，位于较高的无差异曲线$U_2$上，消费食品数量为$OF_0$；但如果发放现金补贴取代食品补贴，补贴后消费者均衡点为$E'$，可以达到更高的无差异曲线$U_3$，而食品的最优消费量为$OF_2$，小于食品补贴下的数量。这表明，尽管在不可能选择其他商品时，多消费食品也会使个人提高效用，但如果能够自由选择，那么个人会从多消费其他商品中得到更大的满足。既然对政府而言，现金补贴与固定用途补贴的成本相同，两种方法下个人满足程度的差异可以用来衡量采用食品补贴方法的效率损失。

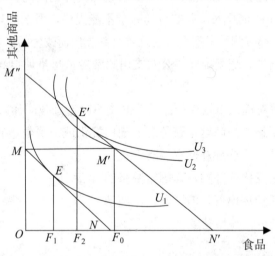

图6-9 固定数量补贴政策下个人可能消费过度

图6-10表明了固定数量补贴政策下个人可能消费不足的情形。考虑有些物品可能具有额外增加一单位消费成本过高的特点，因此在政府固定数量补贴之外，难以按照市场价格增加消费。例如，政府向每户家庭免费提供一套两居室住房，而有的家庭可能有意购买三居室住房，并且自己愿意支付购买两居室与购买三居室之间的价差。然而，在政府的实物补贴安排里不会有这种选择，每个家庭要么选择免费住进政府提供的两居室，要么选择不要政府补贴，凭自己

的财力购买三居室。一般说来，多数家庭更有可能选择接受政府提供的两居室，而不是自己购买三居室。这时就出现了消费不足。图6-10中，横轴表示住房补贴数量，纵轴表示其他商品数量，设$MN$为家庭得到补贴之前的预算线，$E$为消费者均衡点，可知补贴前消费者最优的住房消费数量为$OF_1$，满足程度由无差异曲线$U_1$表示。引入政府提供的较小面积的住房这一补贴，$OF_0=MM'$，假定商品的相对价格不受影响，总体来看，个人预算线不会再向右平行移动，这是因为家庭自身在政府补贴之外新增加一单位住房消费几乎是不可能的，所以不可能再从$M'$开始按原来的方式消费，而是可能从$M'$点回到原来的预算线。这样，完整的预算线为$MM'RN$，新的消费者均衡会在$M$点实现，满足程度有所提高，由$U_1$上升到$U_2$。补贴后家庭最优的住房面积比补贴前自己购买的最优面积有所减小，但由于可以消费更多的其他商品，该家庭总体的福利水平还是有所提高。但如前文所述，这时个人的住房消费是不足的。如果政府的住房补贴不采取实物形式，而是现金形式，那么，政府的成本不会增加，但个人却可以达到更高的无差异曲线。设发放的现金补贴使个人刚好还能购买$M'$对应的住房大小，这时，个人预算线会整个向右平行移动到$M''M'N'$，新的消费者均衡点为$E'$，最优住房消费量为$OF_2$，对应的无差异曲线为$U_3$。

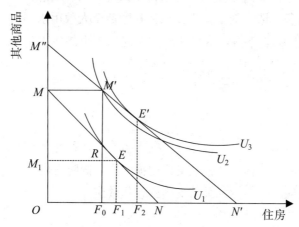

图6-10　固定数量补贴政策下个人可能消费不足的情形

## 2. 随消费量变化的补贴

这种补贴的一大特点就是个人可以在一定程度上控制自己可以得到补贴的多少，而固定数量补贴则是不可控制的。仍以食品补贴为例，如图6-11所示，横轴表示食品数量，纵轴表示其他商品的数量，仍设$MN$为个人得到补贴之前的预算线，$E$为消费者均衡点，可知补贴前消费者最优的食品消费数量为$OF_1$。引入随食品消费量而变化的食品补贴，商品的相对价格将受到影响，相当于降低了食品的价格。个人预算线会向右旋转移动，变得更平坦，得到$MN'$。新的消费者均衡点为$E'$，食品消费量为$OF_2$，得到的补贴数量相当于$E'T$。由$E$到$E'$，个人的满足程度从$U_1$提高到$U_2$。但如果以个人得到补贴后效用水平的提高为标准来衡量政策的合意性，可以证明，存在其他的补贴政策，可以用同样的成本使个人达到更高的无差异曲线，或者可以用更低的成本使个人达到同样的无差异曲线。

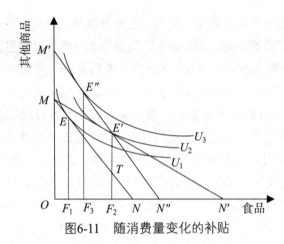

图6-11 随消费量变化的补贴

过$E'$点作一条平行于补贴前预算线$MN$的直线,分别交横纵轴于$N''$和$M'$。该线对应的是一种对政府部门而言成本不变的现金补贴政策。但在这种政策下,消费者可以达到更高的无差异曲线$U_3$,在$E''$点实现均衡,消费食品数量下降,为$OF_3$。也就是说,一旦可能消费其他商品,则个人从少消费食品而多消费其他商品中能获得更大的效用。这意味着,随消费数量而变化的补贴有可能导致过度消费,造成效率损失。保持补贴后个人效用水平$U_2$不变,可作一条平行于$MN$的直线,它必然位于$M'N''$下方,这意味着政府能以更少的成本使个人在接受补贴后达到同样的效用水平。

## 复习思考题

### 一、名词解释

公共支出　　财政挤出效应　　耗尽性公共支出　　转移性公共支出　　影子价格
社会贴现率　　公共支出结构　　公共支出规模　　国防支出　　教育支出
公共支出的收入效应　　公共支出的替代效应

### 二、简答题

1. 简述公共支出的类型。
2. 简述公共支出的原则。
3. 简述公共支出规模不断扩张的现象。
4. 简述公共部门如何安排教育支出。
5. 简述公共部门介入社会保障的主要原因。
6. 简述财政补贴存在的合理性和必要性。
7. 简述公共支出的政策效应。
8. 简述成本—收益分析法的含义以及公共部门成本—收益分析与私人部门成本—收益分析的差异。
9. 简述公共物品与私人物品之间存在的差异。

### 三、论述题

1. 试运用"瓦格纳法则"解释政府公共支出不断扩张的行为。
2. 试比较公共支出的直接效应和间接效应。

# 第7章 公共收入理论、税收与公债

## 本章学习目标

掌握公共收入的内涵、原则以及分类；理解公共收入的构成；理解公共收入应具有的规模和水平；了解税收的产生和发展历程；掌握税收的原则；理解税负的转嫁与归宿；了解公债的产生和发展；了解公债的分类；了解我国地方性公债。

## 本章知识结构

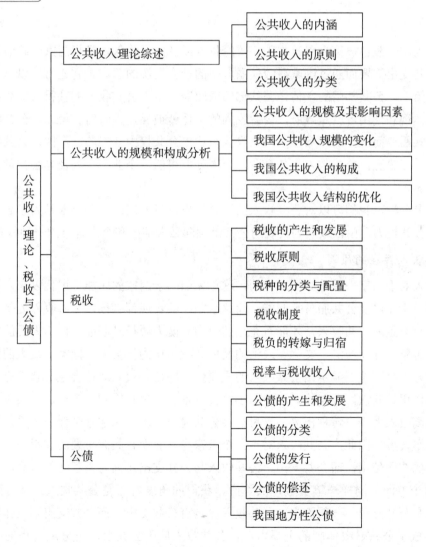

# 7.1 公共收入理论综述

公共收入是公共部门向公众提供公共产品、满足社会公共需要的经济来源，也是公共部门正常运转的基础。公共收入是公共经济活动的起点和基础，与公共支出共同构成公共预算，是公共经济学的核心内容之一。

公共收入是为了满足社会共同需要而筹集的收入，而随着公共产品内涵的扩大，它基本上涵盖了社会成员共同需要的各个方面，社会共同需要也表现为公共产品。公共产品无法通过市场机制来有效地供给，因此就需要政府或其他公共组织通过非市场机制来提供；而公共产品的供给也要使用一部分社会资源，是有成本的，为了筹集提供公共产品所需要的资金，就需要相应地获得一部分收入，公共收入相应产生。

## 7.1.1 公共收入的内涵

### 1. 公共收入的含义

公共收入，一般也被称为财政收入、政府收入或者国家收入，是指国家或政府为了履行其职能、满足其支出需要而通过国家财政体系取得的社会资源的总和。它通常可以从以下几个方面来理解：第一，公共部门的主体是公共部门或政府。由于公共收入的获得依靠公共权力，而公共权力的体现和使用者就是政府，公共收入的主体就被界定为政府。第二，公共收入是为了满足社会公共需要而产生的。第三，公共收入是凭借公共权力获得的。第四，公共收入是一定量的货币收入。第五，公共收入是从企业、个人处取得的，企业、个人及非公共部门是公共收入的来源。

根据以上分析，我们可以对公共收入的概念作出以下界定：公共收入是为了满足社会公共需要，凭借公共权力，由以政府为代表的公共组织向私人部门和个人筹集的一种收入。

### 2. 公共收入存在的原因

公共收入对于国家来说是必不可少的，这首先归因于国家的职能。现代以来，国家都具有政治、经济、文化以及公共服务等职能，而这些职能的实现都必须以公共收入为基础。首先，一个国家拥有充足的公共收入，才能有充足的财力与能力履行其职能，保障人民的财产与人身安全，并促进整个社会经济、文化、政治的发展。我国作为社会主义国家，最大的优势就是能够集中力量办大事，这更显示出公共收入的重要性，即公共收入对社会主义建设有着重要的、不可替代的作用。其次，公共收入对于缩小社会贫富差距也有重要的意义。公共收入有助于将社会财富从高收入者手中转移出来，支付社会公共建设费用，构建社会保障体系，最终促进整个社会的公平发展。因此，公共收入对于一个国家与社会而言具有重要的作用与意义。筹集公共收入的目的在于使用，即公共支出，公共收入与公共支出之间有着密切的联系，可以说是同一事物的两个方面。同样一笔资金，从筹措、获得的角度看，是公共收入；从分配、使用的角度看，则是公共支出。一般而言，公共收入决定着公共支出，而公共支出则反作用于公共收入，两者构成了公共财政体制的主要内容。公共收入属于公共财政再分配过程的一个重要环节，它标志着一部分社会资源由私人部门转向公共部门，公共收入的筹集和使用应当由社会公众来决定和监督。

3. 公共收入理论在公共经济学中的地位

(1) 公共收入是政府向社会提供公共产品以弥补市场失灵的基础。因为社会的共同需要往往表现为对公共产品的共同需求，政府为了向公众提供公共产品，同时筹集自身管理与运作的成本，需要将公众手中的一部分资源集中起来，这就形成了公共收入。因此，公共收入是供给公共产品的必要保证。

(2) 公共收入理论是公共经济学不可或缺的内容。公共收入理论揭示了国家、企业和人之间的分配关系。公共经济的运行过程表现为"公共收入—公共支出"两个相互衔接继起的阶段，公共收入是公共经济部门参与价值分配的第一阶段。

## 7.1.2 公共收入的原则

作为经济和伦理问题，关于公共收入原则的讨论由来已久。由于这些原则在阐述公共收入的具体形式时还要分别提到，这里只阐述较为重要的两项原则：受益原则和支付能力原则。

1. 受益原则

受益原则(benefit principle)是指政府对其生产或提供的公共产品或服务成本费用的分配，要与社会成员从政府生产或提供的公共产品或服务中获得的收益相联系。换言之，纳税人在缴纳税款后，可享受到由政府提供的公共产品和服务。纳税是义务，享受政府提供的公共产品和服务是权利，也是受益。每一个纳税人所尽的义务与获得的权利是对等的，人们在履行义务后必然享受到相应的权利，这符合公平原则。在某些特殊领域，公民缴纳了一定规费，则享受到相应的服务。例如，办理护照，要缴纳一定费用，同时有关部门提供服务，这明显符合受益原则。因此，受益较多、受益广泛的人，要比受益相对较少、受益相对狭窄的人负担更多的税收。

单纯考虑这项原则意味着政府收费(规费)和使用费是最理想的公共收入形式。因为规费和使用费具有类似私人产品价格的功能，它可以将产品或服务的成本费用按照实际消费量分摊给其他消费者。

受益原则的主要优点在于，如果它能成功贯彻，那么，政府生产或提供的公共产品或服务的单位成本可以同这些产品或服务的边际效益挂钩。如果所有社会成员都依据其从政府生产或提供的公共产品或服务中获得的边际效益的大小来承担相应的成本，那么，林达尔均衡(见专栏7-1)就会形成，同时不存在"搭便车"的问题。

然而，问题在于，政府提供的大部分产品或服务都属于联合消费和共同受益的性质，客观上很难说清每一个社会成员受益多少。唯一的解决方法就是让每一个社会成员自己呈报所获效益的多少。但是，如果人们知道其所承担的公共支出的份额取决于自己呈报的边际效益，他们肯定会从低呈报或者不呈报其获得的真实效益，这种问题在规模庞大、系统复杂度高、信息传导存在阻滞的现代社会中更是难以避免。只有在一个由很少的成员组成且人们对彼此的偏好非常了解的社会中，才能避免这种现象的产生。

## 2. 支付能力原则

支付能力原则(ability-to-pay principle)是指，政府对所提供的产品或服务的成本费用的分配，要与社会成员的支付能力相联系。它从另外一个角度来描述公共产品成本应该如何在社会成员之间进行分摊，即由社会成员的支付能力决定他所应该分摊的公共产品成本，成本分摊与社会成员从公共产品中获得的边际效益无关。例如，现在各国普遍实行的累进制个人所得税就体现了支付能力原则。失业或者低收入者不需要缴纳个人所得税，较高收入者在对收入作一定扣除后，可能要交5%～10%的个人所得税，收入特别高的人则可能要交25%～40%的个人所得税。

支付能力原则的主要优点在于，如果它能够成功贯彻，政府提供的产品和服务的成本费用的分配可以使社会成员的境况达到一种相对公平的状态。这样，政府的许多税收就可以改变国民收入的分配状况，使其向收入公平的目标转变。

但是，支付能力原则也存在一定的问题。按照社会成员的支付能力确定其应承担的政府支出成本份额是一回事，怎样测度其支付能力又是另一回事。经济学家对于如何测度社会成员的支付能力存在诸多争议，有的主张以社会成员的收入、财产和消费支出来测度其支付能力；有的则主张以社会成员承担公共支出成本而在主观上感受的牺牲程度来测度其支付能力。

▶ **专栏7-1 林达尔均衡**

林达尔均衡研究的是公共产品所需开支如何取得的问题。

林达尔均衡是瑞典经济学家林达尔提出的一个关于公共产品成本来源的命题，即如果每一个社会成员都按照其所获得的公共产品或劳务的边际效益的大小来捐献自己应当分担的公共产品或劳务的资金费用，则公共产品或劳务的供给量可以达到具有效率的最佳水平。

这一具有效率的均衡的实现是以下面两个假设为前提的。

第一，每个社会成员都愿意准确地披露自己可以从公共产品或劳务的消费中获得的边际效益，而不存在隐瞒或低估其边际效益从而逃避自己应分担的成本费用的动机。

第二，每个社会成员都清楚地了解其他社会成员的嗜好以及经济状况，甚至清楚地掌握任何一种公共产品或劳务可以给彼此带来的真实的边际效益，从而不存在隐瞒个人边际效益的可能。

在人数非常少的群体中，上述假设是有可能存在的。

在人口众多的社会中，没有任何一个人能够做到对其他所有成员的情况无所不知。既然不能准确地掌握社会成员的嗜好和经济状况，人们便有可能隐瞒其从公共产品或劳务中获得的真实的边际效益。

由此出发，林达尔均衡的实际含义是：公共产品或劳务的提供不可能达到具有效率的最优水平。换句话说，即公共产品的需求者不可能根据自己的需求量提供所需要的货币资金，因此相对于有限的资金供应，公共产品必然存在供给不足。

如果每一个社会成员都按照其所获得的公共产品或服务的边际效益的大小，来捐献自己应当分担的公共产品或服务的资金费用，则公共产品或服务的供给量可以达到具有效力的最佳水平，这被称为林达尔均衡。林达尔均衡模型实际上是在维克塞尔的工作基础上建立的。林达尔认为，公共产品价格并非取决于某些政治选择机制和强制性税收，恰恰相反，每个人都面临根据自己意愿确定的价格，并均可按照这种价格购买公共产品。处于均衡状态时，这些价格使每个人需要的公共产品量相同，并与应该提供的公共产品量保持一致。因为每个人都购买并消费了公共产品总产量的一部分，按照这些价格供给恰好与各人支付价格总和一致。林达尔均衡使人们对公共产品的供给水平的认识取得一致，即分摊的成本与边际收益成比例。

总之，林达尔均衡指个人对公共产品的供给水平以及它们之间的成本分配进行讨价还价，并实现讨价还价的均衡。林达尔通过一个新的定价方法建立起一个类似私人产品竞争性均衡的公共产品均衡模型。在林达尔的均衡中，不是所有消费者面临一个公共的(相同的)价格，而是全部消费者有一个公共的数量；不是总产量在全体消费者之间分配，而是总成本在消费者之间分摊。因此，要尽量使每个消费者面临的价格符合其对公共产品的真实评价(或偏好)。这样就使得消费者愿意支付的价格总和正好等于公共产品的总成本。于是生产的约束条件就变成总收入等于总成本。林达尔均衡的解就是在正常利润为零的约束条件下，使公共产品的定价采取与消费者的需求弹性相关的方式来确定，即依据每个消费者对公共产品的不同评价，分别确定不同的价格。林达尔均衡的功绩在于从理论上论证了公共产品(包括信息产品)的市场均衡价格原理与私人产品的市场均衡价格原理之间的差异，为进一步探讨信息产品的价格问题找到了强有力的理论依据。

资料来源：代鹏.公共经济学导论[M].北京：中国人民大学出版社，2005.

### 7.1.3 公共收入的分类

关于公共收入的分类，基本方法是以公共收入的形式为标准进行分类。按照这一标准，可以把公共收入分为税收收入、公债收入、国有资产收入和其他收入。我国当前公共收入主要是按公共收入的形式分类，这种分类主要用于分析公共收入规模的增长变化以及增长变化的趋势。

1. 税收收入

1) 税收的概念

税收是国家为了实现其职能，按照法律预先规定的标准，强制地、无偿地取得的收入。可见，税收是由政府征收的，税收的主体是政府，征收权力只属于政府，其他任何形式的组织和个人都无权征税，同时，政府征税凭借的是政府的权力。在市场经济下，税收是政府取得收入最主要的形式，税收往往提供了80%甚至90%以上的财政收入。

2) 税收的特征

从本质上看，税收是一种由国家进行的对国民财富的无偿性、强制性的再分配。一定的税收表明国家参与一定的社会财富和收入的再分配关系。与其他收入和财富的分配关系不同，税收这种国家再分配的实现依据并非生产关系或对要素的占有，而是建立在国家权力基础之上的一种依法、固定、无偿地取得公共收入的手段。因此，税收具有强制性、无偿性和固定性，简称为"税收三性"。

(1) 税收的强制性。税收的强制性是指税收是国家凭借政治权力，按照税法对社会产品进行的强制性分配，不以纳税人的意志为转移。

税收分配关系是国家凭借政治权力，通过立法程序确立的，不论纳税人是否自愿都必须缴纳税款。通常，这种再分配必须建立在法律的基础上，由包括军队、警察、法庭、监狱在内的整个国家机器保证其职能得到履行。纳税对社会成员来说是一种必须履行的义务，主要表现为不按照国家要求或法律要求纳税将受到来自国家暴力机器的惩罚。

税收的必然结果是对社会产品原有所有权、支配权分布格局的改变。

(2) 税收的无偿性。无偿性与公债、公共收费等收入形式的有偿性形成鲜明的对比。税收是国家向纳税人进行的无须偿还的永久性征收。国家征税之后，税款即为国家所有，不再偿还给纳税人，也不向纳税人支付任何代价或报酬。也就是说，税收的取得并不伴随国家对纳税人的直接回报。虽然出于特定的目的，国家可能会"退税"，但退税并不同于偿还。

从纳税人方面看，纳税人必须依照税收法律向国家纳税，失去对一部分收入或财富的所有权或支配权，却不能要求国家有任何方式的直接偿还，是"有所失而无所得"。从国家方面来看，国家征税无须向对方承担任何偿还义务，如果不考虑征税过程中付出的征管成本，税收就是"有所得而无所失"。但是在现代社会，税收的这种无偿性背后对应的是税收的整体有偿性，即"取之于民用之于民"的保证。政府取得税收的目的是满足作为整体的社会公众对公共产品的需要。公民缴纳税收的根本目的是获得对其人身权利、政治权利、经济权利和其他权利的保障。但是这种对个人权利的保障与社会成员承担的税收的数量，并不存在直接的对应关系。

(3) 税收的固定性。税收的固定性是通过法律和法定程序来保证的。税收的固定性指税收是国家通过法律形式预先规定了对什么征税及其征收比例，无须经过必要的法律程序，即使是政府也不得随意更改。税收的固定性还体现在税收不可以无限制地征收，它只能按照法律确定的标准有限制地征收。税收的固定性具体体现在税收构成要素上，即体现在对谁征税、依据什么征税、征收数额或比例是多少、怎样征税、纳税人不缴税怎么办等方面。针对这些方面，国家都以法律形式事先予以明确规定，在实际征纳中，国家和纳税人双方都必须共同遵照执行。纳税人只要满足了法律规定的纳税义务，就必须按照预定的标准如数纳税，不得不纳、少纳或迟纳。同样，国家对纳税人也只能按预定的标准征税，不得多征、少征、迟征或早征。税收的固定性体现了税收作为法律行为的严肃性。

但是税收的固定性往往是相对的，在不同社会环境和不同社会发展时期，均有所变化。税法关于时效的规定决定了这种"固定"是相对于时效期限而言的。

3) 税收的构成要素

所谓税收的构成要素，可以理解为构成税收总体的成分、元素、方面、部分等。税收和其他事物一样，也是由相互作用的要素结合起来的有机整体。定义是抽象的，要素则是相对具体的，税收要素是对税收的分解，是税收定义的具体化。因此由税收的概念可知，税收要素包括课税主体、课税客体及税率。

(1) 课税主体。课税主体，又称纳税人或纳税义务人，是指税法规定的直接负有纳税义务的单位和个人。纳税人既可以是自然人，即公民个人，也可以是法人，即依法成立并能独立行使法定权利和承担法律义务的社会组织，如社团、公司、厂商等。自然人具体是指在法律上作为一个权利和义务的主体的普通人，可以个人身份来承担法律所规定的纳税义务。

(2) 课税客体。课税客体,也称课税对象,是指对什么东西和什么行为征税,即课税的标的物。课税对象是税收制度中的核心要素。这是因为它体现着不同税种课税的基本界限。课税对象规定了征税范围,是确定税种的主要标志。凡是列入课税对象的,就属于该税种的课征范围;凡是不列入课税对象的,就不属于该税种的课征范围。不同的课税对象,决定着税收的不同种类以及各种税收的征税特点。税收的课税对象可分为三类,即所得税、财产税和商品税。

(3) 税率。税率是指应纳税额与课税基数之间的数量关系或者比例,通常以百分比来表示,是计量应征税额的尺度。税率是税收制度的中心环节,税率的高低直接关系国家财政收入多少和纳税人负担轻重。税率按照其作用的差异,可以分为定额税率、比例税率、累进(退)税率三种形式。

① 定额税率。定额税率是指按单位课税对象直接规定的一个固定税额。实际上它是比例税率的一种特殊形式。定额税率同价格没有直接联系,一般适用于从量定额征收,如汽车牌照税、营业执照税等。

② 比例税率。比例税率是指不论课税对象的数额大小,只规定一个比例的税率。适用这种税率时,其课税比率不随课税对象数额的变化而变化,始终保持在一个不变的水平上,如营业税、关税等。比例税率可以在一定程度上体现税负的横向平衡,因此被广泛地应用于流转税、财产税的征收。

③ 累进(退)税率。累进税率指税率随着课税对象数额的增大而提高(降低)的一种税率制度。它按照征税对象数额的大小划分为若干等级,每个等级对应不同的税率,征税对象数额越大,税率越高(低);数额越小,税率越低(高)。累进(退)税率一般适用于按照实际收益和财产征收的税种,例如个人工资所得税。

2. 公债收入

公债大规模出现的历史只有几百年,但是公债的影响却是非常深远的。在现代社会,公债不仅是公共部门取得收入的一种特殊形式,它更是政府调节经济的重要手段。

1) 公债的概念

公债是国家以债务人的身份,凭借国家信用,按照一定的法律程序和规定,通过向企业或者个人有偿借债而形成的一部分收入,它是公共收入的一种主要形式。

2) 公债的特征

公债在将私人部门占有的一部分资源转移到公共部门从而为政府取得公共收入这一点上,同税收的功能是无差别的。但是它又不同于税收,有其本身的特征。

(1) 公债有严格的法律约束。公债的发行必须有相应的公债法律和公债法规作为依据,并基于相应的法律、法规标明价格、期限和利率。因此,公债对发行主体有严格的法律约束,对投资者有严格的法律保护。

(2) 公债依据国家信用。私债以私人信用为依据,由于私人的信用基础较薄弱,相对于公债来说,债权人的风险较大。公债依据国家信用,由政府举借债务。公债是国家以债务人的身份,凭借国家信用,以国家主权和资源作为承担公债还本付息责任的基础,所以公债的信用度和安全性是顶级的。

(3) 公债收益具有稳定性。由于风险小,安全可靠,政府又有高度的信誉,相对于其他债券来说，公债市场价格波动的幅度通常要小得多，公债的效益率也通常处在相对稳定的状态。

3) 公债的作用

公债在不同的时期，随着不同的经济条件不断完善，发挥了不同的作用。在我国，公债的发行不仅是必需的，而且从长远来看，它能够在更大的范围内发挥调节财政、稳定经济发展的作用。根据各个时期公债的发行情况，我们将公债在我国发挥的作用总结为以下几点。

(1) 弥补财政赤字，稳定经济发展。

这主要体现在公债发行初期。20世纪80年代和90年代的上半期，我国经济发展处于起步阶段，财政收入不足，公债的发行很好地解决了这个问题。当然公债的作用也是有局限性的，这是因为：第一，财政赤字过大，政府债台高筑，最终会导致财政赤字收支的恶性循环；第二，社会闲置资金是有限的，国家集中过多往往会占用经济主体的必要资金，从而减少社会上的投资和降低消费水平。

(2) 利用闲置民间资金，拉动投资需求，提高资金的使用效率。

国家通过发行公债将分散在民间的资金予以集中，由储蓄转化为投资，由消费领域转向生产领域，从而调整积累与消费的比例结构，使其保持在一个合理的水平。国家将公债资金投资于国民经济的重点建设领域，可以拉动私人投资需求，调整产业结构。

(3) 公债资金投资方向积极配合宏观调控的要求。

我国是社会主义国家，国家性质决定了宏观调控的重要性，公债作为财政收入的主要来源之一，在配合宏观调控方面的作用不可忽视。在实行积极财政政策前，我国公债投资主要是防止经济增长速度下滑，拉动经济增长，而在实行积极财政政策后，公债投资功能虽然没有变化，但在运用中更加重视结构性调整，促进经济协调发展。

▶ **专栏7-2　李嘉图等价定理**

李嘉图等价定理的中心议题就是举债对宏观经济的影响。李嘉图认为，在政府举债的情况下，社会总需求发生的任何变化都将直接影响国民收入水平。李嘉图等价定理(ricardian equivalence theorem)最早出现在1976年詹姆斯·布坎南(James Buchanan)发表的《巴罗的〈论李嘉图等价定理〉》中。大卫·李嘉图(David Ricardo)在《政治经济学及赋税原理》一书的第17章中表述了这样的观点：政府无论是选用一次性总付税，还是发行公债来为政府筹集资金，既不会影响居民的消费，也不会影响资本的生成。也就是说，政府无论是选择征税还是举债的方式为其支出融资，从最终的经济效益来看都是没有差别的。

李嘉图等价定理认为，征税和政府举债在逻辑上是相同的。假定人口数量不变，政府决定对每个人减少现行税收(一次性总付税)1000元，为保证政府支出规模不发生变化，由此带来的财政收入减少，可通过向每个人发行1000元的政府债券进行弥补。如果债券期限为一年，年利息率为10%，则减税后的第二年，为偿付债务本息，政府必须向每人增课1100元的税收。

获此消息后，纳税人可以用增加储蓄的方式来应付下一期将要增加的税收。实际上，纳税人完全可以将政府因减税而发行的1000元债券加上10%的利息，作为应付政府为偿付国债本息而需要增课的100元税收。这样，纳税人原有的消费方式并不会发生变化。所以说，征税与举债的效果是相同的。如果政府债券的期限为$N$年，结果也是一样的。因为政府债券的持有者可以一手从政府手中获得债券利息,另一手又将这些债券的本金和利息用以支付政府为偿还债券本息而征收的税收。因此,在这种情况下,不会影响即期和未来的消费,李嘉图等价定理成立。

上述例子说明了李嘉图等价定理的基本观点,即征税与举债对经济的影响恰好是相等的。上述例子虽然很简单,但它暗含了李嘉图等价定理成立的许多条件,其中包括:第一,无论使用税收还是公债融资,初始时期的政府支出规模不变;第二,初始时期发行的公债必须用以后课征的税收来偿还;第三,个人对现在和将来的收入流量是确定的,即具有理性预期的特性;第四,个人作为现行纳税人和将来的潜在纳税人,其行为就好像能永远生存下去一样;第五,个人能完全预见包含在公债中的纳税义务;第六,所有税收都是一次性总付税。

然而,李嘉图等价定理却无法解释下列现象:假如一些或全部消费者在政府偿还公债之前去世,这些人既享受了政府因举债替代征税而带来的减税好处,又无须负担由此而发生的未来税收,那么,他们是否会因可支配收入的增加而增加自己的当前消费呢?如果消费者是完全利己的,则上述答案将使李嘉图等价定理失效。

资料来源:王雍君,童伟. 公共财政学[M]. 北京:北京师范大学出版社,2007.

### 3. 国有资产收入

#### 1) 国有资产的概念

对于国有资产的理解可以分为广义和狭义两种。广义的国有资产是指属于国家所有的各种财产、物资、债权和其他权益。按照这一理解,国有资产不仅包括企业占有的经营性国有资产,还包括政府机构、人民团体、军队以及文化、教育、科教卫生、社会福利等行政单位和事业单位所占用的国有财产;不仅包括中华人民共和国境内的财产,还包括境外的属于国家所有的各项财产;不仅包括属于国家所有的土地、森林、矿藏、河流等自然资源和有形资产,还包括国家所有的版权、商标权、专利权等无形资产。狭义的国有资产指的是法律上确定为国家所有并能为国家提供未来收益的各种经济资源的总和。从现实情况来看,就是指各类经营性企业中国家投资形成的资产。

#### 2) 国有资产收入及其形式

国有资产收入是指国家凭借其所拥有的资产取得的公共收入,即经营和使用国有资产的企业、事业单位和个人把其收入的一部分交给资产的所有者——国家,国家以资产所有者代表的身份所取得的收入。

按照经济用途,可以将国有资产分为经营性国有资产和非经营性国有资产。经营性国有资产具有营利性,侧重经济效益,能够直接带来财政收入;而非营利性国有资产侧重社会效益,甚至还需要国家的财政补贴。我们这里讨论的国有资产收入指的是经营性国有资产和资源性国有资产的收入。

经营性国有资产是指国家对生产流通领域的各种企业的各种形式的投资及投资收益形成的或者依法认定取得的,用于生产经营并使其保值、增值的国家所有者权益。它具体包括资本金、资本公积金、盈余公积金和未分配利润。

从经营性国有资产取得的收入看,取得收入的形式主要有:①利润上缴收入,即国有独资企业按照规定的比例上缴国家财政一部分利润收入。②股息红利收入。③租赁收入。④承包上缴利润收入。⑤国有资产破产清算及拍卖所得。总体来说，经营性国有资产收入主要有税后利润收入、租金收入和产权转让收入三大类。随着国有企业改革不断深化，这种取得收入的形式在国有资产经营收益中所占比例越来越大。而资源性国有资产收入的主要形式有：①转让国有资源使用权的收入，如土地出让金、矿产资源使用补偿费等。②国家凭借所有权从国有资源的开发经营单位的效益中分得的收入。③将资源性国有资产转向市场进行产权出卖所得的收入，目前我国此类收入极少。

非经营性国有资产，指的是由一般的行政事业和非营利性的其他公共机构占有和使用的一部分国有资产，它本身不具有保值、增值功能，也不会创造经济效益。非经营性国有资产包括政府机构、科教文卫、人民团体等机构拥有的国有资产。按照存在形态，可将其分为以自然资源为主体的国有资产(如湖泊、矿山、森林等)、人为加工利用而形成的国有资产(如各种国有企业)以及无形资产(如科技专利、商标权等)。

3) 国有资产管理体制定位

国有资产管理是国家以产权为基础，以提高国有资产运营的经济效益和社会效益为目标，以资产占有者和使用者为对象开展的管理活动。国有资产管理具有如下作用。

(1) 使国有资产的功能得以充分发挥。国有资产的主要功能是弥补市场缺陷和提供公共产品或服务。一些高风险、强外部性、公共产品或非国有资本限制进入的领域，是国有资产的功能性领域。适宜的国有资产管理体制应该能够保证有足够的国有资本进入这些领域，发挥其应有的功能，同时为其他经济成分的发展提供一些基础性服务。

(2) 实现国有资产的保值要求。要保证国有资产不流失，国有资产的所有者必须对国有资产实施严格的控制和监督，适宜的国有资产管理体制，应该是能够保证政府作为所有权代表，对国有资产实行有效控制这一要约。

(3) 提高国有资产的运营效率和实现国有资产的增值。国有资产作为资产的一种，同样有追求增值的内在要求。但国有资产的效率与安全常常是矛盾的：一方面，为了安全，政府必须强化对国有资产的控制，但这会导致国有资产经营灵活性的损失；另一方面，为了提高国有资产经营灵活性，必须放松对国有资产的控制，但这又会降低资产的安全性，适宜的国有资产管理体制应能够妥善处理效率与安全的关系。

4. 其他收入

除了税收、公债收入、国有资产收入之外，政府还可以通过其他形式取得公共收入，包括政府引致的通货膨胀、捐赠、使用费、规费等。

1) 政府引致的通货膨胀

政府引致的通货膨胀(government-induced inflation)指的是这样一种情况：为了弥补政府提供产品或服务产生的费用而扩大货币供给，从而造成物价普遍上涨。

为了弥补财政支出与收入的缺口，政府采用印制钞票，或者扩大货币供给的手段。这样增发的货币并没有商品物资作保证，因为货币供给增加，致使每一单位货币代表的实际价值降低，结果表现为物价水平普遍上涨，即发生通货膨胀。因货币供给增加而导致的产品或服务的市场价格上涨，导致人们手中持有的货币购买力下降，政府部门所能支配的资源即公共收入增加。也正因为如此，政府引致的通货膨胀被人们称为"通货膨胀税"。

在现代金融制度下，货币发行权属于中央银行所有，财政部门发生赤字是不能直接通过增发货币来弥补的，因此，政府引致的通货膨胀往往是在中央银行的配合下完成的。

2) 捐赠

政府有时可能得到来自个人或组织的捐赠(donations)，这往往发生在政府为某些特定的支出项目融资的情况下。例如，为了筹集专门用于向遭受自然灾害地区的灾民或其他陷于困难之中的人提供救济的特别资金，政府会号召人们对这样的基金提供捐赠。捐赠的主要形式有专项捐款、非特定目的的捐款、政治捐款和外国援助。捐赠的来源有个人、组织、企业、国外政府和国际组织。在现代社会条件下，捐款只能作为很小一部分的公共收入来源，其主要起到道义上的援助作用。

3) 使用费

对政府提供的特定公共设施的使用者按照一定的标准收取使用费(user charges)，也是公共收入的一个来源。例如，使用公路、桥梁和娱乐设施等需缴纳一定的费用。按照受益原则，享受政府提供的特定的公共产品或服务，应当相应地为此支付一部分费用，即"谁受益谁出钱"。此外，政府还有少量的其他收费，如罚没收入等。使用费实际上是政府模拟私人产品的定价方式收取的公共产品的价格，收取使用费能收回提供特殊产品和服务的全部或部分成本。使用费通常实行专款专用原则，即某个公共产品使用者缴纳的费用，专门用于这一公共产品的建设和维护。

政府收取使用费的目的，除了筹集一部分公共收入外，更重要的在于以下三个方面：①收取使用费在弥补市场失灵方面有特殊作用。②收取使用费有利于提高公共产品的配置效率。③收取使用费有助于避免在政府提供的公共设施上发生"拥挤"问题。

4) 规费

规费是政府部门为社会成员提供某种特定服务或实施行政管理所收取的手续费和工本费。

规费通常包括以下两类：一是行政规费。这是随附于政府部门各种行政活动的费用，名目很多，范围很广，包括外事规费(如护照费)、内务规费(如户籍费)、经济规费(如商标登记费、商品检验费、度量衡鉴定费)、教育规费(如毕业证书费)以及其他行政规费(如会计师、律师、工程师等执照费)。收取行政规费的目的往往不是给政府增加公共收入，而是方便政府实施有效的行政管理。二是司法规费。它又可以分为诉讼规费和非诉讼规费两种。前者如民事诉讼费、刑事诉讼费；后者如出生登记费、财产转让登记费、遗产管理登记费、继承登记费和结婚登记费等。

政府部门收取规费的数额，在理论上通常有两个标准：一是所谓的填补主义，即根据政府部门提供服务所需的费用数额，来确定规费的收取标准。二是所谓的报偿主义，即以居民从政府部门服务中获得效益的大小，来确定规费的收取标准。事实上，政府在确定规费数额时，并非完全依据理论标准。通常情况是，规费数额的确定，既不衡量(也很难衡量)当事人所获得的效益，又不依据其所付出的服务费用(往往超过服务费用)，故现实中各国规费的高低标准不一。

## 7.2 公共收入的规模和构成分析

公共收入的规模是指公共收入的总水平，通常用绝对数额或相对数额来表示。绝对数额即财政收入总额，相对数额即财政收入占国民生产总值或国民收入的比重。公共收入的构成是指各种来源、各种形式的收入在公共收入中的比重。目前，我国公共收入主要包括税收、国有资产收入、债务收入和其他收入。

### 7.2.1 公共收入的规模及其影响因素

**1. 公共收入的规模**

公共收入规模具体是指一个国家或地区在一定时期内(通常为一年)，各级公共部门从市场经济主体转移来的价值总量。公共收入规模具体包括三层含义：第一，它是一个时间概念，通常为一定时期内的收入流量。第二，它是一个空间概念，一般指一个国家的中央政府的公共收入，也可以指一个国家的某一级政府的公共收入。第三，它是各级政府以税与非税形式所占有的经济资源的价值总量。

公共收入规模有绝对量与相对量之别。公共收入规模的绝对量是一定时期内公共收入的总量。公共收入规模的相对量则是在一定时期内公共收入与经济变量的比率。这类指标通常有三类，即财政收入占GDP的比重、税收收入占GDP的比重和非税收收入占GDP的比重。

公共收入占GDP的比重，在发达国家与发展中国家是不同的。20世纪末，这一数据在美国为34%，在法国为46%，在英国为41%。而发展中国家明显低于这个水平，这一数据在泰国为21%，在印度尼西亚为20%。由此可以看出，发达国家公共收入占GDP的比重为33%左右，而发展中国家公共收入占GDP的比重为20%左右。

**2. 影响公共收入规模的因素**

从历史上看，谋求公共收入持续增长始终是各国政府的主要财政目标，但是公共收入的规模有多大，公共收入增长速度有多快，并不以政府的主观意志为转移，它受到各种客观因素的制约。公共收入规模过大或是过小，都会有不利影响。公共收入规模过大，政府集中的社会财力多，就会压缩社会居民和企业消费水平，影响企业的扩大再生产能力，从而影响经济效率；而公共收入规模过小，又不能满足公众对公共产品的正常需求，会影响社会经济的正常运行。因此，公共收入规模必须适当。一般来说，决定公共收入规模的主要因素有经济发展水平、生产技术水平、一定的经济体制、分配政策和分配体制、传统及社会习俗、国家的宏观经济政策及价格水平等因素。

1) 经济发展水平

经济发展水平是影响公共收入最主要的决定性因素。随着经济的发展，一方面，可供支配的社会财富随之增多，因此公共收入有很大的扩展空间；另一方面，随着经济的发展，政府管理的公共事务的范围也随之扩大，这也要求一定的公共收入规模与之相匹配。因此，经济发展水平越高，社会产品越丰富，国民生产总值就越高，则该国的公共收入总额就越高。尽管公共收入还受其他因素的影响，但是，经济发展水平对公共收入的影响是基础性和决定性的。从国际上看，发达国家的公共收入大多高于发展中国家，而在发展中国家中，相对收入高的国家的公共收入又大多高于低收入国家,绝对额和相对额都是如此。

2) 生产技术水平

生产技术水平是影响公共收入的又一个重要因素。生产技术水平是指生产中采用先进技术的程度,它也可以称为技术进步。一定的经济发展水平总是与一定的生产技术水平相适应,较高的经济发展水平往往是以较高的生产技术水平为支柱。据测算,在发达国家,技术进步对经济增长率的贡献在20世纪初约为5.2%,而从20世纪70年代开始这一数据为70%~80%。我国的情况略有不同,1979—1987年,技术进步对经济的贡献率为15%左右;20世纪90年代,农业部门产值的技术贡献率为33%~42%,工业部门产值的技术贡献率接近发达国家的最低限。我们现在所讲的科教兴国,其实"兴"的就是市场经济与公共财政。

3) 一定的经济体制

在社会经济发展水平既定的情况下,一定的经济体制是决定公共收入规模的重要因素。在计划经济体制下,政府通过计划手段对资源进行配置,市场机制的作用受到抑制,绝大部分的资源配置及社会财富的分配权力都高度集中在政府手中,公共收入的规模主要由计划机制决定。在市场经济条件下,主要由市场机制对资源进行配置,政府可直接支配的资源及可直接分配的社会财富大大低于计划经济体制下的水平,政府主要通过一定的经济政策和法律手段间接地影响资源配置和社会财富的分配,公共收入的规模主要受市场机制的制约。

4) 分配政策和分配体制

政府的分配政策和分配体制也是影响公共收入规模的一个重要因素。在经济发展水平和生产技术水平一定的前提下,分配政策和分配体制决定了公共收入的实际规模。所以,在不同国家和一个国家的不同时期,分配政策和分配体制的不同,决定了公共收入规模的不同。

5) 传统及社会习俗

以瑞典、挪威为代表的北欧"福利国家"有将社会保障作为立国之本的传统,其社会保障经费占国民经济总收入的45%以上。为了取得所需的资金,这些福利国家往往对个人和企业课以重税,因此公共收入保持在一个较高的水平。而在一些自由市场经济国家,为了鼓励人们生产和投资,相对于福利国家其税率往往保持在一个较低的水平,有时为了刺激经济往往还采用减税的政策,因此其公共收入的规模相对较小。

6) 国家的宏观经济政策

在不同的经济时期,一国政府将采取不同的货币政策、税收政策和公债政策,进而影响宏观税负,从而使公共收入的相对规模也发生变化。例如,在经济萧条时期,由于投资需求和消费需求不足,为了刺激消费和投资,政府往往采取减税政策以及扩张性的货币和公债政策;反之,政府将会提高宏观税率并实行紧缩性的货币政策。

7) 价格水平

价格水平对于公共收入规模的影响是通过如下机制实现的。

(1) 通过价格机制,实现"通货膨胀税"。虽然中央银行法规定,公共财政赤字不能由中央银行增发货币加以弥补,可实际上公共支出的扩张,导致了物价总水平的上升,已实现了对公共收入规模"虚增"的影响。假如政府公共财政赤字允许由中央银行通过增发货币加以弥补,则情况会更加严重。公共财政赤字所导致的物价总水平的上升,最终将"纸币"的一部分购买力"贬值"转移到国家手中,形成国家的一项经常性收入。

(2) 收入分配制度。以累进所得税为主的收入分配制度,当出现通货膨胀造成纳税人适用税率的"档次爬升"效应时,会使公共收入有所增长;以比例税为主的收入分配制度,会使公共收入与物价水平名义上"同增",实际"不增";以定额税为主的收入分配制度,会使公共收入增长小于物价上涨。

(3) 物价水平上升的"相对结构",可改变公共收入的来源结构。物价上涨并不是均匀的,它可引起GDP在各经济主体之间的再分配,公共收入的财源结构也会因此而发生变化,最终导致各经济主体之间的税率差异,造成公共收入的变化。

### 7.2.2　我国公共收入规模的变化

财政分配涉及政府与市场配置资源的比例关系,财政分配规模对社会经济发展具有重要影响。一些学者提出了三种税负口径:一是税收收入占GDP的比重(小口径);二是财政收入(预算内收入)占GDP的比重,主要包括税收和国有企业收入、变卖公产以及规费收入等(中口径);三是政府收入占GDP的比重,主要包括财政收入和预算外、体制外的收入等(大口径)。

一个国家取得多少公共收入关系到公共部门和私人部门之间的资源配置问题,同时也关系到政府会采取多大的力度进行国民收入再分配。也就是说,公共收入是与公平和效率两大问题相联系的,对于社会的稳定与发展有着不可低估的影响。我国目前处于社会主义初级阶段,肩负着建设社会主义和谐社会的重要时代任务,组织公共收入、扩大公共收入的规模以及把握我国公共收入规模变化的趋势尤为重要。

首先,我们要立足经济发展,扩大公共收入来源。经济发展水平是制约公共收入规模的基本要素。伴随着社会财富的增加,经济会进一步发展,公共部门可支配的资源也会增加,从而扩大公共收入的来源。实际上,公共收入的规模与增长速度本质上取决于国民收入的规模和增长的速度,因此,要增加公共收入,就必须从发展经济入手。

其次,兼顾国家、企业、个人发展,努力提高公共收入比重。当国民收入一定时,国家财政收入就会和企业、个人收入之间存在此消彼长的关系。企业和个人作为生产的直接参与者和财富的创造者,应该保证其合理的利润存留并满足其正常的消费需求,财政收入的取得不应损害企业和个人的生产积极性。

但是,我们也应该注意到,作为社会主义国家,我国的最大优势就是集中力量办大事。此外,在我国,国家与个人、企业的根本利益是一致的,国家的公共收入是取之于民用之于民的,这也就要求我们在保障个人和企业积极性的基础上,应尽量加大公共收入占国民收入的比重,从而在实现经济发展的同时能够大幅增加公共收入总量。

### 7.2.3　我国公共收入的构成

#### 1. 公共收入的产业部门构成

产业部门结构既包括传统意义上的国民经济分类,如农业、工业、建筑业、交通运输业及服务业等,又包括现代意义上的产业结构分类,即第一产业、第二产业和第三产业。

1) 第一产业与公共收入

第一产业即农业,是国民经济的基础,也是公共收入的基础。农业状况的好坏影响整个国民经济的发展,因此,农业是影响公共收入的重要部门。这不仅表现为农业直接向国家提供公共收入,更重要的是,财政中直接来自农业的那部分收入较高,主要表现为由于工农业产品交换中存在剪刀差,使农业部门创造的一部分未实现的价值转到以农产品为原料的工业产品中来实现,这些工业部门的纯收入中有一部分是农业部门创造的价值,并以税利形式上缴国家,但这部分农业向财政提供的税利并没有在财政统计中被列出来。

2) 第二产业与公共收入

第二产业主要是指工业和建筑业。工业是国民经济的主导,也是提供公共收入的主要部门。我国经过多年的经济建设,已建成较为完整的工业体系,其技术装备、现代化程度以及劳动生产率均已达到一定水平,是创造和实现国民收入的主要部门,也是财政收入的主要来源。目前,第二产业提供的公共收入占全部公共收入的比重最高。

工业部门主要包括重工业和轻工业。重工业具有投资规模大、建设周期长、技术含量和劳动生产率较高等特点,一旦建成并形成生产能力,也会成为财政收入的重要来源;轻工业具有投资规模小、见效快、积累多的特点,对积累公共收入具有重要意义。

目前,随着市场经济体制建设的深入,建筑业已经成为国民经济的重要产业,上交的财政收入也大幅上升,成为国家公共收入的重要来源。

3) 第三产业和公共收入

第三产业包括第一、第二产业以外的所有行业和部门。第三产业具有行业多、门类广、劳动密集与知识技术密集并存的特点。第三产业的发展水平是衡量一个国家整体经济发展水平的重要标志,它可以反映一个国家的社会化服务程度和信息业的发达程度。并且,随着国家提出的大力发展第三产业政策的逐步实施,来自第三产业的公共收入必然会大幅增加。

2. 公共收入所有制构成

在相当长时期内,我国政府公共收入一直以国有经济为主体。中华人民共和国成立初期,国有经济提供的公共收入占总收入的一半,并逐年增加,"四五"时期达到最高,"六五"期间下降。随着改革开放的发展,国有企业取得的收入进一步下降,特别是改革开放以来,下降的速度较快。

财政收入的这种变化趋势,是与中国经济结构和经济体制的发展变化大致吻合的。中华人民共和国成立初期,个体和私营经济在国有经济中占很大比重,来自两者的公共收入在国有经济中占40%以上。随着社会主义改造的推进,国有经济和集体经济的比重急剧增加,"一五"期间,来自国有经济的公共收入占比达到69.4%,来自集体经济的公共收入占比达到9.8%,个体和私营经济退居次要地位。之后的经济体制改革使国有化程度进一步提高。1979年以后,随着经济体制改革的深化,集体和其他经济成分有了较快的发展,提供的公共收入逐年增加,国有经济提供的公共收入占总公共收入的比重迅速下降。

3. 公共收入的收入依据构成

根据取得收入的依据,公共收入可分为公共权力收入和公共产权收入两大部分。

公共权力收入是依据国家权力无偿取得的收入,主要包括税收收入、政府性基金、罚款和捐赠收入。

公共产权收入是依据国家是公共产权所有者代表的身份而取得的收入，包括国有资产收益、政府性收费和特许权收入。特许权收入之所以是公共产权收入，是因为这里的特许权是指从公共产权中分解出来的使用权或经营权的授权或让渡，与公共权力相关，但不是公共权力的直接使用。公共产权由法律界定，一旦界定，国家就应当享有公共产权的收益，这与国有资产的性质是一致的。

4. 公共收入机制的缺陷

从现实来看，由于公共收入机制的缺陷，至少导致两方面问题的产生。

(1) 公共收入结构失衡，各种收入形式的增长不协调，对经济的扭曲性较大，主要表现在两个层次：一是税收收入(公共权力收入)的增长与非税收入(公共产权收入)的增长不协调，税收收入对公共收入的贡献远远大于非税收入，这种几乎完全依赖税收收入的公共收入结构，一方面，使宏观税负水平提高，容易抑制经济增长；另一方面，本应依据公共产权取得的收入却没有取得，造成公共产权虚置和收入流失，导致分配不公。二是目前税制结构还没有充分体现中性化和宽、薄、简的原则，还需加快改革的步伐。

(2) 公共产权收入流失严重。公共产权收入流失包括本应依据公共产权所有者的身份取得的收入没有获取，或者虽然依据公共产权所有者的身份取得了收入，但这些收入却流失在政府的各个部门和企业中，甚至进了个人的腰包。

因此，有效维护公共产权，优化公共收入结构，十分必要和紧迫，我们将在下一节具体说明。

### 7.2.4 我国公共收入结构的优化

1. 公共收入结构的含义

公共收入结构有广义和狭义之分。广义的公共收入结构是指以价值形式表现的公共收入的构成和比例关系，反映公共收入中不同来源之间、不同收入形式之间的比例关系。狭义的公共收入结构即指公共收入的形式结构。

广义的公共收入结构包含三个结构类型，即形式结构、部门结构和经济类型结构。公共收入的形式结构反映税收收入和各非税收入之间的比例关系；公共收入的部门结构反映源于第一、二、三产业收入之间的比例关系以及来自企业部门和家庭部门的比例关系；公共收入的经济类型结构反映源于国有经济部门和非国有经济部门收入之间的比例关系。这三个结构类型反映了公共收入结构相互联系的三个侧面。

2. 公共收入结构优化的内涵

最优公共收入结构，是指能够在最小经济效率损失的情况下最大增加公共收入量的公共收入结构。公共收入结构的优化，是指实现最优公共收入结构的过程，其内涵包括以下几个方面。

(1) 公共收入的增长以最小效率损失为前提条件，这从最优公共收入结构的定义中就可以得出。

(2) 各种形式的公共收入的增长应该是协调的，它们在总公共收入增长中的贡献应该是合乎客观规律和比例的，每种形式的收入都应与一定阶段的经济、社会结构密切相关，如果出现异常或不协调，就必然会扭曲经济与社会结构，带来效率损失和社会不公的双重后果。另外，畸形的公共收入结构会导致公共收入增长缺乏后劲，加大财政风险，最终制约经济和社会的协调发展。

(3) 公共产权带来的各种公共收入与公共权力带来的公共收入应处于同等重要的地位。比较而言，在数量上，公共产权收入小于公共权力收入，但不能因此而忽视公共产权收入。不重视公共产权收入，不仅会导致公共收入的流失，更重要的是会导致公共产权虚置和社会分配不公。

(4) 公共收入结构的优化是以各种收入形式本身的规范为前提的，这包括两个层面的含义：一是范围的规范；二是管理的规范。

### 3. 优化公共收入结构的基本功用

优化公共收入结构具有重要意义，具体体现为以下几点。

(1) 财政功用。合理的公共收入结构是公共收入可持续增长的基础。就现阶段而言，优化结构有利于拓宽财源，在不妨碍经济增长的条件下实现公共收入的合理增长。而且，在优化结构的过程中，可以实现公共收入的整合，在提高各种收入透明度的同时，还能够提高政府的财政汲取能力。

(2) 经济功用。合理的公共收入结构是减少经济效率损失的前提。优化结构有利于均衡负担、减少扭曲，对经济增长具有促进作用。扭曲性最低的收入结构也可以称为中性导向的公共收入结构。因而在一定意义上也可以说，优化公共收入结构就是要追求一种与一定时期相匹配的中性导向的公共收入结构。

(3) 社会功用。合理的公共收入结构是实现社会公平的重要条件。无论是以公共权力为依托的税收，还是以公共产权为基础的产权收益，收与不收、收多收少、如何收取都会影响社会公平的实现。优化公共收入结构的过程，实际上也是加强对公共收入管理的过程和规范社会分配秩序的过程。显然，一个有序的政府分配格局将会对提升当前社会的公平性产生积极的影响。

总体来说，优化公共收入结构的基本思路是：依据公共收入结构优化的基本原理和我国公共收入结构存在的问题，在最小经济效率损失的前提下，最大限度地增加公共收入，促进各种形式的公共收入协调增长。一方面，要进一步完善以税收为主的公共权力收入的稳定增长机制；另一方面，要广开财源，大力挖掘公共产权收入的增长潜力，采取有效措施，防止公共产权收入的流失，促进公共收入增长和社会公平。

## 7.3 税收

税收是国家为了实现其职能，按照法律预先规定的标准，强制地、无偿地取得的收入。

### 7.3.1 税收的产生和发展

**1. 税收的产生**

税收的产生需要一系列必要的条件,即社会剩余产品出现、私有制和剥削、生产的社会化及劳动的社会分工、阶级和国家的产生。

税收在国家出现之初就已存在,是一个古老的经济范畴。斯密回答了什么是税收的问题,他认为"税收是人们拿出一部分收入给君主或国家,作为一笔公共收入"。美国财政学家赛格曼认为"赋税是政府对于人民的一种强制性征收,用以支持谋取公共利益的费用"。尽管不同学者对税收的定义存在一些差异,但是这些定义都不同程度地反映了税收的本质特征:国家和政府是征税的主体,凭借的是其政治权力;征税是无偿的,也是按照法定标准进行征收的;征税的目的是履行政府职能,满足社会公共需要并提供公共产品。

税收的产生,必须具备这样的经济条件,即存在私有制,而国家可以凭借其政治权力,对私有财产行使一定的支配权。从税收和国家的关系来看,国家的存在同税收的产生具有本质的联系。首先,税收是实现国家职能的物质基础,只有出现了国家,才有满足国家政权行使其职能的客观需要。其次,税收是国家作为主体,以国家权力为依据,参与社会产品分配而形成的一种特定的产品分配方式。只有产生了国家和国家权力,才有各社会成员认可的征税主体和依据,从而使税收的产生成为可能。可以说,税收是私有制财产制度和国家政权相结合的产物。关于税收的实际形成过程,由于各个国家历史条件不同,其过程也不完全相同。以欧洲古希腊和古罗马等奴隶制国家为例,在确定奴隶占有制度初期就出现了土地和奴隶的私有制,形成了城邦经济、奴隶主大庄园经济、寺院地产经济以及家庭奴隶制经济等私有经济,欧洲奴隶制国家形成以后,私有土地税收随即出现。

**2. 税收的发展**

在我国历史上,税收的产生同西方奴隶制国家不同,经历了一个演变过程。夏朝的"贡"、商朝的"助"、周朝的"彻",是我国历史上税收的最早形式。春秋时期,鲁国为适应土地私有制发展实行的"初税亩",标志着我国税收从雏形阶段进入成熟时期。清康熙年间,面对"日日增""地未加广"和土地分配严重不均的情况,为减轻无地、少地农民和工商业者的税收负担,实行了"摊丁入亩"的税制改革,将"丁银"摊入田亩征收,不再单独征人头税。民国时期,借鉴西方各国税收制度的成功经验,国家对税收制度进行了重大调整,在工商税收领域,增设了商品税、所得税等现代税种,为建立现代税收制度奠定了重要基础。

中华人民共和国成立后,我国税制经历了一系列改革。1949年11月,中央人民政府财务部在北京召开了第一次全国性税务会议;1950年1月,中央人民政府政务院先后颁布了《关于统一全国税政的决定》和《全国税政实施要则》等文件,并规定要尽快在全国建立统一的税收制度。《全国税政实施要则》规定全国税收立法权由中央人民政府政务院统一行使,任何地区或部门都不得变更、自定。同时指出,必须加强税收征管工作,建立统一的税收制度,实行合理负担,平衡城乡,统一税收。1950—1957年,国家根据当时的政治、经济情况,在原有税制的基础上,建立了一套多种税收、多次征收的复合税制,为保障国家财政收入、稳定经济、实现国民经济快速恢复发挥了重要作用。1958年以后,为保障新的税收制度能有效落地,国家提出在"保税"的同时"简化税制",并开始对税制进行小幅度调整,通过兼并税种、调整税目及税率以适应新的发展形势。至1978年改革开放前,我国有工商税、工商所得税、农业税等十三类税[①]。

1978年以后,中国税制的改革进程大体可以划分为三个阶段:第一个阶段是1978—1993年(中共十一届三中全会至中共十四届三中全会以前),即经济转轨时期,这是中国改革开放以后税制改革的起步阶段,以建立涉外税收制度为起点,继而实行了国营企业"利改税"和工商税收制度的全面改革。第二个阶段是1994—2013年(中共十四届三中全会至中共十八届三中全会以前),即建立社会主义市场经济体制时期,这是中国改革开放以后税制改革深化的阶段,逐步建立了适应社会主义市场经济体制需要的新税制。第三个阶段从2013年(中共十八届三中全会)开始,即全面深化改革时期,这是中国改革开放以后税制改革完善的阶段,改革的目标是建立适应新时代要求的现代税收制度[②]。

2013年,我国提出要完善地方税体系,逐步提高直接税比重,进一步推进增值税改革,调整消费税征收范围,尤其是高能耗、高污染行业,通过税收来引导消费,促进节能减排。2016年,我国提出推进依法治税,全面落实税收法定原则,优化结构,保证公平,全面完成营业税改增值税,建立规范的消费型增值税制度,实施资源税从价计征。2018年,我国提出增值税、消费税和房地产税等十种税的立法以及修改税收征管法,并征收环境保护税。2019年,我国通过《中华人民共和国资源税法》,国税和地税合并解决了征管效率低下的问题。与此同时,大数据、区块链等信息技术的应用,极大地增强了国家税收征管的能力。落实税收法定原则,建立公平高效的税收征管制度,依法治国,推动国家治理能力和效率的提升是这一时期的最大特点。税收制度改革顺应了社会主义市场经济发展的客观要求,始终坚持公平与效率并重,税收在国家治理中的作用日益突显,推动着国家治理现代化的深刻变革[③]。

▌**专栏7-3 个税"个性化"惠及更多纳税人**

2018年8月31日,十三届全国人大常委会第五次会议通过了新修订的《中华人民共和国个人所得税法》,该法律规定:"专项附加扣除,包括子女教育、继续教育、大病医疗、住房贷款利息或者住房租金、赡养老人等支出,具体范围、标准和实施步骤由国务院确定,并报全国人民代表大会常务委员会备案。"

2018年12月22日,国务院印发了《个人所得税专项附加扣除暂行办法》(以下简称《办法》),《办法》明确了子女教育、继续教育、大病医疗、住房贷款利息或者住房租金、赡养老人六项个税专项附加扣除的条件和标准。在释放个税"个性化"减税利好的同时,这也标志着我国个税制度改革迈出从分类转向综合征税的关键一步。《办法》释放出更加惠民的积极信号,纳税人将获得更大幅度的减税。

个税专项附加扣除,简单说就是纳税人计算个税应缴纳税额,在扣除5000元"起征点"和"三险一金"等专项扣除后,还可以扣除教育子女、在职深造、治疗大病、买房租房、赡养老人等部分相关费用。这一新规顺应民意,考虑了个人负担的差异性,更有利于税制公平。

---

① 刘胜强,孔颖,朱卫平.建党一百年来中国税收制度改革历程回顾[J].财政监督,2021(18):78-82.
② 刘佐.中国税制改革40年的简要回顾(1978—2018年)[J].经济研究参考,2018(38):3-12.
③ 刘胜强,孔颖,朱卫平.建党一百年来中国税收制度改革历程回顾[J].财政监督,2021(18):78-82.

在子女教育方面，明确纳税人的子女在年满3岁后接受学前教育阶段和从小学到博士研究生的全日制学历教育阶段的相关支出，按每个子女每月1000元标准定额扣除，其中高中阶段教育包含技工教育。在继续教育方面，纳税人接受学历(学位)继续教育的支出，在规定期间可按每月400元定额扣除，但同一学历继续教育的扣除期限不能超过48个月；接受技能人员和专业技术人员职业资格继续教育的支出，在取得相关证书的当年按3600元定额扣除。在大病医疗方面，纳税人在一个纳税年度内，发生的与基本医保相关的医药费用支出，扣除医保报销后的个人负担累计超过1.5万元的部分，由纳税人在办理年度汇算清缴时，在8万元限额内据实扣除。纳税人本人或配偶发生的首套住房贷款利息支出，可按每月1000元标准定额扣除；符合条件的住房租金根据城市的不同，按每月1500元、1100元和800元标准定额扣除。在赡养老人方面，纳税人赡养年满60岁父母的支出，按照一定标准定额扣除。其中，独生子女按每人每月2000元标准扣除，非独生子女与其兄弟姐妹分摊每月2000元的扣除额度。

资料来源：个税"个性化"惠及更多纳税人[N]. 中国青年报，2018-12-25.

### 7.3.2 税收原则

公平、合理既是税收的基本原则又是税制建设的重要目标。早在18世纪，西方古典经济学鼻祖，资本主义财政学的创始人亚当·斯密在《国民财富的性质和原因的研究》一书中，第一次从理论高度概括了税收的四项原则，即公平、确实、便利、最少征收费用。

所谓税收原则，是制定和评价税收制度与税收标准，支配税收制度的废立，影响税收制度运行的深层次观念体系，是税收的行为准则。它反映一定时期、一定社会经济条件下的治税思想。随着客观条件的变化，税收原则也在发展变化。

纵观中西方不同历史时期的税收原则，无论形式上还是内容上都日趋深入。虽然在不同时期、不同国家，税收原则的侧重点有所不同，但公平、效率、稳定三项原则始终被反复强调。当代经济学者关于税收原则的论述基本也是围绕公平、效率和稳定三方面展开的。

**1. 税收公平原则**

税收公平原则是指国家征税时，使纳税人承担的税收负担与其经济状况相适应，并使各纳税人之间的负担水平保持均衡。简言之，就是纳税公平。这种公平又可分为横向公平和纵向公平。横向公平是指税收应使相同境遇的人承担相同的税负。纵向公平是指税收应使境遇不同的人承担不同的税负。为此，公平原则也可具体分为受益原则和能力原则。

(1) 受益原则。受益原则认为，个人所承担的税负应与其从政府公共服务活动中获得的利益相一致。根据受益原则，横向公平可以解释为什么从政府公共服务活动中获益相同的人应担相同的税负，纵向公平可以解释为什么受益多的人应承担较多的税负，因为每个社会成员所承担的税负应与他从政府活动中获得的利益相等。显然，受益原则强调的是政府所提供的产品或劳务成本费用的分配，应与社会成员享有政府所提供的产品或劳务的效益相联系。

(2) 能力原则。能力原则是根据个人的纳税能力的强弱来确定个人应承担的税收。根据能力原则，横向公平可以解释为什么具有相同纳税能力的人应承担同等的税负，纵向公平可以解释为什么具有不同纳税能力的人应承担不同的税负，能力强的多纳税。由此可见，支付能力原则强调的是政府所提供的产品或劳务成本费用的分摊，对社会成员实行有差别的税收征收制度，收入能力强的社会成员比收入能力弱的社会成员负担更多的税收。

### 2. 税收效率原则

税收效率原则，即税收征收的所得和所费的关系，应尽可能减少所费。从资源配置的角度看，税收要有利于资源配置效率；从经济机制的角度看，税收要有利于市场机制的有效运行；从税务行政的角度看，税收行政要讲究效率，税收制度要简便，节省征纳双方的费用，使既定条件下的税收收入最大化。

税收效率原则可分为税收经济效率原则和行政效率原则两方面。

(1) 税收经济效率原则。税收经济效率原则强调税收政策和制度的施行，应有利于经济的有效运行。国家征税必然会使社会资源发生转移，对经济活动产生影响，如果税收对纳税人和经济活动的影响仅限于税收数额本身，那么这种影响是正常的；如果税收的影响使社会利益受到损害，便产生了税收的额外负担。税收效率原则要求，国家征税应使对经济造成的额外负担最小化、额外效益最大化，从而最大限度地促进经济效益的提高。

西方经济学家认为，降低税收额外负担的根本途径是保持税收对市场运行的中性。所谓中性，包含两层含义：一是国家征税以征收数额为限，避免让纳税人承担额外的负担；二是国家征税应避免对市场机制运行产生不良影响。虽然税收中性很难达到，但倡导税收中性可减少税收对纳税人产生的额外负担和对市场机制运行的干扰。

(2) 税收行政效率原则。税收的行政效率，可以用税收成本率，即税收的行政成本占税收收入的比率来反映。税收的行政成本既包括政府课税的执行费用，也包括纳税人为纳税而耗费的缴纳成本，即西方所称的"奉行成本"。亚当·斯密和瓦格纳所得出的"便利、节省"原则，实质上就是税收的行政效率原则。便利原则强调税制应使纳税人缴税方便，包括纳税的方法和手续应简便易行。节省原则，即亚当·斯密和瓦格纳所称的"最少征收费用原则"，强调征税费用应尽可能少。

税收的行政效率体现在三个方面：征税的行政管理费用应尽量节约；对纳税人的从属费用不应毫无必要地增加；税收的"超额负担"必须尽可能地小。由此，税收的效率体现为如何设计税制以减小这三种成本之和。

① 行政费用。对税收金额的确定与征收需要行政人员与相应设备，从而形成一个重要的公共劳务部门，即税务部门。有效率的税务部门应该以最低的成本取得某一确定的税收收入。这里，行政费用既受制于该行政部门工作效率的高低，还受到该国税制结构的影响。例如，征收个人所得税的费用高于其他流转税的费用，而人头税的费用最低。

② 从属费用，即纳税人的奉行征纳费用，指私人部门按税制的要求纳税所付出的费用。降低该费用的方法是尽可能简化税制，使纳税人易于理解并执行。

③ 超额负担。税收的超额负担是指税收将会干预经济决策，并扭曲原来的有效率的选择，从而给社会福利带来损失。因此，有效率的税制应使超额负担尽可能地小。避免这一代价的简单方法是采取课征人头税的方式来获取全部财政收入，让每个人缴纳相同的税收，这样做可以避免所有的额外负担。然而，从公平的角度来看，这是无法接受的。如果要使税收与纳税能力联系起来，它就必须与收入、消费或财富等经济指标相结合。因此，公平的税收必须以经济活动作为基础，而这不可避免地会干预经济决策，从而引起超额负担。现实中，按照课税对象的

不同，税收一般可以分为商品税与所得税，商品税就支出征税，所得税就收入征税。由于商品税直接涉及商品交易的价格，很容易扭曲市场价格，损害市场效率。从这点来说，所得税则因不涉及价格，不存在这种超额负担，从而被认为优于商品税。但正如上面所说，在不完全信息下，以收入为课税基础的所得税的超额负担表现在税收同样扭曲了纳税人的工作决策，使高能力者选择工作更少时间。

### 3. 税收稳定原则

税收稳定原则即运用税收的经济杠杆作用，促使经济稳定发展。在现代货币制度下，市场经常会发生总需求小于总供给而导致需求不足、失业率上升的情况，或总需求大于总供给而导致通货膨胀、经济不能保持稳定发展的情况。对于市场经济缺陷导致的经济失衡，需要由政府运用各种政策手段来调节总需求和总供给，以保持平衡。因此税收应协调配合其他政策手段，促进价格稳定，实现充分就业，促进经济持续稳定发展。

### 4. 税收政策取向

税收政策取向应当遵循"公平优先，效率兼顾"的原则，主要原因有以下几个。

(1) 税收公平对于维护社会稳定是不可缺少的，这也正是亚当·斯密等许多经济学家都将公平原则置于税收诸原则之首的原因所在。

(2) 就税收分配的本质属性而言，税收分配更应讲公平。税收分配是由收入分配决定的，收入分配的核心是公平、公正，税收作为收入分配的一种形式，不可能游离于这一核心内容之外。

(3) 公平税负是市场竞争机制对税收分配的基本要求。市场竞争机制要求各经济主体之间平等地交换商品，平等地参与各种市场竞争。公平税负是促进竞争的一个基本条件。企业作为独立的商品生产者和经营者，其生存和发展在于竞争。市场经济的特点是在竞争中求生存和发展，但竞争必须是公平的，不公平的竞争会妨碍市场经济的发展。在市场经济条件下，国家与企业之间的分配基本上是通过税收的方式来解决，因而公平税负对于保证公平竞争具有决定性的意义。

(4) 资本收入分配会带来贫富两极分化。为了消除这种资本收入分配的不平等，政府有必要实施分配适度均等化政策，缩小收入分配差距，以遏制贫富两极分化的趋势，这时税负公平便能显示其特有的功能。正如亚当·斯密所说："按照各自能力的比例，缴纳国赋。"即经济状况好，负担能力强者应多纳税；经济状况较好，负担能力较强者，适应纳税；经济状况不好，负担能力弱者，可负税。

## 7.3.3 税种的分类与配置

### 1. 我国税种的分类

税收是一个总的范畴，一个国家的税收体系是由许多不同的税种构成的。各税种根据不同的标准可以有不同的分类，比较重要的分类有以下几种。

(1) 以课税权的归属为标准，可将税收划分为中央税和地方税。凡属于中央政府征收，其收入归中央政府支配的税种，为中央税；凡属于地方政府征收，其收入归地方政府支配的税种，为地方税。

(2) 以课税权的行使方式为标准，可将税收划分为经常税和临时税。经常税的征收用以保证政府经常性费用的支出，每年按法律规定连续课征，除非税率或其他税制规定需要变动，一般不需要再经立法机关审议；临时税是出于某一特定目的，或者国家处于非常时期而特别征收的税。临时税只是在规定年度内才能课征，必须由立法机关审议通过。经常税和临时税之间并无绝对的界限。

(3) 以税收收入形态为标准，可将税收划分为实物税和货币税。实物税是以实物缴纳的税，大多盛行于商品货币经济不够发达的社会或年代；货币税是以货币缴纳的税，在商品货币经济较为发达的社会或年代普遍采用。相对而言，后者往往是主要的。只有在财政发生困难的特殊情况下，政府才有可能课征一定数量的实物税。

(4) 以课税的主客体为标准，可将税收划分为对人税和对物税。对人税和对物税曾经有不同的说法。一般认为，对人税是着眼于人，即以人为课税的客体，其最古老的形式是人丁税，按人征收，同等纳税，其现代形式是各国普遍征收的所得税；对物税是着眼于物，即以物为课税的客体，如对各种不同种类的财产或消费的课税。

(5) 以计税依据为标准，可将税收划分为从量税和从价税。从量税以计税对象的重量、件数、容积、面积等为计税依据，按预先规定的单位税额计征，亦称"从量计征"，它不受价格变动影响，与课税对象的数量直接相关；从价税以课税对象的价格为计税依据，按一定比例计征，亦称"从价计征"，它受价格变动影响，且与课税对象的价格有紧密关系。

(6) 以税负能否转嫁为标准，可将税收划分为直接税和间接税。凡纳税人不能将税负转嫁给他人，亦即纳税人与负税人同为一人，不发生转嫁关系的税种，为直接税；凡纳税人可将税负转嫁于他人，亦即纳税人与负税人非同一人，期间发生转嫁关系的税种，为间接税。

2. 国际上税种的分类

从税收体系看，世界各国的税种划分各不相同；从国际角度看，采用一个大体一致的标准对各国的税种适当归类，是完全有必要的。目前，国际上影响较大的税种归类方法主要是OECD和IMF的税种分类。

OECD(Organization for Economic Co-operation and Development)即经济合作与发展组织，它是由38个市场经济国家组成的政府间国际经济组织。OECD的年度财政统计手册把成员国征收的税收划分为以下六类：①所得税，包括对所得、利润和资本利得的课税；②社会保险税，包括对雇主、雇员和自营人员的课税；③薪金及人员税；④财产税，包括对不动产、财产增值、遗产和赠与的课税；⑤商品与劳务税，包括产品税、销售税、增值税、消费税等，也包括对进出口课征的关税；⑥其他税。

IMF(International Monetary Fund)即国际货币基金组织，它是1945年根据《国际货币基金协定》建立的国际金融组织。国际货币基金组织采取的税种分类标准和OECD的标准基本一致，不同之处在于它把商品与服务税一分为二，国内部分划分为五类，进出口贸易划分为第六类，第七类为其他税收。此外，OECD把社会保险税视为税收收入，国际货币基金组织则将其认定为非税收入。

国际货币基金组织采取的税种分类：①所得税，包括对所得、利润和资本利得的课税；②

社会保险税,包括对雇主、雇员和自营人员的课税;③薪金及人员税;④财产税,包括对不动产、财产增值、遗产和赠与的课税;⑤商品与劳务税,包括产品税、销售税、增值税、消费税等;⑥其他税。

OECD和IMF的税种分类方法,为不同国家之间的税制比较提供了可能。

3. 税种的配置

按照税收原则的要求来解决税种的配置问题,并不意味着所选择的税种都能够完全符合各项税收原则的要求。实际上,经济社会的复杂性决定了这样的税种在现实中是不可能存在的。比如累进所得税,从税收公平的角度看,它应当排在较高的地位。它既可体现横向公平的要求,对处于同等经济地位的纳税人按累进税率征税,又可体现纵向公平的要求,对处于不同经济地位的纳税人按累进税率征税。但就税收效率而言,累进所得税是应排在较低位的。因为累进课征所得税的一个突出特点,是其边际税率随着收入的增加而逐步提高,对劳动投入、储蓄、投资等都有较大的替代效应,这对经济效率是有损害的。再如消费税,采用的是单一比例税制,对所有的纳税人,不论其经济地位如何,都一视同仁,不存在任何歧视。就税收效率而言,显然是较好的选择,但从税收公平的角度看,高收入者所纳税款占其收入的百分比反而比低收入者小,单一比例税率使高收入群体缴纳的税款具有累退性,因此,从经济效率考虑它似乎又是较差的选择。

所以,税种的配置实际上研究的是各个税种之间的相互配合问题。也就是说,只有对各税种之间的相互配合问题进行深入研究,对其进行合理安排,才能合理设置各个税种,使其相互协调、相互补充,形成一个能在总体布局上体现税收原则要求的税收体系。由各个税种构成的相互协调、相互补充的税收体系,总是要有某一种或几种税居于主导地位。这种居主导地位的税种就构成税制结构中的主体税种,其他税种就是辅助税。其中,主体税种的选择对于税种的合理配置具有关键性意义。

在主体税种的选择上,出于优化资源配置效率的考虑,经济学家一般推崇所得课税。比如,希克斯和约瑟夫就曾分别在《价值与资本》和《间接税的额外负担》两本书中,对所得课税和流转课税进行了比较研究,并得出所得课税优于流转课税的结论。原因在于,所得税给纳税人带来的额外负担也就是对经济效率的损害程度较商品税轻,因为所得税不改变商品的相对价格,对消费者的选择和资源配置的干扰相对较小;所得税作为一种经济的内在稳定器,可以起到稳定经济的作用。

以上理论对于以所得税为主体的西方发达国家的税制结构产生了重要影响,因此,在西方发达国家税制结构中,以所得税为主体税收。

▶专栏7-4 交700亿元遗产税的政治哲学

韩国财阀三星集团日前宣布,去年10月去世的董事长李健熙的遗产价值20万亿韩元,他的继承人须缴纳继承税逾12万亿韩元(约合人民币700亿元)。这一数字创了世界纪录。

当今世界,开征遗产税的主要是发达国家,初衷是缩小贫富差距,通常起征点非常高,比如美国过去两个年度的起征点分别是1140万美元和1158万美元。所以,美国只有1%左右的家庭够格。另外,根据继承者与财产遗留者的关系远近,遗产税的税率不同。比如,配偶继承遗一般不用缴税，子女继承遗产比孙辈继承缴的税要少。

根据美国"家族企业联盟"的统计，在经合组织成员中，有25个国家征收遗产税。综合数据方面，日本的遗产税税率为55%，高居榜首；接下来分别是韩国(50%)、法国(45%)、英国(40%)和美国(40%)。具体案例中，税率会因遗产数额和继承人身份等因素，有具体变化。"1%的富人"会想办法尽量少缴遗产税。因为各国都有规定，如果将遗产捐给公益慈善事业，这部分钱就可以免征，所以设立慈善基金就成为富人规避遗产税的一个法门。具体途径是成立一个信托基金，委托人(即财产所有人)投入一笔资金，然后定期向慈善机构捐钱，一定年份之后，基金的剩余资金交给一个受益人，这个受益人一般就是委托人的后代。

比如，一名富翁设立一个2000万美元的慈善基金，每年向慈善机构捐赠100万美元，共支付20年，假如按年利率1.5%进行复利计算，20年中，该基金共向慈善机构捐款2693万美元。但在实际操作中，这个基金可以通过投资获得高回报，比如年回报率为4%，那么20年后基金将增值至4382万美元。这样，该富翁的后代就可以获得通过投资增值的那1600多万美元。由此可见，虽然富人通过慈善基金尽量规避遗产税，但的确促进了社会公益事业的发展，促进了社会公平，是个多赢的局面。所以，这一形式也被人们广为接受。

在这种慈善风潮的带动下，需要缴纳天价遗产税的李健熙遗产继承人，也早就表示将会把约六成的遗产用于回报社会，包括捐资用于医疗、将2.3万件美术作品捐给国立美术馆等。

反对征收遗产税的声音一直都有。比如有人认为，征收高额遗产税会让有些人感觉打拼一辈子，最后却要把大量财产用于纳税，"白忙一场"。也有人担心，遗产税的起征点如果长期不变，会使打击面过于广泛。比如英国在2012年左右房产价格大涨，令不少拥有房产的中产家庭也有资格被征收遗产税。

是否征收遗产税，还是个政治哲学问题。英国哲学家罗素在《西方哲学史》一书中论及洛克的政治哲学时曾提及，随着君主制被废弃，民主国家在政治上已经摒弃世袭主义，但在经济上却没有，人们依然认为人应该把财产遗留给儿女。也就是说，政治朝代消灭了，但是经济朝代仍在。经济权利和政治权力一样，都能影响或支配他人的生活。特别是在贫富差距不断扩大的今天，拥有巨富的"1%的人"手中的经济权利，该不该世袭？如果可以世袭，应该采取什么手段进行制约？这些已经不仅仅是调节贫富差距的问题了。

资料来源：钱克锦. 交700亿元遗产税的政治哲学[J]. 看世界, 2021(10): 92.

### 7.3.4 税收制度

税收制度是国家以法律或法令形式确定的各种课税办法的总和，反映了国家与纳税人之间的经济关系，是国家财政制度的重要内容。狭义的税收制度的内容包括税法的制定与仲裁、税收种类的设计、各个税种的具体内容，如征税对象、纳税人、税率、纳税环节、纳税期限、违章处理等。广义的税收制度还包括税收管理制度和税收征收管理制度。

#### 1. 税收制度的决定因素

一个国家制定什么样的税收制度，是由生产力水平、生产关系性质、经济管理体制以及税收应发挥的作用决定的。不同社会制度或同一社会制度的不同历史发展时期，税收制度是不相同或不完全相同的。符合客观经济规律的税收制度对生产力的发展可以起促进作用，而违反客观经济规律的税收制度会阻碍社会生产力的发展。具体而言，一个国家的税收制度的决定因素有国家意识形态、国家结构、政府职能与支出需要、生产力发展水平、所有制结构、法律体系与司法制度、社会收入分配、产业结构、行政效率与信息传递水平、文化传统与道德、国际因素等。

2. 税收制度类型

税收制度类型是指以一定标准对税收制度进行分类而形成的一种税制。如以税制总体设计为标准进行税制分类，可将税制分为单一税制和复合税制。完全意义上的单一税制至今世界各国无一付诸实施，各国实行的税收制度都是复合税制。

1) 单一税制

所谓单一税制，是指一个国家在一定时期内基本上只实行单一税种的税收制度。在税收理论史上，曾有不少学者提出过实行单一税制的理论主张，如主张实行单一土地税制、单一消费税制、单一财产税制、单一所得税制、单一资本税制等。人们往往将我国计划经济下的税收制度称为单一税制，是因为当时对国营企业曾经实行只征收"工商税"的税收制度，而国营经济占了当时整个经济的绝大部分比重，但对非国营企业仍然实行多种税的复合税制。

单一税制存在以下优点。

(1) 简化税制与提高效率。在单一税制下，实行标准扣除、单一比例税率，并且企业的所有投资支出一次性扣除。这样，企业和个人决策者可完全按照经济效率的要求作出经营选择，而不必考虑税收的因素。

(2) 公平。在单一税制下，虽然因取消不同纳税人和不同收入来源之间的税收待遇差异而造成某些税负不公的现象，但减少了寻租、逃税和税收减免等行为，所以更容易获得横向公平。在纵向公平方面，单一税制通过提高税收免征额，使得一些最贫穷的家庭能够完全免税。

(3) 刺激经济增长。单一税制通过由累进税率过渡到比例税率、降低边际税率、扩大税基、清理税收优惠、取消对储蓄的双重征税等政策方法，鼓励人们更多地投资和工作，从而达到刺激经济增长的目的。

2) 复合税制

复合税制是指一个国家同时开征两种以上税种的税收制度，即一个国家税制中包括两个以上税种。它是以税制总体设计为标准进行税制分类并区别于单一税制的一种税制。

复合税制是市场经济下各国现实的选择。不同税种在税收收入中的地位不同，从而形成不同的税制结构。就现实而言，发达国家多采用以所得税为主体的税制结构，发展中国家多采用以商品税为主体的税制结构。

复合税制的优点主要表现在以下几个方面。

(1) 在税制系统内部，不同税种之间相互协调、相辅相成。

(2) 税源广，伸缩性强，弹性充分，能保证财政收入充裕可靠。

(3) 平均社会财富，稳定国民经济。

(4) 税收负担公平、合理、普遍。

(5) 多税种并用，能适应不同的经济发展和变化，可以充分发挥税收的作用。

### 3. 税收制度模式

税收制度模式按课税对象不同，分为三大体系，即所得课税、商品课税和财产课税。从税收负担的最终归宿分析，这三大体系又可分为直接税和间接税两大类。

#### 1) 以直接税(所得税)为主体的税收制度模式

直接税收制度模式是以对所得课征的所得税为主体税种的税收制度模式。它是现在世界发达国家普遍实施的税收制度模式，如美国、英国、加拿大、澳大利亚、瑞典等国家都实施此种税收制度模式。以所得税为主体税种的税收制度模式有如下优点。

(1) 所得税的税负很难转嫁，对经济运行的消极干扰小。发达国家以所得税为主体税种，是由鼓励市场竞争的内在要求决定的。一些间接税种是按部门或产业设置的，容易妨碍部门之间的竞争，而所得税则可避免这种不公平，为企业平等竞争创造条件。

(2) 所得税以收入所得作为征税对象，具有较好的弹性，有利于实行量能负担，有利于税收公平的实现。

(3) 所得税可以调节纳税人的收入水平，平抑经济的周期波动。累进所得税对平抑经济周期波动有"自动稳定器"的功能，在经济繁荣时期，累进制的边际税率有利于遏制私人投资和消费由于收入上升而过快增长；在经济萧条时期，累进制的边际税率则有利于以较低的税率，维持经济中私人收入的稳定。

#### 2) 以间接税(商品税)为主体的税收制度模式

以间接税为主体的税收制度模式是以对商品课征的消费税、销售税或营业税、增值税为主体税种的税收制度模式。间接税的税种主要是流转税，其特点是：不能体现税法公平税负和量能纳税的原则；税负可以随着商品的流转而在价格的实现中得到转嫁，因此对于市场经济的发展和统一市场的形成是一大障碍，主要表现在：一是关税阻碍了自由贸易；二是商品税范围的扩展保护了自给自足的自然经济；三是多阶段、台阶式的课征提高了税收负担。

我国的税收制度结构与多数低收入国家的税收制度结构相似，均表现出以流转税为主体的税收制度结构特征。据统计，1996年，流转税占税收总收入的比重为71%，所得税占18%，其中个人所得税占2.7%，其他税种约占11%。这种税收制度结构格局是与我国生产力发展状况以及经营管理水平基本适应的。但必须指出的是，1994年的税收制度改革过于强化以流转税为主体的税收制度结构，在税种的设计上过于突出增值税的作用，使得该税所占比重过大，而对经济具有内在稳定功能的所得税则比重较小，尤其是个人所得税的比重过小。这使得我国的税收制度结构缺乏弹性，在经济产生波动时，税收收入不仅难以满足政府的支出需要，而且限制了税收调节经济杠杆作用的发挥。

经济决定税收，伴随经济的发展变化，税收制度结构必然要进行相应的调整，而这种调整必须依托于本国的基本国情，适应现实的经济发展状况和政府的政策目标以及税收征管水平等主客观因素。调整和完善我国税收制度结构的关键在于不断优化税制结构，利用合理的税种布局及其主辅税种的相互配合，保证及时、足额地取得财政收入，促进社会资源的有效配置。

### 4. 税收制度设计与经济发展

税收制度设计是指政府决策者根据本国经济发展水平、税源分布状况、财政收入需要，以及征收管理的可能性，对税种、征税范围、计税方式、课税环节、税率等作出的抉择。

1) 基于税收理论的税收制度设计

在设计税收制度时,主要应该考虑设计的税收制度会对经济和社会产生什么影响,税收的几种职能如何发挥作用,相互之间是否会产生矛盾,税收制度如何为已经确定的社会和经济目标的实现作出贡献,如何使税收的额外负担最小,怎样的税收管理体制才是最简单的。

取得稳定的财政收入,保证政府正常履行其职能是税收制度设计的首要目标。获取财政收入是税收最原始和最基本的目的,即使在现代,取得稳定的财政收入仍是所有国家税收制度设计的首要原则。始于20世纪80年代的世界性税收制度改革,很多国家都采取了扩大税基、普遍征收的政策措施,这一方面是为了形成公平的税收环境,另一方面则是保证政府可以获取稳定的财政收入。此外,为了防止税收收入向境外转移,一般都会对税收报免条款进行严格控制。

公平税负以促进经济发展作为税收制度设计的重要原则。促进经济发展是各国政府税收制度设计中普遍遵循的准则。在市场经济条件下,经济活动的主要场所是市场,税收的作用除了确保财政收入,还能提供一个让生产经营者平等竞争的外部环境。这就需要在课税制度的具体设计中,贯彻公平与效率两项基本原则,公平原则主要在不同的纳税人中体现,效率原则主要在不同的课税对象中体现。税收制度设计应尽量不影响市场正常的资源配置,这已成为税收制度设计者的共识。例如,20世纪80年代以来,增值税的普遍推广克服了传统的销售税重复课税的弊端,不再歧视企业的社会化专业分工和产品的深加工,有利于为企业创造公平竞争的环境。此外,为保证经济的发展,税收制度设计应鼓励投资。一般的做法包括实行加速折旧,减轻对资本利得的课税,对有形资产的投资给予抵免等。

简化税收制度、提高效率是实现税收制度设计各项原则的保证。20世纪80年代以来,各国不断反省以往烦琐的税收制度带来的效率低下问题,因此简化税收制度、提高效率成为税收制度设计的原则。例如,在所得税课征方面提倡源泉扣除法,以便堵塞偷税漏洞;在间接税方面推广增值税,要求使用注明税款的发票等,目的都是简化税收制度和提高效率。

总之,一个良好的税收制度应该达到如下要求:①税收负担的分配应该是公平的,使每个纳税人支付合理的份额。当税收政策被用于实现其他目标时,必须使其对税收制度公平性的干扰达到最小。②对税收类型进行选择,使其尽量不影响市场经济的有效决策,把税收的额外负担减小到最低程度。③税收结构的设计应该与财政政策为了达到稳定与增长的目标相适应。④税收制度应该具备有效的管理体制,帮助纳税人理解税法,减少管理和征纳成本。这些要求可以作为评定税收制度结构和质量的标准。

2) 最佳税收制度理论

从理论上说,所谓的最佳税收制度,是指一种税收制度已经处于不需要再进行任何能获益的改革的那种状态。最佳税收制度理论为评判现有税制提供了一个基准。如前文所述,税收可以影响或扭曲供应和需求行为,而且还会造成额外负担。政府如何能在确保通过税收筹集到一定数额的财政收入的同时,又使额外税负最小,这就是所谓的最佳税收制度的问题。

避免税收额外负担的极端方法,是用课征人头税来获取全部财政收入,让每个人无差别地缴纳相同数量的税收,或者采取即使有差别,但不影响经济行为或决策的做法。例如,允许不同性别的人缴纳不同数量的税,但同一性别的人必须缴纳相同数量的税。这样做,就可以避免全部的额外税负。但是很显然,从公平角度来看,这种税收制度是无法让人接受的。因此,出于公平的考虑，税收就不可避免地会干预经济选择，从而引起额外负担。

现代经济学认为，设计税收制度要遵循三个标准：一是效率高，即减少征税成本；二是保持中性，税收负担公平合理，减少对经济的干预；三是便于征收管理。最佳税收制度的各项标准在实行中可能产生不一致性，例如，公平的要求会导致管理上的复杂，而且可能会妨碍中性原则。因此，当各标准之间存在矛盾时，政府应该权衡选择，寻求能够兼顾效率和公平这两个原则的解决办法。在所有较为符合公平原则的税种中，选择较有效率的税种；在所有效率较高的税种中，选择较为公平的税种。

3) 我国税收制度对经济的影响

(1) 对资本投入的影响。经济增长是经济发展的前提条件，影响经济增长的因素有资本形成、自然资源、技术水平、劳动力素质等。其中，由储蓄水平决定的资本形成能力在制约经济增长方面起决定性作用。有效的资本形成受多种因素影响，税收制度是其中之一。

(2) 对消费的影响。税收政策能够刺激居民消费需求的增长，影响居民的消费行为。合理的税收政策能够增强居民的消费意愿，提升居民的消费能力，优化消费环境。为了充分发挥税收对消费的积极作用，国家相关部门必须进一步完善税收政策，降低税收的征收力度，从而增加居民的可支配收入，刺激消费活动的进行，促进我国社会经济的可持续发展。

(3) 对收入分配的影响。我国的市场化改革主要体现在收入分配方面，既要将个人收入由政府决定改为由市场决定，又要对个人收入进行政府调节。个人收入由市场决定，主要是提高市场对劳动力、资本等生产要素的资源配置效率；而个人收入由政府调节，主要是保障个人基本生活的收入来源，缩小个人收入差距，促进收入的公平分配。

▶ **专栏7-5　环保税持续释放"绿色效应"**

作为一种执政理念和治国方略的表达，"美丽"这两个字，被写进了党的十八大报告、十九大报告，写进了"十三五"规划、"十四五"规划，写进了宪法。党的十八大以来，税务部门以环境保护税法施行为契机，持续助力绿色发展，扮靓美丽中国。

作为我国首个明确以环境保护为目标的税种，环境保护税的重要意义在于完善绿色税收制度，调节排污者污染治理行为，"多排多缴、少排少缴、不排不缴"，是环境保护税法明确传导的理念。江苏省税务部门通过报纸、网站、微信等平台，深入开展普法宣传解读；宁夏回族自治区税务部门在全覆盖宣传辅导政策的基础上，细分受众，开展"精准化+组合式"的宣传辅导……

一方面，着眼现实管理中发现的纳税人识别不及时、税种认定不准确、申报受理减免(退)税过程中操作不规范等问题，浙江省税务局制定《资源和环境税税种管理指引》，在全省印发；云南省曲靖市税务部门安排专家团队进驻办税服务厅，为纳税人开展"管家式"服务。另一方面，积极引导企业节能减排，更好适用减免税政策。山东省青岛市税务部门采取"一企一策"方式精准辅导，鼓励企业加大环保设施投入；福建省三明市税务部门推动组建由环保、自然资源等部门共同参与的绿色税收工作领导小组，确保纳税服务"无死角"。

新疆嘉润资源控股有限公司是一家生产销售电解铝的企业，这几年一直在享受绿色发展的红利。2020年，公司投入1000多万元对四条铝锭生产线进行技术改造。改造后，应税污染物排放量和排放浓度值双双降低，脱硫废水也同步实现循环利用。2020年，企业较2019年少缴环保税180万元，降幅达42%，此外仅水费一项，全年还可节约300万元。

在重庆，华能重庆珞璜发电有限责任公司五年来投入近12亿元进行发电机组的超低排放改造、环保设施技术改造、全厂节水及废水综合治理改造。目前，公司各项污染物排放量全面优于超低排放要求。2018—2021年一季度，公司总计减免环保税724.5万元，购买节能节水、环境保护、安全生产设备抵减企业所得税200余万元。

看得见的红利，使得越来越多的企业从"被动减排"走向"主动治污"。据统计，环境保护税法实施以来，采用自动监测方法申报环保税的纳税人户数由2.3万户增长至4.4万户，纳税人因低标排放累计享受减税优惠102.6亿元，因污水集中处理享受免税红利152.2亿元，因综合利用固体废物享受免税红利39.9亿元。

环境保护税法是我国第一部专门体现绿色发展、推进生态文明建设的单行税法，是我国绿色税收体系初步构建的标志。因此，应更好地贯彻落实环境保护税法，更好地发挥环境保护税的"排头兵"作用。

2021年5月1日，生态环境部、财政部、国家税务总局联合制定的《关于发布计算环境保护税应税污染物排放量的排污系数和物料衡算方法的公告》开始施行。公告进一步完善了环境保护税应税污染物排放量的计算方法，使得环境保护税政策适用的确定性进一步提高。

自2021年6月1日起，环境保护税等十个财产和行为税税种合并申报在全国范围内推行，实现纳税人一次登录、一填到底，办税效率大幅提高。同时，合并申报利用信息化手段实现税额自动计算、数据关联比对、申报异常提示等，将有效避免漏报、错报，确保申报质量，并有利于优惠政策及时落实到位。

资料来源：环保税持续释放"绿色效应"[N].工人日报，2021-06-15.

### 7.3.5 税负的转嫁与归宿

在市场经济中，税收的最终承担者，即负税人，往往不是法定的直接纳税人，那么到底谁是税收真正的承担者？这就需要研究税收的转嫁问题。研究税收转嫁的主要目的在于明确税收的最终承担者，从而在税收制度设计中更好地体现社会的公平性、服务性。

**1. 税负转嫁与归宿的含义**

所谓税负转嫁，是指纳税人不实际负担国家课征于他们的税收，而是通过购入或卖出商品价格的变动，将全部或部分税收转移给他人负担的过程。也就是说，最初缴纳税款的法定纳税人，不一定是该项税收的最后负担者，他可以把所纳税款部分或全部地转移给其他人。只要某种税收的纳税人和负税人非同一人，便发生了税收转嫁。纳税人和负税人相分离是税负转嫁的先决条件。

税负转嫁主要包括如下要点：纳税人是唯一的税负转嫁主体；价格变动是税负转嫁的唯一途径；能用货币价值形式表示的法定税收负担是税负转嫁的客体。因此，在设计税收制度时，必须充分考虑税收转嫁因素，合理选择税种、税率及课税范围。

所谓税负归宿，是指税收负担的最终归着点或税收转嫁的最终结果。不同税种在不同的经济条件下，其转嫁的方式、转嫁的过程是不一样的。但是，不管怎样，税收总是要有一个人来负担，一旦最终负税人确定了，税收转嫁就完成了，税收归宿的问题也就清楚了。

税负归宿有法定归宿和经济归宿之分。法定归宿是指税法规定的应纳税款的承担者;经济归宿是指税收负担的最后实际承担者。法定归宿和经济归宿有可能是不一致的,税负的法定归宿始终只有一个,但是经济归宿不一定只有一个。例如,对某一商品征收增值税,销售商通过提高商品售价的方法把一部分税收负担转嫁给消费者,那么这种情况下增值税的法定归宿是销售商,经济归宿是销售商和消费者。

2. 税负转嫁的形式

(1) 前转。前转又称顺转,是指纳税人通过提高商品或者生产要素的价格,将其所缴纳的税款转移给购买者负担的过程。前转多发生在商品课税上,是税收转嫁最典型、最普遍的形式。前转有三种情况:如果价格上涨的幅度等于所缴税款,则实现税负的全部转嫁;如果价格上涨的幅度大于所缴税款,纳税人不仅实现税负的全部转嫁,而且还有额外利润;如果价格上涨的幅度小于所缴税款,则纳税人只能实现税负的部分转嫁,也就是他自己还要承担部分税款。

(2) 后转。后转又称逆转,是指纳税人通过压低进货价格,将其所缴纳的税款转移给销售者承担的过程。后转分三种情况:如果价格下降的幅度等于所缴税款,则实现税负的全部转嫁;如果价格下降的幅度大于所缴税款,纳税人不仅实现税负的全部转嫁,而且还有额外利润;如果价格下降的幅度小于所缴税款,则纳税人只能实现税负的部分转嫁,也就是他自己还要承担部分税款。

后转方式的一种特例是税收资本化。税收资本化又称为资本还原,是指生产要素的购买者将所购买的生产要素未来的应纳税款折算成现值之后,从购入价格中预先扣除。此后,名义上由买方按期纳税,实际上由卖方承担。

(3) 混转。混转,也称散转,是指纳税人既可以把税负转嫁给卖方,又可以把税负转嫁给买方,实际上是前转和后转的混合方式。由于税负转嫁的程度取决于多种经济因素和条件的共同影响,在很多情况下,转嫁并不一定表现为单纯的税负前转或后转,更多表现为前转和后转的混合。

(4) 消转。消转又称税收的转化,是纳税人通过改善经营管理或改进生产技术等措施降低生产费用,补偿纳税损失,从而使税收负担在生产发展和收入增长中自行消失,不归任何人负担。也就是说,课税产品在生产与流通中增获的利益足以抵消税负,厂商不必提高价格即可保持原有的利润水平,所纳税款因此无形消失。消转要具备一定的条件,如生产成本递减、产品销量或价格尚有提高的趋势、生产技术方法尚有发展与改进的空间、税负不重等。

消转与一般意义上的税收转嫁不同。后者是指纳税人将税收负担转嫁给别人,而在消转的情况下,税收负担未发生任何转移,也没有特定的负税人。所以严格地说,它是一种特殊的税负转嫁形式。以消转作为税负的转嫁形式,说明判断税负转嫁与否的标准是税负是否影响了纳税人的收益。如果纳税人的收益完全未受影响或仅部分地受到影响,则发生了税负转嫁;相反,如果纳税人的收益减少了与税款相等的数额,则税负未发生转嫁。

3. 税负转嫁的社会效应

税负转嫁是一种从税款发生到税款归宿的税负运动,在这个过程中,税负转嫁将产生如下一些重大的社会效应。

(1) 配合价格，调节市场供求关系的效应。由于市场的作用，经济总是波动的，为减缓经济震动，政府必须利用其超自然地位和行政权力对整个经济进行宏观调控。调控手段有多种，其中一种是政府有意识地利用税负转嫁原理，通过选择税负的落点，调节某些商品的供求数量，引导消费方向，促进市场供求趋向平衡。

(2) 影响资源合理配置的效应。经济稳定发展的一个基本条件是实现资源合理配置。资源合理配置，就是充分利用现有的人力、物力、财力等社会经济资源，提高配置效率，以保证经济发展速度与经济效益的统一。在商品经济条件下，一切人、财、物的运动都表现为资金的流向和流量，因此，资源合理配置必然表现为对资金流向和流量的不断调整。

企业生产经营的动力是经济利益，运用利益机制能诱导微观经济按资源最优配置的要求安排生产、经营。由于税负转嫁是一种经济利益再分配的杠杆，税负转嫁影响资源合理配置的功能是采用经济手段占有企业一部分经济利益，通过税收分配活动改变物质利益关系来引导被调节者的行为，也就是通过增加某种物质利益来鼓励某种行为，减少某种物质利益来限制某种行为。

(3) 影响收入分配的效应。通过经济利益的转换而影响收入分配，也是税负转嫁比较直接的社会效应。纳税形成对纳税人经济利益的一种分割，而把这份负担转嫁出去则意味着对原纳税人利益的弥补，并伴随他人(实际负担者)利益的损失，因而税负转嫁事实上属于一种利益再分配。税负转嫁的实现往往依赖于价格、工资等分配手段，并会改变这些分配所形成的收入格局，其实质是税收分配的直接产物，是继国家与纳税人利益分配后所形成的纳税人与其关联者，以及后者再与其他关联者之间的利益分配，其分配的广度取决于纳税人与其他关联者之间的关联程度，联系越密切，利益分配的幅度越大。分配的深度又受国家性质和各种经济体制的制约，因而税负转嫁是税收再分配的一个方面，对收入分配有着一定的影响。

### 4. 税负归宿：局部均衡分析与一般均衡分析

税负转嫁在形式上的可能性，并不一定等于转嫁的实现。在现实经济生活中，它要受到客观经济条件的制约。也就是说，对税负转嫁和归宿问题的分析，必须同经济运行状况联系起来，把税收放到特定的经济环境中去考察。为此，应当对税负转嫁和归宿问题分别进行局部均衡和一般均衡分析，即先从局部均衡的角度来考察某种课税商品和生产要素市场，然后转向包括其他商品和生产要素市场的更为复杂的一般均衡体系。

所谓局部均衡分析，是相对于一般均衡分析而言的。它是指在其他条件不变的假定下，分析一种商品或一种生产要素的供给和需求达到均衡时的价格决定。换句话说，税负归宿的局部均衡分析只考虑税收给征税商品的需求和供给所带来的直接影响，而没有考虑税收给相关商品，如征税商品的补充品和替代品的间接影响。同时，局部均衡分析只考虑税收给征税商品市场所带来的直接影响，而没有考虑商品市场征税给要素市场带来的间接影响。因此，局部均衡税负归宿的分析虽然比较简单，但较大的局限性。之所以要对税负的转嫁和归宿问题做这样的分析，是因为社会经济现象非常复杂，与税收有关的变量非常多。若要在一次分析中研究所有复杂的现象和所有有关的变量，是不可能的。这就需要使用"假定其他条件不变"的方法，将其他因素暂时存而不论，而只对其中的某一因素进行专门分析。以此类推，用这样的方法逐一分析与此有关的其他因素。最后，再将所有局部均衡分析的结果综合起来，从而得出有关税负转嫁和归宿问题的整体结论。

税负归宿的一般均衡分析相对于税负归宿的局部分析，在分析内容上更加全面完整，在分析方法上也更加科学合理。税负归宿的一般均衡分析不但考虑税收对征税商品的直接影响，也考虑税收给相关商品带来的间接影响；不但考虑税收给征税商品市场带来的直接影响，也考虑税收给征税商品的生产要素市场带来的间接影响。因此，一般均衡分析比局部均衡分析更加复杂，也更加全面。

### 7.3.6 税率与税收收入

拉弗用一条曲线来表明税率和税收的关系，这条曲线被称为"拉弗曲线"。它的基本点是：税率水平有一定限度，在一定限度内，税率提高，税收收入增加，因为税率提高不会等比例导致税源减少。如图7-1所示，税率由$r_1$提高到$r_2$，税收收入即由$OP$增加到$ON$。但税率提高到一定限度，就会影响人们工作、储蓄和投资的积极性，从而导致税基减少的幅度大于税率提高的幅度，税收收入反而减少。如图7-1所示，税率由$r_3$提高至$r_4$，税收收入即由$ON$减少至$OP$。从图上看$r_m$线就是税率的临界点。在这个税率水平上，税收收入最多，为$OR$。超过这个界限，就是税收的禁区。由此得出结论，税率的水平应当以$r_m$为限，并以$r_m$为最佳税率点。该理论对20世纪80年代以美国为代表的典型市场经济国家的税制改革有很大的影响，成为其推行大规模减税政策、确定恰当的税收水平的依据。

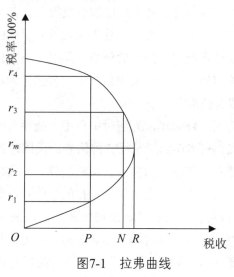

图7-1 拉弗曲线

就税收公平而言，累进税率是较优的选择。累进税率是重要的税率形式，政府一般通过设计累进税率来增强税收对收入的调整效应，收入越高，则税负越重。而从税收筹划的角度分析，累进税率使税负弹性增加，由此也增加了其中的税收筹划空间。在累进税率下，纳税人适用的税率水平随其收入的增加而提高，因此所缴税款多于按比例缴纳，但会对纳税人的工作、储蓄和投资的积极性产生阻碍。就税收效率而言，比例税率又是较优的选择。在比例税率下，纳税人适用的税率水平是相同的，不论收入水平多高，都按其收入的相同比率缴纳税款，一般不会对纳税人的工作、储蓄和投资的积极性产生阻碍。既然税率公平和效率不可兼得，就要在多要公平少要效率和多要效率少要公平之间进行选择，故最佳的税率形式是两种税率兼而有之。

就特定的税种而言，所得课税和财产课税应当是累进的，而流转课税应当是按比例的。也就是说，对属于人们基本生活需要范围内的收入部分采用比例税率，如流转课税中的消费税(对奢侈品的课税可视作一个例外，它不属于基本生产需要的范围，多适用于较高的比例税率)，而当收入超过这个限度时则应采用累进税率，如所得课税中的个人所得税。

就税率总布局而言，应视客观经济形势的需要确定是多采用累进税率，还是多采用比例税率。如果某一时期国家面临的主要问题是居民收入分配差距较大，社会矛盾激化，那么，增加累进税率的比重是必要的；如果某一时期国家面临的主要问题是经济发展停滞，失业率较高，那么，相对降低累进税率的比重，增加比例税率的比重是必要的。

## 7.4 公债

### 7.4.1 公债的产生和发展

公债是随着税收收入满足不了政府支出需要而产生的。

世界上最早发行公债的国家是英国，英格兰银行代表英国政府发行债券，因券面四边为金黄色，被称为"金边债券"。在20世纪30年代以前，西方各国政府多半在战争期间为筹集战争经费和弥补国库亏空而举债，公债只是一种临时性的财政收入。在20世纪30年代以后，政府面对经济萧条的形势采取以政府支出方式刺激社会总需求为重要手段的财政政策，使政府财政赤字规模扩大，公债的发行规模逐步增大，公债的种类、期限、结构日益丰富和多样化，公债的持有者结构日趋机构化，公债市场也不断扩大和复杂化。公债作为财政政策与货币政策的双重手段，在调控经济中不断被政府使用。

中国的公债最早出现在清朝。1894年，为应付中日甲午战争对资金的需求，清政府发行了战争债券。北洋军阀时期(1921—1926年)共发行27种债券。民国时期，国民党政府从抗日战争开始到1949年，共发行31种债券，包括救国债券、国防债券、赈灾债券等。中华人民共和国成立后，政府于1950年发行了"人民胜利折实公债"，目的是弥补财政赤字、回笼货币、稳定市场物价。1954—1958年，政府发行"国家经济建设公债"，以满足大规模经济建设的需要。1959—1980年，政府没有再发行公债，该时期成为著名的"既无内债，也无外债"时期。为弥补财政赤字和经济改革的需要，1981年政府恢复发行公债。此后公债发行规模不断扩大[①]。

### 7.4.2 公债的分类

依据不同的标准，公债可分为不同的类型。

以债权人为标准，公债可分为国内公债(内债)和国外公债(外债)。内债的债权人是本国的公民或法人，内债的发行和还本付息一般以本国货币为计量单位；外债的债权人是外国政府、国际金融组织、国外银行、国外企业和个人，外债的发行和还本付息基本以外币为计量单位。

以发行主体为标准，公债可分为中央政府公债(中央政府发行)、地方政府公债(地方政府发

---

① 政府经济学.鲁照旺，赵新峰[M].北京：中国财政经济出版社，2014.

行)和公共事业部门公债。

以经济用途为标准,公债可分为生产性公债和非生产性公债。这种划分对分析公债的资源配置以及公债负担的归宿有重要意义。生产性公债又可称为建设公债,是指政府将公债收入用于生产性支出,如改善交通、勘探能源、城市开发等。这种公债,政府可以通过与公债等值的资产来作为偿债保证,同时直接从这些投资中获得收益。非生产性公债是指政府将公债用于非生产性支出,如建设公共图书馆等公益设施。这种支出不能形成相应的偿债能力,其还本付息的资金源于税收。

以利率变动为标准,可将公债分为固定利率公债、市场利率公债和保值公债。

以流通性质为标准,可将公债分为可转让公债和不可转让公债。可转让公债是指可以在金融市场上自由流通的公债;不能在金融市场上自由流通的公债即为不可转让公债。但在一定时期内,不可转让公债的持有者可以向政府要求贴现。

以偿还期限为标准,可将公债分为短期公债、中期公债和长期公债。一般偿还期在一年以内的公债称为短期公债;偿还期在一年至十年的公债称为中期公债;偿还期在十年以上的公债称为长期公债。

### 7.4.3 公债的发行

1. 公债的发行条件

1) 公债发行价格

公债发行价格是指政府以什么价格出售公债,它可以高于或低于公债的面值。影响发行价格的因素主要有票面利率水平、债券期限长短、政府信用程度、债券流动性,以及证券市场的供求状况和市场利率的变化情况等。

公债按面额出售,被称为平价发行。公债按低于面额的价格出售,被称为折价发行(也称减价发行)。公债按高于面额的价格出售,被称为溢价发行(也称增价发行)。导致公债折价或溢价发行的原因是,公债到实际发行时,其票面利率与金融市场的利率水平不一致。当公债的票面利率低于金融市场的利率水平,公债就要以低于面额的价格出售,否则,公债就卖不出去。公债折价发行,实际上是通过提高公债收益率来刺激人们购买公债的积极性。当公债的票面利率高于金融市场的利率水平或政府债信极高时,公债可以高于面额的价格出售。公债溢价发行会减少政府公债利息的支出[①]。

2) 公债发行额

公债发行额是指公债在某一年度的发行额。在平价发行的情况下,如果不考虑发行手续费等因素,公债发行额就是这一年的公债收入。另外,公债发行额也可分为内债发行额和外债发行额。这一指标是从政府收入的角度来衡量公债数量的。

公债发行额的大小首先取决于政府所需资金数量的多少,如果财政收支缺口大,则需要通过发行公债筹集的资金多;相反,政府财政收入能满足支出的需要,则无须发行公债。其次,市场资金的供求状况也会影响公债发行的数量。当市场资金充足时,则政府公债的发行额可以

---

① 刘怡.财政学[M].北京:北京大学出版社,2004.

增大；相反，当市场资金紧缺时，则政府发行公债的数额必然减小。此外，政府决定公债发行额的大小，还应考虑还本付息的能力[①]。

3) 公债利率

公债利率，就是政府因举债所应支付的利息额与借入本金额之间的比率。

公债利率的高低主要参照以下三种因素来确定。

(1) 金融市场利率水平。金融市场利率高，公债利率必须相应提高；金融市场利率低，公债利率可相应降低。公债利率低于金融市场利率可能导致公债找不到认购者；公债利率高于金融市场利率可能导致政府蒙受不必要的损失。

(2) 政府信用状况。政府信用良好，公债利率可相应较低；政府信用不佳，公债利率只能提高。否则，可能会加重政府债息负担，或者阻滞公债的发行。

(3) 社会资金供给量。社会资金供给量充足，公债利率可相应下调；社会资金供给匮乏，公债利率须相应上调。否则，可能使国库承受额外的债息支出，或导致公债发行不畅。

此外，公债的发行条件还包括：公债的期限；公债的票面金额和编号；公债的名称与发行目的；公债的发行对象；公债发行与交款时间；还本付息的方式；公债经销单位和债券流动性的规定；等等。

#### 2. 公债的发行方式

公债的发行方式是指采用何种方法和形式来推销公债，大致有以下三类。

(1) 公募法。公募法是指政府向社会公众募集公债的方法，一般适用于自由公债。公募法具体包括直接公募法、间接公募法和公募招标法。

(2) 包销法。包销法指政府将发行的债券统一售给银行，再由银行发售的方法。具体可由中央银行或专业银行或金融集团包销。

(3) 公卖法。公卖法指政府委托经纪人在证券交易所出售公债的方法。

### 7.4.4 公债的偿还

#### 1. 公债偿还资金的来源

各国政府用于偿还公债的资金来源主要有以下几种。

(1) 通过预算安排，即政府将每半年的公债偿还数额作为财政支出的一个项目列入当年的支出预算，由经常性的财政收入来保证公债的偿还。

(2) 设置偿债基金，即政府在财政预算中设置专项基金用于偿还公债，在公债还清之前，不减少预算拨款，以期逐年减少债务，故亦称减债基金。

(3) 举借新债。政府通过发行新债为到期债务的偿还筹措资金。

#### 2. 公债的偿还方式

公债的偿还方式有以下几种。

(1) 市场购销偿还法。指在债券期限内，政府按照市价定期或不定期从债券市场收回一定比例的公债，赎回后不再卖出，当这种债券期满时，全部或绝大多数已被政府所持有，从而使

---

[①] 刘怡. 财政学[M]. 北京：北京大学出版社，2004.

债券的偿还实际上变成政府内部账目的问题。

这种方式给投资者提供了中途兑换的可能性，并会对政府债券的价格起到支持作用，同时，政府还可以通过政府债券的购销达到调节社会金融的目的。但是政府需要为市场购销开展大量烦琐的工作，对从事市场购销的工作人员也有较高的要求，因此不宜全面推行。

(2) 抽签偿还法。指政府在发行公债时规定将定期抽签，分期分批予以偿还。这一方法不考虑公债券号码顺序和认购公债时间，而以中签年度作为偿还期。

这种偿还方式可以分散公债还本对国库的压力，避免集中偿还可能给政府财政带来的困难。但在这种偿还方式下，须频繁地进行本金兑付，公债利率往往有差别。因此政府偿还公债的工作量和复杂程度势必会因此增大。

(3) 比例偿还法，即将公债总额分为若干份，逐年按既定份额偿还。这种方法的优缺点与抽签偿还法相似。

(4) 到期一次偿还法，即政府对发行的公债，实行在债券到期日按票面额一次全部偿清本金和利息的办法。

这种偿还方式的优点是对政府来说简单易行；缺点是集中一次偿还可能造成政府支出的急剧增加，给国库带来较大压力。

(5) 调换偿还法，即政府发行新债券以偿还即将到期的旧债券。

对于这种偿还方式，从政府的角度看，公债既可以用一般预算资金来偿还，又可以通过发行新债券来偿还，增加了筹措资金的灵活性。从债券持有者的角度看，只要其认为有利可图，便可拥有继续持有政府债券的优先权，在新债券需求量较大的情况下对原持有者有利。这种方式的缺点在于，如果经常使用这种偿还方式，实际上相当于无限期推迟偿还，终究会损坏政府信誉。

公债的偿还会影响宏观经济的运行，因而政府在安排公债的偿还时，需要考虑一定时期的国民经济发展形势，尽可能减轻或避免因偿还公债可能引起的经济和社会震荡。

## 7.4.5 我国地方性公债

地方公债是由地方政府发行并负责偿还的债务，也可以称为地方债券或地方债。地方公债是地方政府根据本地区经济发展和资金需求状况，以承担还本付息责任为前提，向社会筹集的资金，一般用于弥补地方财政资金的不足，或者用于兴建地方上的大型项目。地方公债的发行主体是地方政府，地方政府一般又由不同的级次组成，而且在不同的国家有不同的名称。美国地方政府公债由州、市、区、县和州政府所属机关和管理局发行。日本地方政府公债则一般由地方公共团体和特殊地方公共团体发行，前者是指都、道、府、县、市、镇、村政府，后者是指特别地区、地方公共团体联合组织和开发事业团等。

地方公债最早出现在西方发达国家，距今已有两百多年的历史。我国最早的地方公债出现在近代。例如，安徽地方政府在1909年末奏请清政府发行了六期地方公债，但是认购冷清；到了北洋军阀时期，为了弥补军费和财政赤字，政府再次发行公债。早期的公债发行存在一些问题：一是债信日坠、缺乏管理；二是发债资金主要用于军政开支等非生产性项目，没有节制；三是偿债机制不完善，反而加大了财政危机。以上因素最终导致公债发行以失败告终。到20世纪八九十年代，许多地方政府为了筹集资金修建基础设施，都曾发行过地方政府公债。

地方公债作为地方政府筹集资金的渠道之一，具有银行信贷、地方投融资平台、土地出让金、税收所没有的特征和优势。但是，我国地方公债制度并不完善，还存在如下一些问题。

首先，信息不对称，表现为：一是没有官方公布地方政府的资产数量，以及资产质量；二是没有明确界定地方政府债务的性质，难以明确混合经营的企业或地方投融资平台中的地方政府债务，存在一部分隐性债务和或有债务。外界对地方财政的财力和地方债务的信息不了解，加大了风险评级的难度，无形中增加了地方债务，带来了潜在的风险。其次，没有破产制度。随着城市化进程的推进，土地资源会越来越少，土地财政终有终结之日。税收具有固定性，债务融资是地方政府的首选。我国还没有建立破产机制，一旦出现违约，不得不由中央政府兜底。

要完善我国地方公债，就要从制度和法律两个方面来采取措施。在制度方面，要建立一套完善的包含计划、审核、发行、偿还、投向、信息披露等保证地方公债健康运行的规定。制订地方公债的发行计划时，可以参考日本中央制订的总计划，地方分别制订各自具体计划再交由中央审核的方法；发行上采取先对国内机构发行，再延伸到包括个人投资者在内的各种投资方的方式；偿还上要有多方面的保障，可以参考日本的经验，赋予地方政府一定的征税权，地方财政支出计划中包含偿还地方公债的项目，在地方税率的制定中考虑了偿还地方公债的本金和利息的资金需求；投向上可以参考美国的按需制订发债计划；信息披露方面应该做到及时公布、公开债券筹得资金的使用情况，投资具体项目的应该按期披露项目进展和资金使用情况，包括编制项目按期实施和成本按期收回的报告等，也可以借助评级机构作出信息披露和评级，规范债券使用，提高债券运作的透明度。

在地方公债相关法制建设方面，可以制定和完善相关法律法规，加强法律约束，提高地方公债的安全性和透明度。

## 复习思考题

### 一、名词解释

| 公共收入 | 国有资产收入 | 公债收入 | 公共收入分类 | 税收收入 |
| 税收特征 | 税收制度 | 税种分类 | 税负转嫁与归宿 | 税收原则 |

### 二、问答题

1. 简述公共收入的主要形式。
2. 简述税率的分类。
3. 简述公债的作用。

### 三、论述题

1. 论述税收会对经济效率产生什么样的影响。
2. 论述影响公共收入规模的主要因素。
3. 论述影响税负转嫁和归宿的因素。

# 第8章 收入分配与社会保障

## 本章学习目标

了解收入分配的内涵与分类；理解收入分配政策的内容；掌握用基尼系数衡量收入分配结果的优点与局限；理解收入分配结果差异化的原因；理解收入分配调节的必要性和原则；掌握可供选择的收入分配调节手段；了解西方国家的收入分配理论；理解西方国家的三种收入分配与社会保障制度模式；掌握我国收入分配制度的演变历程及当前的收入分配格局；理解我国的社会保障制度。

## 本章知识结构

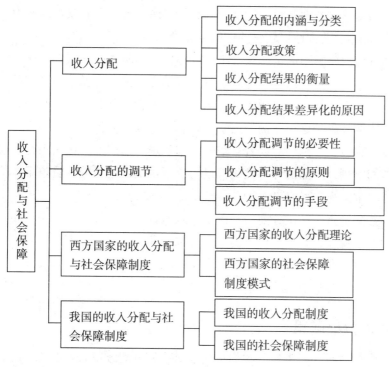

收入分配是整个社会经济系统中一个十分重要的子系统，一国收入分配状况关乎这个国家经济生产力的可持续发展，以及社会的安稳和谐，同时也对国民生活质量有着重要的影响。当前我国经济社会发展已进入纵深阶段，各种社会矛盾开始显现，特别是收入差距过大产生的负面作用正在不断扩大，进行合理的收入分配改革刻不容缓。分配领域的市场失灵，决定了政府必须介入，对收入进行再分配，并建立完善的社会保障体系。纵观西方国家的发展历程，其完善的社会保障体系及社会保障制度改革对于调节收入分配具有重要的作用。因此，我们要深入

了解收入分配与社会保障的相关内容,这也是公共经济学的重要议题。

## 8.1 收入分配

### 8.1.1 收入分配的内涵与分类

收入分配一般是指对国民收入的分配,即相应的社会成员对其国民生产成果的分配使用,是指社会成员按一定标准或规定分享一定时期内形成的国民总收入。例如,各类要素提供者按照其要素的贡献率或通过政府按规定标准对无法提供要素的社会成员采用转移支付等方式分享一定时期的国民总收入。国民收入分配分为初次分配和再分配。

国民收入的初次分配是指创造国民收入各部门之间的分配,分配后形成的收入称为"原始收入"。初次分配主要是将生产成果在各要素提供者以及政府之间进行分配,即劳动者获得劳动报酬时,投资者或企业获得固定资产折旧和营业盈余,政府获得生产税净额。

劳动者获得的初次分配收入包括工资薪金等劳动报酬,雇主给劳动者缴纳的社会福利款项和社会保障款项;财产所有者获得的初次分配收入包括不含折旧以及缴纳所得税之前的营业盈余,财产所有者因提供财产而获得的租金、利息等财产收入;政府获得的初次分配收入包括生产税净额(含进口税),企业向政府转移的如罚款之类的非税罚款。

国民收入经过初次分配形成了国家、企业或集体、物质生产部门、劳动者的原始收入,国民收入的初次分配直接关系到国家、生产单位和劳动者个人三方面的经济利益,并在很高程度上决定了积累基金和消费基金的比例。进行国民收入的初次分配,首先要正确规定必要产品和剩余产品之间的比例,影响这一比例的因素主要有国民收入的生产额、构成和增长速度、劳动生产率提高幅度和物质生产部门劳动者平均收入增长速度之间的对比关系等;其次要正确规定国家和生产单位间对剩余产品的分割比例;最后要正确制定适当的工资政策、价格政策、财政政策来保证上述两个比例关系的实现。

国民收入再分配是指在初次分配的基础上,政府根据规定标准和程序对要素收入进行再次调配的过程,即通过税收、转移支付、提供社会福利和社会保障等调节手段,重点调节地域之间、城乡之间、部门之间、群体之间、在职职工与退休人员之间的收入关系,防止收入差距过大,最终保障低收入者的基本生活水平。

### 8.1.2 收入分配政策

了解收入分配的内涵和分类后,我们也需要对收入分配政策有全面的了解。尽管经济学界在理论上对如何调节收入分配有不同的看法,但需要由政府对国民收入进行再分配的主张是主流。虽然政府对国民收入和财富分配的调整没有具体的标准,但各级政府总是希望达到社会认为的"公平"状态。特别是在市场经济条件下,由于社会生活复杂化、利益多元化以及社会成员权利意识的普及等因素影响,利益分配也呈现高度的复杂性,政府的收入分配政策必然是高度复杂的、全面的,包括一系列完备、严密的法律和政策。这些法律和政策必须能够覆盖和统辖整个社会的收入分配过程,而不能只包括某一环节或某一部分。只有这样,政府才有可能充分行使规范和管理社会收入分配的职责。具体而言,全面、严密的政府收入分配政策应当包括以下内容。

首先,在初次分配领域,包括初次分配政策及相关的配套政策。例如,为了保证初次分配领域的公平、合理,必须防范和纠正不正当竞争,制止垄断,创造公平、平等竞争的市场秩序,以及保证劳动者的身份自由和择业自由等,因而必须有反不正当竞争、反垄断,保证劳动力资源和资本正常、自由流动等的法律和政策。

其次,在再分配领域,税收是政府运用国家力量强制性进行的重要的重新分配收入的手段,其目标是公平和合理,以保证社会生活的健康和稳定,基本内容是"损有余而补不足",保障全社会的人的基本生活水平。这种以税收政策为主要内容的再分配政策,能够有效发挥政府对社会成员收入的再调节功能。从全社会共同和长远利益的角度看,再分配可以平抑收入差距,缩小贫富差距,建立和鼓励全社会所有成员依靠劳动获得财富,使社会财富在尽可能多的社会成员之间得到公平、合理的分配。

另外,政府还必须制定一系列相应的社会保障政策来保障再分配领域无法解决的分配问题,如老年人、病残人的社会保障问题以及离退休人员的保障问题等。社会保障政策实际上是政府运用社会成员之间和同一社会成员不同时期内的收入所得进行转移支付的方式,即"在不同代的人之间和不同代的人内部进行再分配的计划",强制性地安排和保障那些无收入或低收入的社会成员,仍然能够获得基本的生活条件。这就要求政府必须建立健全社会保障政策体系,如规定最低工资标准,宏观协调社会成员之间的利益,以实现社会生活的公平和人道目标。

### 8.1.3 收入分配结果的衡量

1. 基尼系数的内涵

要了解收入分配结果是否公平,就要知道人们收入差距的程度。对于收入差距程度的衡量,有很多种方法,如洛伦兹曲线、基尼系数、库兹涅茨比率、贫困测度方法等。一般情况下,我们用基尼系数来衡量。基尼系数是在洛伦兹(Lorenz)曲线的基础上提出来的。洛伦兹曲线是反映人们收入状况的曲线。首先对家庭划分收入等级,等级的划分并非随机的,而要根据当时的具体情况且能大体反映生活水平的差异来划分。然后将每个等级的家庭人口进行汇总,计算出不同等级家庭占人口总数的比例,同时将每个家庭的实际收入汇总后计算其占总收入的比例,再根据上述数据绘制洛伦兹曲线,如图8-1所示。

图8-1中,横轴表示人口百分比,纵轴表示每个人(或每个收入等级的人)占所有个人收入的百分比,洛伦兹曲线反映了收入分配的不平等程度。图8-1中,曲线$a$(即直线段$OY$)为45°线,表示收入分配是绝对平均的,因为该线上每一点都表示每一比例的人口都占有相同比例的收入。图8-1中,曲线$c$(即由两条轴组成的$OPY$)表示收入分配绝对不平等,因为

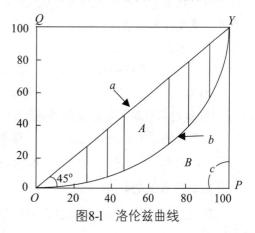

图8-1 洛伦兹曲线

所有收入只被一个人占有,而其他人均无收入。

基尼系数可用来反映收入分配差异的程度。基尼系数是指洛伦兹曲线和绝对平均曲线之间的面积$A$(即图中阴影部分的面积)与绝对平均曲线和绝对不平均曲线之间的总面积$A+B$($B$为非阴影部分的面积)之间的比值。

显然,若$A$为0,则基尼系数为0,表示收入分配绝对平均;若$B$为0,则基尼系数为1,表示收入分配绝对不平均。一般而言,基尼系数为0~1。基尼系数越小,收入分配越平均,基尼系数越大;收入分配越不平均。

下面举例说明基尼系数对一国收入分配差别的度量。表8-1是经济学家鲍克特(Paukert)对56个国家的收入分配进行调查得出的基尼系数。该表显示,当一个国家人均GDP由100美元以下向101~200美元移动时,基尼系数增大;当人均GDP向201~300美元移动时,基尼系数进一步增大;当人均GDP处在301~500美元时,基尼系数大致不变;当人均GDP为501~1000美元时,基尼系数有所下降;当人均GDP为1001~2000美元时,收入分配差距明显缩小。

表8-1 鲍克特所列56个国家不同收入组的基尼系数平均值

| 人均GDP(1965年)<br>收入范围(平均值)/美元 | 基尼系数平均值 | 国家数 |
| --- | --- | --- |
| 100以下(78.3) | 0.419 | 9 |
| 101~200(147.6) | 0.499 | 11 |
| 201~300(244.4) | 0.530 | 8 |
| 301~500(426.9) | 0.494 | 9 |
| 501~1000(723.3) | 0.438 | 6 |
| 1001~2000(1485.2) | 0.401 | 10 |
| 2000以上(2572.3) | 0.365 | 3 |

资料来源:Paukert F. Income distribution at different levels of development: a survey of evidence. International Labour Review, 1973: 97-124. 转引自:刘伟忠. 公共经济学[M]. 北京:科学出版社,2007:143.

2. 基尼系数的优点

基尼系数具有以下几个优点。

(1) 能用一个数值来反映收入分配差距,使用起来非常方便,而且能够进行分解分析,这对于我们找出差距产生的原因有重要作用。例如,可将基尼系数变化分解为收入集中度变化、收入比重变化和两者综合作用变化三部分,其中收入集中度引起的变化称为收入集中效应,收入比重引起的变化称为结构性效应。显然处理两种效应的对策是不同的。就我国而言,由结构效应引起的收入分配差距是暂时的,也是正常的,会随着我国经济结构调整的完成而缩小。

(2) 基尼系数的计算方法很多,便于利用各种资料数据。

(3) 基尼系数是国际经济学界通用的指标,便于比较和研究国家之间的收入分配差距。

因此,基尼系数深受经济学家、哲学家、社会学家的青睐,在当前的经济学界得到了广泛的应用,是人们公认的分析收入分配差距的有效方法之一。

3. 基尼系数的缺点

基尼系数自身以及在计算过程中存在不同程度的缺陷和不足,主要表现在以下几点。

(1) 基尼系数不能反映个别阶层的收入分配变动情况。从基尼系数的数值来看，它只反映收入分配差距的总体状况，不能反映哪一个阶层的收入份额上升或下降了多少。

(2) 基尼系数虽然可以用于对总收入分配差距在不同分项收入之间的分解分析，但不能用于对总收入差距在不同阶层(或地区)之间的分解分析，需要其他指标来补充。

(3) 基尼系数对低收入阶层的收入比重变化不敏感。例如，当从较高收入阶层转移1%的收入到较低收入阶层时，低收入阶层的收入比重变化一般较大，但基尼系数的变化很小。

(4) 在用基尼系数指标进行国际比较时，还需剔除一些不可比因素。例如，按人口和家庭计算得到的基尼系数数值不同，不能以一国的人口收入基尼系数与别国的家庭收入基尼系数相比较。

(5) 计算时会遇到一些实际障碍。例如，在对人(户)均收入等级进行分组时，没有一个通用的标准。理论上，应以可支配收入为标准，而国际上，一般用消费支出代替可支配收入。使用消费支出计算出来的基尼系数，在一定程度上掩盖了收入分配差距的真实性。因为消费支出只是可支配收入的一部分，其中一些必要支出即使在穷人和富人之间有差别，也不会像收入差别那样大。

**4. 运用基尼系数的注意事项**

由于基尼系数存在一定的不足，在计算和运用时应注意以下几个问题。

(1) 为了提高基尼系数的相对准确性，我们在分组时应尽可能多地增加观察点，分组越多，组内差距就能得到越全面的反映，基尼数值便会大一些。在统计收入时，应充分考虑各种实物收入、隐形收入和灰色收入等情况，应使用人(户)均可支配收入指标。若使用人(户)均GDP等指标，就不能真实地反映收入分配差距。

(2) 不能简单地以基尼系数大小来评价收入分配差距大小。基尼系数是一个综合指标，其数值大小受社会制度、经济体制、地区差异等多种因素的影响，因此不能简单地以某一年的基尼系数来判断收入分配差距的合理性。尤其在进行国与国之间的比较时，也不能一味地认为基尼系数越小越好。我国在改革开放之前基尼系数很小(约为0.16)，但这是由严重的平均主义分配导致的。

(3) 运用基尼系数来考察一个社会的经济发展水平和福利水平时，应考虑人均实际收入。若两个国家的人均实际收入相差悬殊，也可能存在基尼系数相等的情况。另据世界银行的数据表明，阿马蒂亚·森福利指数与人均实际GDP之间存在极强的正相关，而与基尼系数的相关度较低。因此，基尼系数并不能揭示经济发展过程中收入分配差距的全部成因，在运用此指标时，不能脱离该国的实际情况。

国际上，有关基尼系数的规定：0.2以下，表示绝对平均；0.2～0.3，表示比较平均；0.3～0.4，表示比较合理；0.4～0.5，表示差距过大；0.5以上，表示差距悬殊；当达到0.6时，表示暴发户和赤贫阶层同时出现，社会动乱随时可能发生。因此，0.4被视为警戒线。西方发达国家的基尼系数为0.3～0.4。

▍**专栏8-1　中国居民的收入差距与基尼系数**

我国全面建成小康社会的进程，是贫困现象不断减少的过程，也是人民日益富裕起来的进程。党的十八大以来，我国经济实力持续跃升，人民生活水平全面提高，居民收入分配格局逐步改善。虽然存在贫富差距，但城乡地区和不同群体居民收入差距总体上趋于缩小。

## 一、城乡之间居民收入差距持续缩小

随着国家脱贫攻坚和农业农村改革发展的深入推进，农村居民收入增速明显快于城镇居民，城乡居民相对收入差距持续缩小。从收入增长上看，2011—2020年，农村居民人均可支配收入年均名义增长10.6%，年均增速快于城镇居民1.8个百分点。从城乡居民收入比看，城乡居民人均可支配收入比逐年下降，从2010年的2.99下降到2020年的2.56，累计下降0.43。2020年，城乡居民人均可支配收入比与2019年相比下降0.08，是党的十八大以来下降最快的一年。

## 二、地区之间居民收入差距逐年下降

在区域协调发展战略和区域重大战略实施作用下，地区收入差距随地区发展差距缩小而缩小。2011—2020年，收入最高省份与最低省份间居民人均可支配收入相对差距逐年下降，收入比由2011年的4.62(上海与西藏居民收入之比)降低到2020年的3.55(上海与甘肃居民收入之比)，是进入新世纪以来的最低水平。2020年，东部与西部、中部与西部、东北与西部地区的收入之比分别为1.62、1.07、1.11，分别比2013年下降0.08、0.03和0.18。

## 三、不同群体之间居民收入差距总体缩小

基尼系数是衡量居民收入差距的常用指标。基尼系数通常用居民收入来计算，也用消费支出来计算，世界银行对这两种指标都进行了计算。按居民收入计算，近十几年我国基尼系数总体呈波动下降态势。全国居民人均可支配收入基尼系数在2008年达到最高点0.491后，2009年至今呈现波动下降态势，2020年降至0.468，累计下降0.023。同时居民收入分配调节在加大。"十三五"时期，全国居民人均转移净收入年均增长10.1%，快于居民总体收入的增长。还要看到，在世界银行数据库中，2016年中国消费基尼系数为0.385，比当年收入基尼系数0.465低0.080，而消费的数据更直接地反映了居民实际生活水平。

## 四、基本公共服务均等化加快推进

看居民收入，不仅要看家庭可支配收入，还要看政府为改善民生所提供的公共服务。在全面建成小康社会进程中，各地区各部门积极推进基本公共服务均等化。完善多层次社会保障体系成效明显，我国已经建成世界上最大的社会保障网，基本医疗保险覆盖超13.5亿人，基本养老保险覆盖超10亿人。住房保障和供应体系建设稳步推进，全国已累计建设各类保障性住房和棚改安置住房8000多万套，帮助2亿多困难群众改善了住房条件。教育公平和质量不断提升，2020年九年义务教育巩固率为95.2%。基本医疗和公共卫生服务改善，2020年一般公共预算卫生健康支出1.92万亿元。人民群众通过自己劳动得到的收入、经营得到的收入、转移支付得到的收入在增加。同时，有一些收入并没有进入家庭，而是通过公共服务提供给广大群众。这方面在我们这样的中国特色社会主义国家，各部门各地区做的工作尤其多。

"十四五"时期，进一步控制和缩小贫富差距，既要做大蛋糕，又要分好蛋糕。要坚持发展是第一要务，通过发展经济、辛勤劳动、扩大就业增加居民收入。同时，坚持按劳分配为主体、多种分配方式并存，提高劳动报酬在初次分配中的比重，健全工资合理增长机制，着力提高低收入群体的收入，扩大中等收入群体；完善按要素分配政策制度，增加中低收入群体的要素收入；完善再分配机制，加大税收、社保、转移支付等调节力度和精准性；发挥第三次分配

的作用，发展慈善事业；构建初次分配、再分配、三次分配协调配套的基础性制度安排，促进社会公平正义，促进人的全面发展，使全体人民朝着共同富裕目标扎实迈进。

资料来源：宁吉喆.《中国的全面小康》白皮书新闻发布会答记者问[EB/OL]. (2021-09-29)[2022-04-05]. https://www.ndrc.gov.cn/fggz/fgzy/shgqhy/202109/t20210930_1298548.html?code=&state=123. 有删改

### 8.1.4 收入分配结果差异化的原因

在市场经济中可以观察到一个基本事实，由市场决定的收入初次分配(纳税前收入的分配)差异是相当大的。主要原因在于初始条件、个人能力或劳动贡献以及机会不同。初始条件包括家庭出身、家庭结构、遗产继承、遗传天赋等。这些条件常常是个人不能选择或不能左右的，由于这些条件不同，人们在社会经济过程中的竞争条件是不同的，在其他条件相同的情况下，仅由于这些条件的不同也会导致最终分配结果的不平等。出身不同会影响人们今后的受教育程度和就业机会，从而可能造成收入差异。家庭的社会和经济地位不同，对个人来说受教育程度和发挥才能的机会也不同，甚至由于家庭经济状况不同，子女所能得到的营养和关怀不同，也会影响个人的天赋。这样，有的人会处于较有利的竞争地位，从而获得更高的收入。因此，完全靠市场机制调节收入分配，可能会使社会收入差别不断扩大。但总体上来说，引起收入分配不均等的主要原因是个人的能力或劳动贡献不同。一个没有任何优势初始条件的人，可以靠自己的能力和劳动贡献获得比具有较大优势初始条件的人更多的收入。一个有较强能力和勤奋的人可以为自己创造更多的机会，或更好地利用机会去获得更多的收入。具有不同能力的人和作出不同贡献的人，他们的竞争机会也就不均等，从而导致收入上的不均等。

把异质的劳动转化为同质的劳动或单一性质的劳动可以解释收入分配产生差异的原因。由于人们为社会财富的积累所付出的劳动总是不同的，他们对社会财富积累的贡献也是不同的。既然如此，人们占有不同的财富进而占有不同的生产资料正是按劳分配的客观结果。如果按劳分配原则是公平合理的，那么，人们占有不同的财富进而占有不同的生产资料就是公平合理的。实行财富或收入的平等占有与分配意味着，对社会财富及生产资料的积累没有作出贡献或者贡献很小的人，无偿地占取了那些为社会财富及生产资料积累作出贡献或者作出较大贡献的人的劳动成果。

自由主义哲学家罗伯特·诺齐克认为，人的不平等是不可更改的事实，没有理由对最不幸的人作出补偿。诺齐克强调，能力强的人有权获得更多利益。只要财产的分配过程是正当合法的，转让也是正当合法的，那么这种分配就是正义、公平的。只要收入分配不是以不公正手段进行的，政府就不应该干涉。除非有人以偷窃、抢劫等不正当手段来获得财产，那么政府就必须要干预。除此以外，政府不应介入收入分配。诺齐克认为，强调收入取得的正当合法性的目的并非鼓励弱肉强食，而是着眼于机会平等。他认为，机会平等比收入平等更为重要。政府在收入分配上所应做的事只有一件，即强调个人的权利，确保每个人有同样发挥自己才能的机会，并获得成功和相应的报酬。只要建立了使每个人充分发挥自己才能的制度框架，政府也就没有必要为改变既定的收入分配政策而操心。

1998年诺贝尔经济学奖得主阿马蒂亚·森在研究饥荒时指出，饥荒更可能是由个人可以用来获取食品的权利被分配不均造成的。他以孟加拉国1943—1944年大饥荒为例，这次饥荒有天灾的原因，但更主要的原因是普通百姓无法参与政府的食品分配机制。森提出的参与政府权力运作的观点所隐含的是，当人们被剥夺了保护自己权益的机会时，收入分配不均等就会出现，这种不均等显然是不公平的。

在竞争社会中，优胜劣汰是竞争的一般原则，但这一原则应用于个人收入分配在一定程度上可能是不适当的。企业在市场竞争中失败可以破产、可以被淘汰，而人却不能因为他在竞争中失败就被社会淘汰，剥夺他生存的权利。因此，居民特别是贫困居民的收入不能完全取决于市场分配机制，在这里还包括伦理和道德的因素。市场机制不完善会加剧收入分配的不公平，如垄断企业会利用其垄断地位获得垄断利润；价格信号失真会导致当事人之间利益的不公平分配；市场秩序混乱会导致各种非法收入的出现；等等。总之，为促进收入分配的相对公平，就需要政府通过财政、税收和收入再分配政策，对收入差距进行必要的调节，在保持市场机制有效运作以刺激经济效率的同时，缩小社会分配的差距，促进分配的公平、公正。否则，贫富两极分化的加剧，会导致社会矛盾和社会冲突加剧，影响社会安定。

### ▶ 专栏8-2　全球贫富差距加大

慈善机构乐施会最近发布调查报告称，新冠肺炎疫情期间，全球99%的人收入减少，1.6亿人陷入贫困，而全球十大富豪拥有的财富在过去两年翻了一番，从7000亿美元跃升至1.5万亿美元，是全球最贫穷的31亿人拥有财富总和的6倍。清晰明了的数据，揭露了全球发展面临的残酷现实：疫情期间，全球贫富差距显著加大。数据分析网站Visual Capitalist专栏作家Anshool Deshmukh也就疫情后的全球财富分布作图并作出分析。分析结果表明，2020年上半年爆发的这场大流行病使得全球范围内的贫富差距令人担忧。大量货币政策和财政政策有明显副作用，其中最突出的当属贫富不均和金融泡沫。数据显示，拥有100万美元(约合人民币643万元)的成年人占全球总人口的1.1%，他们持有的资产累计达到191.6万亿美元，占全球财富的45.8%。在光谱的另一端，拥有不到1万美元的55%的人口只拥有全球财富的1.3%，累计约为5.5万亿美元。根据地区划分，这种财富差距在区域上也很明显。2020年北美地区总财富增加了12.4万亿美元；欧洲增加了9.2万亿美元；中国增加了4.2万亿美元；不包括中国和印度的亚太地区增加了4.7万亿美元；非洲增加了36亿美元；印度的总财富减少了5940亿美元，跌幅达4.4%；拉丁美洲表现最差，总财富减少了1.2万亿美元，跌幅达10.1%。IMF警告称，发达国家的收入不平等现象正在不断加剧，政策制定者"需要关注穷人和中产阶级"，才能促进全球经济的增长。

是什么加剧了"富人更富、穷人更穷"的不平等趋势？为什么全球贫富差距不断加大？剖析全球经济体系的运行模式和各国财政货币政策的实施逻辑可以发现，疫情发生后，以美国为代表的主要发达经济体央行实施了超宽松货币政策。自2020年3月开始，美联储实施史无前例的无限量化宽松政策，其资产负债表规模从2020年2月的4.2万亿美元快速扩张至如今的8.76亿美元。美联储"印钞机"轰隆作响，"饮鸩止渴"的代价却需要万千美国普通民众承担。在短期刺激经济后，美国通货膨胀高企，股市和房价暴涨，能源和食品等大宗商品价格上涨。富人不断"割韭菜""薅羊毛"，穷人勉强维持生计，深陷贫困深渊。发达国家的经济复苏呈现明显分化趋势，内部贫富分化不断加大。

无独有偶，世界主要发达经济体"默契"地争相实施量化宽松政策，引发全球性的通货膨胀和外溢效应。在发达经济体逐渐实现经济复苏的同时，全球性产业链供应链紊乱、大宗商品价格持续上涨、能源供应紧张等风险日益突显，加剧了经济复苏进程的不确定性。最新公布的《2022年世界不平等报告》显示，过去20年里，全球收入最高的10%人群和收入底层的50%人群之间，收入差距几乎翻了一番。

如今，随着发达国家率先开始经济复苏进程，一些发达经济体货币政策呈现"急刹车"或"急转弯"态势，由此引发的严重负面外溢效应，给世界经济和金融稳定带来挑战，广大发展中国家深受其害。发达经济体通过全球金融体系，将通胀压力传导到新兴经济体和发展中国家，引发发展中国家资本外流、货币贬值、股市下跌等综合问题，加重发展中国家债务负担，迟滞发展中国家复苏进程。对于一些经济低迷的发展中国家而言，这甚至可能引发更深层次的社会危机。世界银行预测，到2023年，所有发达经济体的经济活动可能都会从疫情期间的打击中恢复，但预计发展中国家和新兴经济体的经济产出仍将比新冠肺炎疫情暴发前的水平低4%。全球经济呈现"K形"复苏态势，不同经济体、不同群体之间分化严重。无怪乎世界银行行长马尔帕斯批评说："全球不平等问题加剧，全球金融体系难辞其咎。"

世界经济正在逐渐走出低谷，全球各国乘坐在一条命运与共的大船上，唯有同舟共济，才能闯过逆流险滩。坚持多边主义，维护公平正义，采取负责任的经济政策，把控好政策外溢效应，避免给发展中国家造成严重冲击，是主要发达国家应尽的国际义务。全球经济复苏，不应该有任何国家掉队！

资料来源：财联社. 1.1%的人拥有世界上45%的财富，多图看懂全球范围内的贫富差距[EB/OL]. (2021-10-18)[2022-04-05]. https://baijiahao.baidu.com/s?id=1713968315220900155&wfr=spider&for=pc.

高乔. 全球贫富差距加大，美西方难辞其咎[N]. 人民日报海外版，2022-01-25. 有删改

## 8.2 收入分配的调节

### 8.2.1 收入分配调节的必要性

**1. 市场在收入分配方面的作用及其局限性**

市场供求的变化、市场要素或资产价格的变化可以对收入差距产生调节作用，对于缩小收入分配差距来说，不能排斥市场力量的作用。

从劳动收入来看，劳动力市场供求关系的变化、市场工资水平的变化可以缩小居民劳动收入的差距，主要有以下几种表现：①在劳动力市场上，劳动力总需求超过劳动力总供给，而资本等非劳动要素普遍过剩，则就业机会会增加，工资率会上升，以劳动收入为主要收入来源的居民可以因此增加劳动收入，特别是有利于增加劳动力素质较低居民的劳动收入。②在原工资率低的劳动力市场上，劳动力需求上升，从而使其工资率上升，由此会缩小与原工资率高的劳动力拥有者的收入差距。③劳动力从工资率低的部门流向工资率高的部门，使前者的劳动力供给减少，后者的劳动力供给增加，从而使前者的工资率上升，后者的工资率下降，这样也会缩小居民劳动收入的差距。这说明，市场力量可以自动起到缩小居民劳动收入差距的作用。

但是市场力量的这种自动调节作用存在多方面的局限性，具体表现为以下几方面：①劳动

力市场供求关系总是不断变化的，就业机会、工资率也因此发生变化，如果劳动力市场出现了劳动力总供给超过劳动力总需求的情形，则失业率会增加，工资率会下降，因而以劳动收入作为主要收入来源的居民，其劳动收入就会减少，特别是劳动力素质低的居民劳动收入会减少；如果工资率低的部门劳动力需求下降，工资率下降，则该部门劳动者的收入就会下降，从而会使劳动收入差距扩大。②劳动力在部门间的流动总要受到各种因素的限制，高工资率部门往往是高素质劳动力集中的部门，低工资率部门往往是低素质劳动力集中的部门，低工资率部门的劳动力向高工资率部门流动相当困难，因此依靠劳动力从低工资率部门向高工资率部门流动来缩小劳动收入差距就受到很大限制。③市场力量没有能力削减由劳动能力差异、就业体制所造成的劳动收入差别。这就说明，不能依靠市场力量来缩小居民劳动收入差距。

从资产收入来看，不同种类资产的相对价格或收益率的变化可以缩小居民资产收入的差距，在高收入居民所拥有的资产和市场价格或收益率出现下降时，其资产收入会减少。例如，证券价格下降会使证券持有者的收入减少；房地产租金下降，使房地产出租者的租金收入减少。价格下降或收益率下降的资产都是市场需求下降或市场供给增加的资产。虽然高收入居民的资产收入可能会因此而下降，但是也可能出现另一种情况，即高收入居民资产的相对价格或收益率上升，低收入居民资产的相对价格或收益率下降，这样市场力量所起的就不是缩小居民资产收入差距的作用，而是扩大居民资产收入差距的作用。市场本身一般不能改变人们所拥有的资产存量，尽管市场力量会使资产价格或资产收益率发生变化，从而调节居民之间的收入差距，但对于没有资产的人来说，资产价格的任何变化都不会使其收入增加。由于拥有的资产越多，选择投资的空间越大，可以进行资产组合，一般来说，资产价格的变化并不会使资产收入结构发生多大的变化，即使资产收入结构发生变化，所引起的也不是收入差距的缩小，而是富人、穷人具体对象的改变，今天这部分人是富人，明天可能变成穷人，另一部分人今天是穷人，明天可能变成富人，而收入差距并没有因此缩小。这说明，市场力量也不能作为缩小居民资产收入差距的依靠力量。

从转移性收入来看，调节收入分配所依循的不是市场规则，市场力量对居民转移性收入的差距不能发挥调节作用。

#### 2. 马太效应与市场力量的局限性

《马太福音》说："让富有的更富有，让没有的更没有。"此话在控制理论中被称为"马太效应"。在收入分配领域，市场力量不仅不能作为缩小居民收入差距的依靠力量，而且如果任由市场力量发挥作用很可能会产生收入分配的"马太效应"，即富者愈富、穷者愈贫，原因在于以下几个方面。

(1) 居民收入水平越高，越可能获得更高的劳动收入。因为收入水平越高的居民，越可能购买更高质量的教育服务，从而越可能具有更高的劳动力素质，寻找有利的就业机会的能力越强，越可能找到和占领可获得更高收入的工作岗位；收入水平低，结果正相反。

(2) 居民收入水平越高，越可能获得更高的资产收入。收入水平越高，投资能力越强，投资途径越多，选择有利的投资机会的能力越强，越能获得更高的资产收入；收入水平低，结果正相反。

"马太效应"的存在进一步表明市场力量在调节居民收入差距中的作用存在根本的局限

性，因此，在收入分配领域，不能任由市场力量发挥作用。

**3. 政府调节收入分配的必要性**

在市场机制不能发挥作用时，或者出现"市场失灵"时，需要政府采取相应措施来调节，特别是当市场力量在调节居民收入差距不起有效作用时，政府利用各种手段进行调节就有其必要性。

1) 收入分配差距所产生的后果要求政府来调节

若对严重的居民收入差距问题采取听之任之的政策，就会进一步导致收入分配不公，在各收入群体之间引发由于分配不公平而产生的阶层矛盾，最终富人更富、穷人更穷，对我国经济的可持续发展和社会的和谐稳定就会造成负面影响。从根本上说，收入分配差距过大损害的是公众利益和社会的长期利益，政府作为公共利益的代表，应该采取相应措施来缩小居民之间的收入差距，为经济发展和社会稳定创造良好的环境。

2) 政府履行经济职能需要调节居民收入差距

政府作为公共权力机构在市场经济环境中应履行多方面的经济职能，包括提供公共产品(包括公共安全等)、促进经济长期稳定地增长、实现居民的权利平等、维持社会稳定等。居民之间较大的收入差距会损害社会稳定，影响经济长期稳定地增长，阻碍居民平等权利的享受，这也意味着，如果居民之间的收入差距得不到有效地调节，政府就无法正常履行其应履行的经济职能。因此政府要尽其责，努力调节居民之间不合理的收入差距。

3) 市场力量和第三种力量的局限性要求政府积极调节收入分配

市场力量和第三种力量在调节居民收入差距方面可起到一定作用，但因其不具备政府的权威性、政策的有效性和权利的广泛性，所以它们调节收入分配的力量很有限，而且还会出现调节"失灵"问题。因此，市场力量和第三种力量的局限性要求政府利用其政策、权威和资源来有效调节收入分配。

4) 政府具有调节收入分配的能力

政府是公共权力机构，享有其他任何机构和个人都不具有的立法权和司法权，依靠这种权力，它具有其他任何机构和个人都不具有的合法的强制力以及高度的权威性。政府能强制性地向高收入居民征税，也能给低收入居民以财政补贴，能让低收入居民接受教育，也能建立起社会保障制度，向低收入居民提供基本生活保障。也就是说，它有能力使对居民收入差距的调节保持持续性和稳定性，有能力长期使收入从高收入居民向低收入居民转移，有能力根据收入不平等的程度加大或减轻调节力度，有能力避免收入援助的偶然性和随机性。因此，政府不仅应该而且能够成为调节居民收入差距的依靠力量。

▶ **专栏8-3　居民收入继续稳步增长　居民消费支出持续恢复**

2021年，在以习近平同志为核心的党中央坚强领导下，各地区各部门认真贯彻落实党中央、国务院决策部署，扎实做好"六稳""六保"工作，国民经济保持稳定发展，基本民生保障有力有效。全国居民人均可支配收入增长与经济增长基本同步，居民消费支出持续恢复，基本生活消费增长较快，实现了稳增长与惠民生的互促共进。

## 一、居民人均可支配收入增长与经济增长基本同步

(1) 居民收入增长与经济增长基本同步。2021年，全国居民人均可支配收入35 128元，比上年名义增长9.1%。扣除价格因素后，全国居民人均可支配收入实际增长8.1%，快于人均国内生产总值增速，居民收入增长与经济增长基本同步。全国居民人均可支配收入在上年基数较低的情况下保持稳步增长，两年平均名义增长6.9%，实际增长5.1%。

(2) 农村居民收入增长快于城镇居民。2021年，农村居民人均可支配收入18 931元，名义增长10.5%，扣除价格因素，实际增长9.7%；城镇居民人均可支配收入47 412元，名义增长8.2%，扣除价格因素，实际增长7.1%。农村居民人均可支配收入名义增速和实际增速分别快于城镇居民2.3和2.6个百分点。城乡居民收入比值由上年的2.56缩小至2.50，城乡居民收入相对差距继续缩小。

(3) 西部地区居民收入增长快于其他地区。西部地区居民人均可支配收入比上年增长(以下如无特殊说明，均为名义增长)9.4%，增速分别快于东部、中部、东北地区居民0.3、0.2和1.4个百分点，西部地区与其他地区居民收入相对差距进一步缩小。

## 二、工资收入和转移收入的稳定增长为城乡居民收入稳步增长奠定基础

(1) 工资性收入继续稳定增长。2021年，全国居民人均工资性收入19 629元，比上年增长9.6%，两年平均增长6.9%。分城乡看，城镇居民人均工资性收入增长8.0%，两年平均增长5.5%，主要是各地加大稳岗扩岗激励力度，促进城镇新增就业不断增加，城镇调查失业率稳中有降，有力推动城镇居民工资收入继续增长。农村居民人均工资性收入增长14.1%，两年平均增长9.9%。据全国农民工监测调查，2021年全国农民工总量达到29 251万人，规模已超过2019年水平。县域经济持续发展促进本地务工机会增多，本地农民工比2019年增长3.7%。2021年农民工月均收入4 432元，两年平均增长5.8%，带动农村居民工资性收入稳定增长。

(2) 转移净收入两年平均增长较快。2021年，全国居民人均转移净收入6531元，比上年增长5.8%，两年平均增长7.2%，两年平均增速快于全国居民0.3个百分点。其中，城乡居民基础养老金标准继续提高，全国居民人均养老金或离退休金增长4.1%，对稳住居民转移性收入增长底盘发挥了重要作用。医疗报销制度进一步优化，全国居民人均报销医疗费增长21.1%。各地注重解民忧、纾民困，加大对困难群众的救助力度，继续上调最低生活保障标准，全国居民人均政策性生活补贴收入增长14.6%。

## 三、居民消费支出持续恢复，基本生活消费继续较快增长

随着居民收入持续恢复性增长，居民消费需求逐步释放，消费支出保持恢复性反弹态势。2021年，全国居民人均消费支出24 100元，在上年基数较低的基础上名义增长13.6%；扣除价格因素，实际增长12.6%。与2019年相比，全国居民人均消费支出两年平均名义增长5.7%，实际增长4.0%。分城乡看，城镇居民人均消费支出30 307元，名义增长12.2%，扣除价格因素，实际增长11.1%；农村居民人均消费支出15 916元，名义增长16.1%，扣除价格因素，实际增长15.3%。农村居民人均消费支出增速恢复程度好于城镇居民，名义增速和实际增速分别快于城镇居民3.9和4.2个百分点。

资料来源：方晓丹. 居民收入继续稳步增长 居民消费支出持续恢复[EB/OL]. (2022-05-05)[2022-05-05]. http://tjj.shannan.gov.cn/xwzx/tjyw/202205/t20220505_104798.html.有删改

## 8.2.2 收入分配调节的原则

政府进行收入分配调节不是搞一刀切,实行计划经济时期损害发展效率的绝对公平,也不是等到收入矛盾发展到不可调和时采取盲目的激进式调节政策。科学有效的收入分配调节政策或手段应当遵循经济平等与效率提高并重、机会平等与结果平等并重、合理把握结果平等和机会平等的"度"等原则。

1. 经济平等与效率提高并重

首先,政府调节收入分配应坚持经济平等与效率提高并重的原则。居民收入差距过大,会引起社会的不稳定。如果贫富差距极大,往往会引起重新分配财产的暴力革命或行动,从而导致大量经济资源的非生产性消耗。居民收入差距过大,会导致劳动供给减少,会使劳动者的劳动积极性下降,也会导致大量奢侈性消费,因而会导致生产效率和资源配置效率的下降。所以居民收入差距过大,不仅会损害平等,而且会损害经济效率。政府对收入分配的调节,不只要促进居民在经济上实现平等,还要提高经济效率。

政府调节收入分配的目标是双重的,既要通过对收入分配的调节促进居民之间在经济上的平等,也要通过对收入分配的调节促进经济效率的提高。经济平等并不是政府调节居民收入差距的唯一目标,否则就会造成将平等目标与效率目标对立起来的后果。这会导致要么只考虑居民之间的经济平等而过度地缩小居民之间的收入差距,要么因为要提高经济效率而放弃对居民收入的积极调节。无论是前者还是后者,最终都会损害经济效率。政府调节居民收入差距既是为了促进平等,也是为了促进经济效率的提高。

2. 机会平等与结果平等并重

经济平等有两个方面的含义:一是收入水平的相等,收入水平的高低是收入分配的结果,收入水平的平等也就是结果平等;二是机会(经济机会)平等,即获取经济收入机会的平等。从结果平等与机会平等的关系来看,两者可以一致,结果平等可导致机会平等,机会平等亦可导致结果平等。但是两者也可能不相一致,即机会平等可能会导致结果不平等,而要求结果平等则又可能牺牲机会平等。现实中,两者构成了既对立又统一的关系。

结果不平等对社会稳定、劳动力市场公平竞争、劳动供给增加等会产生不利影响,并且不能实现社会平等的伦理要求和实现社会福利最大化,因此结果不平等问题应该予以解决。要通过收入调节尽可能实现结果平等。结果平等是人类社会最高的社会价值追求,有结果平等才会有居民在经济上的完全平等,否则便意味着人们在经济上实际存在不平等。

对于机会不平等我们也不能忽视,原因在于机会不平等会造成结果不平等,公众最不满的就是由机会不平等造成的结果不平等,这是不能容忍的。

通过上述分析得出的结论:调节收入分配,既需要机会平等,也需要结果平等,即坚持机会平等与结果平等并重原则。

3. 合理把握结果平等和机会平等的"度"

我们说政府调节要坚持机会平等与结果平等并重,并不是说调节的最终目标是达到结果和机会的绝对均等,这有损于效率原则。因此,政府进行收入分配的调节要在一个合理的范围内进行,即要合理把握结果平等和机会平等的"度"。

### 1) 结果平等的"度"

现实生活中，结果平等是有差别的。结果平等的极端状态是绝对(完全)平等，这种绝对(完全)平等实际上就是收入分配的绝对(完全)平均，也就是所有居民的收入完全相等，所以这种平等就是平均分配。平均分配一方面会导致劳动供给的减少和储蓄增长的下降，而这会对经济增长产生不利影响；另一方面又会对经济效率的提高产生不利影响。因此不能实行平均分配，也就是说，结果的完全平等不能作为政府调节收入所追求的目标。

结果平等不是结果的绝对(完全)平等，而只能是处于绝对平等与收入差距过大(极不平等)之间的平等状态，即相对平等状态。对于相对平等状态，本身无法做严格的数量界定，前文阐述的在基尼系数接近零的值域内都可视为相对平等状态。在此值域内，我们只能说，B社会同A社会相比更平等一些，或更不平等，或者说，B社会或A社会在此时期比彼时期更平等一些，或更不平等。

### 2) 机会平等的"度"

机会平等是指人们获取经济机会或收入的权利均等。机会平等不是指机会的绝对平等，在我们的认识中，一般都把机会的绝对平等视为理想目标，但往往很难实现，原因在于以下几点。

(1) 政府没有能力使所有人都享有均等的机会。例如，劳动力市场的公平竞争要求劳动力具有同质性，而这就要求政府具有使所有人都接受同样程度的教育和训练的能力，然而政府并没有这种能力。即使是在经济发达国家，也不过是政府免费提供中小学教育而已。大学毕业生与高中毕业生在劳动力市场的竞争地位是不同的，他们之间的机会并不均等。

(2) 机会的绝对平等同结果的不平等或相对平等不可能并存。只要存在结果不平等或相对平等，就不可能有机会的绝对平等，因为存在结果不平等或相对平等，就表明一部分人在劳动力市场或在资产市场上处于优势地位。仅仅是由于人先天禀赋的差异，机会的绝对平等就会造成结果的不平等，反过来又会造成机会的不平等，它们之间不可能并存。

(3) 一定程度的机会不平等是可以被社会接受的，特别是由劳动者本身的原因造成的机会不平等可以让人接受(如有的勤奋学习，素质高；有的不勤奋学习，素质低。结果前者在劳动力市场上有更好的机会，这可以被社会接受)，而且也不会对经济发展造成严重的负面影响，甚至没有影响。

以上分析说明，我们不能实现机会的绝对平等，同时一定程度的机会不平等可被社会接受，我们只能实现机会的相对平等。

但这并不意味着政府所有法规和政策本身都以机会的相对平等为宗旨。就政府的法规和政策本身而言，应以机会的绝对平等为宗旨，尤其是劳动力市场法规和政策要以绝对平等为宗旨，既要消除劳动力市场各种机会的不平等，尤其是由社会因素造成的不平等，如男女之间、种族之间等的不平等。政府要帮助非由自身原因造成的竞争能力弱的劳动者，提高他们的竞争能力，实现机会平等。

通过上述分析得出的结论：政府对收入分配差距的调节只能以相对平等为目标，实现相对平等。因此，如果现实中存在严重的不平等，政府则应进行较大力度地调节；如果现实中的不平等程度较轻，则政府只需进行微调。

## 8.2.3 收入分配调节的手段

政府履行其促进公平、维护社会稳定等方面的职能,以及市场力量和第三种力量在调节居民收入差距中的作用的局限性,决定了政府应该承担调节收入分配的责任,并且应该成为调节收入分配的依靠力量。与市场力量和第三种力量相比,政府在调节收入分配中所具有的明显优势就是它可以利用多种手段来调节居民收入差距,因为它作为公共权力机构,享有其他任何机构和个人都不能享有的立法权、司法权和行政权,拥有合法的强制力,其制定的规则具有普遍的适用性,因而具有超出任何机构和个人力量调节收入的能力。不过,虽然政府可以运用多种政策手段来调节收入分配,但这些手段在适用范围等许多方面是存在差别的,因此需要明确各种手段所具有的功能及缺陷,以便通过合理的政策调节组合来充分利用各种手段,克服其缺陷,使各种手段能够得到最优组合。现实中,可供选择的收入分配调节手段包括以下几种。

1. 对居民收入征税

对居民收入征税属于所得税,它是政府调节居民收入的重要手段。作为缩小居民收入差距的税收政策,其性质应当是差别性的。具体的政策包括以下内容。

(1) 纳税主体(纳税人)的区别对待。例如,政府可以规定对残疾人不征所得税,只对正常人征收所得税,则可缩小残疾人与正常人的收入差距。

(2) 课税对象(税收客体)的区别对待。居民收入包括劳动收入、资产收入和转移性收入。劳动收入、资产收入和转移性收入又包括各种具体的类型:劳动收入主要包括工资和奖金;资产收入主要包括利息收入、股息收入、金融投资利润或溢价收入、租金收入、出卖收入;转移性收入包括营利性与非营利性机构向居民个人提供的转移性收入、居民个人向居民个人提供的转移性收入。政府可根据高、中、低收入居民的收入来源结构,对高收入居民的主要收入来源征税或征高税,对中低收入居民的主要收入来源免征所得税或征低税,或根据不同收入来源的性质区别对待。

(3) 起征点与免征额的规定。起征点与免征额的规定本身就具有缩小居民收入差距的作用,起征点与免征额不同,削减居民收入差距的效果是不同的。

(4) 税率的区别对待。税率有两种类型:累退税率和累进税率。累退税率不能缩小居民收入差距,反而会扩大居民收入差距,因此不属于缩小居民收入差距的手段。累进税率是按课税对象数额的大小以不同的税率征税,即课税数额越大,税率越高;数额越小,税率越低。这种税率能缩小居民收入差距,因此是政府缩小居民收入差距的手段。

对居民收入征税是一种比较简单的缩小居民收入差距的手段,也是市场经济国家通行的缩小居民收入差距的手段。采用这种手段,政府不仅可以缩小居民之间的收入差距,而且能为政府采取其他调节政策(如对低收入居民的财政补贴、建立社会保障体系等)提供物质条件。

2. 对居民财产征税

财产税的课税对象是居民的财产价值。与所得税不同的是,它是根据财产的价值,即对财产"存量"的价值课税;而所得税是对财产所带来的净收益或所得来课税,即对"流量"课税。居民所拥有的财产包括动产和不动产。不动产是指土地、房屋等具有不可移动性的财产。动产是指各种具有可移动性的财产,包括有形动产和无形动产两大类。有形动产是指各种以实物形式存在的动产,如家具、车辆、农业机械、船舶、金银饰品、衣物等;无形动产是指非以实物形式存在,而是以所有权或债权证书的形式存在的动产,如股票、债券、存单、抵押证等。经济学家认为,财产税具有省力易行、不易转嫁、税收收入比较稳定、可避免投机、促进财产转化为生产资源、矫正社会的奢侈行为等优点。由于财产拥有量的不均是居民资产收入出现差距的主要原因,如果不对财产征税,财产不均会增加,同时财产分配不均会损害就业机会均等,从而造成或扩大居民的劳动收入差距,要缩小居民资产收入差距,需要对居民财产征税。征收财产税是使所得税有效地发挥缩小居民收入差距的作用的必要条件。同所得税一样,财产税调节居民收入差距的能力也是有限的,它既不能使无财产的居民获得财产或收入,也不能改变居民的劳动能力的差别。

### 3. 征收商品税

商品税是对从事经营活动的法人和自然人,就其提供给社会消费的商品(包括劳务)课征的税。商品税是一种间接税,纳税人可将税负转嫁给商品的购买者,直至最终消费者。这就为政府通过征收商品税而缩小居民收入差距提供了可能性。由于高、低收入居民的消费结构存在差别,低收入居民的消费集中在生活必需品上,高收入居民则消费大量的非生活必需品,这样政府可根据不同消费品的用途,对不同的消费品以不同的税率计征商品税,对基本生活必需品免税或征低税;对非基本生活必需品,特别是高档消费品,课以重税。最终,在消费结构不变的条件下,商品税的课征就可以起到缩小居民收入差距的作用。虽然征收商品税可以起到缩小居民收入差距的作用,但它不可能作为缩小居民收入差距的主要税收手段,只能作为一种辅助性的税收手段。

### 4. 政府向居民提供教育服务

在劳动力市场上,劳动力素质越高,越具竞争力,面临的就业机会就越多,获得就业岗位的能力越强,所能获得的劳动收入就越多。劳动力素质主要取决于居民后天所接受的教育。接受的教育越多,质量越高,劳动力素质越高。对于居民劳动收入的差距,虽然可通过征收工薪税这种个人所得税或运用其他税收政策来缩小,但这种"事后"的政策手段并不能消除劳动收入差距产生的根源,只要劳动力素质存在差别,在市场化工资制度下,必然会存在劳动收入的相应差距现象。因此,采取"事前"缩小劳动收入差距的政策是有必要的。由于劳动力素质的差别主要取决于居民受教育程度的差别,"事前"政策的主要内容就应该是向居民提供教育服务。

政府向居民提供教育服务的方式包括以下几种。

(1) 政府直接办教育,免费向居民提供教育服务。

(2) 政府不直接办教育,而是通过向居民支付全部教育费用使居民免费获得教育的方式来实现。

(3) 政府向居民提供一定数量的教育费用补助。政府提供的教育费用有以下三种形式。

① 政府直接向接受教育的居民提供一定数额的教育费用补助,例如学费补助等。

② 政府向教育服务的提供者(如大学、职业学校等)提供一定数额的补助,使其能扩大规模,向更多居民提供教育服务,或使其提高教育质量(如聘用高水平的教师、添置先进的教学设备等),向居民提供更高质量的教育服务,或使其以更低的费用向受教育者提供服务,或使

其向经济困难的受教育者免费提供教育服务。

③ 政府向各种营利性与非营利性教育机构给予优惠政策,如对教育机构的捐款从纳税人应税收入中做免税扣除,对向学生提供的贷款利息免征或减征所得税。

以上这些方式可以使更多的居民接受更多、更好的教育。采取何种方式,要依教育服务类型和政府能力而定。政府有能力办基础教育,则政府应免费向居民提供基础教育服务,对向基础教育的捐款或贷款等给予免税或减税等优惠政策;若政府没有能力向居民提供非基础教育,则可采用财政补助和给予优惠政策的方式来实现对教育服务的支持。

### 5. 发展社会保险

社会保险是指政府充当组织者,以立法的方式强制实施,以居民作为保险对象,给予居民以基本生活保障的制度。它包括养老社会保险、医疗社会保险、失业社会保险、工伤社会保险、残疾社会保险、生育社会保险、疾病社会保险、遗属社会保险等项目。其中,较为主要的是养老社会保险、医疗社会保险、失业社会保险。社会保险基金一般由雇主或企业、个人缴付,政府提供补助。

政府一般以征收社会保险税(费)的方式来筹集资金,社会保险税(费)遵循横向公平原则,一般是按工薪收入的相同固定比例征收。但社会保险金的发放则以保险事件的发生为原则,只要符合社会保险金的领取条件,不论缴付社会保险税(费)的多少,被保险人可依照规定领取或获得相应数额的社会保险金。虽然某些保险项目,被保险人领取的社会保险金同其个人或单位缴付的社会保险税(费)具有正相关关系,但一方面大部分保险项目不具有此特征,另一方面社会保险金的支付以保险事件的发生为原则,因此若未发生社会保险法规所规定的支付保险金的保险事件,被保险人也不可能得到任何保险金。这样就使得被保险人所缴付的社会保险税(费)同其所获取的社会保险金数额不相一致,从而使社会保险具有收入再分配的功能。一般来说,低收入居民获取的社会保险金数额要高于其缴付的社会保险税(费),而高收入居民所获取的社会保险金数额要低于其所缴付的社会保险税(费)。因此,社会保险也是一种由政府来行使的能够使收入从高收入居民向低收入居民转移的手段,可以起到缩小居民收入差距的作用。

### 6. 发展社会救助和社会福利

社会救助是当居民遭受自然灾害、意外事故,或因个人生理、心理出现残障等原因而致生存困难时,由政府(有关部门)按照法定标准向其提供货币或非货币形式援助的社会保障制度。社会救助包括救灾、扶贫以及特殊救助等,其救助对象是因各种原因而面临生存危机的居民。社会救助具有缩小居民收入差距的作用。它是通过对完全无收入来源或收入不足以满足生存之需的居民提供援助而发挥作用的。居民在获得政府救助后,收入水平得以提高,有利于居民的生存保障。社会救助的这种作用是社会保险、社会福利所不具有或不可替代的。

社会福利是指政府为保障居民的基本生活需要或提高居民物质生活水平而向居民提供的福利性经济支持的社会保障制度。它包括残疾人福利、老年人福利、儿童福利、妇女福利、住房福利、教育福利、职业福利、家庭津贴、公共交通津贴等具体内容。政府的社会福利基金主要源于政府的一般财政收入。由于福利享受的平均性质以及一些社会福利项目的有选择性,使得社会福利具有收入再分配的性质。同时,无选择性的社会福利是居民人人可以享受的,而有选择性的社会福利只有一部分居民可以享受,其中一些福利项目,如残疾人福利、老年福利等只能由无收入来源或收入低的居民阶层享受；还有一些项目，如儿童福利、教育福利等有利于保障儿童的健康成长和提高劳动力素质，这对低收入居民是有利的，可以起到促进机会平等的作用。因此，社会福利同其他社会保障制度一样可以发挥缩小居民收入差距的作用。

### 7. 制定和实施反就业歧视和反工资歧视的法律

政府促进教育发展的政策能不能起到缩小居民收入差距的作用，要受劳动力市场的制约。劳动力市场的就业歧视和工资歧视是阻碍这种作用得以发挥的重要因素。

就业歧视包括性别歧视、种族歧视、宗教歧视、地域歧视、身份歧视等。表现在劳动力市场上就是一部分劳动者得不到就业机会，或者只能在低职位、低工资的行业或单位就业。这样，就会造成居民的劳动收入差距或导致居民劳动收入差距的扩大。

工资歧视简单来说就是劳动贡献相同，劳动报酬不同，即同工不同酬。其表现或者是被歧视劳动者的劳动贡献与不被歧视劳动者的劳动贡献相同，但前者所得的报酬要比后者少，或者是被歧视劳动者的劳动贡献超过不被歧视的劳动者，但前者所得报酬并不比后者多。引起工资歧视的因素有很多，如性别、种族、宗教信仰、地域、身份等差异。无论是何种因素造成的工资歧视，都会导致或扩大居民劳动收入的差距。

由就业歧视和工资歧视所引起的收入差距，不仅会损害机会平等，而且会严重损害经济效率的提高。政府制定和实施反就业歧视和反工资歧视的法律对于消除或缩小由此引起的收入差距是十分重要和必要的，是政府提供教育服务这一收入调节政策发挥作用的重要保证，它的作用是其他调节手段所不可替代的。

综上所述，政府可以采用以上几种手段来调节收入分配，但是没有任何一种手段能够同时满足缩小居民收入差距的各项目标，或者说就缩小居民收入差距的目标来说，不存在某一种最优手段。这就要求政府将各种手段配合使用，来缩小居民收入的差距，促进社会效率的提高，促进社会公平。

### 8. 政府运用调节手段应遵循的原则

各种调节手段都有其缺陷，因此政府在运用这些调节手段时应对其缺陷加以弥补或避免，力求实现优化组合。为达到这一目的，应依循以下几项原则。

(1) 根据收入调节领域不同和收入调节目标不同选择合适的收入调节手段。如要增加低收入居民的绝对收入，应当使用社会福利政策；要降低高收入居民的收入，应当使用征收所得税和遗产税的手段；要增加劳动者的收入，应当采用发展教育和提高劳动力市场竞争性的政策手段等。

(2) 任何一种政策手段的运用都不应损害另一种政策手段的优越性，而应该是对另一种政策手段缺陷的补充。

(3) 调节手段的组合应以促进效率的提高和促进社会公平为目标。

## 8.3 西方国家的收入分配与社会保障制度

### 8.3.1 西方国家的收入分配理论

西方国家的收入分配理论流派多、发展历史长且内容丰富。从收入分配角度来看,有些主要是研究初次分配的理论,有些主要是研究再分配的理论。特别是收入再分配理论,主要致力于研究政府为什么以及如何参与分配以促进社会公平,包括对理念、目标、主张、方式等的研究,其中关于收入分配的价值目标和政策主张等有许多合理的成分。批判性地吸收其合理内涵,对我国协调利益关系、构建和谐社会具有重大的理论价值和现实意义。

1. 功利主义的收入再分配理论

功利主义是由英国哲学家边沁和古典经济学家穆勒共同创立的,其理论主要包括政府收入再分配的目标和政策。

1) 收入再分配政策的目标是实现最大多数人的利益最大化

功利主义的理论出发点是功利即效用。所谓效用,是指人从其生活的环境中得到幸福或满足的程度。社会效用或社会福利是无数个人各自效用的总和,其计算公式为

$$W = U_1 + U_2 + \cdots + U_m \tag{8-1}$$

式中:$W$ 表示社会效用;$U$ 表示个人效用。

公式(8-1)表明,社会效用或社会福利是无数个人各自效用的总和。在激励机制的作用下,个别人的效用应该服从社会总效用。在此基础上,功利主义提出其基本论点:政府的正确目标应该是让社会每一个人的效用总和最大化。所谓每一个人的效用总和,即最大多数人的效用和利益。

2) 政府政策的落脚点在于促进分配总量的最大化

为了实现社会每一个人效用总和的最大化,即最大多数人的效用和利益,功利主义主张政府施政的落脚点在于实现最大多数人利益的最大化。功利主义认为,一个穷人每增加1美元收入的效用要远远大于富人增加1美元的效用,但功利主义并不主张政府通过收入再分配,实现社会收入分配的平均化。因为功利主义在强调效用递减的同时,更强调人们会对激励作出的反应。如果通过政府的税收和转移支付制度把有钱人收入的一部分转移给低收入者,会使有钱人和穷人更加勤奋工作的动力变小,从而使整个社会收入减少,社会的总效用也就减少。因此功利主义认为,政府在收入分配问题上必须实现因平等带来的好处与因激励机制扭曲而带来的损失间的平衡。因此,为了使总效用,即社会上最大多数人的利益最大化,政府不能在收入分配上追求平等。为此,既要做大分配总量,又不能实施平均主义分配。

2. 自由主义分配正义论的收入再分配理论

自由主义政治哲学家罗尔斯在1971年出版的《正义论》中,对收入分配提出了与功利主义截然相反的主张。

1) 收入再分配政策的目标是实现社会状况最差的人的福利最大化

罗尔斯首先将正义观念确定为"作为公平之正义",并遵循两项正义原则——平等原则和差异原则来保障,即规定了两条"优先性原则",以明确两项正义原则中各要素的权重。第一

项优先原则确立了"自由的优先性",第二项优先性原则确立了正义对于效率和福利的优先性。实现社会公平正义要关注社会底层成员,强调的是处在收入分配最下层的那些人的效用最大化,其计算公式为

$$W = \text{minimum}\{U_1, U_2, \cdots, U_m\} \tag{8-2}$$

式中:$W$代表社会效用;$U$代表个人效用。

这一福利函数表明,只有当社会最差的人的处境得到改善时,社会福利才有所增长。罗尔斯认为,在初始状态下,每个社会成员都处于"无知的面纱"[①]状态,每个社会成员都是风险厌恶者。在这种情况下,他们都同意平均分配资源。如果不能平均分配资源,就应该使福利最低者的个人福利能够增加。他指出,最大化标准并不会促成一个完全平等的社会。因为那样会使人们失去勤奋工作的动力,从而造成社会总收入的减少,穷人的状况会更加恶化。可允许收入有一定限度的不平等,因为不平等可以增强激励,从而最终帮助穷人提高社会能力。表面上看,罗尔斯社会福利函数具有较强的平均主义倾向,但实际上,它的核心思想是强调关注弱势群体的福利,同时改善优势群体的福利。

2) 政府应推行收入分配平等化的公共政策

罗尔斯的分配正义论更关心最不幸的社会成员,要求政府的收入分配政策向他们倾斜。选择公正的收入分配政策,目标是实现社会中状况最差的人的福利最大化。为此,政府推行收入分配平等化的公共政策,把富人收入转移给穷人,增进最不幸的人的福利,力求使社会中的每个人都能从这种不平等的改进中获益,这种分配才是正义的。政府的收入再分配是社会保险的一种形式,在向富人征税补贴穷人时,每一个社会成员也就为防止自己成为穷人进行了保险,使每个人都生活在一个有保险的社会中。

3. 机会平等主义的收入再分配理论

这是自由意志主义者诺齐克的思想,1974年,他在《无政府、国家和乌托邦》一书中系统构建了新正义论体系,即权利(资格)理论。

1) 收入再分配政策的目标首先是坚持持有公正

持有公正包括权利、机会、规则和结果的公正,但诺齐克比较侧重经济领域中的权利。他认为,在经济领域中,个人权利意味着个人对经济利益的持有权利或持有资格。那么他所认为的持有(诺齐克认为,持有比分配更带有中性)、权利或资格源于何处呢?也就是说,个人权利正义性如何从对经济利益的持有中获取呢?显然,如果从持有中来,那么保证个人权利正义性,就必须使持有更具正义性。这就是诺齐克的持有正义原则,即用持有正义来代替分配正义。他认为,所谓财富的分配问题,也就是财产的持有问题,而财产持有的正义主题包括三个基本论题:第一是持有的最初获得,或对无主物的获得。如果这个持有完全是通过合法手段实现的,那么这个持有就是正义的。这可以称为获取正义原则。第二是持有的转让,如果个人之间转让是通过合法自愿的交换、馈赠等方式完成的,那么这种转让就是正义或正当的。这就是转让正义原则。但是,现实中个人对经济利益持有并非都符合上述两项正义原则,通过非法或不正当手段(偷盗、欺诈、强夺、腐败等)而获取或转让持有,则是非正义的,就必须对这种非

---

[①] 无知的面纱,亦译"模糊面纱""无知之幕",指一种假设的社会状态。在这种状态下,所有竞争者完全不知道自己在未来竞争中将处于何种地位,也无法预见竞争结果与自己的联系。

正义持有进行矫正。这就是持有正义第三个原则，即矫正正义原则。总之，分配正义的原则说明，如果所有人对分配的持有都是有权利的，那么这个分配就是公正的。

2) 政府收入分配政策应致力于促进持有公正的实现

诺齐克一再强调收入取得的正当合法性的目的并非鼓励弱肉强食，而是着眼于机会平等。他认为，机会平等比收入平等更为重要。政府在收入分配上所应做的事只有一件，即强调个人的权利，确保每个人有同样发挥自己才能的机会并获得成功和相应的报酬。只要建立了使个人充分发挥自己才能的制度框架，政府也就没有必要为改变既定收入分配而操心。

社会福利不应只考虑境况最好或境况最差的群体的福利，即不应该从结果的角度，而应从程序的角度来评价分配公平。只要个人的基本权利得到了尊重，任何分配都是公平的。权利是不可剥夺的和绝对的，除了有义务尊重他人的基本权利之外，不应受到任何约束。在不考虑个人的效用水平和差别的情况下，这些权利包括生存权、获得个人劳动产品的权利和自由选举权。

### 4. 福利经济学的收入再分配理论

福利经济学(按其发展，分为新、旧福利经济学)围绕社会福利最大化的目标，以效率、公平、发展作为理论研究的核心议题，探讨既能促进经济发展、效率提升，又能保障公平公正原则的制度选择与安排。也就是说，福利经济学主要研究社会福利最大化、福利的合理分配和公平的关系。

1) 旧福利经济学的收入再分配理论

收入分配政策目标是实现社会福利最大化。以庇古为代表的旧福利经济学，主要由基数效用论和有关社会福利的三个基本命题构成。基数效用论以货币金额来度量效用和社会福利，主张个人福利是可以计量的。该理论认为，经济福利和国民收入这两个概念是对等的。从基数效用假设出发，庇古提出社会福利最大化的三个基本命题，国民收入越多，社会福利也就越多；国民收入中穷人所占份额越大，社会福利也就越多；国民收入增长越稳定，社会福利越多。

政府收入分配政策主张促进国民收入公平分配。庇古认为，要想增加经济福利，就必须要增加国民收入，消除国民收入分配不均等的情况。庇佑主张政府经济政策以国民收入最大化、分配平等化、国民经济增长稳定化为基本目标。总体来说，其思想强调公平和效率兼顾，既强调增加国民收入，又关注穷人在国民收入中所占份额，强调国民收入的公平分配。

2) 新福利经济学的收入再分配政策

新福利经济学是由意大利经济学家帕累托创立的，他反对庇古关于效用可度量和效用可比较两个基本命题，反对庇古的收入平等化政策主张。帕累托认为，社会福利取决于每个人的效用，而每个人的效用是人的主观心理感受，具有不可比性，无法计算。他认为效用的大小不能测量，但可以用序数进行排序，并利用无差异曲线分析法建立了序数效用论。但消费者追求的最大满足不是如庇古所理解的那样力求达到最大满足总量或最大效用总量，而是力求达到最高的满足水平，即最高的无差异曲线。

新福利经济学避开了收入分配，只探讨资源配置对社会福利的影响(本书第2章有过专门阐述)，提出帕累托最优原则，并将其作为社会福利最大化的标准。帕累托最优原则强调提高效率对社会福利的积极作用，表明以效率为目标的分配，能够不断地提高整个社会福利水平。这种思想的积极意义在于强调提高效率、促进发展对促进公平实现的意义。

同时，解决效率和公平问题才能实现社会福利最大化。市场经济中的自由竞争能保证资源配置达到帕累托最优。这样，自由竞争使新福利经济学想要回避的公平问题重新被提了出来。自由竞争的必要前提就是公平。所有人应该有同等机会支配社会资源，所有生产要素应自由流动，自由竞争的结果也必然是经济公平的实现。简言之，没有公平就没有效率，只有同时解决效率与公平问题，才能使社会福利达到最大化。经济效率是社会福利最大化的必要条件，合理分配是社会福利最大化的充分条件。

5. 货币主义学派的收入再分配理论

以米尔顿·弗里德曼为首的一批西方经济学家反对凯恩斯主义者所主张的向低收入者发给差额补贴的福利制度，提出了正负所得税相结合的收入再分配制度。

1) 正负所得税双向调节，促进公平又不损害效率目标

货币主义学派认为，高经济效率来自自由竞争，没有竞争就没有效率。向低收入者发给固定的差额补贴不利于激发他们的进取心，有损于自由竞争和效率。但是，救助穷人又是政府应尽的职责。为了既能消除贫困，又不损害效率，该学派极力主张建立一种新的收入分配制度，这种分配制度应将正负所得税结合起来，体现政府对收入分配的双向调节，正所得税调节高收入者，负所得税调节低收入者，既确保最低收入阶层的最低福利水平，又不因此牺牲效率。

2) 负所得税方案及其政策主张

负所得税是以政府向个人支付所得税来代替社会福利补助的一种形式。由于是政府向个人支出所得税，对政府来说，是个人所得税的负收入，所以称之为负所得税。这种称法也强调了它与现行的所得税之间在概念与方法上的一致性。

这种方案试图将现行的所得税的累进税率结构进一步扩展到最低收入阶层。负所得税是政府对于低收入者，按照其实际收入与维持一定社会生活水平需要的差额，运用税收形式，依税率计算给予低收入者补助的一种方法。通过负所得税对那些纳税所得低于某一标准的人提供补助，补助的数额会随其收入的增加而逐步减少，其计算公式为

$$负所得税 = 收入保障数 - (个人实际收入 \times 负所得税率) \qquad (8\text{-}3)$$

$$个人可支配收入 = 个人实际收入 + 负所得税 \qquad (8\text{-}4)$$

实际上，负所得税可以通过收入或享受上的差别来鼓励低收入者的工作积极性。负所得税将确保最低收入，与此同时又避免了现行福利计划的大部分缺陷。这种方案的优点很突出，具体表现为：它使得公共基金集中用于补充穷人的收入，而不是无目标地分配资金；它使穷人担负起对自己的福利状况的责任，从而促进其独立与自立习惯的培养；它使穷人具有自助的动力，耗费较少，却可以更多地帮助穷人。可见，负所得税对低收入者的补助不搞平均主义，量能补助，可防止将低收入者的收入拉平，鼓励低收入者勤奋工作，最终减少对补助的依赖。

西方收入再分配理论是西方资本主义经济社会发展的经验总结和理论成果，其发展演变既是理论丰富和完善的过程，也是资本主义利益关系调整、福利水平提高、社会矛盾缓和的过程。但这并不能排除其中许多合理成分对我国协调利益关系所具有的借鉴价值。为此，我们应在坚持马克思主义指导地位的前提下，批判地吸收、借鉴其有益成分。

## 8.3.2 西方国家的社会保障制度模式

收入分配的调节与社会保障制度紧密相关,西方发达国家无一不运用国家权力对国民收入进行再分配,构建全面而独特的社会保障制度体系,只不过因为社会背景与历史发展过程不同,各国侧重点有所不同:有的注重运用税收手段,有的注重建构社会保障。大体而言,可以归纳为具有代表性的三种制度模式:美国的自由市场经济模式,瑞典的福利国家模式,德国的社会市场经济模式。

### 1. 美国的自由市场经济模式

美国是典型的市场经济国家,崇尚自由竞争,主张把国家对经济的干预降到最低限度。在收入分配上,美国的基本原则是效率优先、兼顾公平。但是,随着执政党的交替,其侧重点也有所变化。一般而言,共和党比较强调市场和效率,民主党则相对重视公平。

与其他国家一样,税收和公共支出是美国对收入分配进行调节的主要手段。美国联邦实行严格的所得税累进税率,如表8-2所示,最低税率是10%,最高税率是39.6%。就最高税率而言,美国是西方发达国家中较低的。美国很多总统推崇供给学派的观点,将减税作为竞选的重要纲领,比如1980年,共和党人里根当选总统时,最富有的美国人边际税率为50%。里根认为,这种高税率极大地打击了人们对工作和储蓄的积极性。他主政期间,先后于1981年和1986年两次签署大幅度减税法案。1989年,里根离开白宫时,最富有的美国人的边际税率只有28%。老布什、小布什、奥巴马以及特朗普,也将减税作为施政重点来刺激经济的增长。据相关数据显示,美国联邦所得税绝大部分由富人缴纳,而且他们的税负不断攀升。2010年,10%的纳税人贡献了70%多的联邦所得税;而1986年,这一数据仅为55%。另外,2010年,有近47%的美国人不交税。

表8-2 2014年美国联邦政府所得税税率

| 应纳税收入/美元 | 税率/% |
| --- | --- |
| 9075及以下 | 10 |
| 9076~36 900 | 15 |
| 36 901~89 350 | 25 |
| 89 351~186 350 | 28 |
| 186 351~405 100 | 33 |
| 405 101~406 750 | 35 |
| 406 751及以上 | 39.6 |

资料来源:曼昆.经济学原理(微观经济学分册)[M].北京:北京大学出版社,2020:244.

美国的社会保障体系十分健全,工程庞大而复杂。1935年,在罗斯福总统的推动下制定了《社会保障法》,并在联邦政府内设立了社会保障署。美国的社会保障主要由社会保险和社会福利两部分组成,均由联邦社会保障总署掌管。

社会保险包括养老保险、遗嘱保险、伤残保险和老年医疗保健。老年医疗保健是向65岁以上的老人提供医疗服务。联邦政府向雇主和雇员征收等额的社会保险税来维持社会保险体系的运作。社会保险所需财政支出占联邦预算支出的60%以上。在社会保险中,对老人的保险和医疗占了主要部分,仅养老保险一项就占社会保险开支的60%。除此之外,企业的退休福利、个人养老储蓄及商业性养老保险也对政府养老保险做一定量的补充。

社会福利主要为伤残、穷人、特定的少数民族提供实物和现金帮助。例如，单亲家庭的孩子、生活困难的家庭均可从联邦有关机构领到救济金、食品券以及棉衣等物品，可以享受价格低廉的住房。

美国的医疗保险主要是官助民办，官方通过向商业保险机构提供少量资助或补贴来向国民提供各种类型的医疗保险。对于特别困难的穷人，联邦政府于1965年建立了穷人医疗援助项目，向他们提供免费的基本医疗服务。2010年"奥巴马医改"后，美国的医疗保障体系几乎覆盖全体美国人。

美国的失业保障系统是由州自行建立和管理的。美国法律规定，各州必须建立经联邦政府批准的失业保障制度，失业者可以从公共就业处领取失业津贴，以失业保险税筹集的资金不得挪用，各州的事业储备金必须存入联邦政府的国库。失业津贴的数额相当于失业前工资的50%~70%，一般以每月2000美元为上限，领取时间为半年，最长不超过1年。失业救济金的领取者必须向政府提供自己正在努力寻找工作的证明。

### 2. 瑞典的福利国家模式

以瑞典为代表的北欧国家是典型的福利国家。所谓福利国家，是指国家有意识地运用公共权力，努力减少市场失灵，保证个人和家庭的最低收入，保证个人和家庭有能力应付疾病、年老和失业等社会意外事故，保证在一定范围内的社会服务面向所有国民，提供尽可能好的服务。福利国家的基本出发点是在市场经济基础上，国家重视国民收入再分配，国家为所有人的福利负责，直接帮助受市场不利影响的人，减少引起社会震荡的因素，降低社会不稳定的程度。

瑞典被称为"从摇篮到坟墓"都由政府承包起来的福利国家。这种福利模式有两大特点：一是激进的收入均等化；二是高而全的福利制度。这种福利制度，主要通过激进的个人所得税来实现。从瑞典年薪最高的110家大中型企业的领导人与普通工人的年薪比例来看，税前两者的差距是127:1，税后则下降为5:1，可见瑞典个人所得税的累进程度之激进。

瑞典政府向国民提供的福利主要有医疗保险、养老保险、工伤保险、儿童抚养津贴、失业保险、工资补助金、劳动力市场资助等。其中医疗保险除向病人提供完善的医疗服务外，不同的病人还可享受到全额为正常工资90%的病人津贴、怀孕津贴、父母津贴等现金补贴。瑞典福利模式的一个重要特点就是普遍原则，不管是什么福利，只要是瑞典公民，不管其收入如何，均可享受同样的社会保障。

但是，这种高福利制度模式是靠征收高额累进税来支撑的。税收过高，就会打击人们的劳动积极性。20世纪70年代中期以来，瑞典职工的工资有了较大幅度的增加，但人们不愿意进入高一级的累进税缴纳标准，因为很多人工资增加的部分反而不能抵补多交的税款部分。为了维持收入不致跃入高一级的纳税标准，很多职工隔一段时间就要请几天病假。据统计，许多工厂企业的缺勤率常常超过20%，极大地影响了企业的生产效率。同时，由于福利政策给予无业者和失业者的社会保险同在职人员的收入相差无几，依赖社会保障不但可以维持基本生活，而且不用纳税，催生了一批寄生于该制度的不愿意工作的"食利者"，这不仅破坏了福利制度建设的初衷，而且造成了许多新的社会问题。瑞典经济学家林德贝克把这种现象称为福利国家中的

"工作泄劲"。他指出,在高税收和高福利的情况下,会产生出一种"替代效应",即人们宁愿以多缺勤来取代多工作,以便在家里从事某种服务性生产,有的甚至干私活,或者以"失业"替代"就业",以便靠失业救济金生活而等待更好的工作。

### 3. 德国的社会市场经济模式

德国实行的社会市场经济模式,实际上就是市场经济、广泛的政府调节和充分的社会保障的综合运用。该模式力求在市场经济框架内,寻找效率与公平、个人积极性与社会平等之间的平衡。

德国的社会收入分配制度模式是通过两个层次来实现的:按照效率的高低,通过市场机制完成国民收入的初次分配;然后按照公平原则,由国家行使公共权力对收入进行再分配。国家通过累进的个人所得税进行二次分配。德国最高个人所得税率为53%,起征点根据经济发展情况不断调整。总体来说,德国政府利用税收杠杆调整收入差距的力度是很大的。

德国的社会保障体系虽然不及瑞典等福利国家完善,但十分充实,建立了养老保险、失业保险、工伤保险、社会救济等制度。其中养老保险鲜明地体现了跨代分配理论,明文规定下一代人要承担上一代人的养老费用,养老金额相当于退休前工资的63%~68%。失业保险是强制性的义务保险,失业者可在规定期限内领得失业前工资的63%~68%。医疗保险也是强制性的,凡有工资收入者必须参加医疗保险,凡参加医疗保险者,其家属也可以享受免费的医疗服务。在德国,约90%的人受到社会保障体系的严密保护,作为代价,每年有近1/3的国民生产总值将用于社会保障支出。

除了直接的社会保障以外,德国政府还在保障就业、提供教育等方面作出努力。法律规定,在劳资纠纷和就业方面,职工有权共同参与决策。不仅在职工人受到劳动保护政策的保护,失业者也可享受免费职业介绍服务和技能培训,政府支付选定职业过程中的所需费用。

德国的社会市场经济分配制度模式对社会保障的重视,虽然对经济发展的效率产生了一定的消极影响,但总体上是成功的,对稳定社会产生了重要的作用。这告诉我们,分配公平对稳定社会不无益处,只要把握得当,并不一定会影响效率的提高。当然,德国的社会市场经济也面临新的挑战。作为欧盟内部经济最发达、综合实力较强的国家之一,在当前全球经济危机和欧债危机的影响下,德国能否保持良好的经济发展态势,在欧盟内部大量外来劳动力涌入的情况下,德国财政能否维持较高的福利水平,值得我们继续观察。

## 8.4 我国的收入分配与社会保障制度

### 8.4.1 我国的收入分配制度

#### 1. 我国收入分配制度的演变

我国从计划经济体制向市场经济体制转变后,收入分配制度经历了一个演变过程,分配方式从计划经济时期的集体主义绝对公平向分配主体、分配方式、分配渠道多元化的分配方式转变,同时在不同发展时段,分配原则根据效率与公平的平衡关系也在不断地适时调整。

1) 分配方式——由一元到多元

在改革开放初期，邓小平同志以改革创新的魄力和勇气，从根本上突破了传统观念的长期束缚，创造性地提出了中国特色社会主义分配理论。

(1) 坚持按劳分配原则。邓小平同志提出，虽然随着所有制结构和市场经济的发展，分配主体、分配方式、分配渠道都呈现多元化，但是绝不能以分配方式的多元化来否定按劳分配及其主体地位。否定了按劳分配的原则，就否定了社会主义的基本经济特征。

(2) 坚持按劳分配与其他分配方式共同发展。由于多种所有制共同发展，相应出现了除按劳分配以外的其他分配方式。这是我国政府和人民在总结中华人民共和国成立后正反两方面的经验教训的基础上形成的共识，并在党的十五大上得到进一步肯定。这一次的改革主要是突破了长期以来分配制度上"吃大锅饭"的平均主义弊端，突破了按劳分配唯我独尊、绝无仅有的局面。允许其他分配方式在按劳分配占据主体地位的前提下存在，这是突破计划经济体制的必然要素，然而，这与生产力的发展、改革的要求还相距很远。

随着改革的深入，为动员社会一切力量参与到社会生产中来，党的十六大明确提出了"确立劳动、资本、技术和管理等生产要素按贡献参与分配的原则"，从而确立了社会主义市场经济体制下应有的分配方式。按生产要素分配是指每一种生产要素都参与财富的创造，都发挥自己的潜能，都有得到与自己的贡献相适应的收入份额的权利，是真正"各尽所能、各得其所"的制度。

2) 分配原则的适时调整——效率与公平的平衡

在改革开放的不同历史时期，为适应社会生产力发展的要求，在分配原则问题上，我国走过了从"效率优先，兼顾公平"，到"初次分配注重效率，再分配注重公平"，再到"初次分配和再分配都要处理好效率和公平的关系，再分配更加注重公平"这样一条路。

改革开放初期，为了尽快改变我国社会生产力落后的局面，党和政府提出了一部分地区、一部分人靠诚实劳动先富，先富带动后富，最终实现共同富裕的发展道路。这体现了效率优先、兼顾公平的原则。然而，随着我国社会的进步和人民生活水平的提高，我国社会中的贫富差距问题突显。为此，党的十八大报告明确提出"实现发展成果由人民共享，必须深化收入分配制度改革，努力实现居民收入增长和经济发展同步、劳动报酬增长和劳动生产率提高同步，提高居民收入在国民收入分配中的比重，提高劳动报酬在初次分配中的比重。初次分配和再分配都要兼顾效率和公平，再分配更加注重公平"。2013年2月，国务院批准了发改委、财政部、人力资源和社会保障部《关于深化收入分配制度改革的若干意见》，进一步提出"初次分配和再分配都要兼顾效率和公平，初次分配要注重效率，创造机会公平的竞争环境，维护劳动收入的主体地位；再分配要更加注重公平，提高公共资源配置效率，缩小收入差距"。收入分配理念的变革，意在遏制近年来收入分配状况恶化、贫富差距不断扩大的趋势。如何使"再分配更加注重社会公平"的原则真正体现在国家的收入分配政策中，正在成为受全社会重视、需要各方着力解决的问题。

因此，解决好民生问题始终是政府的核心任务。在经历了满足人民低层次的温饱需求的收入分配阶段后，现阶段的民生问题已经不再是简单的衣食之忧，而是包括教育、医疗、就业、收入分配乃至公平正义、民主法制等全方位的、高层次的民生问题。

## 2. 我国的收入分配现状

近年来，随着我国经济持续恢复，就业形势总体稳定，企业效益改善，基本民生保障有效有力，这些都促进了居民收入的恢复性增长，收入差距有所缩小。但也要看到，我国收入分配问题仍然存在，收入分配现状主要表现为以下几点。

### 1) 城乡居民收入倍差呈缩小趋势

城乡居民收入差距在改革开放后30年间呈现逐渐扩大趋势。1978年，城镇居民和农民收入之比为2.56:1，1985年缩小为1.86:1，此后差距有所扩大，2010年城乡居民收入比达到峰值3.23。此后，随着精准扶贫、乡村振兴、加强农业农村发展等政策的深入推进，农村居民收入增长明显快于城镇居民，城镇居民和农村居民收入缩小的趋势一直在持续。2021年，农村居民人均可支配收入名义增长和实际增长分别为10.5%、9.7%，分别快于城镇居民2个以上百分点，城乡居民人均可支配收入比为2.5，比上年缩小0.06(见表8-3)。然而与此同时也应注意，农村居民的收入中有相当一部分是实物收入，而城镇居民收入中各种各样的隐性福利、教育福利、卫生福利等并没有纳入统计范围，因此，城乡收入的实际差距可能会更大。

表8-3　1978—2021年我国城乡居民人均收入比较

| 年份 | 城镇居民人均可支配收入/元 | 农村居民人均纯收入/元 | 城镇居民人均可支配收入/农村居民人均纯收入 |
|---|---|---|---|
| 1978 | 343 | 134 | 2.56 |
| 1980 | 478 | 191 | 2.50 |
| 1985 | 739 | 398 | 1.86 |
| 1990 | 1510 | 686 | 2.20 |
| 1995 | 4283 | 1578 | 2.71 |
| 2000 | 6280 | 2253 | 2.79 |
| 2005 | 10 493 | 3255 | 3.22 |
| 2010 | 19 109 | 5919 | 3.23 |
| 2011 | 21 809 | 6977 | 3.13 |
| 2012 | 24 565 | 7917 | 3.10 |
| 2013 | 26 955 | 8896 | 3.03 |
| 2014 | 28 844 | 10 489 | 2.75 |
| 2015 | 31 195 | 11 422 | 2.73 |
| 2016 | 33 616 | 12 363 | 2.72 |
| 2017 | 36 396 | 13 432 | 2.71 |
| 2018 | 39 251 | 14 617 | 2.69 |
| 2019 | 42 359 | 16 021 | 2.64 |
| 2020 | 43 834 | 17 132 | 2.56 |
| 2021 | 47 412 | 18 931 | 2.50 |

资料来源：中华人民共和国国家统计局.中国统计年鉴2021[M].北京：中国统计出版社，2021.

### 2) 中西部地区居民收入增长较快，区域间相对差距缩小

改革开放后，我国实行鼓励东南沿海和特区优先发展的区域倾斜政策，由此造成了一个时期内不同区域间经济发展的巨大差距。近年来，在区域重大战略和协调发展战略实施作用下，

中部地区、西部地区居民收入增长快于全国居民。2021年，中部地区居民人均可支配收入增长9.2%，西部地区居民人均可支配收入增长9.4%，分别快于全国0.1、0.3个百分点，西部地区与其他地区居民收入相对差距进一步缩小。

3) 收入分配格局仍需调整

虽然从整体来看，我国居民收入相对差距有所缩小，但城乡之间居民收入绝对差距、区域之间收入差距、不同群体之间收入分配差距仍然存在。下一阶段，坚持发展是第一要务，坚持以人民为中心的发展思想，坚持就业优先政策和促进增收措施，构建初次分配、再分配、三次分配协调配套的基础性制度安排，持续推进基本公共服务均等化，逐步缩小收入分配差距，扎实推进共同富裕。

4) 健全国民收入再分配制度

国民收入再分配是国民收入继初次分配之后在整个社会范围内进行的分配，是指国家的各级政府以社会管理者的身份，主要通过税收和社会保障的形式参与国民收入分配的过程。再次分配制度是对初次分配中存在的市场失灵的有效矫正，是以公平为目标对社会弱势群体的主动救助机制。随着社会主义市场经济体制的不断完善，再分配在我国收入分配中需要发挥的作用也越来越大。

5) 隐性收入、非法收入问题突出

非法收入具有很强的示范效应，会诱使其他社会成员通过非法手段来扩大收入份额，最终导致市场环境恶化。因此，严厉打击非法收入刻不容缓。打击非法收入，政策应具有全面性、覆盖性与连续性，应提升对非法收入的监督与处理程序的权威性。

### 3. 改革我国收入分配制度的思考

基于本章以上论述，收入差距问题实际上是对公平与效率关系的认识问题。公平和效率如同一个硬币的正反两面，不可分离。我们既不能因为追求公平而放弃效率，也不能因为只顾效率而忽视公平。只有经济社会发展效率不断提高，社会整体财富才能持续稳定增加，为在更高层次上实现公平奠定物质基础；但如果忽视社会公平，收入差距超过合理的限度，就会挫伤一部分社会成员的积极性，反过来影响发展的效率，甚至使发展的成果毁于一旦。合理的收入分配制度是社会公平的重要体现。目前，深入收入分配改革的思路是坚持按劳分配为主体、多种分配方式并存的分配制度，在初次分配和再分配中处理好效率和公平的辩证关系，提高低收入者收入水平，有效调节过高收入，区分轻重缓急，逐步化解社会收入分配的矛盾。改革收入分配制度具体应做如下几点思考。

1) 建立和谐的社会收入分配制度体系

(1) 制定城乡收入分配政策需把重点放到农村。全面完善新型农村基本养老保险、新型农村基本医疗保险制度的试点工作，为农民建立全面覆盖的社会保障体系。对有条件的农村要鼓励实行商业保险制度，加大对贫困地区社会救助制度的财政转移支付力度。

(2) 制定地区收入分配政策需把重点放到对中西部的扶持上。在收入分配方面，政府有关部门要指导中西部地区制定针对本地区开发时期的收入分配政策，避免这一时期由于经济发展变化较大或经济的不确定性引发的收入水平大起大落的情况发生，特别要防止中西部地区利用国家投入的资金向个人分配倾斜，造成资源配置效率的下降和新的分配不公。

(3) 制定行业收入分配政策需把重点放到垄断行业上。解决垄断行业收入过高的问题，一是要打破垄断，对那些能够由市场和民间配置资源的行业制定准入门槛，从源头上铲除过高收入；二是要对垄断行业征收资源垄断税，依靠对资源和市场的垄断获取的经济收入应由国家享有，而不应由这些行业的员工直接参与分配；三是对垄断行业的工资总额、福利分配和人工成本实行财政集中控制，企业只拥有内部分配自主权，根据员工的工作业绩和实际表现，在国家规定的工资总额、福利总额和人工成本总额范围内进行自主分配，分配给员工个人的收入不允许从其他任何渠道列支。

(4) 制定企业收入分配政策需把重点放到民营企业上。建议国家有关部门把政策对象从偏国有企业转向偏民营企业。在这种类型的企业中，有一些企业任意压低员工工资，延长工作时间，不支付加班费，使劳动者劳动报酬与其提供的劳动极不相符。根据这类企业的特殊性，要重点完善劳动合同制度和劳动保护制度，加大劳动保障监察执法力度，以维护分配的公平与公正。

2) 推进初次分配领域改革

(1) 强化竞争机制，打破行业垄断。要打破行业垄断，首先，打破市场准入机制。完全放开不具有自然垄断属性的行业准入限制；对于具有自然垄断属性的行业，也要尽可能让民营企业进入并参与竞争，通过竞争降低产品和服务的价格，以消除高额垄断利润，缩小收入差距。其次，加快政府职能转变，进一步强化竞争机制，推进垄断性行业、国有企业公司制改革，规范公司的法人治理结构，健全垄断企业的内外部监管机制，并不断规范垄断行业的收入分配秩序。最后，要在健全反垄断法律法规的基础上，改进监管体制，割断错综复杂的利益关系，打破行业垄断。

(2) 推进农村改革，缩小城乡差距。首先，加快农村城镇化进程。在农村经济发展的基础上推进城镇化进程，有利于农村剩余劳动力的转移和农业生产方式的转变，可以实现城乡良性互动，增加农民收入，提高农村的经济效率和社会福利。其次，加快农业产业化步伐。拓展农业发展空间，扩大农产品市场容量和农业经营规模，通过农业产业化提高农业生产效益。最后，加大对农业、农村、农民的政策支持力度。加强农业基础设施建设，健全农村市场和农业服务体系；加大支农惠农政策力度，建立农民减负增收的长效机制；多渠道转移农民就业，优化农民工就业创业环境，进一步落实统筹城乡发展的重要思想，逐步形成城乡融合、城乡平衡、城乡一体的经济社会运行机制。

(3) 加大支持力度，缩小区域差距。采取转移支付及其他方式，加大对中西部地区的支持力度，加快基础设施建设，实施有利于中西部发展的区域和产业政策，支持中西部地区的发展。通过区域经济发展，缩小区域性收入分配差距。

3) 强化再分配功能

(1) 强化再分配功能，全面贯彻落实"提低""调高""扩中"战略。通过"提低""调高""扩中"等措施，可以将我国目前不合理的"正三角形"收入分配结构引导至以中等收入群体为主体、较为合理的"橄榄型"收入分配结构。

(2) 完善税收体系，强化税收的收入分配职能。改进个人所得税制度，实行综合与分类相结合的个人所得税模式，对工薪所得、经营所得、劳务所得、财产租赁所得和财产转让所得按年综合征税，适用超额累进税率；对个人利息、股息、红利等其他所得，继续实行按次分类征税。加强对财产的税收调节力度，推进房地产税制改革，研究开征财产税或遗产税等，通过这些税收引导财富向社会转移。

(3) 加强税收征管工作，建立个人收入双向申报制度和交叉稽核制度。建立健全个人收入检测体系，提高收入透明度，对高收入者进行重点管理，加强个人所得税的征管工作。改进税收征管方法和手段，严厉打击各种偷、漏、逃、抗税的行为。

(4) 完善社会保障体系。坚持社会统筹和个人账户相结合，完善城镇职工基本养老保险和基本医疗保险制度，健全失业保险制度和城市居民最低生活保障制度。确保国有企业下岗职工基本生活费和离退休人员基本养老金按时足额发放，使所有符合条件的城市居民都能得到最低生活保障。

> **专栏8-4  收入分配的三种形态**
>
> 一个国家的收入分配状况可以表现为铁饼型、尖帽型和橄榄型三种类型。
>
> 铁饼型收入分配的特征是中间的最高收入人群和边缘的最低收入人群差别较小。这种分配类型的优点是人与人之间的收入平等程度高；不足之处是每个人的经济贡献不能显示，不能做到奖勤罚懒、优绩优薪。因此，铁饼型收入分配不适用于发展中国家和市场经济社会。
>
> 尖帽型收入分配的特征是社会上很少数人的收入远远处于平均水平之上，有少数人的收入处于平均水平，而大多数人的收入都大大低于平均水平，处于贫困线和温饱水平之间。这种分配类型的优点是能够在短期内打破平均主义的分配局面，鼓励冒尖和竞争；缺点是容易形成贫富分化或收入分配两极分化。因此，尖帽型收入分配只适用于市场经济从计划经济刚刚转轨过来的初期阶段，或者早期资本主义的原始积累阶段。当社会上大多数人都具备了关于基本人权、公平竞争和公民权利意识的时候，尖帽型收入分配的负面作用可能大大超过其正面作用。
>
> 目前，橄榄型收入分配已经成为现代市场经济发展状态下大多数国家所采用的模式。它的特征是腰圆膀大、小头小尾，即最富有的人口较少，社会中的大部分成员的收入处于中等水平，构成人数最多的是中产阶级，而最贫穷的边缘人口也只占少数。因而，与铁饼型收入分配相比，橄榄型收入分配的优势是有一定收入差距，便于人们之间展开竞争；但与尖帽型收入分配相比，橄榄型的收入分配差距又没有那么大，处于收入底层的人口较少，便于实施社会救济，也有利于保障社会的稳定发展。
>
> 资料来源：吴晓燕. 公共经济学基础[M]. 北京：科学出版社，2012：281.

## 8.4.2　我国的社会保障制度

我国社会保障制度的发展历程可分为四个阶段：1978年以前是传统社会保障制度的发展阶段，1978—1992年是对传统社会保障制度的反思和探索新制度阶段，1992—1998年是新型社会保障制度的选择阶段，1998年至今是社会保障制度体系的建立和完善阶段。我国的社会保障制度从无到有，从低水平到全面覆盖，从单位保障到社会保障，从偏重城市到城乡统筹，从追求温饱到全面建成小康社会，走过了辉煌的发展道路。

**1. 1978年以前：传统社会保障制度的发展**

这一时期，立足于城乡分割的社会结构，我国社会保障制度建设呈现明显的城乡二元化特点。在城镇，根据保障对象的不同，传统社会保障制度可分为企业职工的劳动保险制度和面向机关事业单位的社保制度。在农村，土地仍是主要的保障形式，社会保障项目较为有限，主要包括五保制度、农村合作医疗制度以及少量的救灾救济项目等。

1) 城镇社会保障制度的初建和发展

1951年2月26日，政务院颁布《中华人民共和国劳动保险条例》(以下简称《劳动保险条例》)，标志着中国城镇企业职工劳动保险制度的建立。改革开放前，城镇社会保障制度的发展主要包括以下几方面。

(1) 养老保险从分立到统一。1958年以前，城镇养老保险制度分立为企业职工养老保险和机关事业单位的养老保险。1958年，国务院颁布《关于工人、职员退休处理的暂行规定(草案)》，其中规定养老保险的覆盖范围包括所有企业、机关事业单位和人民团体的工人和职员，这实际上是把企业和机关事业单位的养老保险制度统一起来。

(2) 医疗保险的分立。传统的城镇医疗保险制度主要包括公费医疗和劳动保险医疗(以下简称"劳保医疗")，其中，公费医疗主要面向机关事业单位，劳保医疗主要面向企业职工，两者在资金来源和管理方面亦不相同。

(3) 两种工伤保险制度。传统的工伤保险制度分别面向企业和机关事业单位。企业职工的工伤保险制度是根据《劳动保险条例》建立起来的，是城镇职工劳动保险的一个组成部分。机关事业单位关于工伤保险制度方面的规定最早见于1950年12月11日的《革命工作人员伤亡褒恤暂行条例》，后来经过三次修订，标准待遇逐步提高。

2) 农村社会保障制度的建立与繁荣

改革开放前，农村的社会保障制度主要立足于集体经济，一方面，集体经济的发展为农村社会保障制度的建立和繁荣奠定了坚实的物质基础；另一方面，人民公社也为社会保障事业的开展提供了优越的组织条件。改革开放前，农村社会保障制度的发展主要包括两方面内容。

(1) 集体供养模式下农村五保制度的发展。20世纪50年代中期，五保制度初步形成。1956年通过的《一九五六年到一九六七年全国农业发展纲要》和《高级农业生产合作社示范章程》规定，农业合作社应对社内丧失劳动能力、生活没有依靠的社员给予适当照顾，做到保吃、保穿、保烧(燃料)、保教、保葬。到1958年，全国农村享受五保待遇的有413万户，合计519万人。但在"文化大革命"期间，五保工作受到了严重的冲击，据统计，到1978年底，全国敬老院仅存7175所，在院老人仅有10余万人，五保工作陷入极大困境。

(2) 农村合作医疗制度的建立和繁荣。1955年初，山西省高平县米山乡最早实行社员群众出"保健费"和生产合作社提供"公益金"补助的办法，建立了当地的集体合作医疗制度。1960年，中共中央转发卫生部《关于农村卫生工作现场会议的报告》，称这一制度为集体医疗保健制度。从此，合作医疗便成为我国农村医疗保健制度的基本制度。到1976年，全国已有90%的农民参加了合作医疗，农村缺医少药的问题基本得到解决。

进入20世纪60年代中期后，传统社会保障制度逐渐走向衰落。究其原因，主要是经济体制改革冲击了传统社会保障制度赖以生存的体制基础，其经济来源被切断。此外，传统社会保障制度的内在缺陷使其难以适应社会发展的需要，比较典型的缺陷有传统社会保障制度过于依附计划经济体制、个人过于依附单位、保障过于依附就业、制度覆盖范围过于单一等。

## 2. 1978—1992年：对传统社保制度的反思与新制度的探索

改革开放后，社会保障事业面临两个挑战：一是恢复被"文化大革命"严重破坏的社会保障制度；二是改革开放后，原有的计划经济体系逐步瓦解，新出现的多种所有制形式、分配制度及劳动制度对社会保障制度提出了新的要求。

### 1) "国家—企业"养老保险制度的恢复与探索

这一时期，养老保险制度的发展主要体现在以下几个方面。

(1) 机关事业单位与全民企业职工养老保险制度的恢复。面对十余年积累的200余万人无法退休的严重情况，1978年，国务院颁布了《关于安置老弱病残干部的暂行办法》和《关于工人退休、退职的暂行办法》，以恢复传统养老保险制度，此举标志着养老保险制度重新分立为企业养老保险和机关事业单位养老保险。到1980年，退休人数达到816万人，应退未退问题得到了妥善解决。同期养老金支出迅速增加，从1978年的17.3亿元增至1991年的1283.8亿元。

(2) 集体企业职工养老保险制度的探索。为解决城镇集体企业职工的养老问题，自1981年以来，劳动人事部门和中国人民保险公司相继进行了养老保险试点，并在各地试点的基础上于1984年联合发布了《关于城镇集体企业建立养老保险制度的原则和管理问题的函》，指出要解决城镇集体企业职工的养老金问题，使企业职工老有所养。在具体实施中，企业和个人共同缴费，由中国人民保险公司经办管理。

(3) 劳动合同制职工养老保险制度的探索。随着劳动制度的改革，合同制职工的人数迅速增加，从1984年的209万人增长到1986年的624万人。为保障合同制职工的合法权益，国务院于1986年颁布了《国营企业实行劳动合同制暂行规定》，对其养老保险制度进行了规范。

### 2) 医疗保险制度的恢复和初步探索

随着城市经济体制的改革，多种所有制形式出现，公费医疗和劳保医疗越来越显示对新型经济体制的不适应性。一方面，许多新型所有制的职工没有保险；另一方面，在传统医疗保险制度下，医疗服务几乎免费，医疗费用上涨严重，给企业带来了沉重压力。随着财政压力的加大，国家开始自上而下地探索医疗保险改革。

(1) 公费医疗改革。改革主要集中在降低医疗费用方面，包括严格就医制度、扩大个人责任、控制公费医疗支付范围等。

(2) 劳保医疗改革。主要是进行医疗费用的社会统筹，包括离退休人员医疗费用的社会统筹和职工大病医疗费用的社会统筹，并且规定个人少量缴费或自付。随着制度的发展，到1992年，参加医疗费用社会统筹的退休人员达到27.2万人，参加大病医疗费用统筹的职工达到130万人。

(3) 医疗保险综合改革。1992年3月，劳动部拟定《关于企业职工医疗保险制度改革的设想》，提出逐步扩大企业职工医疗保险覆盖面，使城镇各类企业的职工都能逐步享受医疗保险待遇；逐步建立医疗保险基金，实行国家、企业、个人三方负担，职工个人少量缴费；建立控制医疗费用不合理增长的机制等。同年，国务院成立医疗制度改革领导小组，这标志着医疗保险制度的改革进入准备阶段。

这一时期的医疗保险改革主要分为两个阶段：首先，恢复了被"文化大革命"破坏的制度，使医疗保险重新走上正轨；其次，针对公费医疗和劳保医疗中存在的问题，进行了一系列改革,并开始了新模式的探索,主要是进行了医疗费用社会统筹,这种尝试是对医疗保险进一步改革的准备。从此,国家开始逐步改变大包大揽的局面,积极探索三方负担的新型医疗保险制度。

3) 待业保险制度的确定

改革开放前,中国没有失业保险制度。20世纪80年代中期以后,企业开始自主经营、自负盈亏,劳动用工制度也发生了变化,失业问题开始显现。1986年,国务院颁布《国营企业职工待业保险暂行规定》,为失业保险制度勾勒最初的框架。到1989年底,全国待业保险金已筹集到18亿元,有36万多家国营企业参加了待业保险,对13.6万失业人员发放了1220多万元待业救济金。但此时待业保险的覆盖范围较窄,仅限于国营企业。另外,从待遇方面看,人均待业救济金为40元,比当时国家规定的生活困难补助标准还低10元。

4) 农村社会保障制度的衰落

1991年12月,国务院颁布《农民承担费用和劳务管理条例》,基本解决了五保供养的资金问题,使五保供养工作有序进行。但是在20世纪80年代初,农村合作医疗制度逐渐衰落,究其原因,一是由于合作医疗的资金来源主要是集体公益金,集体经济的衰落使得合作医疗丧失了制度基础;二是由于国家对农村的投入大幅度降低,"七五"期间,国家投资为城市医院增加了40万张床位,而乡镇卫生院却没有得到国家投资;三是合作医疗本身也存在缺陷,由于可以免费或以低廉的费用享受合作医疗,在医疗服务中"道德风险"问题严重。从1979年到1985年,全国实行合作医疗制度的行政村由90%锐减到5%,到1989年继续实行合作医疗的行政村仅占全国的4.8%,合作医疗制度面临消亡的危险。

3. 1992—1998年:新型社会保障模式的选择

1992年,邓小平"南方谈话"和党的十四大标志着改革开放和社会主义现代化建设事业开始进入一个新阶段。1993年,党的十四届三中全会通过了《中共中央关于建立社会主义市场经济体制若干问题的决定》,在社会保障制度方面,提出"建立多层次的社会保障体系""实行社会统筹和个人账户相结合"的制度目标。

1) 统账结合养老保险模式的选择与制度发展

这一时期,养老保险模式的选择和确立是通过三项法规推动的。1993年,《中共中央关于建立社会主义市场经济体制若干问题的决定》明确提出"城镇职工养老保险和医疗保险金由单位和个人共同负担,实行社会统筹和个人账户相结合"的制度目标。1995年,国务院发布《关于深化企业职工养老保险制度改革的通知》,确定了"社会统筹与个人账户相结合"的实施方案。为解决养老保险多种方案并存的问题,1997年,国务院颁布了《关于建立统一的企业职工基本养老保险制度的决定》,标志着统账结合的养老保险制度的正式建立。

1991—1997年,城镇国有企业职工养老保险制度得到了迅速发展,参保人数增长较快,从1991年的5653.7万人增加到1997年的8670.9万人,同期,参加保险的退休人员从1086.6万人增加到2533万人。养老保险支出亦增长迅猛,从1991年的173.1亿元,增长到1997年的1251.3亿元。机关事业单位的养老保险制度也有新的探索。1992年,中共中央组织部和国家人事部颁布《关于加强干部退休工作的意见》,提出"因地制宜,不断改进和完善退休干部管理形式",机关事业单位养老保险改革试点工作由此展开。

2) 医疗保险统账结合试点和制度确立

经过多年试点，1998年12月，国务院颁布《关于建立城镇职工基本医疗保险制度的决定》，标志着新型医疗保险制度的确立。在覆盖范围方面，新型医疗保险覆盖城镇所有用人单位，打破以往公费医疗仅覆盖国有企事业单位的局限。在统筹层次方面，新型医疗保险原则上以地级以上行政区为统筹单位，实现基本医疗保险基金的统一筹集、管理和使用。在制度模式方面，新型医疗保险采取社会统筹和个人账户相结合的方式，加强对个人的约束。至此，统账结合的医疗保险制度最终得以确立。到1999年，统账结合医疗保险制度的参保人数达到593.9万人，基金支出为16.5亿元，累计结余8亿元。

3) 国营企业待业保险制度的发展

1993年，《中共中央关于建立社会主义市场经济体制若干问题的决定》明确提出"重点完善企业养老和失业保险制度"。同年，国务院颁布《国有企业职工待业保险规定》，同时废止《国营企业职工待业保险暂行规定》。新规定扩大了实施范围，调整了待业保险待遇的参照系，提高了待遇水平，明确了待业保险的管理机构。但新规定仍然存在一些问题，如保险的覆盖面较窄、个人不缴费、保险待遇水平低、基金的统筹层次从省级降到市县级等，从而使得失业保险的作用仍然有限。据统计，1996年，全国领取待业救济金的失业工人人数为330.79万人，失业保险机构发放的待业救济金总计为13.87亿元，人均419.31元，而1996年的城镇居民每人每月食品支出为158.73元，待业救济金显然不足以支付城镇居民的食品支出。

4) 工伤保险制度的探索

工伤保险制度改革起步较晚，直到1996年还在沿用1951年的《劳动保险条例》确立的框架。1996年的《企业职工工伤保险试行办法》是我国第一部关于工伤保险的专门立法，对工伤保险制度具有体制创新的重大意义。从1994年到1999年底，工伤保险参保人数由1822.1万人上升到3912.3万人，享受工伤保险待遇的人数由5.8万人增至15.1万人，基金结余由6.8亿元上升至44.9亿元。工伤保险参保人数和享受工伤待遇的人数逐年增加，工伤保险基金结余也越来越多，体现了工伤保险制度的发展。但此时的工伤保险制度还只是一个待遇赔偿和工伤康复的制度，其效率仍然较低。

5) 农村社会保障制度的发展

1992年，民政部颁发《县级农村社会养老保险基本方案(试行)》，确定了以县为单位开展农村社会养老保险的原则，规定了"坚持资金个人交纳为主，集体补助为辅，国家予以政策扶持"的缴费原则，并实行个人账户制，农村养老保险开始在全国各地发展起来。截至1999年底，参保人数已达8000万人。但实践中也出现了一些问题，如养老保险体制尚未理顺、政出多门、资金分散、"保富不保贫"、保障水平低、缺乏政策扶持等。自1999年始，国务院开始对这一工作进行清理整顿，要求停止接受新业务，有条件地过渡为商业保险。此后，农村社会养老保险基本处于停滞状态。

20世纪90年代以来，面对农村合作医疗制度的萎缩，1997年1月，中共中央和国务院在《关于卫生改革与发展的决定》中提出"举办合作医疗，要在政府的组织领导下，坚持民办公助和自愿参加的原则。筹资以个人投入为主，集体扶持，政府适当支持，逐步提高保障水平"。为了贯彻这一决定，卫生部等部门于当年3月向国务院提交《关于发展和完善农村合作医疗若干意见》，但效果并不理想。1997年，行政村参加合作医疗的仅占17%，农民仅占9.6%。1997年之后，由于农民收入增长缓慢，遵循"自愿参加"原则的合作医疗又陷于停顿甚至下降的阶段。重建后的合作医疗主要立足于个人缴费，这在农村经济发展缓慢、农民收入不高的情况下是难以实现的。

4. 1998年至今：社会保障体系的建立和完善

新型养老保险和医疗保险制度确立后，国企再次遭遇经营困难，企业亏损面不断扩大，中央政府作出了"国有企业三年脱困"的目标安排，在产业结构调整的过程中，失业下岗人员大量涌现，给社会保障制度的发展带来了沉重的压力。进入新世纪，随着"国企三年脱困"目标的完成和经济政策的调整，经济发展进入快车道，与此同时，伴随和谐社会、科学发展观等指导思想的提出，社会保障制度发展进入繁荣时期。

1) 覆盖城乡的养老保障体系的建立

1999年，我国进入老龄化社会，养老保险的发展迎来了黄金时期，参加基本养老保险的人数从1999年的5710.3万人增加到2020年的99 864.9万人，基本实现了养老保险全覆盖。这一时期，城镇养老保险的主要成就体现在以下几方面。

(1) 单位化养老保险走向社会化养老保险，个人、企业、国家共同承担责任取代单一责任制。在统账结合的模式下，养老保险金的发放不再局限于单个企业，社会统筹和个人账户都开始由独立于企业、事业单位之外的社会保险机构管理，从养老保险金征缴、投资运营到待遇给付，整个运行过程不仅要接受行政部门的监督，而且要接受企业、职工代表等的监督。在传统的养老保险体制中，一般是企业一方承担养老保险的缴费责任，这加重了企业的负担，自1997年国务院颁发《关于建立统一的企业职工基本养老保险制度的决定》后，城镇企业及其职工必须履行缴纳养老保险费的义务，养老保险由原来的企业独自承担转化为企业与职工共同承担，加强了员工的保险意识，减轻了企业的负担。同时，国家财政对企业养老保险给予财政支持或者采取鼓励政策，既促进了企业养老保险制度的发展，又保护了职工的权利。

(2) 养老保险覆盖面扩大。传统的职工养老保险仅限于国有企业职工，其他性质的企业职工几乎不享受养老保险待遇，这就阻碍了人才的流动，降低了企业之间的竞争力，导致社会发展速度滞缓。改革后的城镇职工养老保险几乎覆盖所有性质的企业，扩大了养老保险缴费的覆盖面，缩小了企业之间养老保险待遇差距，对激励职工的工作积极性发挥了重要作用。此外，2009年，新型农村社会养老保险制度正式开启试点工作。2011年，城镇居民社会养老保险制度开始实行。2014年，新农保和城居保两项制度正式合并为城乡居民基本养老保险制度，缓解我国的城乡二元结构，推进了基本公共服务均等化。随着经济结构变化和数字化转型，我国进一步完善养老保险制度，精准推进快递人员、外卖骑手、网约司机、网络主播等灵活就业群体重点参保，努力实现人人享有养老保障的目标。将十几亿城乡居民都纳入养老保障网络，在实现全民覆盖的道路上稳步前进。中国建立起世界上覆盖人数最多的养老保障体系，这是世界上任何一个发达国家都难以企及的辉煌成就。

(3) 养老保险待遇不断提升。2021年，我国的城镇职工基本养老金已实现十七连涨，总体上涨4.5%。各省依照国家要求和经济发展水平稳步提高职工养老保障待遇，有效改善了职工的老年生活质量。自2009年新型农村社会保险正式试点以来，基础养老金最低标准从55元逐步提升。2018年，全国城乡居民基本养老保险基础养老金最低标准提高至每人每月88元。不到十年，中央政府对数亿农村居民直接进行补助的基础养老金已增加了一半，如此庞大的财政支出体现了我国实现老有所养的决心。2018年3月，《关于建立城乡居民基本养老保险待遇确定和基础养老金正常调整机制的指导意见》出台，要求推动城乡居民基本养老保险待遇水平随经济发展而逐步提高，确保参保居民共享经济社会发展成果，促进城乡居民基本养老保险制度健康发展，不断增强参保居民的获得感、幸福感、安全感。同时可以发现，为了积极引导城乡居民长期缴费，选择更高档次缴费，增加个人账户资金积累，各地城乡居民基础养老金的调整政策向高龄老人和长期缴费的参保居民倾斜，进一步健全参保缴费激励机制，推进城乡居民基本养老保险制度可持续发展。

2) 覆盖城乡的医疗保障体系的初步建立

经过多年试点，1998年12月，国务院正式颁布《关于建立城镇职工基本医疗保险制度的决定》，明确提出了建立个人账户和社会统筹相结合的城镇职工基本医疗保险制度。1999—2012年，城镇职工参保率从2.5%上升到75.3%，其中离退休人员的参保率更是从4.4%上升到98.8%。在基金收支方面，到2007年，基金收入为2214亿元，基金支出为1552亿元，基金累计达2441亿元，分别是1999年的88倍、91倍和305倍。在实现全民医保的道路上，2007年，国务院颁布《关于开展城镇居民基本医疗保险试点的指导意见》，指出城镇居民医疗保险主要覆盖城镇非从业人员，以大病统筹为主，实行现收现付制。到2012年底，参加城镇基本医疗保险的人数53 589万人，其中参加城镇职工基本医疗保险的人数为26 467万人，参加城镇居民医疗保险的人数达到27 122万人。

2003年1月23日，国务院办公厅转发《关于建立新型农村合作医疗制度的意见》，对农村新型合作医疗制度作出了界定，即指由政府组织、引导、支持，农民自愿参加，个人、集体和政府多方筹资，以大病统筹为主的农民医疗互助共济制度。此后，新型农村合作医疗制度的试点工作在全国迅速展开。2004—2012年，参加农村新型合作医疗的人数从0.8亿人迅速上升到8.15亿人，有2566个县(市、区)开展了新型农村合作医疗工作，参合率达到98.1%，受益人次从0.76亿人次上升到11.5亿人次。在基金收支方面，基金收入从2004年的40.3亿元增至2008年的785亿元，支出从26.4亿元增至662亿元。

截至2021年底，我国基本医疗保险参保人数达136 424万人，参保覆盖面稳定在95%以上。其中参加职工基本医疗保险人数35 422万人，在职职工26 099万人，退休职工9323万人；参加城乡居民基本医疗保险人数101 002万人，比2020年底减少674万人。全年城乡居民基本医疗保险基金收入9742.25亿元，同比增长6.9%；支出9148.07亿元，同比增长12%。受就医恢复和新冠病毒疫苗及接种费用保障支出影响，2021年城乡居民医保基金支出同比增速高于收入同比增速，年末累计结存6712.3亿元。

3) 失业保险取代待业保险

1999年，国务院颁布《失业保险条例》，标志着失业保险制度进入了一个新的发展阶段。该条例有几方面的进步：其一，用"失业保险"取代"待业保险"；其二，覆盖范围由以前的国有企业扩大到全部的企事业单位；其三，个人开始缴费，确立了个人和单位共同缴费的机制；其四，失业保险金的给付标准和最低工资以及最低生活保障线挂钩。

2020年末，全国参加失业保险的人数为21 689.5万人，领取失业保险金人数为270万人。基金支出从1999年的91.6亿元增至2020年的2103亿元。

4) 工伤保险制度的规范化

2003年，国务院颁布《工伤保险条例》，确定了我国工伤保险制度包括经济补偿、工伤预防和职业康复三大职能。2008年，人力资源和社会保障部印发《工伤康复诊疗规范(试行)》和《工伤康复服务项目(试行)》，标志着工伤康复试点进入启动阶段。到2012年，工伤保险制度有了很大的发展，参保人数从4575万人增至18 993万人，其中参加工伤保险的农民工7173万人。2008年，工伤保险基金收入为217亿元，基金支出为127亿元，基金累计结余达335亿元。截至2020年末，参加工伤保险人数达26 763.4万人，享受工伤保险待遇人数达187.6万人次，基金累计结余达1449.3亿元。

5) 城乡最低生活保障制度的建立

最低生活保障制度作为社会保障体系中的最后一道安全网，对保障弱势群体的基本生活权益和推动社会和谐进步有着重大的意义。在城市，以1999年国务院颁布《城市居民最低生活保障条例》为标志，城镇居民最低生活保障制度正式建立，救助人数从2000年的402.6万人增至2010年的2310.5万人。而后随着居民生活水平的提升，截至2020年底，全国共有城市低保对象488.9万户，合计805.1万人，全国城市低保平均保障标准为每人每月677.6元，全年支出城市低保资金537.3亿元。在农村，国务院决定，2007年在全国建立农村最低生活保障制度，所需资金由地方政府纳入财政预算，中央政府将对贫困地区予以补贴。截至2020年底，全国有农村低保对象1985万户，合计3620.8万人。全国农村低保平均保障标准每人每年5962.3元，全年支出农村低保资金1426.3亿元。此外，截至2020年底，全国共有农村特困人员446.3万人，全年支出农村特困人员救助供养资金424亿元；全国共有城市特困人员31.2万人，全年支出城市特困人员救助供养资金44.6亿元。

回顾历史，可以清晰地看到，20世纪90年代初确立的统账结合制度是一个创新，既考虑了政府责任和社会共济性，又考虑了个人责任和财务可持续性，理念是超前的，思路是正确的。今后，我国社会保障制度还将在实施过程中不断加以完善。

## 复习思考题

### 一、名词解释

收入分配　　初次分配　　再分配　　基尼系数　　经济平等　　机会平等
社会保险　　社会救助　　社会福利　　商品税　　财产税　　所得税　　福利国家

### 二、简答题

1. 如何理解收入分配的内涵？
2. 收入分配政策包括哪些内容？
3. 导致收入分配差异化的原因有哪些？
4. 政府为什么要调节收入分配？
5. 政府调节收入分配的原则有哪些？

6. 可供政府选择的调节收入分配的手段有哪些？
7. 简要回答机会平等主义的收入再分配理论。
8. 简要回答福利经济学的收入再分配理论。
9. 如何改革我国的收入分配制度？

三、论述题

1. 试述用基尼系数衡量收入分配结果的优点与局限。
2. 试述如何把握结果平等与机会平等的"度"。
3. 简述瑞典的福利国家模式。
4. 试述我国当前的收入分配制度。
5. 简要评述我国的社会保障制度。

# 第9章 公共经济政策

### 📖 本章学习目标

掌握公共经济政策的含义和原则；重点掌握公共经济政策的目标；了解公共经济政策的流派；掌握财政政策的含义、类型和工具；理解财政政策的作用机制；掌握货币政策的目标和工具；理解货币政策的传导机制；掌握财政政策、货币政策及其组合效应分析；理解宏观调控的成效和问题。

### 📖 本章知识结构

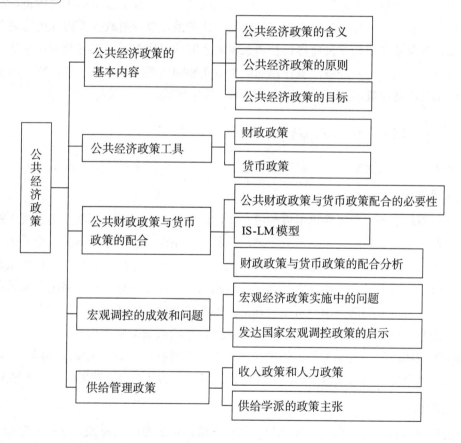

## 9.1 公共经济政策的基本内容

### 9.1.1 公共经济政策的含义

任何政府在履行其公共经济职能时都离不开公共经济政策的制定。公共经济政策是一国政府为实现某种经济和社会目标而制定的宏观经济政策。从理论上看,这些政策对于一般民众而言,既具有非排他性,又具有非竞争性,是一种公共经济行为。传统意义上的公共经济政策主要是指公共财政政策,也即本书所分析的公共经济政策。

公共经济政策有广义和狭义之分。广义的公共经济政策是政府为了实现一定时期的宏观调控目标而制定的指导公共财政活动、处理公共财政关系的基本准则和措施的总和。广义的公共经济政策的规范范围是整个公共财政活动领域,它体现了政府公共经济活动的取向和行为规范。狭义的公共经济政策是政府为了实现社会总供给与总需求均衡的目标,对公共经济的收支总量和结构进行调整的准则和措施的总和。在本书中,我们所说的公共经济政策指的是狭义的公共经济政策。

公共经济政策是市场经济条件下政府宏观经济政策的重要组成部分,它的制定主体是政府,总体目标是实现社会总需求与总供给之间的均衡。由于政府的公共财政支出是社会总需求的重要组成部分,公共财政收入也从价值形态上表明了政府对社会总供给的支配程度。显然,公共财政收支与社会总供求之间存在数量上的密切联系,公共经济政策的出发点正是利用这种内在的数量上的联系,通过调整财政收支之间的对比关系,以及财政收支内部的比例关系来调节社会总需求的总量和结构,进而协调社会总供求之间的对比关系,实现两者在总量上的均衡和结构上的协调。由于公共经济政策作用的侧重点是影响和调节社会总需求,它与侧重调节社会总供给的宏观经济政策不同,公共经济政策属于国家宏观需求政策的范畴。

### 9.1.2 公共经济政策的原则

公共经济政策作为国家重要的宏观政策之一,其制定和实施要坚持一系列原则。

1. 系统原则

人类社会不是由若干个体简单组成的统一体,而是一个有组织、有秩序的系统。社会上的一切事物都存在相互依赖的关系,组成了多层次的复杂系统。政策本身就是一个系统,但它不可能独立存在,总是与其他政策相联系,进而组成一个更大的系统。因此,无论哪项政策,都要把它置于政策体系中考虑,明确它与其他政策的关系,还要充分估计体系的整体效应。如果一项政策从某个角度或局部范围分析是合理的,但在整个体系中产生了一定的负效应,那么应该制定与之配套的一系列政策,否则就暂时不能执行这项政策。坚持正确处理全局与局部的关系,坚持统筹兼顾,使之达到系统原则的基本要求,既要看到全局,又要统率局部,局部依赖全局,还要看到全局是由局部组成的,清楚地认识到局部的状态会直接影响全局的结果。

2. 预测原则

政策是针对未来行为所做的一种设想,是在事情发生之前的一种预先分析与选择,具有较强的预测性。制定政策的基本目的是按照政策制定者的意愿和设想安排未来,以实现一定的目标。要达到这个目的,首先要估计未来可能会出现的各种结果,即对各种可能发生的实践加以考虑,以适应未来可能会发生的多种变化。预测是根据过去和现在的相关信息,探索和推测所关心的研究领域在未来的发展趋势,并估计和评价各种可能的结果。所以,预测是制定政策的前提,只有建立在可靠预测基础之上的政策,才是切实可行的。政策分析中所涉及的预测因素错综复杂,要得到理想的预测结果,必须在预测中全面了解所要研究的政策问题的历史和现状,注意数据资料的收集和整理,保证其可靠性和完整性。

3. 协调原则

协调是根据各大系统的总任务、总目标的要求,使各小系统相互协同配合,并在各个系统局部最优化的基础上,通过调节控制,实现大系统的全局最优化的手段。公共经济政策协调的最大特征是利益的协调,如中国改革开放以来,人们之间的利益关系发生了重大改变和调整。改革中的公共经济政策,就是为了不断协调社会方方面面的利益关系,提高社会各方面的积极性与凝聚力。

需要强调的是,人们在讲公共经济政策协调时,往往只看到不同主体之间不一致的一面,即事物的对立面,而没有看到事物之间还有相互联系的一面,尤其是互补的一面。公共经济政策的利益综合性,实际上就是不同事物间的互斥利益经过整合的结果。在一定程度上,公共经济政策系统的整体性功能的强弱,往往由所组成要素之间的协同作用的大小来决定。一个完整的政策过程,包括政策问题的提出、政策方案的制定、政策执行、政策评估和政策反馈等多个相关环节。这些环节相互配合和协调,形成统一的政策合力。同样,政策主体、政策客体与环境之间的关系也是如此。协调的目的是保持某种平衡,平衡前的失调则说明事物之间的失衡、无序和不稳定。从利益的角度看,失调说明利益分配失衡,利益关系不稳定。因此,政策制定者应该牢记:从社会改革、发展与稳定的全局出发,坚持从整体上协调,从利益机制上协调,从平衡—不平衡的关系中协调。

4. 多样性原则

多样性是一个系统所具有的可能状态的数量,也是系统复杂性的量度。如果多样性增加,而我们对多样性的认识和反应能力没有相应增强,那么系统就会变得不稳定,甚至可能会突然土崩瓦解。系统在承受多次干扰,特别是当一种新干扰来得很迅速,且快于系统的放松速度,即快于系统在一次干扰后重新恢复平衡所耗费的时间,因系统不能实现有效平衡,进行自我调整,系统的适应过程就会停止,随之而来的就是崩溃性的灾难。为避免这种后果,系统必须接受多样性控制器的控制。政府经常使用的控制器,在四种形势下会导致系统瓦解。

(1) 每个政府都建立一个模型,并几乎从不改变。有时在出现新的多样性时,就建立新的部门,而老部门几乎看不到新的多样性。

(2) 每个部门都有自己负责的领域,人们不会把所负责的领域看成"动态生存系统",而是将其视为静态集合体。

(3) 随着所收集的数据的增多,整理和综合信息工作变成了关键环节,然而人们很少按照控制论原理开展这项工作,导致对多样性进行控制的关键信息的缺失。

(4) 政府总是力图用过时的信息对多样性进行控制,在信息加工过程中,出现严重滞后现象。因此,掌握最新的多样化的信息极其重要,但这些信息很难获得。政策滞后不仅说明主体已失去系统干预的最佳机会,而且意味着系统的多样性已超出多样性控制的范围。

因此,政府在制定和实施公共经济政策时,要及时掌握市场与社会的多样化信息,强化政策的灵活性。

### 9.1.3 公共经济政策的目标

公共经济政策的目标是政府制定和实施公共经济政策要达到的目的。它反映着政府制定和实施公共经济政策的意图,是选择财政和货币等政策手段及其操作方式的基本依据和规范,也是公共经济政策所包含的基本要素。

通常各国政府实施公共经济政策的总目标是实现社会总需求与总供给之间的平衡,提高资源配置效率,实现经济的稳定增长,推动社会全面进步。这一目标又可以分解为下面几个具体目标。

1. 经济稳定增长

经济稳定增长是指一定时期的经济增长与资源供给条件相适应,保持持续、稳健、健康的状态。经济稳定增长是公共经济政策的最终目标,是现代经济社会的必然要求。物质丰裕、政治民主、社会进步都依赖国家财富的积累,其根本的解决办法就是要保持经济的稳定增长。因为只有经济增长了,社会财富才可能增多,才可能为经济的进一步发展和提高社会公共福利水平提供可靠的物质基础。

经济增长是一国生产力发展和综合国力增强的重要标志和实现手段。但是,经济增长必须建立在现实生产力发展的基础之上,并以一定的资源保障为前提,保持适当的速度和节奏。如果超越客观经济条件的限制盲目追求经济的超速增长,那么就会因为资源短缺的约束而导致国民经济比例失调,经济效益下降,最终难以维持经济增长的高速度。此外,在现实经济生活中,由于多种因素的影响和制约,可能会出现社会需求小于社会供给,经济增长速度下降的情况,给国民经济的正常发展带来消极影响。在市场经济条件下,市场主体追求的目标是利润最大化,这种目标本身就为经济的充分增长创造了微观动力。但市场机制所存在的调节滞后、盲目等缺陷,又使其难以反映和控制经济发展的合理节奏,从而引起经济运行的周期性波动,并在这种波动中以极大的资源浪费来实现经济的均衡增长。为了弥补市场在经济稳定方面的缺陷,国家必须借助各种手段,包括财政政策、货币政策、产业经济政策等,去影响经济运行的节奏,以熨平经济周期的波动,实现经济的稳定增长。可见,经济稳定增长,是国家制定和实施公共经济政策的主要内容和最终目标。

一般而言,经济稳定增长的目标体现为保证充分就业和保持物价稳定这两个具体的目标。

1) 保证充分就业

在说明充分就业是经济政策目标之前,有必要对充分就业的一些基本理论做简要介绍。所谓充分就业,是指在某一货币工资水平下,所有愿意工作的人都能就业。按照这一概念,充分就业的要求和表现就是社会上失业现象消失。最早系统研究充分就业理论,并提出将其作为政府财政政策目标的是凯恩斯。凯恩斯把解决失业问题,实现充分就业作为研究的出发点和目标,因而他的经济理论又被称为就业理论。

在凯恩斯以前,传统经济学否认资本主义社会存在普遍意义的失业现象,他们把现实生活中客观存在的失业现象解释为"自愿性失业"。所谓自愿性失业,是指由于劳动者不愿意接受现行工资水平或工作条件而自动放弃工作的失业现象。由于这种失业是劳动者对工作的自动放弃,不能算作真正意义上的失业。凯恩斯在传统失业概念的基础上,又提出了"非自愿失业"

的概念。它是指劳动者愿意接受现行货币工资和工作条件，但仍然无法得到工作的失业现象。凯恩斯认为，充分就业状态的存在只是一个特例，现实生活中经常存在的是非充分就业的状态。这种状态的产生，是因为社会的有效需求不足，即国民收入没有全部转化为社会的有效需求。非自愿失业的大量存在，是经济萧条的重要表现，它说明一定时期的国民收入没有全部转化为社会需求，从社会供求的关系上看，则意味着一部分社会供给没有相应的社会需求与之对应，国民经济没有实现建立在充分就业基础上的高水平均衡，从资源配置的角度来看，则说明资源利用不充分，一部分资源处于闲置状态。

如何衡量是否达到充分就业？对此西方经济学家通常以失业率为测度标准。失业率是指未被雇佣的人数与劳动力总数的比率。其中，劳动力总数是指就业人数与失业人数之和。失业率的大小表示与充分就业的距离的远近，即失业率越大表示距离充分就业越远；失业率越小表示距离充分就业越近。一般而言，经济衰退期间，失业率高；经济繁荣期间，失业率低。具体到数量指标上，保守的观点认为，失业率低于2%(有观点认为低于3%)才算是充分就业；激进的观点认为，只要失业率低于5%就可算是充分就业。

将充分就业作为公共经济政策的目标之一，并不是说充分就业是政府公共经济政策实施的一种必然结果，甚至不能说实现充分就业是公共经济政策一定要实现的目标。因为，经济运行的复杂性使每一种绝对的均衡都不具有实现的必然性，完全消除失业现象，实现完全意义上的充分就业在现实生活中同样是不可能的。因此，在公共经济政策中强调充分就业的重要性，就是从政府稳定经济增长和协调社会关系的职责出发，强调政府在解决失业问题上具有应尽的责任，政府必须高度重视失业问题，将充分就业作为其制定、实施公共经济政策的一个重要目标。

2) 保持物价稳定

商品价格作为商品价值的货币表现，主要是由商品的市场供求关系决定的。商品价格的波动和变化反映了市场上商品供求的对比关系，这种关系的宏观化，集中反映了一定时期经济运行的均衡程度。如果一定时期社会的物价总水平是相对稳定的(绝对的稳定不可能存在)，则说明社会供求总量基本上是相互适应的，经济运行也处于稳定增长的状态；反之，如果一定时期物价水平处于急剧波动的状态，或上涨不停，或下滑不止，这都说明商品的供求出现了不均衡的情况。前者说明商品需求大于供给，经济发展处于膨胀和过热的状态；后者则说明商品需求小于供给，经济运行处于萧条和不景气的状态。

按照均衡价格理论，价格机制在市场经济中调节着商品的需求和供给，这种调节引导资源流向需求不足的产业和部门，从而可以实现资源的优化配置。但在某些情况下，由供求关系决定的价格对社会经济并不都是有利的。可能出现这样的情况，商品由供求关系决定的均衡价格短期内对经济均衡可能是有利的，但从长期看，这种短期均衡可能会导致长期的不均衡。特别是对一些生产周期较长的产品和产业(如农产品和农业)，其需求的形成在时间上比供给的产出要短，由于其即期供给过剩而引起的价格下降也会在比较长的时期内抑制产品的生产。而当社会对这种产品的需求已经回升时，产品的供给却会因生产周期较长而难以有效增加，从而引起供求关系产生新的失衡。

物价稳定一般指物价总水平的稳定。经济政策的扩张和收缩，直接影响社会总需求的增加和减少，从而引起物价的上涨和下降。物价总水平持续不断上涨的现象，称为通货膨胀；反之，物价总水平不断下降的现象，称为通货紧缩。通货膨胀表示货币价值或实际购买力降低，通货紧缩表示货币价值或实际购买力增强。剧烈的通货膨胀和通货紧缩都会使物价水平大起大落，使之成为经济发展的巨大障碍，所以财政政策的实施必须考虑到如何保持适当的通货稳定。

纵观西方国家通货膨胀的历史，通货膨胀使得各种商品和劳务、生产要素及债务的价格不按同一比例变动。通货膨胀引起收入和财富的再分配，并损害了某些集团的利益。由于物价上涨的不均衡性，也使得资源配置失调。因此，抑制通货膨胀、稳定物价水平成为制定和实施财政政策的主要目标之一。当然，抑制通货膨胀并不是将通货膨胀率控制为零。一定程度的通货膨胀可以刺激投资，温和的通货膨胀是加速经济增长的润滑剂，而持续的通货膨胀将带来严重的经济后果，甚至产生社会生活动荡、政权更替等严重后果。所以，政府需要高度重视物价问题，保持物价稳定也成了政府制定和实施公共经济政策的重要目标之一。

在这里，我们需要强调，充分就业和价格稳定两个目标之间往往是矛盾的。西方经济学中的"菲利普斯曲线"就说明了失业率与通货膨胀率之间有此消彼长、互相替代的关系。当财政实行扩张政策，追求低失业率、高经济增长率的目标时，通货膨胀往往随之发生；反之，当通货膨胀率过高，政府试图对其加以抑制而实行财政紧缩政策时，这时政府又要付出经济增长速度减缓、失业率增大的代价。不仅如此，20世纪70年代，在充分就业和通货膨胀相互矛盾问题尚未解决之时，美国等发达国家在"石油危机"的冲击下，其经济发展又呈现"滞胀"的状态，即经济停滞且伴随高通货膨胀的经济状况。此时，美国在面临因采用扩张性的经济政策而引起通货膨胀的同时，也面临无法启动经济和减少失业的窘况。所以，如何兼顾充分就业和保持适当的通货稳定，仍是公共经济政策需要进一步研究的问题。

2. 优化资源配置

资源短缺是人类社会生存和发展所面临的一个重大难题，因而将有限的资源进行合理配置，即优化资源配置是社会经济活动的重要主题。在这里，资源优化配置有两方面的含义和要求：一是社会经济资源总量利用的充分化；二是社会经济资源配置比例的合理化。经济资源总量利用的充分化是优化资源配置目标在总量层面的含义，它要求一定时期的经济资源被尽可能充分地调动起来，尽量达到闲置资源的最少化，使有限的经济资源能对社会经济发展产生最大的推动作用；经济资源配置比例的合理化是优化资源配置目标在结构层面的含义，它要求资源配置比例符合一定时期社会生产各部门均衡发展的要求，以形成协调的产业结构，促进经济稳定协调发展。

在市场经济体制下，市场是资源配置的基础环节，市场机制是引导资源流向的主要信号。但是，尽管市场机制配置资源的结果可能会达到相对理想的状态，也会由于其固有的缺陷而出现市场失灵的问题，一些具有外部性的公共产品难以通过市场获取必要的资源投入，即使是那些经由市场配置的资源，如果没有国家在宏观上的必要引导，同样会造成配置中的效率损失。这就要求在尊重市场规律的前提下，充分利用政府宏观调控的职能，通过制定和实施适当的财政政策，对资源配置过程进行适当的引导和规范，以实现资源合理配置的宏观调控目标。特别是在我国，由于市场机制尚未发育完善，市场所提供的信号并不一定能客观、准确、真实地反映社会供求之间的关系，政府对资源配置的调节和影响更为重要。当然，这种调节应该是在有利于提高资源配置效率的基础上进行的。

3. 公平收入分配

如前文所述，通过市场机制进行收入分配，是以社会成员为社会提供的生产要素(包括资本和劳动)的数量和质量为标准的。受竞争条件、就业机会、劳动能力及财产占有量等因素的影响，由市场机制决定的收入分配尽管能体现效率原则，却难以兼顾公平。一些失去就业机会和劳动能力又没有财产的人难以通过市场获取其维持基本生活需要的收入，加上资本和劳动所实现的要素价格也会有较大差异，资本和劳动的所有者由于在对资本和劳动的占有量和付出量上的差异，同样会形成收入分配的不均等。这种差异和不均等会带来社会矛盾和各种问题，一定程度上会引起社会需求与供给之间的矛盾，从而既不利于社会稳定，也有碍经济的稳定增长。因此，必须借助政府的力量对市场分配进行再次调节。由于公共财政是政府参与国民收入分配的重要手段，税收和转移支付的调节都可以使收入分配向均等化的方向发展，公共经济政策成为政府调节市场分配结果的重要手段，公平分配也成为制定并实施经济政策的目标之一。

将收入的公平分配作为经济政策目标，并不意味着人们的收入分配可以与市场脱钩。恰恰相反，在市场经济条件下，收入分配的决定机制主要是市场机制，企业和个人的个别劳动只能通过市场转化为社会劳动，并据此获取其应得的收入份额，否则，收入分配对要素投入的衡量将失去客观标准。国家宏观调控的目的是弥补市场分配的缺陷和不足，因此，其适用范围应被限制在市场机制难以发挥作用或不能充分发挥作用的领域。

4. 国际收支平衡

国际收支是一国与世界其他各国之间在一定时期(通常是一年)内全部经济往来的系统记录。通俗地讲，"每个国家都有自己的主权货币，一个国家与其他国家发生货币往来业务，可称为国际收支"。在国际收支平衡表中，从国外收入的款项称为"贷方项目"；向国外支付的款项称为"借方项目"。如果贷方大于借方，其差额称为顺差；如果借方大于贷方，其差额称为逆差。

国际收支平衡表一般分为四个部分：一是经常项目；二是资本项目；三是统计误差；四是官方结算。通常，我们把前三部分的收支差额是否等于零作为判断国际收支是否均衡的标准。

一个国家顺差过多，意味着外汇资金积压，即未能及时、充分地利用外汇资金。如果把大量的外汇存在外国银行里，资金只能让外国利用，我们虽可坐收利息，但要承担通货膨胀带来的风险。同时，顺差过大也会扩大国内货币的投入。一个国家逆差过多要比顺差过多更难以解决。逆差过多，可能是国家引进外资过多，并因使用不当而发生了债务危机；也可能是国家进口过多，而出口能力有限，久而久之，国家的进口少不了，出口上不去，国民经济陷入恶性循环。因此，上述两种造成逆差过多的情况都可能引起国内的政治经济危机，过多的逆差是国际收入恶化的同义词。

随着国际经济交往的日益密切，各国经济发展的相互依赖性提高，世界经济趋于一体化。各国都不可能实行闭关锁国政策来搞建设，国际收支反映了一个国家的经济状况。财政的扩张和收缩会引起价格、利率和汇率的升降变化，引起商品和劳务进出口量的变化，引起外汇收支平衡状态的变化，进而影响国家经济的均衡发展，所以在具有开放性的国际经济环境下，公共经济政策不仅要把国际收支均衡作为一个战略目标,而且各国在实现国际收支平衡时要进行经济政策措施的相互协调,否则,世界经济不会顺利发展。

## 9.2 公共经济政策工具

为了实现社会总供给与社会总需求相均衡这一宏观调控的根本目标,同时实现充分就业、物价稳定、经济增长和国际收支平衡,政府需要运用相应的公共经济政策工具。这些公共经济政策工具包括财政政策、货币政策、收入政策和外贸政策。其中较为常用的是财政政策和货币政策,因此本书主要介绍财政政策和货币政策这两个公共经济政策工具。

### 9.2.1 财政政策

财政政策对于稳定经济具有重要作用。所谓财政政策,是运用政府支出和税收的变动来影响总需求和总供给,以平抑经济波动的干预措施。

1. 财政政策的类型

财政政策主要包括发挥内在稳定器作用的财政政策和斟酌使用的财政政策。

1) 自动财政稳定器

所谓自动财政稳定器,亦称自动稳定器,是指不需政府的干预和抑制,经济会自动而及时地朝正确的方向变化,借以对总供给和总需求产生一种稳定作用的因素,亦称为内在稳定器。也就是说,财政制度本身存在一种内在机制,会适时作出反应,在经济涨落时对其产生缓冲作用,并及时对经济体系产生保护功能。自动稳定器这一点与人体内的自我免疫系统颇为相似。当失业率提高、经济总体下滑时,这些稳定因素便会自动降低税收和提高政府支出;而当失业率降低,经济过分景气之时,这些因素又会帮助经济刹车。具体来说,财政制度的内在稳定器作用主要表现在两个方面。

(1) 自动变化的税收。随经济状况变动而自动改变的税收主要是直接税,其中较为重要的是个人所得税和公司利润税。一般来说,个人所得税具有累进的性质。如果再考虑到起征点,那么当经济进入高涨期时,人们的收入水平会普遍提高。一方面会有更多人达到起征点,加入纳税人的行列;另一方面也必然有一部分人进入更高的税率档次。因此在经济繁荣时期,税收的增长速度要快于收入的增长速度,以对经济的扩张起到一定的限制作用。相反,当经济衰退时,个人收入会减少,在税率不变的条件下,肯定要有一些人的收入会降至起征点以下,另外一部分人会退回至较低的税级,税负总水平下降,从而增强了经济的抗衰退能力。

从公司利润税的角度来观察,如果公司利润税也具有累进的性质,那么其效果将与个人所得税大体一致。如果公司利润税不是累进税,那么在税率不变的情形下,税额也会随经济涨落而发生较大变化,因为公司利润和经济状况密切相关,而税收又对公司利润的多少特别敏感。当经济处于高涨期时,公司利润会大幅度提高,一般快于工资、收入和消费的增长,这必然导致税收的迅速增多;而在相反的情况下则会造成税收的迅速减少,从而降低财政盈余或增加预算赤字的规模,进而有助于阻止衰退时期经济进一步下滑或减缓其下滑速度。

(2) 自动变化的政府支出。不仅税收制度具有内在的稳定作用，政府支出的某些项目也可以发挥同样的功效，这主要表现为公共支出中的各种转移性支出项目。

① 失业救济金。失业救济金的发放有一定的标准，它发放的多少主要取决于失业人数的多少。在经济萧条时期，随着GDP下降，失业人数增多，失业救济金的发放倾向于自动增加。失业救济金的增加就是转移性支出的增加，从而有利于抑制消费支出的下降，防止经济衰退的进一步严重化。在经济繁荣时期，随着GDP上升，失业人数减少，失业救济金的发放就倾向于自动减少。失业救济金的减少同样是转移性支出的减少，从而有利于抑制消费支出的增加，消除可能发生的通货膨胀。

② 各种福利支出。各种福利支出都有一定的发放标准，发放的多少取决于就业与收入状况。在经济萧条时期，个人收入减少。随着符合接受福利支出条件的人数增加，作为转移性支出之一的福利支出倾向于自动增加。这样有利于抑制私人消费支出的下降，防止经济衰退的进一步加剧。在经济繁荣时期，就业增加，个人收入增加。随着符合接受福利支出条件的人数减少，作为转移性支出之一的福利支出倾向于自动减少。这样有利于抑制私人消费支出的增加，防止可能发生的通货膨胀。

③ 农产品维持价格。按照通行的农产品维持法案，政府要把农产品价格维持在一定水平上。高于这一价格水平时，政府抛出农产品，压低农产品价格；低于这一价格水平时，政府收购农产品，提高农产品价格。这种农产品价格维持制度对经济活动的波动也是较为敏感的。在经济萧条时期，随着农产品价格下降，政府收购剩余农产品的支出自动增加，这样就会增加农民的收入，维持他们既定的收入和消费水平。在经济繁荣时期，随着通货膨胀，农产品价格上涨，政府抛出农产品，这样既可以抑制农民收入和消费的增加，又可以稳定农产品价格，防止通货膨胀[①]。

"内在稳定器"是经济波动的第一道防线，在整个经济防护体系中起重要作用。但从经验上看，我们并不能对它抱太大希望，因为它的影响相当有限。萨缪尔森认为，"内在稳定器的作用在于减少经济制度的波动，它不能百分之百地消除波动，消除它所留下来的波动是斟酌的财政和货币政策的任务"。比如，假定总需求下降，导致产量和就业减少，在自动稳定器的作用下，赤字增加，如果政府作出的反应是实施紧缩性政策，提高税收或降低政府支出，那么总需求将会减少，结果是经济衰退恶化，赤字更趋增加。政府对自动稳定器和财政政策之间的区别的错误认识是导致1932年美国政策严重失误的根本原因。

2) 斟酌使用的财政政策

财政的收缩和扩张对于经济的许多方面会产生重要影响，政策制定者在考虑实施一项具体政策时需再三权衡。如果财政政策要达到稳定经济的目的，那么刺激政策和限制政策都必须运用得适时得当，否则会起到相反的作用。由于稳定政策是逆经济风向行事，而且决策者在出台政策时需要审时度势，其被称为斟酌使用的财政政策。一般来说，运用扩张性的财政政策即减税或扩大赤字规模(缩小盈余规模)会促使经济升温，消除紧缩缺口；运用紧缩性的财政政策会促使经济降温，消除通胀缺口，避免经济的大起大落。鉴于此，我们也把斟酌使用的政策称为"反周期政策"。

---

① 高培勇. 公共经济学[M]. 3版. 北京：中国人民大学出版社，2012.

斟酌使用的政策不仅包括财政政策，也包括货币政策。斟酌运用的财政政策的制定和实施需要一个时间过程。首先，从制定到实施需有一定的时间，因为要运用这种政策必须改变税法和政府支出计划，而改变这一切都需要通过复杂的程序来实现，以至于作为反周期的政策往往会失去其时间价值，所以要保证政策的有效性，政策制定者必须在时间上作出精心安排。其次，即使政策实施后，真正使其发挥效力也需要6～12个月的时间，尽管人们具有一定的预测能力，但预测能力毕竟有限，在这种情况之下出现错误也是可能的。

在很高程度上，宏观经济政策的制定类似对着一个移动的靶子射击，如果财政政策在经济复苏时发挥全部作用，那么扩张性的财政政策将会导致过度需求；同理，如果实施紧缩的财政政策，总需求下降会先于财政紧缩，原本冷却经济的紧缩性财政政策会引发经济衰退。由于我们生活在一个难以预测的动态经济世界中，政策制定者不能确定政策实施6个月、12个月或18个月以后的经济状况将会如何，这会对财政政策的适时斟酌调整造成较大困难。

内在稳定器和斟酌使用的财政政策的不同不仅表现在它们对经济的作用方式上，而且表现在它们和赤字之间的关系上。预算赤字的增长不仅可以由减税和增加政府支出促成，而且可以由和实施财政政策无关的GNP的下降促成，但这两种赤字的含义和对赤字的反应隐含着巨大差别。

为了区分两者，经济学家使用了一个概念——充分就业预算，这种预算是指经济在潜在的GNP水平上，在现有税收和支出的制度下，对政府支出和收入的一种估算，也就是政府为了保证实现充分就业而制订的财政收支计划，由于充分就业预算消除了GNP周期性波动(高于或低于潜在GNP)所带来的影响，有时它也被称为"周期调节预算"。一方面，扩张性的财政政策将使充分就业预算的差额扩大，赤字增加，盈余减少；紧缩性的财政政策将会缩小充分就业预算的差额，赤字下降，盈余增加。另一方面，差额是根据潜在GNP水平估算出来的，并不受实际GNP变化的影响，也就是说，不受自动稳定因素的影响。但是充分就业预算的变化是斟酌使用的财政政策变动的明显信号，充分就业预算盈余增加意味着紧缩性的财政政策将要实施，充分就业预算赤字的增加意味着扩张性财政政策势在必行。然而，实际预算的变化则是一种模糊不清的信号，日益增长的赤字既可能是扩张性政策的结果，也可能是受到了经济衰退时自动稳定器的影响。例如在20世纪70年代，美国经济在充分就业水平之下运行，在大多数年份，实际预算赤字都大于周期调整的预算赤字，尤其是在20世纪70年代中期，大规模的实际赤字主要是对经济衰退造成的低水平的国民收入的反应。

总之，我们可以从以上的分析中看出，应该选择和实施什么样的斟酌性财政政策主要依赖周期调节预算赤字的变化，而实施了什么样的财政政策、实施到怎样的程度则应通过实际赤字水平或预算差额来进行判断。

2. 财政政策的工具与作用机制

1) 财政政策乘数

政府购买支出和税收与投资行为一样都是作为总支出中的一种自发性变量，其增加或减少都会产生乘数作用。这种因财政政策的变动而引起的乘数变化，通常称为财政政策乘数，其中包括政府购买支出乘数、税收乘数和平衡预算乘数。

(1) 政府购买支出乘数。政府购买支出乘数指国民收入的变动量与引起这种变动的政府购买变动量之间的比率。设 $\Delta G$ 表示政府购买支出的变动，$\Delta Y$ 表示收入变动，$K_G$ 表示政府购买支出乘数，用公式表示为

$$K_G = \frac{\Delta Y}{\Delta G} = \frac{1}{1-b+bt} \tag{9-1}$$

式中：$b$ 表示边际消费倾向；$t$ 表示边际税率。

政府购买支出乘数取决于以上两种因素，下面对公式(9-1)做简单说明。

如果其他条件不变，政府支出发生变动，如果变化前为 $G_0$，变化后为 $G_1$，那么

$$因 Y = C+I+G \tag{9-2}$$

$$C = a+b(Y-T_0-tY) \tag{9-3}$$

$$Y = a+b(Y-T_0-tY)+I+G \tag{9-4}$$

$$Y = \frac{a+I+G}{1-b+bt} - \frac{bT_0}{1-b+bt} \tag{9-5}$$

$$Y_0 = \frac{a+I+G_0}{1-b+bt} - \frac{bT_0}{1-b+bt} \tag{9-6}$$

$$Y_1 = \frac{a+I+G_1}{1-b+bt} - \frac{bT_0}{1-b+bt} \tag{9-7}$$

$$Y_1 - Y_0 = \frac{G_1-G_0}{1-b+bt} = \frac{1}{1-b+bt}(G_1-G_0) \tag{9-8}$$

$$\Delta Y = \frac{1}{1-b+bt} \cdot \Delta G \tag{9-9}$$

$$\frac{\Delta Y}{\Delta G} = \frac{1}{1-b+bt} \tag{9-10}$$

如果不考虑税率的变动，仅把税收作为一个自发性变量，那么政府购买支出乘数为

$$K_G = \frac{1}{1-b} \tag{9-11}$$

这与两部门的投资乘数是一致的。如果将投资纳入三部门进行经济分析，且考虑到边际税率，那么投资乘数与政府支出乘数完全一致。而且与两部门相比，投资乘数的作用减弱，即

$$\frac{1}{1-b+bt} < \frac{1}{1-b} \tag{9-12}$$

这是因为，当税收作为收入的函数时，投资支出和政府购买每增加一个单位，都要有一定比例的资金作为税收上缴给政府，因而可支配收入减少，消费是可支配收入的函数，加入边际税率的消费函数的斜率小于原有的消费函数的斜率，那么总支出曲线的斜率也将随之下降，结果是在相同支出水平下，消费量减少，因而国民收入水平受到限制，且相比以前有所下降。不但如此，其他任何乘数的绝对值都比不考虑边际税率条件下的值有所下降。

(2) 税收乘数。税收乘数是指国民收入的变化量与引起这种变化的税收变化量之间的比率。

设自发性的税收发生变化，其增量为 $\Delta T$。$\Delta Y$ 表示收入的变动，$K_T$ 表示税收乘数。根据公式(9-5)，税收变动前和变动后的收入水平分别为

$$Y_0 = \frac{a+I+G-bT_0'}{1-b+bt} \tag{9-13}$$

$$Y_1 = \frac{a+I+G-bT_0''}{1-b+bt} \tag{9-14}$$

$$Y_1 - Y_0 = \frac{-bT_0'' + bT_0'}{1-b+bt} = \frac{-b(T_0'' - T_0')}{1-b+bt} \tag{9-15}$$

$$\Delta Y = \frac{-b}{1-b+bt} \cdot \Delta T_0 \tag{9-16}$$

因此可得税收乘数为

$$K_T = \frac{\Delta Y}{\Delta T_0} = \frac{-b}{1-b+bt} \tag{9-17}$$

税收乘数为负值，说明国民收入与税收的变动是反向关系，税收增加，国民收入减少；税收减少，国民收入增加。这主要因为，税收增加，人们的可支配收入会减少，从而影响了消费；另外，税收增加也减弱了生产者的投资热情，两方面的因素促使总支出水平下降。与政府购买支出乘数相比，税收乘数的作用相对较小。从公式直观地看，由于$b<1$，$K_T$的绝对值肯定小于$K_G$。简单地说，这是由于政府支出和投资支出的变动引起的总支出的变动等于自发性的支出变动和引致性的变动之和。引致性的变动代表因自发性变动所导致的消费支出的系列变动和连锁反应。而政府税收的变动产生的直接影响是改变居民的可支配收入，从而改变了消费支出，此后便是消费支出引起的系列反应。从整个作用过程看，税收变动引起的总支出变动仅包括诱发的消费支出变动。

(3) 平衡预算乘数。平衡预算是指政府的预算支出等于预算收入。如果在政府支出和税收的变动中依然要保持预算平衡，就必须使政府支出和税收同方向等量变动。因此，所谓平衡预算乘数是指政府购买支出和税收的同方向等量变动引起国民收入产生多倍于前者的变动。

以$\Delta Y$表示政府支出和税收同量增加时的国民收入的变动量，以$\Delta G$表示政府支出增量，以$\Delta T$表示税收增量，$K_G$和$K_T$分别表示政府购买支出乘数和税收乘数，$K_B$表示平衡预算乘数，则

$$\Delta Y = \Delta G K_G + \Delta T K_T = \frac{1}{1-b+bt} \cdot \Delta G - \frac{1}{1-b+bt} \cdot \Delta T \tag{9-18}$$

由于$\Delta G = \Delta T$，则有

$$\Delta Y = \frac{1-b}{1-b+bt} \cdot \Delta G \tag{9-19}$$

$$\Delta Y = \frac{1-b}{1-b+bt} \cdot \Delta T \tag{9-20}$$

$$\frac{\Delta Y}{\Delta G} = \frac{\Delta Y}{\Delta T} = \frac{1-b}{1-b+bt} = K_B \tag{9-21}$$

从式(9-21)可以看出，当全面考虑各方面的条件时，平衡预算乘数小于1。这种状态表明，当政府购买支出增加同时保持同量税收增加时，政府支出的增加会导致小于自身的国民收入的增加。这一现象说明，以同量税收为基础的政府支出的扩大对于国民收入的扩张作用十分有限。

财政乘数理论在政府对国民经济管理活动中起重要作用，根据当时的经济状况和乘数的大小，政府可以选择实施不同的财政政策。

2) 财政政策的作用机制

(1) 扩张性财政政策的作用机制。在现实的经济运作中,如果由于总需求的过度萎缩造成现实的GNP小于潜在GNP,这时真实的失业率高于自然失业率,经济面对的是紧缩缺口,政府此时可以等待自动调节机制发挥作用。由于总需求下降,必将迫使工资和其他生产要素的价格下降,从而降低生产成本,导致总供给增加,随着总供给曲线右移,当$AS_1$移至$AS_2$时,现实的GNP和潜在GNP的水平归于一致,充分就业实现,如图9-1(a)所示。

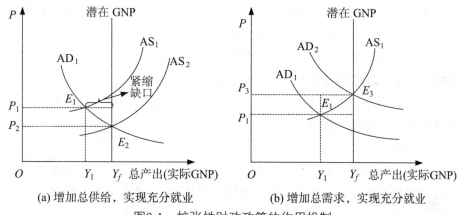

(a) 增加总供给,实现充分就业　　(b) 增加总需求,实现充分就业

图9-1　扩张性财政政策的作用机制

凯恩斯主义者认为,当经济处于潜在GNP水平之下运行时,存在失业现象,依赖自动调节机制要花费过长的时间,这使得宏观经济的运行缺乏效率。因此,经济学家建议政府使用扩张性的财政政策以扩大总需求。扩张性的财政政策包括增加政府对产品和劳务的购买或者实行减税,政府的行为是通过乘数作用过程推动整个总需求增大,而且总需求的增加将远远超出政府购买的增加或减税的数量。如果时机比较适当,扩张性的财政政策将会刺激总需求向右上方移动,使总需求由$AD_1$移至$AD_2$,促使经济趋于充分就业的均衡($E_3$点),如图9-1(b)所示。当政府的财力不能满足政策的需要时,凯恩斯主义者主张实行积极的赤字预算,以举债填补支出超出收入的部分。在凯恩斯主义的经济政策中,赤字预算成为其政策内容的一个重要特点。

▌**专栏9-1　代表委员热议预算报告:积极财政政策提质增效**

受国务院委托,财政部于2021年3月5日提请十三届全国人大四次会议审议《关于2020年中央和地方预算执行情况与2021年中央和地方预算草案的报告》。财政资金怎么花,重点领域和基本民生投入如何保障,代表委员就这些问题进行了热议。

**一、保持宏观政策连续性、稳定性、可持续性**

2020年,面对严峻复杂的国内外形势,特别是新冠肺炎疫情的严重冲击,财政政策精准发力:把赤字率提高到3.6%以上,发行1万亿元抗疫特别国债,安排地方新增专项债券3.75万亿元……一系列有力举措,有效对冲疫情造成的财政减收增支影响,为稳住经济基本盘、兜牢民生底线提供重要财力支撑。

2021年,赤字率拟按3.2%左右安排,比2020年有所下调,新增专项债3.65万亿元,不再发行抗疫特别国债。2021年,积极的财政政策要提质增效、更加可持续,财政工具力度的调整体现了'积极'取向,兼顾了'更可持续'要求。3.2%左右的赤字率与2021年国内生产总值增长

6%以上的目标相匹配；已发专项债政策效应还在释放，减小新增规模有利于防范法定债务风险；地方公共卫生、基本民生支出等可通过正常渠道得到财力保障，不再需要发行特别国债进行特殊转移支付。

当前国内经济恢复基础尚不牢固，仍需保持一定支出强度，稳定各方预期，因此赤字水平、专项债新增额度仍高于2019年水平。

2021年，财政政策体现了宏观政策连续性、稳定性、可持续性要求。比如，充分运用财税手段，落实巩固拓展脱贫攻坚成果要求；再如，继续加大污染防治、优化能源结构等方面的财力投入。这些举措立足当前、着眼长远，着重解决经济社会发展不平衡问题，不断巩固经济基本盘，为"十四五"开好局、起好步提供财税政策和资金保障。

### 二、保障国家重大战略资金需求，基本民生支出只增不减

2021年，全国一般公共预算支出安排超过25万亿元，增长1.8%。财政支出结构进一步优化，加大对保就业、保民生、保市场主体的支持力度，着力保障国家重大战略任务资金需求，促进经济运行在合理区间。

财政政策提质增效指向明显，不仅真金白银、实打实地投入，用总量调控发挥"逆周期"调节功能，更注重通过财税手段促进各领域加快结构性改革，激发市场主体活力，为高质量发展注入新动能。

(1) 推动科技创新发展和产业升级。坚持把科技作为财政支出重点领域，中央本级基础研究支出增长10.6%。

(2) 支持实施扩大内需战略。中央预算内投资安排6100亿元，用于促进区域协调发展的重大工程，推进"两新一重"建设，支持加快补齐农村物流体系短板。

(3) 支持推进区域协调发展和新型城镇化。中央财政均衡性转移支付增长11%，县级基本财力保障机制奖补资金增长13.4%，中央财政安排350亿元奖励资金用于农业人口市民化。

(4) 支持全面实施乡村振兴战略。中央财政增加保障国家粮食安全、支持提高农业质量效益方面的投入。中央财政衔接推进乡村振兴的补助资金，将在去年原财政专项扶贫资金标准的基础上增加100亿元，达到1561亿元。

### 三、提升政策效能和资金效益，增强市场主体活力

2020年，我国实施阶段性大规模减税降费，全年为市场主体减负超过2.6万亿元。2021年，将继续优化和落实减税降费政策，对小微企业和个体工商户年应纳税所得额不到100万元的部分，在现行优惠基础上，再减半征收所得税等。

2021年，我国将建立常态化的财政资金直达机制。建立特殊转移支付机制，使财政直达资金直抵市县基层，惠企利民，这是宏观调控政策的创新。各级财政部门增强绩效意识，使直达资金下得快、管得严、用得准，让市场主体和群众切实受益。

资料来源：代表委员热议预算报告：积极财政政策提质增效[N]. 人民日报，2021-03-06.

(2) 紧缩性财政政策的作用机制。当需求冲击使总需求扩大，造成现实GNP超出潜在GNP时，现实的失业率低于自然失业率，构成了膨胀缺口。这时，政府也会面临两种选择：自动调节机制和经济政策。如果政府等待市场的自动调节，市场本身在存在膨胀缺口的条件下，将会

导致工资水平、利息率以及其他生产资源的价格上涨，带动生产成本的提高，从而使总供给曲线向右移动，在$AS_2$上，膨胀缺口消失，现实的GNP和潜在GNP趋于一致，失业率等于自然失业率，如图9-2(a)所示。

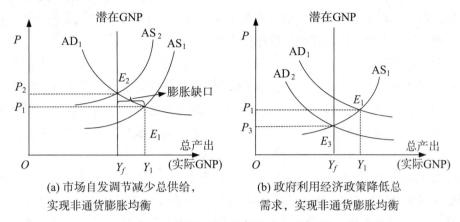

(a) 市场自发调节减少总供给，
实现非通货膨胀均衡

(b) 政府利用经济政策降低总需求，实现非通货膨胀均衡

图9-2 紧缩性财政政策的作用机制

政府可以采用经济政策来降低总需求，引导经济实现非通货膨胀均衡。如果从财政政策入手，则称之为紧缩性财政政策。此种政策主要是指政府通过减少政府购买或提高税收以降低总需求。如图9-2(b)所示，政府的增税和减少购买使总需求从$AD_1$左移至$AD_2$，使GNP处于潜在水平之上，价格水平为$P_3$，这时的价格水平低于自动调节形成的价格水平，避免了通胀现象的恶化。如果政府减少政府购买，增加税收，预算赤字将会因此而减少，以至于出现预算盈余的现象。在凯恩斯主义的理论分析中，这种政策是治疗由过度总需求引发的通货膨胀的良方。

从以上分析可看出，凯恩斯主义的稳定政策的取向不是年度的预算平衡，而是总体经济状况是否稳定于潜在的产出水平，因而其评价预算政策的依据不应是实现年度的预算平衡，而是一种预算能否实现总体经济状况的好转。稳定政策实际上是一种反周期政策，这种政策强调当经济遭受衰退威胁时，政府应寻求积极的预算赤字政策；而当经济遭受通胀威胁时，政府则应寻求积极的预算盈余(或减小赤字)政策，不应拘泥于每个年度的预算平衡，可着眼于一个周期内实现平衡的目标。财政政策并不是一个消极的措施，政府应积极、主动地运用财政政策实现预期的目标。和一些经济行为一样，财政政策虽然有助于实现政策目标，但也会带来某些消极影响和副作用，其他的预算赤字在这方面的表现更为明显。

## 9.2.2 货币政策

货币政策是国家为实现其宏观经济目标所采取的调节和控制货币供应量的金融政策。它由三个不可缺少的部分构成，分别为政策变量、中间目标和政策工具。其中，政策变量也称为最终目标。所谓政策变量，是指政府实施货币政策所要影响的变量，实际上也是政府实施货币政策的最终目标。一般来说，货币政策的最终目标是影响实际GNP和价格水平。为了达到以上目标，能直接被控制的变量称为政策工具，既不是政策变量也不是政策工具却能在货币政策实施过程中起关键作用的变量被称为中间目标。

1. 货币政策目标

货币政策目标主要包括两部分：一是货币政策的最终目标；二是货币政策的中间目标，中间目标是为达到最终目标而设定的。政策工具、中间目标和最终目标三者的关系：政策工具影响中间目标，中间目标最终导致国民收入和价格水平、就业量发生变化，也就是说，政府利用政策工具，通过影响中间目标实现最终目标。

1) 货币政策的最终目标

政策目标包括充分就业、价格稳定、经济增长和国际收支平衡。其实货币政策作为宏观经济政策的重要组成部分，其目标和宏观政策目标是一致的。在政策目标中，经常被人们重视的是国民收入水平和价格水平，因为国民收入水平和就业水平是一致的，实际上这两大变量又可以归结为单一变量，即名义国民收入。

名义国民收入的变动既反映了实际国民收入的变动，也反映了价格水平的变化。原则上，中央银行要明确名义国民收入的变化是怎样在这两个组成部分之间分割的。如果货币政策的操作影响了总需求，短期内货币政策将会推动总需求AD曲线向右上方移动，在短期总供给曲线(SRAS)为斜线时，AD曲线的上移将造成价格和国民收入同时移动，两者同时提高，中央银行要考虑价格和国民收入的各自反应，至少在短期内独立达到这个目的是不现实的，这两者的变动是不可分割的。一种货币不能同时实现价格和国民收入两个独立的既定目标，正因为如此，联储倾向将名义国民收入(PY)作为货币政策在短期内的目标。

在AD-AS模型中，长期总需求AD曲线的移动与短期的不同，长期总需求AD曲线只会影响价格水平而不会影响国民收入。如果货币政策在长期内只对AD产生影响，那么货币政策在长期的最终目标主要表现为对价格水平的控制。

但是事情并不是绝对的，不同国家在同一时间内的政策目标不一定相同，同一国家在不同时期内的政策目标也不一样，选择什么样的最终目标与一国的具体情况有关，不同的政策目标并不能同时实现。

2) 货币政策的中间目标

中间目标处于最终目标和政策工具之间，它是中央银行为实现最终目标而设置的可供观测和调整的指标。中央银行之所以要设置中间目标，是因为当其决定使用政策工具时，不能确切预知政策变量正在或将会发生什么样的变化。具体来说，从政府作出决策到政策工具发生作用并影响最终目标要经过一段"时滞"。这个时滞短则几个月，长则一年以上，在这段时间内，经济形势可能会发生变化，政策变量也会因此改变，如果这时再改变政策工具已经没有意义，政府苦心制定和实施的经济政策也难以奏效。要使货币政策发挥应有的效力，实现其最终目标，政府必须找到一些在政策工具最终影响最终目标以前可供观察和控制的变量，这些变量能够在短期内显现并与货币政策的最终目标高度相关，这些变量就是中间目标。中央银行设置恰当的中间目标对于最终目标的实现具有重要意义。

适中的中间目标必须符合两个条件：第一，变量的有关信息及时、灵活，具有良好的可控性；第二，变量的变动必须和政策变量具有高度相关性，通过变量的变化可以预期政策变量的变化。最符合这两项条件并且普遍被采用的中间目标是货币供给和利率。由于这两者并不是相互独立的两个变量，中央银行应注意不要选择一个使其中一个变量与另一个变量发生冲突的目标,这就给政策的顺利执行设置了障碍。比如,中央银行意图通过迫使利率上升来消除通胀缺口,在公开市场上卖出债券驱动其价格下降,由此带来利率的上升,但是以提高利率为目的的公开市场操作将会收缩货币供给,这就在实现其中一项的同时也完成了另外一项。同样如果想使利率下降,可以在公开市场上买进债券,迫使债券价格下降,这个过程会造成货币供给量的扩大,因为两者之间也存在这种连带关系。

虽然如此,使用利率作为中间目标和选择货币量作为中间目标的货币控制还是有其不同之处的。例如,在美国政府实施货币政策的过程中,其所依赖的中间目标并不是单一的,在每个不同时期,中间目标甚至最终目标都在发生变化,甚至可以确定多个中间目标。其中最为显著的变化是将政策的中间目标从利率变为货币供给总量。在20世纪70年代以前,美联储使用的中间目标主要为利率。20世纪70年代以后,货币供给量开始发挥重要作用。这种显著变化还包括从一个货币供给总量($M_1$)作为中间目标变为多种货币量作为中间目标,中间变量不仅包括$M_1$而且包括$M_2$。

在美国宏观经济管理的实践中,经常使用的中间目标就是利率和货币量。但是在理论上,货币主义的代表人物弗里德曼强调以"单一货币规则"替代其他中间目标,无论经济状况如何,中央银行应以不变的比率增加货币供给量。为了支持这种论调,他提出了三点理由:第一,如果货币供给量以等于长期潜在产出水平的增长率的固定比率增长,则经济增长和价格稳定都是有保证的。第二,由于货币政策着眼于长期并且具有不易把握的时滞,为消除GNP缺口而发展和补充短期政策是不可取的。第三,固定的货币规则将会避免美联储的失误。迄今为止,弗里德曼的"单一货币规则"还未引起美国当局的响应。

2. 货币政策的工具与作用机制

利率和货币供给量这两个中间变量都会对最终目标产生重要影响,中央银行调节利率和货币量依赖于货币政策工具。实现货币政策目的的工具,可分为一般性货币政策工具、选择性货币政策工具、直接信用控制及间接信用控制等。

1) 一般性货币政策工具

一般性货币政策工具是指经常被运用且能对整体经济运行发生影响的工具,主要指存款准备金率、再贴现率及公开市场业务,有时亦称三大货币政策工具或三大"法宝"。

(1) 存款准备金率。存款准备金率是指商业银行及其他金融机构上缴中央银行的法定准备金占其存款总量的比率。法定存款准备金制度建立的最初目的是防止商业银行盲目发放贷款,以保证其清偿能力,保护储户的资金安全及保障整个金融体系的稳健运行。后来不少国家的政府通过法律形式赋予中央银行自由调节存款准备金率的权力,借此调节商业银行创造存款的能力。

中央银行调整法定存款准备金率,不但会影响基础货币,而且会影响货币乘数,其政策效果可以体现在以下若干方面:第一,会引起货币供应量的巨大波动。因为法定存款准备金是通过货币乘数影响货币供应量的,这样即使变动幅度不大,对货币供应量的影响也是十分大的。第二,影响超额准备金。商业银行因各种原因会持有超额准备金,这部分准备金也会因法定准备金率的调整而产生变化,如提高或降低法定存款准备金率,实际上就等于冻结或增加了一部分超额准备金。第三,在很大程度上限制了商业银行体系创造派生存款的能力。由于调整存款准备金率对银行信贷规模的作用十分甚至过分敏感,在运用时也会对经济发展速度及整个社会心理预期等方面产生一定的负面影响。

(2) 再贴现率。再贴现率是中央银行最早、最典型的货币政策工具，也是目前各国中央银行十分重视的一个金融调控工具。所谓再贴现率，是指中央银行向商业银行收取的利息率。商业银行以贴现(票据持有人在票据到期之前，为获取现款而向银行贴付一定利息所做的票据转让)所获得的未到期票据向中央银行所作的票据转让即为再贴现，它实际是商业银行与中央银行之间的票据买卖和资金让渡过程。再贴现率的高低直接影响商业银行获取资金进行信用扩张的能力，因此，中央银行通过制定或调整再贴现率，可以达到影响市场利率进而影响货币供应量的目的。例如，当中央银行认为有必要放松银根刺激经济发展时，就可以降低再贴现率，使商业银行取得资金的成本下降，商业银行就会增加对中央银行资金的需求，而这也就扩大了可贷资金；反之，提高再贴现率，则会减少货币的供应量与可贷资金。

中央银行对再贴现率的政策措施，一般包含两方面内容：第一，中央银行调整再贴现率，它主要影响商业银行的融资成本，控制社会资金供求。在再贴现率提高的情况下，无论是向中央银行借款还是通过其他方法进行融资，融资成本都会提高；再贴现率降低时，融资成本会减少。如果融资成本提高，商业银行或减少向中央银行借款，或是提高向居民户和厂商的贷款利率，两者同样起到了收缩信用的作用。如果降低再贴现率，则结果恰好相反。第二，中央银行规定申请再贴现的票据种类、资格，它主要影响商业银行及全社会的资金投向。中央银行通过实施再贴现率政策，一方面发挥了货币信贷供应的宏观控制作用，另一方面也发挥了促进社会资源高效流动的作用。但再贴现率政策也存在局限性，例如，其作用比较被动，如当中央银行降低再贴现率时，商业银行不愿意增加借入资金，则中央银行也就无法达到增加货币供应量的目的，不能达到预期的效果；再如，再贴现率的运用必须要以存在一个发达的金融市场为前提，如果不存在发达的金融市场，再贴现率政策也难以发挥有效的调节作用。

(3) 公开市场业务。这是指中央银行在金融市场上买卖有价证券，由此影响商业银行准备金，进而影响其货币创造能力的一种业务。它也是被西方国家经常使用且极具影响力的一种货币政策工具。

中央银行的公开市场业务主要包括两方面内容：第一，中央银行与商业银行之间的有价证券买卖。中央银行通过卖出或买进政府债券，来达到紧缩或扩张银根的目的。例如，中央银行把政府债券卖给商业银行，这时后者主要动用原有的超额准备金，如果超额准备金不足，商业银行将收回一部分贷款或减少其他资产，这样实际上就等于缩小了商业银行创造货币的能力，进而紧缩信用；相反，中央银行从商业银行手中购回政府债券，其效果是信用扩张。第二，中央银行与私人和其他企事业单位之间的买卖。这种买卖的效果与上述中央银行与商业银行之间的买卖相似。例如，中央银行把政府债券卖给私人或其他企事业单位，后者一般要动用在商业银行里的存款或手持货币，这样会直接引起基础货币量的减少和信用规模的收缩，即引起银根紧缩；反之，中央银行向私人或企事业单位买进债券，其效果是扩张信用。

公开市场业务，与存款准备金、再贴现率等政策工具相比，具有如下优点：第一，公开市场业务作用范围大、影响深。因为该业务不但对商业银行的准备金产生影响，而且也会影响私人或其他企事业单位在商业银行的存款及手持的货币量。第二，公开市场业务是中央银行根据市场走势及自己对经济形势的判断直接对市场进行干预，因此，较再贴现率而言，有很强的主动性与攻击性。第三，公开市场业务具有极大的弹性，中央银行在市场上买卖的政府债券的数量可大可小，买卖方式及步骤也可随意安排，因此它是一种较为灵活的调控手段。第四，公开市场业务可以持续进行操作。当然，中央银行进行公开市场操作也必须具有一定的条件，包括中央银行必须是该国真正的金融核心、具有发达与完善的金融市场、拥有一定种类与数量规模的政府债券、有健全的相关法规等。如果不具备这些条件，要开展公开市场业务或想达到预期的效果，是比较困难的。

2) 选择性货币政策工具

所谓选择性货币政策工具，是指除一般性货币政策工具以外，还有一些可对某些特殊的经济领域或特殊用途的信用加以调节与影响的措施，主要包括消费者信用控制、证券市场信用控制、房地产信用控制及优惠利率。

(1) 消费者信用控制。这是中央银行为了控制需求过旺及通货膨胀，向商业银行与其他金融机构发放的购买耐用消费品的贷款采取控制的行为。主要内容包括：规定用分期付款购买耐用品时第一次付款的最低金额；规定用消费信贷购买商品的最长期限；规定可用消费信贷购买耐用品的种类；对不同消费品规定不同的信贷条件；等等。由于这种信用控制范围很广，中央银行有时会对其失去控制。

(2) 证券市场信用控制。这是中央银行为了限制借款购买证券的数量，防止过度投机而对有关证券交易的各种贷款进行限制的行为。控制方法为规定一定比例的证券保证金比率(以现款支付的金额占证券交易额的比例)，并根据金融市场的变化及时予以调整。中央银行通过这种控制可以达到防止大量资金直接注入证券市场的目的，保持金融市场的稳定。

(3) 房地产信用控制。这是指中央银行对办理商业房地产之类的不动产抵押放款的一种管理措施。措施内容主要包括规定放款的最高限额、最长期限及第一次付款与分期还款的最低金额等。这种控制的目的在于防止房地产交易的投机性，借此稳定货币与经济。

(4) 优惠利率。这是指中央银行对国家重点发展的经济部门或产业所采取的一种鼓励性政策工具。它的目的在于促进重点经济部门的生产发展，实现产业结构的及时调整与升级。

3) 直接信用控制

直接信用控制是指中央银行以行政命令或其他方式，直接对商业银行及其他金融机构的信用活动进行管制，主要方式：①信用分配，即中央银行根据需要对各个商业银行的信用规模加以分配，限制其最高数量；②流动性比率，即中央银行规定流动资产占存款的比重，商业银行为了保持中央银行规定的流动性比例，必须压缩长期贷款，扩大短期贷款，同时增大随时应付提现的资产比率，由此满足中央银行压缩投资规模的要求；③利率最高，即中央银行对商业银行的定期与储蓄存款规定最高利率，以此限制商业银行抬高利率的恶性竞争；④直接干预，即中央银行直接对商业银行的信贷业务、放款范围等加以干预；⑤特别存款，即中央银行在严重通货膨胀时期要求商业银行及其他金融机构存入一种特别款项，由此减缓这些金融机构的信用扩张，减少货币供应量。

4) 间接信用控制

间接信用控制，亦称道义劝告，是指中央银行根据经济形势作出对信贷进行调整的判断，然后与商业银行及其他金融机构的决策者进行多种方式的交谈并提出建设性建议，同时指出违背中央银行意愿将来可能难以得到贷款。这样做的目的在于通过这种控制或劝告，引导金融机构的微观信用行为。

### 3. 货币政策传导机制

货币政策实施的目的在于通过影响中间目标作用于最终目标。货币供给量作为中间目标，可由政府进行控制，而货币需求量则不能由政府控制。但无论是货币供给量的变化，还是货币需求量的变化，均能影响总需求。通过货币供给和需求的变化影响总需求的机制称为"货币政策传导机制"。凯恩斯主义者和货币主义者在这一问题上所持的观点也存在很大差别，这里我们主要介绍凯恩斯主义的观点。

凯恩斯主义者提出的货币政策传导机制可以归纳为四个阶段，如图9-3所示。

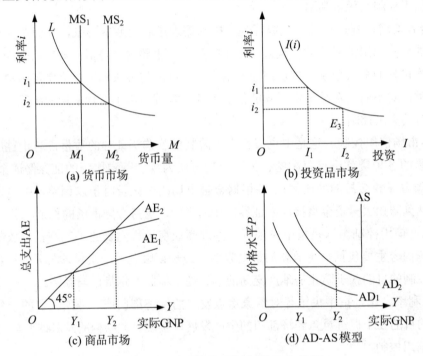

图9-3 货币政策传导机制的四个阶段

第一阶段，货币量的变动对利率的影响。如图9-3(a)所示，假设在原有利率水平$i_1$上货币市场处于均衡状态，如果中央银行决定增加货币供给量，那么在流动偏好曲线不变的条件下，货币供给的增加将会使货币供给曲线右移，由$MS_1$移至$MS_2$，过度的货币供给最终会引起利率下降。这个过程表现为，货币供给过多迫使人们减少手中持有的货币量，并将这些货币用于购买债券或转入储蓄账户等，这时可贷资金的供给增加，从而产生利率下降的压力，在图9-3(a)中表现为利率由原来的$i_1$下降为$i_2$。

第二阶段，利率的下降降低了投资的成本，刺激投资支出的增加，在投资品市场上表现为对投资品需求的增加，图9-3(b)中，利率下降使投资水平从$I_1$提高至$I_2$。

第三阶段，投资水平的上升促使整个意愿的总支出AE增加。在图9-3(c)中，总支出由$AE_1$平移至$AE_2$，其结果是实际GNP从$Y_1$提高到$Y_2$，由此可见，货币供给量的增加或者货币需求的减少最终会导致实际国民收入的增加。

第四阶段，由总支出增加引起的国民收入增加，还可以用AD-AS模型表示，如图9-3(d)所示,因为总支出的增加在AD-AS模型中表现为$AD_1$曲线向右上方移动,如果此间不考虑价格因素(AS曲线为平行于横轴的直线),$AD_1$右移形成的国民收入也会由$Y_1$上升为$Y_2$。如果AS曲线为正斜率,由于价格同AD曲线一同变动,价格上涨对国民收入的增加幅度的影响变小。货币量的变化造成的国民收入的增加也表明就业水平的提高。

凯恩斯主义的货币政策传导机制如图9-4所示。

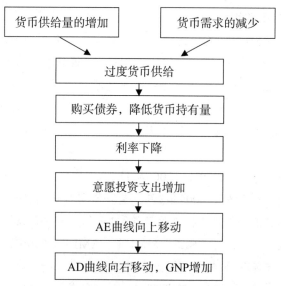

图9-4 凯恩斯主义的货币政策传导机制

凯恩斯主义者的货币政策传导机制论并没有得到广泛赞许和认同,货币主义者就是反对者之一,它指出凯恩斯主义的货币政策传导机制至少在两种情形下是失灵的。

第一,当投资对利率的变化缺乏敏感度时,传导机制被堵塞。凯恩斯主义也认为,投资并不总是能对利率的变化作出反应,比如当投资者对未来缺乏信心时,即使利率降低,也不会促成投资的大幅度变化,当投资对利率完全不敏感时,投资曲线就变成垂直于横轴的一条直线,这时货币供给和实际GNP之间的联系将被斩断。

第二,流动陷阱存在时,同样会产生上述结果。如果利率下降到一定程度,将会使货币需求曲线变成平行于横轴的直线,这时货币供给量的增加并不会使人感到持有的货币过多。因为持有货币的机会成本极低,所以货币供给量的增加对降低利率不起任何作用,况且利率已经下降到其最低点。从这一点来说,货币供给的增加最终也不会导致国民收入的增加。

于是,凯恩斯主义者总结指出:货币政策有时对增加实际国民收入和提高就业水平并不奏效,相对而言紧缩性的货币政策却有效得多。据此他们得出结论:货币政策的作用并不是对称的,并倾向肯定紧缩性货币政策的有效性。

货币主义者在货币政策传导机制方面的论点要比凯恩斯主义者简洁明了,他们把货币供给的变化和实际GNP直接联系起来,其中没有任何中间环节。当货币供给的增加使人们手中持有更多的货币时,他们将不仅仅盯着债券,各种消费品和投资品也会在他们的考虑范围内。货币供给变化将直接影响总需求,而并非通过货币市场影响利率来完成这个过程。货币的扩张和收缩在短期内能对实际国民收入造成影响,但在长期只会使价格水平发生变动。

## 专栏9-2　长期以来各国之间的"货币战争"

由2007年美国次贷危机引发的全球性经济危机使全球经济出现大衰退,欧洲各国更是陷入债务危机不能自拔。为了应对不断衰退的经济形势,以美国为首的发达国家开始实行宽松货币政策,大量印刷钞票,造成本币贬值。为了应对美国的量化货币政策,各国也开始用各自的货币政策进行应对,从而使各国有引发全球"货币战争"的嫌疑。

### 一、美国量化宽松货币政策

量化宽松(quantitative easing,QE)通常指中央银行在利率水平接近零时采取的通过购买中长期债券来增加基础货币供给的一种货币政策。这一政策只有在极低通胀率或通货紧缩情况下,银行利率趋近于零,继续采取减息等传统政策已不起作用以及需要提供新的激励时,才会被采用。一个完整的量化宽松主要由三部分构成:一是中央银行创造新货币;二是中央银行资产组合调整,即用货币去购买期限更长的资产;三是中央银行释放将继续实施新一轮量化宽松政策的明确信号。

(1) 美国第一轮量化宽松政策(QE1,2008年11月)。美联储宣布高达1千亿美元政府支持债券和5千亿美元抵押支持证券计划。2009年3月,美联储宣布陆续在6个月内先后购进3千亿美元长期国债,并进一步购入7.5亿美元抵押贷款债券和1千亿美元"两房"债券,共计2千亿美元。同时创立流动性工具TAF、PDCF、TSLF、MMIFF、AMLF、CPFF、TALF,直接增加基础货币供给。该举措缓解了市场悲观情绪,刺激资产价格缓步上扬,纳斯达克指数从2008年底的8675点上升到2010年的10400点左右,涨幅超过19%。其他经济指标如就业、消费、投资、房产与工业均好于预期,但过于宽松的货币政策形成国际流动性泛滥。

(2) 美国第二轮量化宽松政策(QE2,2010年11月)。在美国失业率高达9.6%的经济背景下,2010年11月,美联储宣布将在2011年第二季度进一步发行6亿美元的长期国债,希望通过量化宽松的货币政策缓解市场与联邦政府的压力。但大量增发的货币使美元走上贬值之路,也使世界其他各国面临币值被迫升值、资产价格上涨与金融秩序被打乱的冲击。

(3) 美国第三、四轮量化宽松政策(QE3,2012年9月;QE4,2012年12月)。美联储宣布每月进行400亿美元抵押贷款支持债券的采购计划,同时延长证券的到期期限。其后,第四轮量化宽松货币政策进一步宣布45亿美元国债采购计划。第三、四轮宽松货币政策的实施缓解了濒于崩溃的美国经济,但却带动全球低息浪潮,使流动性更加泛滥,并带来无以复加的通货膨胀和资产价格的压力。

(4) 当前美国量化宽松政策(2019年7月至今)。2019年7月,美联储宣布下调联邦基金利率,下调超额存款准备金利率,并于8月提前结束缩表。其后,8月至10月,美联储连续3个月将联邦基金利率下调25个基点。2020年3月,在新冠疫情的影响下,联邦基金利率目标区间下调至超低水平,并重启PDCF、CPFF、MMLF流动性工具,力图向市场注入流动性,同时启动无限量化宽松计划。拜登1.9万亿美元刺激计划将进一步使美债发行维持在较高水平。受到中美贸易摩擦的影响,美国经济发展放缓,通货膨胀维持在较低水平。为重振美国经济而实施的宽松货币政策的效果十分有限,并没有缓解市场的紧张情绪,也没有缓解金融市场的流动性吃紧状态。至2020年末,本轮扩表美联储总资产从2019年末的4.2万亿美元飙升至7.4万亿美元,扩表增幅高达76.8%,经济杠杆高达116%。全球流动性受到美国量化宽松货币政策的共振,进入整体扩张态势。

## 二、欧元区调整政策应对"货币海啸"

2014年，欧元区经济继续走低，货币政策传导机制受损，利率下调空间甚微，欧央行只能借助负利率、资产购买、长期流动性释放等非常规货币政策调节经济。2014年6月，负利率首次被提出，欧央行将隔夜存款率降至-0.1%。2015年1月22日，欧央行正式推出量化宽松政策，将月度资产采购的上限调整至600亿欧元，将适用范围延伸至公共证券板块。2016年9月底，欧央行投入的QE总金额达1.14万亿欧元，资产负债表中金融机构存款规模由2008年底的2000亿欧元增长至2015年的2万亿欧元。但欧元区主权债务危机仍未根本解除，欧央行理事会将资产购买计划延迟至2017年底。2019年9月12日，欧央行又将正向存款利率拉回负利率区间，同时重启量化宽松政策，推出每月200亿欧元的资产购买计划。欧央行大幅降息与量化宽松引起股市上扬。但面对疫情，欧元区利率几乎没有可下降的空间。2020年3月10日，欧央行资产购买达1200亿欧元，3月19日扩至7500亿欧元，当前欧央行资产购买已接近国内生产总值的二分之一。

欧共体在全球经济中的地位与角色使得其货币政策实施引来一系列的连锁反应，降息与量化宽松政策压缩全球降息空间，扰乱外汇市场币值稳定性，扰乱国际金融融资借贷市场秩序，对世界各国资产价格造成一定的冲击。

## 三、印度尼西亚：加强宏观经济政策协调

近年来，为维护经济稳定，保持国内金融市场的吸引力，确保经常账户赤字在安全范围之内，印度尼西亚银行采取了多项货币政策措施：一是调整政策利率以控制通货膨胀。如2018年5月将基准利率——7天反向回购利率累计提高175个基点至6%，控制印尼盾汇率，将通货膨胀率保持在3.5±1%的目标范围内。二是保持汇率与基本面一致。优化对外汇市场和政府债券市场的干预，以最大程度平抑印尼盾的波动，同时在二级市场上购买政府证券以维持印尼盾的流动性。三是保持充足的流动性。提高短期政府证券反向回购(RR SBN)交易的拍卖频率，包括1周、2周和1个月期限，以支持银行流动性。此外，还通过延长期限等方式优化公开市场操作(OMO)中的短期政府证券反向回购工具。四是加强全球金融安全网(GFSN)建设。为提高外部抵御能力，印尼银行与合作伙伴国家的货币当局通过掉期额度、信贷额度加强金融合作，以满足短期流动性需求，为维护宏观经济和金融体系稳定提供强有力保障。五是加强政策协调。印尼银行与政府之间的政策协调进一步加强，支持货币政策在维护宏观经济稳定方面发挥作用。

## 四、印度：央行直接干预市场

自2010年11月美国推出第二轮量化宽松货币政策以来，印度经济一直面临政策困境，一方面通胀率连续维持高位，另一方面高利率刺激美元资本大量流入，严重影响了印度的汇市和宏观经济稳定。同许多新兴市场国家一样，随着发达国家的量化宽松政策推动大量外国资金流入印度，卢比对美元的汇率大起大落，出现了剧烈波动：持续升值后又急剧贬值，随之而来的是大幅反弹，曾在单个交易日对美元汇率的涨幅达到2%。为了稳定卢比的币值和印度的经济，印度央行被迫从2011年10月起出台了直接干预外汇市场等多项严厉管制措施。2011年12月中旬，印度央行又在抛售美元的同时采取了一系列打击外汇市场投机行为的行动。2016年10月，印度储备银行建立了决策透明的货币政策委员会，该委员会每两个月召开一次专门讨论利率问

题的会议。为了反腐倡廉和打击黑钱交易，印度总理纳伦德拉·莫迪于2016年11月8日颁布实施废钞令，这一政策的实施让印度社会陷入一片混乱。此后，2021年10月8日，印度央行宣布将回购利率维持在4%不变，维持宽松货币政策。

印度央行这一决定符合市场预期。一方面，印度通胀压力正在走低，2021年7月份和8月份消费者价格指数(CPI)均回落到央行设定的通胀管理区间。另一方面，印度经济复苏并不均衡。受新冠疫情影响，印度的旅游、酒店和餐饮等服务业受到严重冲击，需要政府出台相应扶持政策。印度央行当前的优先目标是促进经济增长。

### 五、中国的$M_2$

中国人民银行的最新数据显示，截至2019年，中国广义货币$M_2$的存量达到198.65万亿元，首次突破百万亿元大关，如表9-1所示。近年来，中国的$M_2$存量呈现"加速度"增加的态势。2000年，中国的$M_2$存量约为13万亿元，至2008年还未达到50万亿元，2019年已达198.65万亿元，居世界第一位。

表9-1　我国$M_2$、$M_1$、$M_0$数据汇总　　　　　　　　　万亿元人民币

| 年份 | $M_2$ | $M_1$ | $M_0$ |
| --- | --- | --- | --- |
| 2020 | 218.68 | 62.56 | 8.43 |
| 2019 | 198.65 | 57.60 | 7.72 |
| 2018 | 182.67 | 55.17 | 7.32 |
| 2016 | 155.01 | 48.66 | 6.83 |
| 2014 | 122.84 | 34.81 | 6.03 |
| 2012 | 97.41 | 30.87 | 5.47 |
| 2011 | 85.16 | 28.98 | 5.07 |
| 2010 | 72.59 | 26.66 | 4.46 |
| 2009 | 1.02 | 22.14 | 3.82 |
| 2008 | 47.52 | 16.62 | 3.42 |
| 2005 | 29.88 | 10.73 | 2.40 |
| 2000 | 13.25 | 5.31 | 1.47 |

资料来源：Wind数据库. 新兴国家调整政策应对"货币海啸"避金融危机[N]. 人民日报，2012-03-13.

$M_2$多寡之辩[EB/OL]. (2013-04-12)[2022-04-05]. http://www.p5w.net/news/xwpl/201304/t20130412_115621.html.

$M_2$/GDP比值引发的"货币超发"争论[EB/OL]. (2021-02-10)[2022-04-05]. http://china.haiwainet.cn/n/2013/0415/c345646-18468864.html.

## 9.3　公共财政政策与货币政策的配合

### 9.3.1　公共财政政策与货币政策配合的必要性

财政政策和货币政策作为国家调节社会需求的两大主要政策，它们的政策目标是一致的，都是为了实现社会总供求的平衡，促进经济的稳定增长，但两者在政策功能、调节领域、实现方式等方面存在较大的差异，因而在政策的设计和应用过程中必须注重两者的配合，避免因政策之间的相互抵触而出现与调节目标相悖的政策效应。公共财政政策与货币政策配合的必要性

主要表现在以下两个方面。

### 1. 财政政策与货币政策的功能差异要求两者协调配合

财政政策与货币政策在政策功能上存在差异，主要表现在货币政策作为以货币流通量为调节对象的宏观经济政策，其对社会供求总量关系的调节功能比较突出。中央银行通过调整存款准备金率、再贴现率和公开市场业务可以间接影响流通中的货币量；通过控制贷款规模和发行货币量可以直接控制流通中的货币供应量，对社会需求及由其决定的货币购买力产生影响。国家可以根据一定时期社会经济发展的具体情况，通过灵活运用货币政策来实现宏观调控的总量目标。但是，在社会供求结构改善方面，由于信贷资金是有盈利要求的资金，它在带动资源配置方面应该体现市场原则的要求，中央银行不可能直接按照国家宏观目标的要求将大量金融资金直接投入经济发展相对滞后的产业，特别是预期收益率较低的产业，这就决定了货币政策在调节社会供求结构方面的局限性。相对货币政策，财政政策的功能优势主要体现在社会供求结构的调整和改善方面。由于财政是政府占有社会产品的手段，在参与社会分配的过程中，税收、公债、补贴和预算支出都会对社会需求和资源配置的结构产生影响，进而实现宏观调控的结构目标。当然，财政政策在调节社会需求总量方面的作用也是突出的，对于这一点，前文已经进行了较多的论述，此处不再赘述。

可见，财政政策与货币政策之间的功能差异决定了两者在实现宏观政策目标上的优势和不足，也就提出了两者应在实践中实现功能和效应互补的要求，提出了两者之间协调配合的必要性。在对相同对象的调节过程中，需要两者协调一致，形成合力；如果政策要求不统一，两者在实践中意见不统一，甚至发生抵触和冲突，其结果必然导致宏观目标的落空。

### 2. 财政政策与货币政策的调节领域内的差异要求两者协调配合

财政政策与货币政策分别从不同的领域调节社会总需求。财政政策主要在分配领域通过收支的增加或减少来实现对社会需求总量的调节；货币政策则在流通领域通过控制流通中的货币量来调节社会需求量。财政政策和货币政策的这种调节领域的差异，使得两者在对社会总供求的调节中都有各自的局限性。就财政政策而言，通过增减收支或许能够引起社会需求的收缩或扩张，但这种调整在力度上会受到限制。比如，为抑制需求而增税和减支要受到纳税人的承受能力、已经形成的利益分配格局和支出规模的限制，如果力度过大，一方面会影响政府与纳税人之间的分配关系，减弱经济主体的投资和积累能力；另一方面则可能由于政府支出减少而使由这种支出支撑的社会公共福利水平和就业水平下降。这就要求货币政策在流通领域进行调节来对其加以配合。货币政策的调整会通过对一定时期货币量的控制来影响社会需求，但它同样具有局限性：在实施"紧"的货币政策时，对银根的收缩程度要受到已经形成的信贷规模及投资规模的制约，力度过强会引起资金短缺，进而导致流通环节梗阻，引起经济萧条；反之，在实行"松"的财政政策时，要受到现实经济结构状况和资源可利用程度的制约，力度把握不好会影响信贷资金的使用效果。可见，财政政策和货币政策在调节领域内的差异为两者在不同领域的协调配合提出了必要性。

### 9.3.2 IS-LM模型

虽然财政政策和货币政策的最终目标一致，而且同种类型的财政政策和货币政策的作用也相似，但是两者并不能通过完全相互取代来达到政策制定者所设定的任何目标。在政策实施的过程中，需要具体问题具体分析，审时度势，相机选择财政政策或货币政策，有时两者需要相互配合才能达到最佳效果。在对财政政策和货币政策的配合以及财政政策、货币政策的效力分析中，IS-LM曲线模型是重要的理论工具。

IS-LM模型也被称为希克斯-汉森模型，是对商品市场和货币市场进行的综合分析。在商品市场和货币市场相互作用并同时达到均衡时，可形成均衡的利率和国民收入。模型表现了商品市场上的储蓄、投资以及货币市场上的货币供给和货币需求对产出水平和利率水平的决定作用。这种一般均衡的分析方式为财政和货币政策的运用奠定了理论基础。IS-LM曲线分析是凯恩斯的继承者对其《通论》(《就业、利息和货币通论》的简称)所表述的整个理论体系的概括和总结，在当代宏观经济学中占据重要地位。

**1. IS曲线**

IS曲线是表示商品市场均衡的曲线。我们假定国民经济中只存在两大经济部门，即居民户和厂商，而且储蓄是收入的函数，投资仅为利率的函数。那么，在商品市场上存在以下三种函数。

消费函数：$C=C(Y)$；

储蓄函数：$S=S(Y)$；

投资函数：$I=I(i)$；

当商品市场达到均衡时，$C(Y)+S(Y)=C(Y)+I(i)$。

于是我们可以说，商品市场实现均衡的条件为：$S(Y)=I(i)$。

可见，商品市场要实现均衡，即达到$I=S$取决于两种因素：国民收入$Y$和利率$i$。$Y$和$S$属于同方向变动的关系，而$i$和$I$则是反方向变动，即利率越高，投资水平越低；利率越低，投资水平越高。因此，国民收入必须和利率呈现反方向变动才能保持商品市场的均衡。能够使商品市场实现均衡的各种国民收入$Y$和利率$i$的组合连接起来形成的曲线称为IS曲线。显然IS曲线在以$Y$为横轴和以$i$为纵轴的图形中是一条自左上方向右下方倾斜的曲线，其斜率为负。在IS曲线上的任何一点都表明商品市场是均衡的，而且国民收入和利率必须相互配合，才能使商品市场的均衡得以实现。它表示这样一种关系：当利率下降时，投资水平提高，从而促进$Y$的增加，$Y$的增加又使储蓄水平上升；反过来说当$Y$下降时，储蓄下降，为保持商品市场的均衡，必然要求投资水平降低，只有利率提高才能实现这一目标。这一关系在IS曲线的推导过程中可被清楚地表现出来，在经济学中通常以四个图形推导出IS曲线。

在图9-5中，分别设置(a)、(b)、(c)、(d)四个相关的图形，其中(a)图表示投资曲线，(b)图表示总供给和总需求达到均衡的45°线，(c)图表示储蓄曲线，(d)图则表示实现商品市场均衡的$Y$和$i$的多种组合。

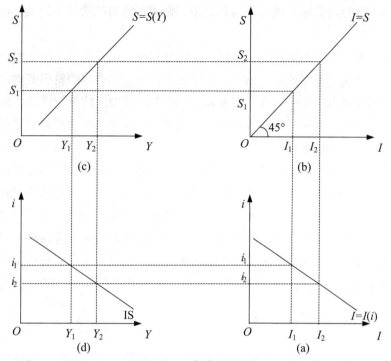

图9-5 IS曲线的推导

在(a)图中，存在一条投资曲线，它反映了一个投资函数。先找出利率$i_1$，接着便可由投资曲线找到相应的投资水平$I_1$，然后将这个投资水平带入(b)图。(b)图的横轴代表投资，纵轴代表储蓄，45°线则表示总供给等于总需求，$I=S$，因此将确定的$I_1$延伸至(b)图时，可在45°线找出一个能实现商品市场均衡的$S$，即$S_1$。同样将$S$带入(c)图，(c)图纵轴代表储蓄，横轴代表收入$Y$，根据给定的$S_1$可找出相应的$Y_1$，这个收入水平实现了均衡的国民收入，在(d)图中这个均衡收入和开始时的利息率$i_1$形成了一种组合，即$i_1$和$Y_1$形成了一种使商品市场达到均衡的特殊配合。

同样还可以在(a)图中设定另一种利率水平$i_2$，并找出相应的投资水平$I_2$，根据上述分析方法分别找出$S_2$和$Y_2$，从而实现了另外一组特殊配合$i_2$和$Y_2$，这个过程可以继续下去。在(d)图中，连接这两个组合点或多个组合点就可以得到IS曲线。这条曲线上的任何一点都代表在商品市场上实现了均衡。但是在(d)图中并非所有的$i$与$Y$的组合都能使商品市场达到均衡状态，如果$i$和$Y$的一种组合处于IS曲线的右方，那么商品市场处于非均衡状态，这时$S>I$；相反，如果$i$和$Y$的组合发生在IS曲线的左方，商品市场亦处于非均衡状态，这时$S<I$。

既然IS曲线表示$I=S$，那么IS曲线代表的函数和储蓄函数以及投资函数是相关的，IS曲线的斜率也取决于储蓄曲线的斜率及投资曲线的斜率。储蓄曲线的斜率和边际消费倾向成反比，边际消费倾向越大，储蓄曲线的斜率越小；相反，边际消费倾向越小，储蓄曲线的斜率越大。而IS曲线的斜率和储蓄曲线的斜率大小是一致的，这也说明边际消费倾向与IS曲线的斜率呈反方向变动趋势。

除此以外，IS曲线的斜率还受投资曲线的斜率的影响。投资曲线的斜率表示投资需求的变动对利率变化的反应程度。投资曲线的斜率越小，表示投资的变动对利率变化的反应较为敏感；相反，曲线的斜率越大，表明这种反应程度越低。进一步分析可知，投资曲线越平缓，IS

曲线的斜率越小，越趋向平缓；投资曲线越陡峭，则表示IS曲线的斜率较大，IS曲线也越趋向陡峭。

如果决定IS曲线的两个函数发生了变化，则会导致IS曲线发生移动。IS曲线移动的方式有两种：一是因储蓄曲线的斜率或投资曲线的斜率变动而引起IS曲线的斜率变动；二是由于外在因素的影响，从而导致由函数中的自发性变量变动引起的IS曲线的平行移动。这里主要就第二种变动进行分析。储蓄函数和投资函数中自发性变量发生变动首先会引起储蓄曲线和投资曲线的平行移动，进而引起IS曲线的平移。

IS曲线分析不仅适合对两部门经济的分析，而且适合对三部门经济的分析，因为三部门经济中的税收$T$和政府支出$G$分别和$S$及$I$具有相同的性质，$T$和$G$的变动也会推动IS曲线移动。一般来说，税收的增加会使IS曲线向左方移动，反之向右方移动；政府支出的增加则使IS曲线向右方移动，反之向左方移动。在其他因素既定的条件下，IS曲线向右方移动，对国民收入起扩张作用；而IS曲线向左方移动，对国民收入起紧缩作用。由此可见，实施紧缩性的财政政策，即增税或减少政府支出表现为IS曲线左移；实施扩张性的财政政策，即减税或增加政府支出则表现为IS曲线右移。

2. LM曲线

LM曲线是一条表示货币市场均衡的曲线，货币市场的均衡表示货币供给量等于货币需求量。货币供给量由货币当局控制，并不是一个内生的变量，因而如果中央银行的货币政策不发生变动，货币供给量则固定不变。货币需求量为收入和利率的函数。货币市场的均衡表现为$M=L$，即$M=L_1(Y)+L_2(i)$，能够满足这一条件的$Y$和$i$的各种组合形成了LM曲线。LM曲线是一条自左下方向右上方倾斜的曲线，同样可利用图形推导出这条曲线，如图9-6所示。

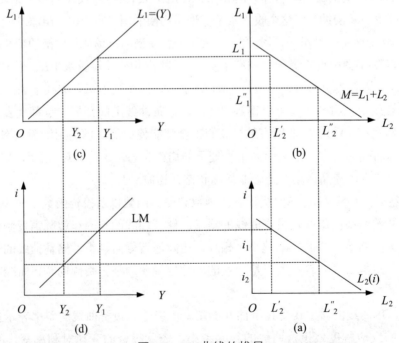

图9-6　LM曲线的推导

图9-6中，(a)图中横轴为$L_2$，纵轴为$i$，向右下方倾斜的曲线为投机性货币需求曲线。

(b)图中，横轴对应于(a)图代表$L_2$，纵轴为$L_1$，与两轴都呈45°角的曲线表示$M=L_1+L_2$，即在货币供给量不变且货币供求相等的条件下，$L_1$和$L_2$的各种数量组合。(c)图的纵轴对应于(b)图为$L_1$，横轴为$Y$，向右上方倾斜的曲线表示受收入支配的货币需求曲线。(d)图中纵轴对应于(a)图，代表利率$i$，横轴对应于(c)图，代表国民收入$Y$。LM曲线的推导过程：先设定一个利率水平$i_1$，先在(a)图中找出相应的$L_2'$，然后通过(b)图依据$L_2'$找出$L_1'$，通过(c)图找出与$L_1'$相应的$Y_1$，将$Y_1$延伸至(d)图中，同时在(d)图中找出相应的$i_1$，$Y_1$和$i_1$的组合表示货币市场实现了均衡。再设定另一利率水平$i_2$，以同样方法找出$Y_2$，形成另一种组合，再将这两个组合点连接起来，即为所谓的LM曲线。

虽然在(d)图中还有很多$Y$和$i$的组合点，但是这些组合点都不足以使货币市场达到均衡，LM曲线上的任何一点都代表$Y$和$i$的一种特殊组合。如果有一点处在LM曲线的左方，则表明这点上$L<M$；有一点处在LM曲线的右方，则表明这点上$L>M$。LM曲线向右上方倾斜说明$Y$和$i$同方向变动，这是因为如果国民收入提高，在货币供给不变的条件下，$L_1$的增加必然要求$L_2$减少，否则就要打破均衡，$L_2$减少意味着利率提高；如果利率水平提高，$L_2$随之减少，在货币供给不变的条件下，要保持货币市场的均衡，$L_1$必须提高，这意味着国民收入的增加。另外，由图形可知，LM曲线的斜率取决于$L_2$和$L_1$曲线的斜率，$L_2$曲线的斜率越小，LM曲线的斜率越小，这时LM曲线比较平坦；$L_1$曲线的斜率越小，LM曲线的斜率越大，曲线比较陡峭，反之则较平缓。

决定LM曲线移动的因素要比决定IS曲线移动的因素多。货币供给的变动，$L_2$和$L_1$曲线的移动都会使LM曲线发生位移。这里假定$L_1$和$L_2$曲线的斜率不变，分析以上三种曲线的平移对LM曲线产生的影响。

首先，$L_2$曲线的移动将会使LM曲线发生反方向移动，即$L_2$曲线右移会使LM曲线左移，$L_1$曲线左移会使LM曲线右移。LM曲线右移意味着在同样的利率水平上，国民收入增加。

其次，$L_1$曲线的移动会使LM曲线发生同方向的移动，即$L_1$曲线左移，LM曲线也左移；$L_1$曲线右移，LM曲线也右移。

最后，货币供给量变动，即(b)图中曲线的移动将使LM曲线发生同方向变动。当货币供给量提高时，LM曲线右移，反之则左移。这是因为，如果货币供给量增加，在利率不变的情形下，要保持货币市场的均衡，则$L_1$提高，这便意味着$Y$的提高。

政府在进行经济干预时，一般来说难以直接影响货币需求，因而政府实施货币政策难以通过$L_1$或$L_2$曲线的变动促使LM曲线发生位移，政府主要通过改变货币供给量使LM曲线发生移动。货币供给量的多少直接掌握在政府手中，政府可以利用货币供给量这个工具控制经济的缩胀。

### 3. 两个市场的均衡：IS-LM分析

IS曲线和LM曲线分析仅描述了单个市场均衡的条件和状态，但在其中任何一个市场上形成的均衡国民收入和利率，都不一定能使另一个市场达到均衡。因此，在市场体系中，国民收入和利率水平就不会处于稳定状态。凯恩斯继承者建立了IS-LM模型，这一模型把商品市场和货币市场结合起来，从而对国民收入和利率进行了一般均衡分析。

所谓一般均衡，就是商品市场和货币市场同时达到均衡，这一状态表现在图形上就是IS曲线和LM曲线的交点。能使商品市场达到均衡的$Y$和$i$有多种组合,能使货币市场达到均衡的$Y$和$i$也是如此,但能使两个市场同时达到均衡的$Y$和$i$的组合点只有一个,那就是IS和LM曲线的交点,这个交点上的$Y$和$i$的数值可通过解$I=S$和$M=L_1+L_2$方程求得。商品市场和货币市场达到一般均衡时的状况如图9-7所示,$E$点即为均衡点。在IS和LM曲线既定的条件下,$E$点以外的任何一点都不能使这两个市场同时达到均衡。两条曲线把坐标平面分割为四个部分,分别以Ⅰ、Ⅱ、Ⅲ、Ⅳ表示。在这些区域中,两个市场都处于非一般均衡状态,在Ⅰ区域中的任何一点都处于IS曲线的右上方,表明$S>I$;处于LM曲线的左上方,表明$L<M$。其余各区域$I$和$S$、$L$和$M$的关系分别为:Ⅱ区域,$S>I$,$L>M$;Ⅲ区域,$S<I$,$L>M$;Ⅳ区域,$S<I$,$L<M$。而当市场处于这些区域中的任何一点时,市场自身的调节都会把非均衡状态消除,从而使得市场恢复到$E$点的均衡状态。因为如果商品市场不均衡,会导致收入发生变动:$I>S$,国民收入增加;$I<S$,国民收入下降。货币市场不均衡会导致利率发生变动:$L>M$,利率上升;$L<M$,利率下降。国民收入和利率水平的不断调整最终会实现两个市场的均衡。比如在图9-7中,$Y$和$i$的组合处于$A$点的位置上,$A$点被分割在Ⅲ区域,这时$S<I$,$L>M$。当$S<I$时,使国民收入下降的收入水平会沿平行于横轴的方向向左移动,$L>M$则促使利率上升,利率沿平行于纵轴的方向向上移动。这两者的合力最终会引起$Y$和$i$的组合点向左上方移动,从而达到货币市场的均衡。这时由于商品市场未达到均衡,市场仍会进行自动调节,直至在$E$点上实现一般均衡。

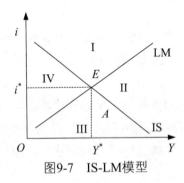

图9-7 IS-LM模型

决定均衡国民收入和利率的是IS曲线和LM曲线,若IS曲线和LM曲线发生变动,均衡点也会因此而发生变动,即均衡的国民收入和利率发生移位。其中,财政政策使IS曲线发生移动,货币政策使LM曲线发生移动,政府既可以单独使用财政政策和货币政策,也可以同时运用财政政策和货币政策,这就涉及财政政策和货币政策的相互配合的问题。

### 9.3.3 财政政策与货币政策的配合分析

1. 财政政策效果分析

财政政策效果是指政府收支变化对总产出变动的影响程度,影响程度的高低会因IS曲线和LM曲线斜率的不同而不同。

(1) 在LM曲线斜率不变的条件下,IS曲线斜率的绝对值越大,移动IS曲线时总产出的变化就越大,财政政策效果就越强。

IS曲线斜率不同所引起的财政政策效果的差别如图9-8所示。

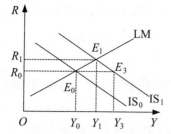 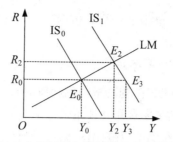

(a) IS曲线斜率小引起的财政政策效果　　(b) IS曲线斜率大引起的财政政策效果

图9-8　IS曲线斜率不同所引起的财政政策效果的差别

图9-8中，(a)图和(b)图的LM曲线的斜率完全相同，表明货币市场均衡不变。初始均衡点$E_0$相同，且政策强度也相同，由于乘数作用，都能使总产出增加到$Y_0$。所不同的是，图(a)中，IS曲线比较平坦，即斜率的绝对值较小；而图(b)中，IS曲线比较陡峭，即斜率的绝对值较大。由于IS曲线斜率的差别，导致实行同样的财政政策，图(a)中总产出只增加$Y_1-Y_0$，而图(b)中的总产出却增加了$Y_2-Y_0$。由此可见，图(a)中IS曲线斜率的绝对值小，财政政策效果弱；图(b)中IS曲线斜率的绝对值大，财政政策效果也较强。为什么会出现这种政策效果的差别呢？这是因为IS曲线斜率的绝对值反向取决于投资对利率的反应系数$d$，正向取决于边际消费倾向$b$。图(a)中，IS曲线斜率的绝对值小，说明投资对利率的反应系数$d$或者边际消费倾向$b$的数值较大，而$d$值和$b$值大，都会促使政府支出的"挤出"效应强，所以实际增加的总产出就少，即政策效果弱。图(a)中的$Y_3-Y_1$和图(b)中的$Y_3-Y_2$为因"挤出"效应而减少的总产出，$(Y_3-Y_1)>(Y_3-Y_2)$。

(2) 在IS曲线斜率不变的条件下，LM曲线的斜率越大，移动IS曲线时总产出的变动就越小，即财政政策效果越弱。

LM曲线斜率不同所引起的财政政策效果的差别如图9-9所示。

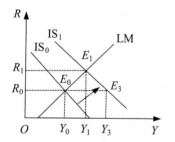 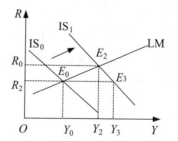

(a) LM曲线斜率大引起的财政政策效果　　(b) LM曲线斜率小引起的财政政策效果

图9-9　LM曲线斜率不同所引起的财政政策效果的差别

图9-9中，(a)图和(b)图中的IS曲线的斜率相同，移动幅度也相同，说明财政政策的强度相同。不同的是，图(a)中LM曲线的斜率大，曲线陡峭；而图(b)中LM曲线的斜率较小，曲线平坦。由于LM曲线的斜率等于$k/h$，斜率大说明货币需求对利率的敏感系数$h$的值小(在假定$k$值不变的条件下)。$h$值小，"挤出"效应就强，所以财政政策对总产出的影响就小些。在图9-9中，$Y_3-Y_0$表示基于政府支出的乘数效应而增加的总产出，图(a)中的$Y_3-Y_1$和图(b)中的$Y_3-Y_2$分别表示在两种货币市场均衡条件下的"挤出"效应，$(Y_3-Y_1)>(Y_3-Y_2)$。财政政策效果在图(a)中为

$Y_1-Y_0$，在图(b)中为$Y_2-Y_0$，可以得出$(Y_1-Y_0)<(Y_2-Y_0)$，即图9-9(a)的政策效果弱于图9-9(b)的政策效果。

2. 货币政策效果分析

货币政策效果是指变动货币供给量对总产出变动的影响程度。货币政策效果的强弱，与IS曲线和LM曲线的斜率有密切关系。

(1) 在LM曲线斜率不变的条件下，IS曲线斜率的绝对值越小，IS曲线越平坦，LM曲线的移动对总产出变动的影响就越大，货币政策效果就越明显。

IS曲线斜率不同所引起的货币政策效果的差别如图9-10所示。

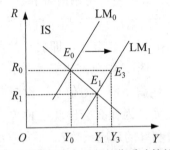
(a) IS曲线斜率大引起的货币政策效果

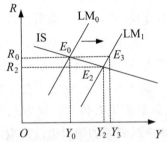
(b) IS曲线斜率小引起的货币政策效果

图9-10　IS曲线斜率不同所引起的货币政策效果的差别

图9-10中，图(a)和图(b)的初始状态是一样的，均衡点均为$E_0$，均衡利率和均衡总产出分别为$R_0$和$Y_0$。都实行扩张性货币政策，政策强度也一样，都从$LM_0$向右平移至$LM_1$，因此在市场利率不变的条件下，货币供给量增加引起总产出增加，都是$Y_3-Y_0$。但货币供给量增加必然会引起市场均衡利率的下降。在图(a)中，IS曲线陡峭，利率下降致使总产出增加较少(增加$Y_1-Y_0$)，货币政策效果较弱。而图(b)中IS曲线斜率的绝对值较小，所以利率下降促使总产出增加较多(增加$Y_2-Y_0$)，政策效果较强。

(2) 在IS曲线斜率不变的条件下，LM曲线的斜率越小，曲线越平坦，LM曲线的移动对总产出变动的影响就越小，即货币政策效果就越弱。

LM曲线斜率不同所引起的货币政策效果的差别如图9-11所示。

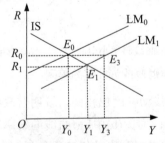
(a) LM曲线斜率小引起的货币政策效果

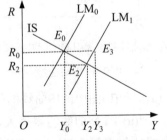
(b) LM曲线斜率大引起的货币政策效果

图9-11　LM曲线斜率不同所引起的货币政策效果的差别

图9-11中，图(a)和图(b)的初始均衡利率和均衡产出分别为$R_0$和$Y_0$，增加的货币供给量也相同，并且都引起了市场利率的下降。图(a)中，LM曲线的斜率小，增加相同的货币供给量所引起的利率下降较少，因此在IS曲线不变的条件下，将引起较小幅度的总产出增加，说明货币政策效果较弱。在图(b)中，LM曲线的斜率大，货币供给量的增量所引起的利率下降较大，因此，总产出增加较多。

3. 政策组合效应分析

财政政策会引起均衡利率和均衡产出的同方向变化，即扩张性财政政策使利率和总产出都增加，紧缩性财政政策使利率和总产出都下降。货币政策会引起均衡利率和均衡产出的反方向变化，即扩张性货币政策使总产出增加、利率下降，紧缩性货币政策使总产出下降、利率上升。根据这两种政策的不同特点，在不同的经济环境中适当地将它们组合起来使用，就能有效地控制总产出和利率的变动方向和幅度。两种政策的组合归纳起来有以下四种。

1) 扩张性财政政策与扩张性货币政策相搭配

这种组合会使总产出出现较大幅度的增加，利率变动不确定，它决定于这两种政策的相对强度。这种组合一般在经济萧条比较严重时使用，可以用扩张性财政政策增加总产出，同时利率会上升，用扩张性货币政策降低利率以克服可能带来的"挤出"效应。当通货膨胀比较严重时，不能使用这种政策组合，因为这种组合会加重通货膨胀。

2) 扩张性财政政策和紧缩性货币政策相搭配

这种组合会使均衡利率上升，但总产出的变动方向不确定。在经济萧条不太严重而又要控制通货膨胀时可采用这种政策组合。用紧缩性货币政策控制通货膨胀，这时可能由其引发的总产出减少可以通过扩张性财政政策加以弥补。比如20世纪80年代初，美国处于经济萧条和通货膨胀并存的"滞胀"局面，里根政府适时采用减税和紧缩货币的组合政策，一方面刺激需求，使总产出增加，另一方面又控制了通货膨胀的进一步恶化。

3) 紧缩性财政政策和扩张性货币政策相搭配

这种组合会使利率下降，但总产出的变化方向取决于这两种政策的相对强度。在经济出现通货膨胀而又不太严重时可采用这种组合。由于通货膨胀不严重，用紧缩性财政政策压缩总需求可达目的，为防利率提高引发经济衰退，可再适当使用货币政策降低利率。

4) 紧缩性财政政策和紧缩性货币政策相搭配

这种组合会引起总产出的大幅减少，但利率的变化不确定。在经济发生严重通货膨胀时可考虑使用这种政策组合，因为这时往往伴随着经济过热，紧缩性财政和货币政策可有效控制经济过热和通货膨胀，同时紧缩性财政政策又可防止利率过分提高。

使用政策组合调控经济必须研究经济的IS-LM曲线的形态特征。如前文所述，这两种政策在不同的IS-LM曲线形态下的政策效果是不一样的。首先要对经济状况进行测定，然后根据萧条与通货膨胀的不同程度，对各项具体措施进行适当组合。总之，只有择机使用合适的宏观经济政策才能起到有效的作用。财政政策与货币政策的搭配类型及其适用的宏观经济环境如表9-2所示。

表9-2 财政政策与货币政策的搭配类型及其适用的宏观经济环境

| 政策类型 | | 财政政策 | | |
|---|---|---|---|---|
| | | 扩张性 | 中性 | 紧缩性 |
| 货币政策 | 扩张性 | 社会总需求严重不足,生产能力和资源得不到充分利用,失业严重 | 社会总需求不足,供给过剩,企业投资不足,主要的经济比例结构没有大问题 | 社会总需求大体平衡,但公共消费偏旺而投资不足,生产能力及资源方面有增产潜力 |
| | 中性 | 社会总需求略显不足,供给过剩,经济结构有问题,主要是公共消费不足,公共事业及基础设施落后(投资不足) | 社会总供给与总需求基本平衡,社会经济的比例结构也基本合理,社会经济健康发展,速度适中 | 社会总需求大于社会总供给,经济的比例结构没有大问题,财政支出的规模过大,非生产性积累与消费偏高 |
| | 紧缩性 | 社会总供给与总需求大体平衡(包括平衡关系偏紧),而公共事业、基础设施落后,生产力布局不合理 | 社会总需求过大,有效供给不足,经济效益较差,已出现通货膨胀,但财政在保障社会公共需求上正常 | 社会总需求大大超过社会总供给,发生了严重的通货膨胀 |

## 专栏9-3 财政货币政策协调联动有威力

近年来,新冠肺炎疫情仍未在全球范围内得到有效控制,且国内部分地区时有新冠肺炎零星散发病例和聚集性疫情出现,影响经济社会的高效稳定运转和人民生活质量的稳步提升。公共经济政策作为调控宏观经济运行,指导人们经济活动的行动准则及措施,可直接或间接地发挥重要作用,以影响疫情防控。

**一、着眼短期和长期财政政策共同发力,助力经济稳定增长**

一方面,在短期内需继续实行积极的财政政策,保障经济的平稳运行。具体而言,后疫情时代仍坚持抗疫纾困的精准性财政政策,延续财政部和税务总局出台的多项政策,针对个人所得税,允许疫情防治中的所得补助、奖励及医护用品免征个人所得税;另一方面,在长期视角下要构筑应对突发公共卫生事件的可持续性财政体系,在公共治理层面补板,提升宏观经济对外部风险的能力。具体来看,一是适当借鉴国际经验,在日常利用财政资金建立中小企业援助基金,将其作为赈灾贷款,并出台相应的可操作资助计划,减少突发事件对中小企业的冲击;二是调整现存的税收结构,保持增值税和所得税基本不变,促进消费税改革,提高劣质消费品、奢侈品和负外部性明显的产品税率,增加财政收入,以缓解特殊时期的财政压力;三是依托新冠肺炎疫情的契机促成财政信息一体化发展,充分利用大数据信息在税收治理中的功效,通过对资金流、物流、发票流等数据的集中比较,掌握社会经济运行的风险指数,更好地进行宏观调控。

**二、推动货币政策更好地为实体经济服务,调节宏观经济运行**

一是推动货币政策为实体经济服务,货币政策要趋向精细化、精准化调控。首先,在符合贷款信用评审等条件下,中央银行可把商业银行的存款准备金等以较小的利差直接放贷给实体企业,有效化解其资金急缺的窘境;其次,中央银行可给商业银行直接贷款,通过提供零利率或低利率的资金给商业银行,并要求商业银行将资金或贷款指令化,实现资金真正服务于有需求的企业,尤其是中小企业;最后,中央银行可加强和信息公司及信用公司的深入合作,如设立纯信用贷款。

二是加快人民币国际化步伐,稳定人民币汇率,提高服务实体经济的能力。首先,推动各主权国家建立真正意义上的相互信用,基于相互信任,签署相应协议并加以成文化、法律化规定,允许相互的货币用于计价、支付、交易等,减轻美元支付体系的不良影响,保证特殊时期我国实体经济的运行;其次,构建市场化的跨境支付体系,从两边支付体系开始,逐步扩展至多边,相互政府做好不过多干预的承诺,真正形成主权货币的支付结算体系;最后,积极引导人民币的汇率预期趋向稳定,吸引高端技术的外资进入,促进中国经济的稳定持续增长。

资料来源:财政货币政策协调联动有威力[EB/OL]. (2021-12-27)[2022-04-05]. http://finance.cnr.cn/gundong/20211227/t20211227_525699485.html.

## 9.4 宏观调控的成效和问题

第二次世界大战以后,各发达工业国家普遍采取相机抉择的宏观经济政策,应用财政政策和货币政策相结合的方式调节国民经济的总需求,这在一定程度上降低了经济波动的程度,缓解了经济衰退。虽然类似20世纪30年代那样的经济大萧条再也没有发生过,但宏观经济调控对政府来讲仍然是一个很重要的议题。

### 9.4.1 宏观经济政策实施中的问题

在实施宏观经济政策时,会遇到很多在理论分析时被忽略的因素。因此,政策效果不理想或者政策无效,不能简单地归咎于理论分析不正确,而是要进一步讨论影响政策实施效果的具体因素,提高宏观经济政策分析的水平。

1. 不确定性的存在

我们一直在理想状态下进行分析,这时决策者唯一的问题是有没有足够的独立政策工具来实现政策目标。但是,现实经济环境总是具有不确定性,政府无法准确知道它将如何影响政策目标。

从政策实施效果的角度看,有两类不确定性特别重要。第一,政策工具对政策目标影响效果的不确定性,即政府不能准确估计一项政策工具对政策目标的影响程度。第二,影响政策目标的其他因素。除了政策工具之外,还有其他的环境因素,这些因素会带来外生冲击,如果能够准确预测,决策者在选择政策工具时就能加以考虑。但一般情况是,即便作出很好的预测,外生事件仍不确定。

假定只有一个目标产量($Q$)和一种工具货币量($M$)的情况,经济模型可表示为

$$Q = \alpha M + \epsilon$$

模型中的变量是一个随机变量,在作出关于$M$的选择时无法预测它的确切值,它的不确定性会影响货币量工具的作用效果。系数$\alpha$的值也无法确知,决策者只能知道它的平均值,所以货币量变化对产量目标的影响效果同样无法准确预测。

上述两种不确定性对政策选择有什么影响呢?

如果没有不确定性，政策选择非常简单。在一个目标和一个政策工具的情况下，决策者把目标定为$Q$，就可以简单地通过选择$M$，来达到$Q'$，即$M=Q/\alpha$。

但是，如果存在不确定性，决策者只能试图实现平均最优产量目标，而不能保证在任何时候都实现目标。假定决策者知道的平均值$\bar{\alpha}$的均值为零，则平均最优目标产量为$Q'=\bar{\alpha}M$，从而有$M=Q/\bar{\alpha}$。这就意味着政策目标只能在均值意义上实现。如果系数$\alpha$的实际值小于其平均值，产量目标的实现程度就低于计划水平；反之，产量目标的实现程度就高于计划水平。

### 2. 预期与政策失效

经济政策的效果不仅受到不确定性的影响，而且会受到政府之外的其他的经济主体行为的影响。从理论上说，经济政策是通过改变经济参数，引导经济主体对自己的行为作出相应的调整，最终对经济运行发挥作用。

以上分析，我们一直假定政府作为政策制定者和实施者处于主导地位，而其他经济主体，包括个人、家庭、厂商等，均是被动适应政府政策。实际上，经济主体对经济环境和政府行为均有相应的预期并作出相应的反应。

预期(expectation)就是经济主体根据掌握的信息，对未来经济环境和条件进行的估计。预期在经济发展中具有至关重要的作用，因为它影响着各种经济行为。例如，家庭根据对未来收入的预期，决定消费多少；厂商根据对未来利润率的预期，决定投资多少。这种预期包括广泛的内容，其中也有政府可能实施的经济政策。

如果经济主体具有理性预期(rational expectation)，政策制定者在估计任何一种政策的效应时，需要知道人们的预期对政策有多大的反应。如果人们对政策变动作出理性预期，即在政策实施之前，人们已经估计到该政策会出台，从而作出相应的预先反应，该政策实施时就可能完全无效。

著名经济学家卢卡斯依据理性预期的概念，认为传统的政策评价方法由于没有充分考虑到预期的作用，从而对政策效应作出了错误的预测。对传统政策评价方法的这种批评，称为"卢卡斯批判"(Lucac critique)。

## 9.4.2 发达国家宏观调控政策的启示

综上所述，我们可以从工业发达国家的宏观经济政策中得到以下启示。

(1) 由于市场经济中合成谬误的效应，运用"看得见的手"调控宏观经济是有必要的。

(2) 鉴于现有经济预测技术的限制，准确预见宏观经济的走向并实施恰到好处的反波动的相机抉择措施是很困难的。因此，宏观经济政策仍应以保持货币增长稳定和物价稳定为主，切不可轻举妄动，以免使经济更加不稳定。

(3) 只有在经济衰退的征兆明显或经济萧条持续不愈时，才可以相机抉择地实施财政政策和货币政策中的反危机措施。但仍须仔细计算政策时滞和开放经济条件下的政策效应，并要注意适可而止。

(4) 考虑到人们的理性预期反应，政府如果实行反衰退的扩张政策，则应注意，宣布要晚、实行要快，这样才能最大限度地发挥政策效应。

(5) 凯恩斯经济学的问题之一是笼统地谈政府开支和增减税收。通过对多年实践经验教训的总结，许多国家的政府都认识到，政府的行政福利开支易增不易减，并且会增强人们对政府救济的依赖，无助于生产力的提高；国防开支过大也会加重国民经济负担，拖累经济发展；政府增加开支应当以教育和基础设施等与长期发展生产力有关的项目为主；税收调节，也不宜笼统地谈增税和减税，而应当具体改革税收制度，使其更为公平，更有利于鼓励生产和投资。

(6) 凯恩斯的一些弟子鼓吹的"财政赤字无害论""通货膨胀有益论"以及"国民储蓄太多论"，理论上很片面，实际上也经不起各国经济实践的检验。

## 9.5 供给管理政策

宏观经济政策除了前文论述的需求管理之外，还包括供给管理的政策。下面介绍凯恩斯主义者用以对付经济滞胀的收入政策和人力政策以及供给学派的供给管理政策。

### 9.5.1 收入政策和人力政策

收入政策和人力政策是从供给方面用来对付通货膨胀和失业的政策措施。面对20世纪70年代主要西方国家出现的滞胀局面，调节总需求的宏观经济政策，无论是财政政策还是货币政策都有些无能为力，这些政策只能用来调节单独发生的失业和通胀。为了调节同时出现的失业和通胀，主流的凯恩斯主义经济学家及新古典综合派的主要代表人物，如萨缪尔森、托宾等人主张推行宏观的财政货币政策，同时配合实行收入政策和人力政策。

1. 收入政策

收入政策是指用来限制垄断企业和工会对物价和工资操纵的经济政策，即实行管制工资物价为主要内容的政策。一般来说，收入政策包括如下不同措施。

(1) 工资-物价"指导线"，即由政府当局根据长期劳动生产率增长趋势来确定工资和物价的增长标准。要求企业和工会通过双方协商，自愿把工资和物价的增长率限制在全社会劳动生产率平均增长幅度以内。

(2) 对于具体的较快上涨的工资或者物价形势，由政府进行权威性的劝说或者施加压力，以扭转趋势。

(3) 实行工资-物价的硬性管制，即由政府颁布法令对工资和物价实施管制，甚至暂时加以冻结。

(4) 以税收为基础的收入政策，即政府以税收作为惩罚或者奖励的手段来限制工资增长。如果工资增长率保持在政府规定的界限以下，则以减少个人和公司所得税作为奖励；如果工资增长率超过政府规定的界限，则以增加所得税作为惩罚。

2. 人力政策

人力政策用于改进劳动市场状况，消除劳动市场不完全性，以便克服失业和通货膨胀进退两难的困境。这种政策通常包括以下措施。

(1) 发展多吸收劳动力的服务部门。

(2) 由政府直接雇佣私人企业不愿雇佣的工人和非熟练工人，让他们从事社会有益事业，并使这些处境不利的工人通过有用经验的传授和劳动习惯的养成而能够做那些正规的永久性工作。

(3) 加强劳动力的重新训练。

(4) 指导和协助失业人员寻找工作，以增加就业机会。

(5) 增强劳工在地区或者职业方面的流动性。

### 9.5.2 供给学派的政策主张

新古典综合派的收入政策和人力政策只是财政政策与货币政策的配角，而20世纪70年代后期在美国兴起并作为里根总统经济政策重要参考的供给学派的政策主张，则直接作为凯恩斯主义学派的总需求管理政策的对立面。供给管理政策主张的核心是强调激励的作用，该主张认为激励意味着对工作、储蓄、投资和企业家才能给予足够的报酬，而凯恩斯主义的需求管理政策使政府支出日益增加，为了弥补财政赤字，只能增加税收和发行货币，结果严重挫伤人们工作、储蓄和投资的积极性，造成供给不足，从而使失业和通胀同时出现。

为了增强激励，供给学派提出了一套供给管理的政策思想，其核心是减税，特别是要降低高边际税率(增加的税收在增加的收入中的比例)，因为高边际税率是妨碍工作、储蓄、投资和创新积极性及提高劳动生产率的"罪魁祸首"。降低税收，就会提高资产报酬率，起到鼓励储蓄和投资的作用，从而提高劳动生产率，降低产品成本，缓和通货膨胀，进而促进消费、产出和就业增加。

除了减税政策这一主要思想，供给学派还提出以下一些主张。

(1) 减少政府开支，削减福利支出。这不但可以平衡财政收支，还可以提高私人投资能力，增加供给。供给学派认为，创造就业主要依靠私人投资，不能依靠公共部门扩张和增加财政支出，财政扩张只会挤出私人部门增长带来的就业。

(2) 货币供给的稳定应适度和可测，使货币量增长和长期经济增长相适应。

(3) 减少国家对经济的干预和控制，充分发挥企业家的积极性，更多依靠市场力量调节经济。

### 复习思考题

一、名词解释

| | | | |
|---|---|---|---|
| 公共经济政策 | 充分就业 | 自愿性失业 | 财政政策 |
| 自动财政稳定器 | 反周期政策 | 政府的转移支付 | 财政政策乘数 |
| 货币政策 | 存款准备金率 | 再贴现率 | 公开市场业务 |
| 选择性货币政策工具 | 消费者信用控制 | 流动性比率 | 特别存款 |
| 间接信用控制 | | | |

二、简答题

1. 公共经济政策有哪些原则？
2. 公共经济政策的具体目标有哪些？
3. 财政政策的类型有哪些？

4. 财政政策的作用机制有哪些?
5. 货币政策的目标有哪些?
6. 货币政策的工具有哪些?
7. 为什么要配合使用公共财政政策和公共货币政策?

三、论述题

1. 如何理解经济稳定增长的具体目标?
2. 试述货币政策的传导机制。
3. 试对财政政策效果进行分析。
4. 试对货币政策效果进行分析。
5. 试述财政政策与货币政策的组合效应。
6. 试述发达国家的宏观调控政策对我国的启示。

# 参考文献

[1] 2002—2022年政府工作报告.

[2] 阿耶·L. 希尔曼. 公共财政与公共政策——政府的责任与局限[M]. 王国华, 译. 北京: 中国社会科学出版社, 2006.

[3] 蔡昌. 税收原理[M]. 北京: 清华大学出版社, 北京交通大学出版社, 2010.

[4] 陈共. 财政学[M]. 北京: 中国人民大学出版社, 2004.

[5] 陈桂生, 徐彬, 等. 政府经济学[M]. 天津: 天津大学出版社, 2009.

[6] 陈振明. 公共政策分析[M]. 北京: 中国人民大学出版社, 2011.

[7] 陈振明, 等. 社会管理——理论、实践与案例[M]. 北京: 中国人民大学出版社, 2012.

[8] C. V. 布朗, P. M. 杰克逊. 公共部门经济学[M]. 张馨, 译. 北京: 中国人民大学出版社, 2000.

[9] 布坎南. 寻求租金和寻求利润[J]. 陈国雄, 译. 经济社会体制比较, 1988(6): 16-22.

[10] 布坎南. 公共物品的需求与供给[M]. 马珺, 等, 译. 上海: 上海人民出版社, 2009.

[11] 布坎南, 马斯格雷夫. 公共财政与公共选择: 两种截然对立的国家观[M]. 北京: 中国财政经济出版社, 2000.

[12] 大卫·海曼. 财政学理论在政策中的当代应用[M]. 张进昌, 译. 北京: 北京大学出版社, 2010.

[13] 代鹏. 公共经济学导论[M]. 北京: 中国人民大学出版社, 2005.

[14] 邓大松, 刘昌平. 社会保障管理[M]. 北京: 中国人民大学出版社, 2011.

[15] 邓伟志. 和谐社会与公共政策[M]. 上海: 同济大学出版社, 2007.

[16] 董云展. 财政学概论[M]. 大连: 东北财经大学出版社, 2011.

[17] 高春芽. 理性的人与非理性的社会[M]. 北京: 中国社会科学出版社, 2009.

[18] 高培勇. 公共经济学[M]. 北京: 中国人民大学出版社, 2004.

[19] 高培勇, 等. 公共经济学[M]. 北京: 中国社会科学出版社, 2007.

[20] 高培勇, 杨志勇, 等. 公共部门经济学[M]. 北京: 中国社会科学出版社, 2011.

[21] 郭庆旺, 赵志耘. 财政学[M]. 北京: 中国人民大学出版社, 2002.

[22] 郭守杰. 中国的积极财政政策: 理论与实践[M]. 北京: 经济科学出版社, 2006.

[23] 哈维·S. 罗森. 财政学[M]. 8版. 郭庆旺, 赵志耘, 译. 北京: 中国人民大学出版社, 2009.

[24] 韩康. 公共经济学[M]. 北京: 经济科学出版社, 2010.

[25] 何立胜, 杨志强. 内部性、外部性与政府规制[J]. 经济评论, 2006(1): 141-147.

[26] 胡怡建. 税收学[M]. 上海: 上海财经大学出版社, 2011.

[27] 黄恒学. 公共经济学[M]. 2版. 北京：北京大学出版社，2009.

[28] 贾冀南. 财政学[M]. 北京：电子工业出版社，2010.

[29] 蒋洪. 公共经济学[M]. 2版. 上海：上海财经大学出版社，2011.

[30] 蒋文莉. 就业促进型经济增长模式研究[M]. 武汉：湖北人民出版社，2010.

[31] 金戈，赵海利. 公共支出分析[M]. 杭州：浙江大学出版社，2011.

[32] 科斯. 企业、市场与法律[M]. 盛洪，陈郁，译. 上海：格致出版社，2009.

[33] 李炳义. 社会主义市场经济[M]. 北京：中国劳动社会保障出版社，2000.

[34] 李冬妮. 公共经济学[M]. 广州：华南理工大学出版社，2007.

[35] 李明志，柯旭清. 产业组织理论[M]. 北京：清华大学出版社，2004.

[36] 李培林. 和谐社会十讲[M]. 北京：中华书局出版社，2009.

[37] 李晓西，等. 中国货币与财政政策效果评析[M]. 北京：北京人民出版社，2007.

[38] 李裕. 我国改革开放以来财政政策和货币政策的配合研究[M]. 上海：上海财经大学出版社，2008.

[39] 李珍. 社会保障理论[M]. 北京：中国劳动与社会保障出版社，2001.

[40] 凌岚. 公共经济学原理[M]. 武汉：武汉大学出版社，2010.

[41] 林德尔·G. 霍尔库姆. 公共经济学——政府在国家经济中的作用[M]. 顾建光，译. 北京：中国人民大学出版社，2012.

[42] 刘伯龙，竺乾威. 当代中国公共政策[M]. 2版. 上海：复旦大学出版社，2009.

[43] 刘霞，向良云. 公共危机治理[M]. 上海：上海交通大学出版社，2010.

[44] 罗尔斯. 正义论[M]. 何怀宏，译. 北京：中国社会科学出版社，2001.

[45] 麻宝斌. 公共行政学[M]. 大连：东北财经大学出版社，2012.

[46] 马斯格雷夫. 美国财政理论与实践[M]. 邓子基，邓力平，译. 上海：中国财经出版社，1984.

[47] 马斯格雷夫. 比较财政分析[M]. 董勤发，译. 上海：上海三联书店，1996.

[48] 马云泽. 规制经济学[M]. 北京：经济管理出版社，2008.

[49] 毛程连. 财政学[M]. 上海：复旦大学出版社，2009.

[50] J. S. 缪勒. 公共选择理论[M]. 杨学春，译. 北京：中国社会科学出版社，1999.

[51] 牛雄鹰. 全球化背景下我国失业人员再就业问题研究[M]. 北京：中国经济出版社，2010.

[52] 裴育. 公共经济学[M]. 大连：东北财经大学出版社，2011.

[53] 帕特里克·麦克纳特. 公共选择经济学[M]. 梁海英，译. 长春：长春出版社，2008.

[54] 庇古. 福利经济学[M]. 朱泱，张胜纪，等，译. 北京：商务印书馆，2006.

[55] 曲振涛，杨恺钧. 规制经济学[M]. 上海：复旦大学出版社，2006.

[56] 邵继勇. 食品安全与国际贸易[M]. 北京：化学工业出版社，2006.

[57] 史东辉. 产业组织学[M]. 上海：格致出版社，2010.

[58] 孙开. 公共经济学[M]. 武汉：武汉大学出版社，2007.

[59] 孙荣，许洁. 政府经济学[M]. 上海：复旦大学出版社，2001.

[60] 唐任伍. 公共经济学[M]. 北京：北京师范大学出版社，2009.

[61] 王宾，赵阳. 农村税费改革对中西部乡镇财力影响实证研究——基于4省8县抽样调查数据的分析[J]. 管理世界，2006(11)：82-83.

[62] 王丛虎. 社会管理如何创新[M]. 北京：新华出版社，2012.

[63] 王俊豪. 政府规制经济学导论[M]. 北京：商务印书馆，2003.

[64] 王述英，白雪洁，杜传忠. 产业经济学[M]. 北京：经济科学出版社，2006.

[65] 王学栋. 公共行政学[M]. 北京：清华大学出版社，2011.

[66] 王雅莉，毕乐强. 公共规制经济学[M]. 北京：清华大学出版社，2011.

[67] 王雍君，童伟. 公共财政学[M]. 北京：北京师范大学出版社，2006.

[68] 小贾尔斯·伯吉斯. 管制和反垄断经济学[M]. 冯金华，译. 上海：上海财经大学出版社，2003.

[69] 吴俊培. 公共经济学[M]. 武汉：武汉大学出版社，2009.

[70] 吴晓燕. 公共经济学基础[M]. 北京：科学出版社，2012.

[71] 徐德信. 公共经济学[M]. 合肥：中国科学技术大学出版社，2011.

[72] 徐晓雯，丛建阁. 行政管理学[M]. 2版. 北京：经济科学出版社，2008.

[73] 徐祥运，刘杰. 社会管理学概论[M]. 大连：东北财经大学出版社，2005.

[74] 徐衣显. 转型期中国政府经济职能研究[M]. 北京：中国财政经济出版社，2007.

[75] 薛进军. 中国的不平等——收入分配差距研究[M]. 北京：社会科学文献出版社，2008.

[76] 杨红娟，等. 社会管理创新25题——社会学与社会管理[M]. 北京：中共中央党校出版社，2011.

[77] 杨龙，王骚. 公共经济学案例分析[M]. 天津：南开大学出版社，2006.

[78] 杨晓华. 中国财政政策效应的测度研究[M]. 北京：知识产权出版社，2009.

[79] 杨志勇，张馨. 公共经济学[M]. 4版. 北京：清华大学出版社，2018.

[80] 约瑟夫·E. 斯蒂格里茨. 公共部门经济学[M]. 黄险峰，张帆，译. 北京：中国人民大学出版社，2005.

[81] 曾军平. 公共选择与政治立宪[M]. 上海：上海财经大学出版社，2008.

[82] 赵建国. 政府经济学[M]. 5版. 大连：东北财经大学出版社，2021.

[83] 赵建国. 政府经济学[M]. 2版. 大连：东北财经大学出版社，2011.

[84] 赵哲伟. 环境与资源法教程[M]. 北京：对外经贸大学出版社，2008.

[85] 张创新. 公共管理学概论[M]. 北京：清华大学出版社，2010.

[86] 张光，曾明. 公共经济学[M]. 武汉：武汉大学出版社，2009.

[87] 张军涛，毕乐强. 公共管理学[M]. 北京：中国商业出版社，2008.

[88] 张维迎. 博弈论与信息经济学[M]. 上海：上海人民出版社，2004.

[89] 张小平，王迎春. 转型时期我国收入分配问题研究[M]. 北京：科学出版社，2008.

[90] 张向达，赵建国. 公共经济学[M]. 大连：东北财经大学出版社，2006.

[91] 郑秉文. 中国社会保障制度60年：成就与教训[J]. 中国人口科学，2009(5)：2-18.

[92] 郑功成. 从企业保障到社会保障——中国社会保障制度变迁与发展[M]. 北京：中国劳动与社会保障出版社，2009.

[93] 植草益. 微观规制经济学[M]. 朱绍文，译. 北京：中国发展出版社，1992.

[94] 朱伯铭. 公共经济学案例[M]. 杭州：浙江大学出版社，2004.

[95] 陈宪，韩太祥. 经济学原理与应用[M]. 北京：高等教育出版社，2006.

[96] 高鸿业. 经济学基础[M]. 2版. 北京：中国人民大学出版社，2016.

[97] SEN A K. Isolation, Assurance and the Social Rate of Discount[J]. Quarterly Journal of Economics, 1967(87).

[98] PREST A R, TURVEY R. Cost-Benefit Analysis: a Survey[J]. Economic Journal, 1955(65).

[99] BLINDER A S, et al. The Economics of Public Finance[M]. Washington DC:Brookings Institution, 1974.

[100] WILDAVSKY A. The Politics of the Budgetary Process[M]. Boston:Little Brown, 1964.

[101] ATKINSON A.B. Public Economics in Action[M]. Oxford:Clarendon Press, 1995.

[102] AUERBACH, FELDSTEIN. Handbook of Public Economics[M]. Dutch:North-Holland, 1987.

[103] BAKER, ELLIOT. Readings in Public Sector Economics[M]. Lexington:D.C.Health and Company, 1990.

[104] COASE. The Lighthouse in Economics[J]. Journal of Law and Economics, 1974(2).

[105] STARRETT D A. Foundations of Public Economics[M]. Cambridge:Cambridge University Press, 1988.

[106] EPPLE D, ROMANO R E. Public Provision of Private Goods[J]. Journal of Political Economy, 1996(1).

[107] MARGOLIS J, GUITTON H. Public Economics[M]. London:Macmillan, 1969.

[108] HARE P G. Survey in Public Sector Economics[M]. Oxford:Basil Blackwell, 1988.

[109] MILLWARD R, et al. Public Sector Economics[M]. London:Macmillan, 1983.

[110] FELDSTEIN M S, INMAN R P. The Economics of Public Services[M]. London:Macmillan, 1977.

[111] MYLES. Public Economics [M]. Cambridge:Cambridge University Press, 1995.

[112] DAVIS O A, DEMPSTER M A H. A Theory of the Budgetary Process[J]. American Political Science Review, 1966(9).

[113] SANDER T, TSCHIRCHART J. The Theory of Clubs: A Survey[J]. Journal of Law and Economics, XVIII, 1980(12).

[114] BAUMOL W J. On the Social Rate of Piscount[J]. American Economic Review, 1968(55).